近现代侨批侨汇与侨乡经济社会研究丛书

丛书编委会

顾　　问：李明欢　袁　丁

主　　编：张小欣

编　　委：张小欣　王　华　黄圣英　陈丽园　秦云周

本书为

国家社科基金一般项目

"华南与东南亚间的侨批网络与社会互动研究（1911—1949）"

（编号：15BZS121）

成果

教育部人文社会科学重点研究基地
Key Research Institute of Humanities and Social Sciences at Universities

暨南大学华侨华人研究院
Academy of Overseas Chinese Studies in Jinan University

国家出版基金项目
NATIONAL PUBLICATION FOUNDATION

近现代侨批、侨汇与侨乡经济社会研究丛书 第一批

跨越华南与东南亚

1911—1949年的潮帮侨批网络和社会互动

陈丽园 著

主编
张小欣

暨南大学出版社
JINAN UNIVERSITY PRESS

中国·广州

图书在版编目（CIP）数据

跨越华南与东南亚：1911—1949 年的潮帮侨批网络
和社会互动 / 陈丽园著. -- 广州 ：暨南大学出版社，
2025. 5. --（近现代侨批、侨汇与侨乡经济社会研究丛
书 / 张小欣主编）. -- ISBN 978-7-5668-4083-7

Ⅰ. D634.3

中国国家版本馆 CIP 数据核字第 2024XB9854 号

跨越华南与东南亚：1911—1949 年的潮帮侨批网络和社会互动
KUAYUE HUANAN YU DONGNANYA：1911—1949 NIAN DE CHAOBANG QIAOPI
WANGLUO HE SHEHUI HUDONG

著　者：陈丽园

出 版 人：阳　翼
策划编辑：冯　琳
责任编辑：冯　琳　颜　彦
责任校对：许碧雅　陈慧妍　孙劭贤
责任印制：周一丹　郑玉婷

出版发行：暨南大学出版社（511434）
电　　话：总编室（8620）31105261
　　　　　营销部（8620）37331682　37331689
传　　真：（8620）31105289（办公室）　37331684（营销部）
网　　址：http：//www. jnupress. com
排　　版：广州市新晨文化发展有限公司
印　　刷：深圳市新联美术印刷有限公司
开　　本：787mm×1092mm　1/16
印　　张：19
字　　数：375 千
版　　次：2025 年 5 月第 1 版
印　　次：2025 年 5 月第 1 次
定　　价：95.00 元

我国是海外移民大国，海外侨胞数量众多是基本国情之一。从历史发展进程来看，海外侨胞早期主要分布于南洋和北美地区，第二次世界大战以后，特别是冷战结束以来，随着全球化、区域一体化进程的加速以及中国对外关系的不断发展，因务工、务农、务商以及求学、婚姻、继承等迁居海外的中国人口数量迅速增长，海外侨胞现已广泛分布于五大洲，其中"一带一路"相关国家和地区的侨胞人口数量最多。

长期以来，广大海外侨胞一方面为住在国的繁荣发展做出了突出贡献，另一方面始终与祖（籍）国、家乡、家中亲眷保持着难以割舍的语言文化根脉、质朴深厚的原乡本土情谊、血浓于水的地缘亲缘感情，且愿意将海外劳动所得回馈乡里和亲人。因此，近代以来粤闽地区广大侨眷家庭长期收到海外亲人寄回的附有款项的家书——侨批（也称银信、番批、批信等），以及他们汇回国内用于赡养家眷、捐资公益等用途的款项——侨汇，由此成为东南沿海侨乡大省特有的经济和文化现象。

侨批与侨汇既有联系，也有区别。侨批所附带的款项在本质上就是侨汇，而海外家书的内容既述侨情又表思念和慰问。在形式上，侨批一般通过水客或侨批局寄递，有海外来批也有国内亲人回批（回批主要是国内亲人对收款信息的确认等），一来一回构成侨批寄递的完整流程。侨汇除了侨批这一形式外，还有水客带递和寄递、侨批局带递和寄递、邮政汇款、银行汇款、以物代汇等多种形式，由此也推动了水客、侨批局、邮政、银行等大量相关个体和机构的汇兑业务繁荣，近代以来港澳金融业的发展就与此有着重大关系。无论是侨批还是侨汇，本质都属于非贸易外汇，从跨国金融的角度来看，不仅是国家用于平衡本国国际收支的重要外汇资源，也是侨乡经济社会面貌发生改变的重要外部因素，特别是在推动侨眷家庭日常消费结构升级、子女受教育水平提升、住房条件改善、侨乡基础设施完善、产业结构优化和投资增长、重教兴学和以学兴邦观念盛行、公益事业蓬勃发展，以及中外思想文化理念相互交流、中外经济联系和经营网络日益频密、中外建筑风格多元融合等方面，都发挥了重要作用。

暨南大学素有"华侨最高学府"之称，其前身是创办于 1906 年的暨南学堂。学校自创办之初就坚持"宏教泽而系侨情"，从早期成立的南洋文化教育事业部到后来的暨南大学华侨华人研究院，均是开展华侨华人研究的专门机构。暨南大学华侨华人研究院作为教育部人文社会科学重点研究基地，长期以来不仅形成了一支老中青相结合的研究队伍，还广泛联系校内外专家学者，共同致力于华侨华人研究事业发展，特别是在华侨华人与区域国别研究、华侨华人历史研究、华侨华人经济研究、华侨华人文化研究等方面推出了众多具有学术影响力的研究成果。暨南大学出版社长期聚焦华侨华人研究成果的出版，推出"世界华侨华人研究文库"，已连续出版十多年。"近现代侨批、侨汇与侨乡经济社会研究丛书"是暨南大学华侨华人研究出版成果的一部分，拟将与主题相关的业内学者研究成果有所汇集，研究选题有所开拓，研究资料有所创新，推动相关研究不断深入。本丛书第一批有幸通过暨南大学出版社申报并成功入选 2024 年度国家出版基金资助项目，在此特别感谢国家出版基金和暨南大学出版社的大力支持，同时感谢各位研究者及编辑团队的辛苦付出。

丛书主编

2024 年 6 月于暨南大学

近代中国变迁的动力多元而复杂，既有源自内部的推力，还有来自外部世界的因素。东南亚区域及其华侨社群——他们占了本书研究时段全球华侨人口的90%左右——是联系内外动力的主要平台和载体。就政治变迁而论，孙中山先生所言之"华侨为革命之母"贴切地彰显了海外华人对推翻帝制和辛亥革命的重要贡献。就社会经济变迁来说，海外华人一方面协助推进近代中国经济的发展，另一方面也在中国融入世界经济的进程中发挥重要作用。

自陈达《南洋华侨与闽粤社会》1938年出版以来，中外学者对上述问题的不同层面均有详尽的分析，为我们思考近代中国与海外华人以及东南亚社会经济关系提供了重要的参照。陈丽园的新著不仅延续了这一学术传统和源流，更重要的是在研究视野、分析架构、资料选取等方面有着显著创新。该书的雏形是作者十多年前的博士学位论文，而本书的研究对象——侨批——2013年入选联合国教科文组织《世界记忆名录》，由此产生的众多新兴研究、新挖掘的史料、广泛的社会关注，为本书的写作和修改注入了新的视野和思路。

首先，本书超越了中国或东南亚单一中心视野，将双边的互动及其节律变化作为核心议题，并在此基础上分析这种互动对华南和东南亚华人社会的影响。作者尤其强调潮帮侨批网络的建构及其制度化以及这种网络如何应对复杂多变的社会经济政治环境。本书既看到侨批网络的内在特质和外在表现，也注重它的稳定性和脆弱性并存的双元结构。因此，立体、多元、交织成为理解侨批网络及其作用的关键词。这一图景在本书第一章中的图1-1"侨批网络的建构与运作"有鲜明的展示，值得细细品味。

其次，本书采用新理论和分析架构来分析华南和东南亚的互动，并尝试以东南亚和华南地区互动中丰富的历史现象来补充现有的理论和分析架构。本书受到20世纪末开始在国际社会科学界颇为流行的跨国主义（transnationalism）理论体系的影响，关注移民在祖籍地和移居国之间所建立的长期和稳定的社会、经济和家庭联系以及由此形成的跨国社会场域，但陈丽园也看到该理论之不足并加以弥补（例如，强调了国家和政府对侨批网络的形成和运作的影响）。同时，她还深受滨下武志、王赓武、孔飞力等知名学者的宏观视野之启迪和激励，并有机地融入她在中山大学读书时师承陈春声教授和刘志伟教授等为支柱的历史人类学的华南学派之精髓，将"地方"置于"区域"和"国家"之中。我愿将本书的研究取向称为"站在巨人的肩膀上"，看到更远的"风景"。

最后，本书的研究资料丰富而多元，采用的原始文献来自广州、汕头、香港、新加坡、曼谷等地，既有官方档案（如广东省邮政管理局档案、殖民公署档案），更有大量的民间侨批收藏，并辅以华文报刊、会馆出版物等相关文献。此外，丽园还在其攻读博士和做博士后期间到华南和东南亚相关的侨乡和华人聚集地进行了深入的田野调查，借此重构了一幅更为多元、立体、交织的侨批网络图景。

作为丽园在新加坡国立大学攻读博士期间的导师，我很高兴看到她的专著面世，相信本书的出版将对海外华人、近代中国社会经济史、中国与东南亚互动等领域的研究带来重要贡献；我也期待她未来的学术道路在本书的研究和创新基础上更上一层楼。

是为序。

刘　宏

2024 年 5 月 18 日

写于中国香港至新加坡飞行途中的南海上空

刘宏，现任新加坡南洋理工大学协理副校长、社会科学学院陈六使讲席教授，中国教育部长江学者讲座教授；曾任教于新加坡国立大学和英国曼彻斯特大学。

对于我们这一辈的很多潮汕人来说，侨批仍然是儿时日常生活的一部分。20世纪60年代末，因父母在"文革"初期受到冲击，我们几兄弟到澄海外婆家生活了三年。外婆的弟弟（潮汕人叫"老舅"）侨居柬埔寨（在外婆口中还是"安南"）数十年，每年春节前，就会听到大门外面有人喊"批来了"，接着，送批的人会上门交付老舅寄来祭祖的侨批。后来柬埔寨发生政变，老舅整家人都失联了，直到现在也没有音信。这是儿时日常生活的记忆。

后来因为到大学念书，又开始研究潮汕地域社会史，注意到民间很多收藏家、集邮家收藏有大量的侨批文献，也知道海内外多所研究机构和档案馆、博物馆日益注重侨批的收集、整理、研究和展示，更有卷帙浩繁的多部大型侨批汇编公开出版。以侨批为研究对象的中英文论著也越来越多，特别是许多年轻的研究者选择以侨批作为学位论文的选题，真的令人欣慰。

陈丽园的《跨越华南与东南亚：1911—1949年的潮帮侨批网络和社会互动》，就是在其博士论文基础上修改完成的一部高质量的侨批研究著作。丽园本科和硕士毕业于中山大学，其硕士论文就以侨汇为题。后来在新加坡国立大学攻读博士学位，在搜集丰富第一手资料和深入进行田野调查的基础上，完成了题为《华南与东南亚华人社会的互动关系——以潮人侨批网络为中心（1911—1949）》的博士论文。因研究课题有所交集，丽园就读于中山大学时，我就对她的研究工作比较关注，她赴新加坡跟随刘宏教授攻读博士学位，我应该也有推介之力。2004年3月，我到新加坡国立大学访问，每天都在大学图书馆见到丽园，她正沉浸于博士论文的资料分析和写作之中，喝咖啡时会非常兴奋而详细地讲述在泰国、马来西亚、新加坡及中国香港和广州、潮汕地区进行田野调查和资料搜集的收获，还带我参观了新加坡华侨中学。2015年2月，我访问新加坡南洋理工大学，又在新加坡国立大学校园与丽园见面，他们夫妇当时正在国大访问，我又建议她尽快把博士论文修改出版。现在终于看到这部资料翔实、条理

序二　由日常理解历史

清晰的有深度的著作，不禁感到释然和感动。

应该讲，近年侨批受到学术界广泛关注，不能说是严格意义上的"发现"。因为侨批一直存在于闽粤百姓的日常生活中，也一直有从事集邮和研究邮政史、金融史、地方史、华侨史的学者在做侨批的研究，但侨批成为"世界记忆遗产"之后，这样普遍地被包括学术界在内的社会各界关注，如此大规模地被收集、整理和研究，肯定是中国社会史研究资料发掘上一件颇具学术史意义的事情。陈寅恪先生在《陈垣敦煌劫余录序》中这样论述史料与学术的关系："一时代之学术，必有其新材料与新问题。取用此新材料，以研求问题，则为此时代学术之新潮流。治学之士，得预于此潮流者，谓之预流，其未得预者，谓之未入流。此古今学术史之通义，非彼闭门造车之徒，所能同喻者也。"是为至理名言。用好侨批这样的新文献，确实应该做更多新的研究，提出更多新的问题，最终对多个学科领域的学术发展能起到推动的作用。经历多年的研究实践，我还是觉得，更深入地从民间历史文献学的角度去解读和理解侨批，仍然是值得继续努力的方向。中国有优秀的历史文献学传统，有一整套古籍校勘、辑佚、比对、训诂等方法。而欧洲汉学的传统也有数百年历史，早期来到东方的传教士、航海家、商人和旅行家，也发展出一套以欧洲文字翻译、解读中国古代经典的成熟方法。传统中国文献学或欧洲汉学，在解读儒学经典、正史、政书，乃至笔记、文集、小说等传统读书人念得比较多的文献时，是非常有效的。但是，要用这一套传统文献学的办法，去解读各种各样的民间文书，包括书信（比如侨批）、契约、族谱、账本等资料，就会发现用起来不是很有效。我们在训练学生的时候，常常发现，即使同学们在历史专业修读过历史文献学和古代汉语的课程，但他们仍很难读懂包括侨批在内的民间文献。其实，丽园这部著作中引用的许多侨批原文的内容，包括亲属称谓、地方风俗、商业习惯、俚语、地名、货币单位、度量衡等，一般的读者已经很难直接从字面上理解其贴切含义，更遑论要通过这些文字去揭示地方社会和乡村生活的内在脉络。正因为这样，努力系统地建设"民间历史文献学"学科，才成为近年中国区域社会史研究者重视的学术取向。

值得注意的还有，传统历史文献学擅长处理有意识史料，而侨批、契约等民间文书却是无意识史料，华侨和侨属写批与回批时，是没准备给外人和后人阅读的。旅居海外的侨民给家里的长辈、太太和孩子写封信，肯定没有想到一两百年后，还有历史学家要拿他写的文字去做研究。批信里面讲的大多是家庭内部的生活琐事，这些琐事的背景，他的长辈、太太和孩子是知道的，不需要另外交代或解释。侨批里常常也会使用方言土语等，甚至还有很多隐喻，讲许多只有地方上、社区里或家庭内部才明白的事情。现代的研究者去解读的时候，其实常常是看不懂的，如果像引用其他有意识史料一样，随便摘引一段就直接从字面上进行阐释，很可能就会严重误解或歪曲写批者的原意。建立在这种片面解读基础上对于历史过程的理解和解释，很可能就有失偏颇。民间历史文献学的基本训练，可以让研究者在处理这些无意识史料时，有机而辩证地将细致的文献解读与专业深入的田野调查结合起来。

作为历史学者，我们还要努力利用侨批有意义地叙述普通人的生活，去回应我们这个学科更大的、更本质的问题。在仔细阅读海量的侨批文书之后，我们常常会被华侨日常生活的细节所吸引，会情不自禁跟着去描述关于家庭内部关系、家庭与宗族关系、村落内部关系和村际关系的许多故事，但如果没有更大的历史背景，没有更大的学术关怀，在委婉曲折地讲完故事之后，我们还是要面对自己的工作对学术发展可能有什么实质贡献这样一个严肃的问题。历史学有自己的学科本位，有自己的核心价值和根本问题，如果我们的研究背后，没有好的关涉学科本质的学术问题，我们工作的意义就可能衰减。这是每一位研究侨批的历史学者都要面对的。也许我们可以发展出一种独特的利用侨批有意义地叙述历史的方式，而不是像现在的许多工作这样，只是比较简单地复述和解释侨批文字所表达的内容。或许可以考虑，在大数据和云计算的时代，数理统计、数据可视化、数字仓储、文本发掘、虚拟现实等跨学科的方法可以被侨批的研究者更多更好地利用。面对海量的、琐碎的文书资料，如果能用更科学理性的数字化的方法去分析整理，也许统计和计算的结果真的有助于回应关系到历史总体关怀的大问题，可能在学术上会有贡献和突破。当然，这只是值得考虑的许多可能的方法取向之一。

做中国历史研究的人，还常常有一个期待，就是希望自己的工作能在制度史上有所贡献。作为区域社会史的研究者，我们还是认为，证明自己的工作在学术史背景下具有价值的重要标志，是这样的研究能让其他领域的历史学家感兴趣，而他们感兴趣的理由，是在制度史的解释方面有所启发。我们理解的制度史，当然不仅是具体的典章制度的建立过程或其文字含义，更重要的还是典章制度在地域社会中的表达，典章制度在地方上的普及与应用机制，等等。其背后的学术关怀，还是国家与地方社会的关系，而国家始终是历史研究的基本单位。无论如何，我们以侨批为资料内容，开展地域性的、具体的个案研究时，在内心深处必须对包括国家和制度在内的更大的学术问题有所关怀。本书关于 1926—1927 年新加坡中华总商会就侨批"总包制度"与中国政府和新加坡殖民政府的交涉、

1928—1929 年新加坡中华总商会就荷属侨批"总包"问题与南京国民政府交通部的交涉、1929 年以后为保留民营侨批局而开展的系列运动的描述，都说明国家及其制度运作是无处不在、无时不在的，即使是在所谓"跨国网络"的语境之下。

近年包括侨批在内的地方文献和民间文书大量汇编出版，各图书馆、档案馆、资料中心也空前开放，整理利用原始文献的条件前所未有的便利，但近年出版的许多侨批研究的著作和论文，描述过程、机制、网络、关系的居多，深入研读侨批文书，厘清家庭、家族、乡村社会内部脉络的工作偏少。资料利用便利了，但我们自己和年青一代研究者很细心地钻研文献的精神反而不如以前，用十年功夫结合田野工作去读透一批材料，再进行严肃而有深度的理论思考的学者更是凤毛麟角。

拉拉杂杂地写下以上感想，正是因为对目前的侨批研究风气有些遗憾。欣慰的是，本书第六章关于澄海县山边乡陈氏的研究，是建立在对其家族成员两百余封往来批信仔细研读分析的基础之上的。

是为序。

陈春声

2023 年 10 月 11 日于广州康乐园永芳堂

陈春声，中山大学历史学系教授，中山大学原党委书记，兼任教育部历史学科教学指导委员会主任委员，主要从事中国社会经济史、历史人类学研究。

目录

跨越华南与东南亚：1911—1949年的潮帮侨批网络和社会互动

插图目录

统计表目录

第一章　导论

第一节　历史背景与问题意识

一、中国移民史

人类的历史可以说是一部移民史。自古以来，人类为了更好地生存而不断迁徙，经过漫长的历史发展和繁衍生息，终于演化成各种各样的种族、社会、文化和国家。人类的迁徙有时候是非自愿的，例如政治流放和奴隶贩运，但大多时候是自愿的。在这些迁徙中，陆上的迁徙更容易，也更为常态，海上的迁徙则依靠更高的航海技术和人们的冒险精神，因而也格外引人注目。15 世纪末到 17 世纪兴起的地理大发现进一步打通了世界的交通线和商品贸易，将世界连为一个整体，推动了欧洲的殖民主义扩张和资本主义的原始积累，继而引发了 18 世纪欧洲的工业革命和对全球的进一步殖民扩张。欧洲的殖民扩张和对殖民地的建设又引发了世界性的移民潮，如欧洲人向美洲新大陆、澳大利亚等殖民地迁徙，非洲黑奴被贩卖至美洲，契约华工向美洲和东南亚移民，等等，这些移民史奠定了近代世界的主要图景。

中国移民史是世界移民史的一部分。自汉代以来中国就开发了沟通中亚、欧洲的陆上丝绸之路，以及通过南海、印度洋到达东非和欧洲的海上丝绸之路。丝绸之路既是贸易的商路，也是文化交流和人员交往的商路。其中南海交流圈尤为活跃，中国有丰富的历史文献记载着中国南方与东南亚间密切的商贸往来。借着每年的东北季风和西南季风，中国商人每年可以往返于中国与东南亚，有的中国人还在东南亚定居下来并且繁衍生息。

据史料记载，12 世纪初叶（南宋初年）以后，中国人已经开始在东南亚出现和广泛分布，例如 15 世纪初郑和下西洋期间，梁道明、陈祖义已经在旧港聚集了两三万中国人。16 世纪下半叶明朝海禁开放以后，随着西方殖民者在东南亚的扩张和中西贸易的打通，南海贸易圈日益活跃，中国人在东南亚大量增加。其中有海盗的武装势力滞留东南亚，如林道乾在北大年，林凤曾多次攻打马尼拉。还有明末清初汉人逃难至印支半岛,如杨彦迪、陈上川开发越南东浦,莫玖开发柬埔寨河仙,还有大量的"明乡人"。当然,他们中大部分是普通的商人和劳工。1619 年荷兰征服巴达维亚以后,鉴于当地有大量的华人,荷兰殖民者建立了华人自治的甲必丹制度,到 1815 年爪哇和马都拉的华人有 9 万多人。西加里曼丹由于金矿的开采吸引了大量的华人,他们建立了独立自治的"公司",其中著名的有罗芳伯建立的兰芳公司,到 19 世纪初西加里曼丹的华人达 15 万。①泰国对华人比较优待,因此吸引了大量的华人入泰,当泰国受到外国入侵时,这些华人还积极参与保卫泰国的战斗,其中最为出名的是郑信领导的抗缅复国运动取得了胜利,并且在 1767 年成功建立了吞武里王朝。吞武里王朝以及后来继承的却克里王朝对华人都很优待,因此吸引了更多的中国人到泰国。据统计,1821 年泰国人口是 510 万,其中华人有 70 万。② 在马来半岛,马六甲早在 1511 年被葡萄牙征服时已经形成华人社会,为了统治华人,葡萄牙和荷兰殖民者相继实行甲必丹制度,后来英国统治时,以青云亭代替甲必丹。1819 年新加坡开埠以后,周围华人相继到来,到 1820 年已达 1 万多人。③

1840 年的鸦片战争打开了中国的国门,中国与世界的联系进一步加强。与此同时,随着西方殖民地的开发以及废奴运动的进行,西方国家对劳动力的需求猛增,他们急需寻找可代替黑奴的廉价劳动力,因此把目光转向中国,在中国进行非法的招工活动。1860 年的《北京条约》使得华工出国合法化,于是大批中国人以契约华工或自由华工的方式来到东南亚、北美、中美、南美、澳大利亚、非洲等世界各地。到第二次世界大战爆发前夕,世界华侨华人总数接近一千万,其中大部分在东南亚。

海外华人社会的大规模发展以及华工在古巴、秘鲁的非人遭遇引起了清政府官员的重视,他们向朝廷奏请保护海外华人,利用他们对清政府的忠诚和经济力量来推动中国的自强运动,因此清政府对海外华人开始实行设领护侨的政策。1877 年清政府在新加坡设立海外第一个领事馆,接着在横滨、旧金山、纽约、夏威夷、古巴也设立领事馆。在 19 世纪 90 年代,清政府设领护侨的政策得到进一步发展。1890 年,新加坡领事馆升格为驻海峡殖民地总领事馆,另外在中国香港及缅甸、菲律宾、朝鲜、墨西哥、南非、澳大利亚、新西兰、加拿大、荷属东印度等地也相继设立了领事馆或总领事馆。到清朝末年,清政府在海外共设立

---

① 陈碧笙:《世界华侨华人简史》,厦门:厦门大学出版社,1991 年,第 105、109 页。
② 陈碧笙:《世界华侨华人简史》,厦门:厦门大学出版社,1991 年,第 126 页。
③ 陈碧笙:《世界华侨华人简史》,厦门:厦门大学出版社,1991 年,第 157 页。

了45个领事馆。在设领护侨的同时，清政府还发展海外华文教育、成立中华总商会、鼓励华人回国投资。1893年，在黄遵宪和薛福成的倡议下，清政府废除了传统的海禁政策，海外华人归国受到保护。

由于华人移民经常往返于家乡与外国，他们为家乡带来了国外的信息、资金、技术和进一步移民的网络，所以他们也成为家乡认识世界的一个窗口和联系纽带。通过不断的积极反馈和稳定的移民网络，有更多的华人移民海外。由于这些华人大多来自广东和福建地区，经过长年与国外的社会文化和人员的互动，这些地区形成了具有国外文化特色和联系网络的侨乡。这些移民的活动与连锁效应持续影响着中国和世界的图景，成为中国加入全球化进程的重要一环。

二、华南与东南亚华人社会

本书把研究视野集中在20世纪上半叶的华南与东南亚华人社会，试图以潮州社群为个案，以日常生活中的侨汇和书信往来为切入点，研究跨国移民进程的形成、影响因素和运作机制。

在20世纪初的东南亚，华人社会开始广泛形成。"一战"后随着世界经济的复苏和增长，东南亚经济发展也呈现出一片勃勃生机，这吸引了大批中国人南来就业，于是中国人移民东南亚出现一个新高潮，东南亚华人人口急剧增长。据帕塞尔（Victor Purcell）统计，1921年东南亚华人人口约272.7万，到1931年增至406.6万，1947年再增至851.5万，在二十多年间人口增长了3倍。[1] 这些新增人口主要为中国移民。由于新移民的增长，华人社团也在这时期蓬勃发展，以新加坡为例，1819—1890年的71年间共有31个华人社团成立，而1891—1941年的50年间新成立的华人社团则多达86个。[2] 作为海外华人社会的组织基础，华人社团的广泛成立标志着海外华人社会的成熟。

在海外华人社会日渐扩大的同时，海外华人与其家乡的互动关系也愈益广泛而频繁，其中最引人注目的是海外华人的国内汇款。据陈达研究，1934—1935年间，闽粤华侨家庭平均每月所得南洋汇款为53.9元，占家庭总收入的81.4%。[3] 海外华人对家乡汇款规模之大以至对中国的贸易收支起到重要的平衡

① ［英］帕塞尔著，郭湘章译：《东南亚之华侨》，台北：正中书局，1967年，第2-3页。
② 吴华：《新加坡华族会馆志》（第一册），新加坡：南洋学会，1975年，第6-8页。
③ 陈达：《南洋华侨与闽粤社会》，上海：商务印书馆，1938年，第298页。

作用，见表1-1。

表1-1　1931—1936年侨汇对贸易入超所起的平衡作用

单位：千元

年份	侨汇总额	贸易入超额	百分比
1931	421 200	655 361	64.3
1932	323 500	820 507	39.4
1933	305 700	762 025	40.1
1934	250 000	535 683	46.7
1935	316 000	343 400	92.0
1936	320 000	235 000	136.2

资料来源：杨建成主编：《三十年代南洋华侨侨汇投资调查报告书》，台北：中华学术院南洋研究所，1983年，第90-91页。

与侨汇相应的是海外华人与家乡间通过侨信而进行的社会信息与思想文化的交流。海外华人在其移民生活中的经历与在国内非常不同，不同的经历会塑造不同的思想文化，他们在侨信中自觉或不自觉地表达了这种新的思想文化，再加上回乡时带来的新风貌，使得侨乡的社会文化在潜移默化之中出现了变迁。

海外华人与其家乡互动关系的另一个层面是物资的双向交流，一方面他们将家乡的特产、杂货输入东南亚，另一方面又将东南亚的大米、香料、海产品等输入中国。金融、物资与思想文化的全方位互动使得20世纪初闽粤侨乡社会无论是工商业、交通还是文化教育等各方面都出现了长足的发展，同时又带有外来文化的特质。[1]

大多数移民海外的华人来自当时闽粤两省的五大区域：闽南、潮州、梅州（客家）、广府和海南（琼州），这些海外华人又根据不同的来源地和方言相应建立起不同的帮派组织，其中潮州人作为五大方言群之一，在海外华人社会中占有重要位置。在广东省东部的韩江三角洲一带，由澄海、潮阳、海阳（今潮州市）、饶平、揭阳、普宁、惠来和丰顺等县共同组成潮州八邑地区，该地区的人所讲方言多为潮州话，并以明清时期的潮州府为准自称为潮州人。潮州人移民海外的历史很早，这与其境内先后出现的樟林港和汕头港有密切的关系。樟林港大

---

① 黄重言：《试论我国侨乡社会的形成、特点和发展趋势》，郑民、梁初鸣编：《华侨华人史研究集》（一），北京：海洋出版社，1989年，第231-242页。

约形成于明末清初，是"红头船"时代粤东地区与东南亚联系的主要港口，1860年汕头开埠后逐渐取代樟林港，成为闽粤地区对外关系的著名海港，近代以来的潮州移民主要从汕头港出发，前往东南亚。[①] 潮州人在东南亚的分布以泰国最多，据调查，1930 年泰国潮州人有 150 万，占泰国华人总人口的 60%。在马来亚和荷属东印度，他们的数量分别是 28.7 万和 15 万，占华人总人口的 12% 和 10%。[②] 到 1935 年，东南亚潮州人近 200 万，相当于潮汕人口的 2/5。[③]

对大多数华人来说，移民是家庭向外拓展发展空间的策略，因此迁移者大多是成年男性。他们承担着养家糊口的责任和光宗耀祖的寄托，维持家庭联系、赡养家庭是他们在海外生活的重要内容。那么，在近代金融邮政体系普遍建立以前，海外华人如何寄、带信款回家呢？最初华人是通过返乡探亲时亲自携带，或委托归国亲友代为转送。后来由于信款业务增加，久而久之，就出现了经常随轮船往返国内与南洋之间专门为华人捎银带信的人，俗称"水客"。水客又分国内水客和国外水客两种，在潮汕地区，国外水客被称为"溜粗水"，国内水客被称为"吃淡水"，在四邑地区，国内水客被称为"巡城马"。[④] 在 19 世纪末 20 世纪初，以水客汇寄信款的方式曾盛极一时。

后来由于海外华人的大量增加，信款业务需求骤增，水客不能应付，于是出现了兼营或专营信汇业务的商号——侨批局。"批"在潮闽语中是信函的俗称，由于海外华人寄信时必附带钱银，寄钱时必附带家信，信款常相连，故以"批"简称之，其中又可分为"批信"和"批银"，侨眷的回信又称为"回批"。经营侨批业的商号在不同的地方和历史时期有不同的名称，如批信局、银信局、侨信局、信局、汇兑局、汇兑信局、汇兑庄、侨批馆、批馆、批局等。1931 年全国工商业组织同业公会以经营华侨批业为主，故定名为侨批业，而对应的商号也定名为"侨批局"。[⑤] "侨批局"在潮汕地区广为沿用，故此本书将之统称为"侨批""侨批业"或"侨批局"（有时也简称为"批局"）。

---

① 关于樟林港与汕头港的论述可参考朱拉隆功大学亚洲研究所编：《泰国潮州人及其故乡潮汕地区研究报告：樟林港》，曼谷：朱拉隆功大学亚洲研究所，1991 年；朱拉隆功大学亚洲研究所编：《泰国潮州人及其潮汕原籍研究计划　第二辑：汕头港（1860—1949）》，曼谷：朱拉隆功大学亚洲研究所，1997 年。

② 杨建成主编：《三十年代南洋华侨侨汇投资调查报告书》，台北：中华学术院南洋研究所，1983年，第 12－13 页。

③ 林家劲、罗汝材、陈树森等：《近代广东侨汇研究》，广州：中山大学出版社，1999 年，第 12 页。

④ 林家劲、罗汝材、陈树森等：《近代广东侨汇研究》，广州：中山大学出版社，1999 年，第 6 页。

⑤ 饶宗颐：《潮州志·实业志·商业·侨批业》，汕头：汕头艺文印务局，1949 年，第 73 页。

三、潮帮侨批网络

潮帮侨批业在侨批业中历来占有重要地位。在早期，潮帮侨批局在海外同行中占绝对优势，如在1887年新加坡49家侨批局中，潮帮侨批局占34家。[①] 到了20世纪上半叶，潮帮侨批业在各帮中的地位仍数一数二。据柯木林统计，"二战"后新加坡潮帮侨批局共有48家，在闽帮侨批局64家之后名列第二。[②] 根据广东省档案馆所藏广东省邮政管理局的资料，我们可见当时潮帮侨批局在国内外建立了庞大的跨国网络。1948年领有执照的汕头侨批局共有78家，它在国内的分号共有217家，遍布潮梅地区50个市镇；在港澳和国外的分号更多，达387家，遍布港澳和东南亚40多个地区和城市，其中新加坡63家，泰国89家，马来亚88家，印度尼西亚70家，中国香港32家。[③] 这些侨批局互相建立代理关系，其服务范围几乎覆盖东南亚地区每位华侨和侨乡每个乡村。

潮帮侨批局的兴盛与潮州人的侨批互动相辅相成，据统计，20世纪30年代，潮帮侨批局经营的侨批差不多每年多达二百多万封，[④] 从汇款额来说，1931年至1936年平均每年约七千万元，比同期福建省侨汇都多，见表1-2。

表1-2　20世纪30年代汇往汕头、福建之南洋侨汇

单位：千元

年份	汕头	福建
1931	94 200	76 820
1932	70 700	53 182
1933	62 800	51 274
1934	47 000	46 398
1935	55 000	54 804

① 许云樵等编：《星马通鉴》，新加坡：世界书局，1959年，第626页。

② ［新加坡］柯木林：《新加坡侨汇与民信业研究》，［新加坡］柯木林、吴振强编：《新加坡华族史论集》，新加坡：南洋大学毕业生协会，1972年，第159－210页。

③ 广东省档案馆藏广东省邮政管理局档案，全宗号29，目录号2，案卷号382，《关于国内外各批信局声请营业、复业、增设与裁撤批信局及查获私运批信等事项与邮政总局及相关属局的来往文书1948—1949》，也可参考第二章表2－3。

④ 参考第三章表3－7。

（续上表）

年份	汕头	福建
1936	66 000	62 358

资料来源：杨建成主编：《三十年代南洋华侨侨汇投资调查报告书》，台北：中华学术院南洋研究所，1983 年，第 55 – 56 页。

通过在海内外所建立的庞大跨国网络，侨批网络在东南亚华人社会与华南侨乡的联系中起着重要的跨国桥梁的作用，它不但承载着东南亚与华南间的金融流动，还承载着社会信息、思想文化的流动，同时伴随着它的还有物资与人员的流动。我们甚至可以大胆假设，假如不存在像侨批网络这样的跨国联系机制，华南与东南亚华人社会间的联系将受到很大的阻碍，并由此导致跨国移民的减少，东南亚华人社会由于得不到新移民的补充将最终融入当地社会或被同化，而华南侨乡社会也由于对外联系的减少而失去侨乡特色。由此可见，侨批网络对华南与东南亚间的跨国移民社会的互动关系及侨乡社会与东南亚华人社会的发展都具有重要意义。有鉴于此，本书主要研究以下两大问题：

第一，侨批网络如何建立并且成为东南亚华人社会与华南侨乡社会间的跨国桥梁？具体来说，侨批局如何在华南与东南亚间建立起跨国商业网络？侨批局如何处理长途的跨国商业网络所面对的信用、风险等问题？侨批局的经营涉及邮政与金融汇兑问题，而后者在近代逐渐纳入国家政权的垄断，故侨批局必然会面临国家政府的竞争、抵制等问题，那么侨批局如何在政府垄断的政策下求得生存？换言之，华南侨乡与东南亚华人社会间能建立与保持紧密的侨批互动的机制是什么？

第二，通过侨批的互动，东南亚华人社会与华南侨乡社会间建立了怎样的关系？换言之，东南亚华人社会怎样影响着华南侨乡？华南侨乡又怎样塑造了海外华人社会？除了影响与被影响的关系外，它们之间是否存在其他关系模式，如合作、支持、更替等？

本书的研究时限设定于 1911—1949 年，即整个民国时期，原因主要是这个时期是东南亚华人社会逐渐定型、华人与华南社会的互动关系最密切的时期，同时也是侨批网络大规模建立的时期。1911 年前，侨批局在华南与东南亚华人社会中还没普遍建立，未能在东南亚华人社会与华南间承担主要联系者的角色；1949 年后，尽管侨批网络还存在了相当长一段时间，直到 70 年代末中国大陆的侨批局才逐渐被政府接管，但无论是在制度上还是发展的规模上都发生了根本性转变。在冷战的影响下，华南与东南亚间的社会互动受到管制，以致两地的侨批互动规模不断缩减；另外，自从 50 年代初中国大陆的侨批局被并入国家银行体系后，侨批经营网络的制度也发生了转变。

第二节　学术史回顾

关于海外华人与华南的互动关系的研究，在学术界早已引起广泛的兴趣，从 1904 年马士（H. B. Morse）对侨汇的统计到《潮汕侨批集成》（4 辑 139 册）的出版，学术界在此方面的努力和心血可谓化成了累累硕果。按照研究的侧重点不同，以下笔者将从两个方面进行回顾：侨汇、侨批研究，海外华人与侨乡社会互动研究。

一、侨汇、侨批研究

在海外华人与华南的互动关系中，侨汇问题较早引人注目。1904 年美国学者马士借在中国海关任职之便对华侨汇款作了开创性研究，写出《中国在国际贸易中之商业负债及资产研究》[1]，书中他对侨汇数字作了估计。此后瓦括尔（S. R. Wagel）和西伊（C. S. See）等人继续就侨汇的数量发表见解，但他们的统计方法不太科学：或以在外华侨人数乘以每人平均汇款数，或以归国华侨每人携带侨汇数计算，或以华侨所驻地经济状况为标准，故多为后人所诟病。[2] 到 20 世纪 30 年代，雷麦（C. F. Remer）根据经营外汇的银行报告及对香港、厦门、汕头等地处局的调查对侨汇作统计，其《中国的国外贸易》与《外人在华投资》均被视为侨汇研究之权威著作。[3]

需要指出的是，侨汇数量之大使它无论是对国际金融还是海外华人社会与华南社会的稳定都具有极其重要的意义，因此它自然为当时致力于推行"大东亚共

---

①　Morse, H. B., *An Inquiry into the Commercial Liabilities and Assets of China in International Trade*, Shanghai: Chinese Maritime Custome, 1904.

②　林家劲、罗汝材、陈树森等：《近代广东侨汇研究》，广州：中山大学出版社，1999 年，第 99 - 104 页。

③　Remer, C. F., *The Foreign Trade of China*, Shanghai: Commercial Press, 1926; Remer, C. F., *Foreign Investments in China*, New York: Macmillan, 1933.

荣圈"的野心勃勃的日本政府所关注。日本台湾银行分别于 1914 年和 1943 年对广东、福建和东南亚地区的华人社会和侨汇经营进行广泛的实地考察，并以此为基础完成《侨汇流通之研究》《三十年代南洋华侨侨汇投资调查报告书》①。此二书对各地华侨的汇款额，银行、邮政局、侨批局、水客在侨汇社会中的地位以及侨批局在各地的分布、名称都有详细的调查，这为本书的研究提供了不可多得的二手资料。另外，此二书对侨批局间采用的代理制度及侨汇资金在香港、上海的中转也有提及，这为我们研究侨批的经营网络、分布及华南与东南亚间的金融互动提供了重要信息。不过，由于这两本书长期属于日本政府的内部资料，它们的价值只有在 20 世纪 80 年代和 90 年代被翻译成中、英文出版时才得以充分彰显。

海外华人对侨乡社会的广泛影响也引起中国学者的关注，陈达的《南洋华侨与闽粤社会》（上海：商务印书馆，1938 年）便是全面研究 20 世纪 30 年代南洋华侨对闽粤社会影响的经典著作。在该书中，陈达既从微观上细致分析了华侨家庭的侨汇收入和使用分配，以此说明侨汇对华侨家庭的衣食住行、教育卫生等方面的影响，又从宏观上分析了侨汇对发展工商业、改善治安等方面的作用。此外，南洋华侨的思想文化还通过家信等方式在侨乡得以传播。总之，南洋华侨对家乡的全方位影响使之成为闽粤社会变迁的原动力。陈著通过社会学的问卷调查的研究方法，全面展示了南洋华侨对家乡的影响，使其成为 20 世纪 30 年代海外华人与家乡互动关系研究的丰碑。陈著的缺点在于它通过对华侨家庭、非华侨家庭的平面比较来体现南洋华侨对家乡的影响，缺乏纵向的历史考察。

在陈达对侨汇的用途做社会学分析的同时，另一位学者吴承禧在其《厦门的华侨汇款与金融组织》（《社会科学杂志》1931 年第 8 卷第 2 期）中，从金融学的角度出发对侨汇的数量、流通过程、作用作了较为深入的研究。他综合考察银行、侨批局和钱庄在侨汇流通中的作用，指出银行在将侨汇从南洋汇到厦门时，通常经由香港和上海的分店将侨汇资金转换为不同货币，故侨汇收入的数量既受不同时期不同地方汇价的影响，也能反作用于它。

在前人研究的基础上，郑林宽和姚曾荫分别对福建和广东侨汇的收入，侨汇在金融、邮政和贸易体系中的流通过程及侨汇对中国的影响作了综合研究。② 其

---

① 杨建成主编：《侨汇流通之研究》，台北：中华学术院南洋研究所，1984 年；杨建成主编：《三十年代南洋华侨侨汇投资调查报告书》，台北：中华学术院南洋研究所，1983 年。
② 郑林宽：《福建华侨汇款》，福州：福建省政府秘书处统计室，1940 年；姚曾荫：《广东省的华侨汇款》，上海：商务印书馆，1943 年；与郑林宽著作内容雷同的英文著述收录于 Hicks, George L.（ed.），*Overseas Chinese Remittances from Southeast Asia 1910–1940*，Singapore：Selected Books，1993。

中，姚曾荫对潮汕侨批局汇拨南洋款项所采用的各种转账方法，如对比方式、卖港单或省单之法、运货抵账和送现接济也有简单介绍，他指出，侨汇的流通与当时的暹—叻—香—汕贸易有紧密的联系，这为我们研究侨汇流通所带动的华南 – 东南亚金融贸易互动提供了重要信息和路径。1946 年后，由于民国政府要加强侨汇控制，而大部分侨汇经由民间渠道逃避于政府之外，因此探讨侨汇流入地下的过程及侨汇政策便成为社会各界的关注热点。其中刘佐人的《金融与侨汇综论》（广州：广东省银行，1947 年）对侨汇资金与"南逃资金"的结合及侨批局对批款的运解方式和套汇方式进行论述，这对我们研究侨汇的运转过程大有裨益。此外，饶宗颐编修的《潮州志》（汕头：汕头艺文印务局，1949 年）中的"金融志"也特别对潮汕地区侨批业的形成和发展作了介绍，这对本书研究潮州地区的侨批业提供了较翔实的资料。

虽然 1949 年前的侨汇著作并没有全面揭示侨汇网络的形成及运转过程，但它们对侨汇的统计、侨汇经营机构的调查以及侨汇资金在东南亚与华南间的中转等研究为后人奠定了基础。在此基础上，1949 年后的侨汇研究继续深入发展，并表现出新的特点：

（一）出现对中华人民共和国侨汇的研究

1967 年吴春熙（Chun-Hsi Wu）的《美元、侨眷与教条：输往共产党中国的侨汇》分析了 20 世纪初到 1964 年间华侨汇款数量的变化、中国的侨汇政策及侨汇对中国社会经济的影响，不过该书缺乏原始资料。[①] 1985 年冯元的硕士论文《侨汇与广东——1950 年至 1957 年广东省华侨汇款的考察》（广州：中山大学）利用大量档案和侨乡调查资料论述了中华人民共和国成立初期广东侨汇的发展变化以及其对广东产生的影响。日本学者山岸猛的《侨汇：现代中国经济分析》（厦门：厦门大学出版社，2013 年）主要分析了中国改革开放以来出现的新移民、侨汇方式的变化以及侨汇对侨眷、侨乡经济的影响。张小欣的《延续与变革：1949—1956 年广东侨批业管理政策研究》（广州：暨南大学出版社，2017 年）利用丰富的原始档案论述了中华人民共和国成立前国民政府和中共华南党组织的侨汇管理以及中华人民共和国成立以后将侨批业纳入国有化改造的政策、过程和影响，分析了侨批政策达到预期效果的原因。

---

① Wu, Chun-Hsi, *Dollars Dependents and Dogma: Overseas Chinese Remittance to Communist China*, Stanford, C. A.: Hoover Institution on War, Revolution, and Peace, 1967.

（二）东南亚学者对本土侨汇的研究为该领域增添了新的图景和活力

1950 年新加坡学者高维廉开创性地指出侨汇与贸易的紧密关系，并著有《马来亚侨汇及中马贸易展望》（新加坡：中南联合出版社，1950 年）。《星马通鉴》（新加坡：世界书局，1959 年）专门辟有一章对新马地区民信业的起源和发展作较详细的介绍。1972 年新加坡学者柯木林在其学位论文《新加坡侨汇与民信业研究》中详细论述了新加坡民信业在 1946—1949 年间由盛而衰的过程，其中关于殖民政府的侨汇政策及侨批公会与政府交涉的研究对本书探讨侨批网络的制度化与社会功能大有帮助。此外，该文所附闽帮侨通行、潮帮再和成伟记汇兑信局和琼帮吉昌汇兑局的介绍及对民信业领袖林树彦的个案研究，对我们研究新加坡侨汇与民信业具有很大的参考及借鉴价值。[①]

1992 年泰国学者素查达·丹达素拉律（Suchada Tantasuralerk）对侨汇的研究提供了泰国的个案，其著作《批馆：泰国华侨汇款回国》在挖掘不少档案材料的基础上论述了侨批业在不同政策下的历史发展情况，由于本书的研究以潮州人为中心，因此该书也成为本书研究不可多得的参考资料。[②] 洪林、黎道纲也挖掘了不少泰国侨批的史料，写了一系列文章介绍泰国侨批业的发展史，对我们了解泰国的侨批政策和发展有很大帮助。[③] 泰国侨批收藏家许茂春也利用自己的收藏优势整理出版了《东南亚华人与侨批》（曼谷：泰国泰华进出口商会，2008 年），对东南亚各国华侨华人社会的形成及侨批业发展做了总体介绍。

（三）20 世纪 90 年代以后近代侨汇、侨批研究蓬勃兴起

20 世纪 90 年代以来民间侨批收藏家对侨批的关注和侨批资料的公开引起社会各界对侨批研究的广泛兴趣，侨批研究的成果和资料集不断出版。随着侨批研究的不断深入，侨批文书档案的宝藏也逐渐显露。在政府和社会各界的推动下，2013 年广东省和福建省的侨批档案成功入选《世界记忆名录》，侨批研究更加蓬勃发展并迈入一个新的学术高度。这时期的侨批研究主要表现在以下几方面：

---

① ［新加坡］柯木林：《新加坡侨汇与民信业研究》，见［新加坡］柯木林、吴振强编：《新加坡华族史论集》，新加坡：南洋大学毕业生协会，1972 年，第 159 – 210 页。

② Tantasuralerk, Suchada, Poeykwan: The Remittance among Overseas Chinese in Thailand, Bangkok: Chulalongkorn University Printing House, 1992.

③ ［泰］洪林：《泰国侨批史略》，《汕头大学学报（人文社会科学版）》2017 年第 23 卷第 4 期；［泰］洪林、黎道纲：《泰国侨批文化》，曼谷：泰中学会，2006 年；［泰］洪林、黎道纲：《泰国华侨华人研究》，香港：香港社会科学出版社有限公司，2006 年。

1. 侨批综论

20 世纪 90 年代以来，学界对侨批的研究主要表现在对侨批作综合性介绍，包括侨批的起源和发展、侨批局的运作、侨批政策、侨批的作用等。这时期公开出版的著作有：广东省集邮协会、汕头市集邮协会编《潮汕侨批论文集》（北京：人民邮电出版社，1993 年），杜桂芳著《潮汕侨批》（广州：花城出版社，1999 年），① 邹金盛著《潮帮批信局》（香港：艺苑出版社，2001 年），中国银行泉州分行行史编委会编《闽南侨批史纪述》（厦门：厦门大学出版社，1996 年）。另外，学术刊物上也发表了不少相关论文，如陈训先的《论侨批的起源》和李天锡的《也谈侨批的起源及其它》。② 虽然这些著述还比较粗略，但是推动了学界对侨批研究的进一步关注。2000 年以来，有更多的侨批研究论文发表，③ 部分论文成果可见于潮汕历史文化研究中心举办的三届侨批文化研讨会出版的论文集。④ 这时期的研究著述还有《侨批缘》《漳州侨批史话》⑤ 等。大体来说，以上著述的水平参差不齐，不少论文只是对侨批、侨批局作一些大体介绍，但由于这些研究者深谙地方历史，因此他们的考察从资料上具参考价值。

对侨批作综合性系统研究的代表作还有王炜中、杨群熙、陈骅编著的《潮汕侨批简史》（汕头：汕头市侨批档案馆，2007 年）。该书吸收前人的研究成果，在参考大量文献的基础上，通论潮汕侨批业的产生、民国各个时期和中华人民共和国成立后侨批业的发展、批款的数量、国家政策的影响、侨批局的组织形态、海外各地侨批业的发展以及侨批对家乡的贡献等，对我们研究潮汕侨批有很大的参考价值。邓锐的《梅州侨批》（北京：中国华侨出版社，2013 年）系统论述了广东侨汇的经营机构、侨汇数量、侨汇政策、水客和侨批局的发展、经营特点等，论述全面，史料丰富，是研究侨汇的重要著作。江门五邑侨乡的华侨主要移民美洲、大洋洲，所以五邑地区的侨批表现了跟来自东南亚的潮梅地区侨批不同的

---

① 又见杜桂芳：《潮汕侨批：义务与权利——以强烈的心理需求为特征的家族观念》，《华侨华人历史研究》1995 年第 4 期。

② 陈训先：《论侨批的起源》，《华侨华人历史研究》1996 年第 3 期；李天锡：《也谈侨批的起源及其它》，《华侨华人历史研究》1997 年第 3 期；陈训先：《清代潮帮侨批业对我国原始金融市场的贡献》，《汕头大学学报（人文社会科学版）》2005 年第 5 期。

③ 相关的研究参见焦建华：《近百年来中国侨批业研究综述》，《华侨华人历史研究》2006 年第 2 期。

④ 王炜中主编：《首届侨批文化研讨会论文集》，汕头：潮汕历史文化研究中心等，2004 年；王炜中主编：《第二届侨批文化研讨会论文选》，香港：公元出版有限公司，2008 年；王炜中主编：《第三届侨批文化研讨会论文选》，香港：天马出版有限公司，2010 年。

⑤ 王炜中：《侨批缘》，桂林：广西师范大学出版社，2017 年；苏通海：《漳州侨批史话》，福州：福建人民出版社，2016 年。

特点。刘进的《五邑银信》及其与李文照著的《银信与五邑侨乡社会》论述了五邑地区侨批的兴起、发展，经营机构的运作和侨批的影响意义等，对我们了解五邑地区的侨批很有价值。①

班国瑞（Gregor Benton）、刘宏等对侨批的起源、历史发展，侨批贸易的组织和运作，侨批的地域差别，侨批与国家银行、邮政的关系等方面做了系统论述，他们提出侨批贸易的概念，并将之置于现代资本主义、中国的现代化进程和"跨界中国"等理论框架下进行考察，为侨批研究打开了新的学术视野。②

2. 侨批业与政府的侨汇管理

林家劲等著的《近代广东侨汇研究》（广州：中山大学出版社，1999 年）较早利用原始档案对近代广东侨汇的方式、种类、政策、数量统计、功能和影响作全面系统的研究，其中对民国政府的侨汇政策的探讨具有创新性，对后人研究广东侨汇是必不可少的参考书。笔者的硕士论文《1946—1949 年广东侨汇逃避问题》（广州：中山大学，2001 年）在挖掘大量原始档案的基础上探讨"二战"后国民政府的侨汇政策及侨汇逃避于国家经营体系之外的过程。③ 钟运荣的硕士论文《近代侨汇与国家控制——以民国邮政与广东批信局的关系为中心（1928—1945）》（广州：中山大学，2002 年）继续就国家的侨汇控制问题深入探讨，通过挖掘大量的档案资料，为我们展现了民国邮政办理侨汇及将侨批局纳入其管理之下的过程。在上述两篇论文的基础上，袁丁、陈丽园、钟运荣的《民国政府对侨汇的管制》（广州：广东人民出版社，2014 年）系统论述了民国政府对侨汇的政策，指出：民国政府对侨汇的管制反映了近代国家力量的伸张与民间性、地方性力量之间的冲突；私营侨汇业与政府公营行局在侨汇业的竞争是传统民间信用制与现代西式金融制度的竞争，而在开放的市场上，公营企事业难以与私营企业竞争，必须依靠行政力量，而民国政府行政力量的强弱变化又导致了其侨汇管制的不同效果。在

---

① 刘进：《五邑银信》，广州：广东人民出版社，2009 年；刘进、李文照著，田在原、赵寒松译：《银信与五邑侨乡社会》，广州：广东人民出版社，2011 年。

② Benton, Gregor and Liu, Hong, *Dear China: Emigrant Letters and Remittances, 1820 - 1980*, Berkeley: University of California Press, 2018；［英］班国瑞、刘宏、康婉盈等：《侨批贸易及其在近代中国与海外华人社会中的作用——对"跨国资本主义"的另一种阐释》，《南洋问题研究》2019 年第 1 期；［英］班国瑞、刘宏著，贾俊英译：《亲爱的中国——移民书信与侨汇（1820—1980）》，上海：东方出版中心，2022 年。

③ 亦可参见袁丁、陈丽园：《战后国民政府侨汇经营体系的重建》，《八桂侨刊》2001 年第 2 期；袁丁、陈丽园：《1946—49 年国民政府对侨批局的政策》，《南洋问题研究》2001 年第 3 期；袁丁、陈丽园：《1946—49 年广东侨汇逃避问题》，《华侨华人历史研究》2001 年第 3 期；袁丁、陈丽园：《"侨汇逃避"问题的终结》，《八桂侨刊》2002 年第 2 期；袁丁、陈丽园：《1946—1949 年间东南亚及美洲侨汇逃避的原因》，《东南亚纵横》2002 年第 6 期。

《跨国移民与近代广东侨乡》中，袁丁进一步分析了抗日战争时期国统区与沦陷区之间的侨汇流通、私营侨汇业的优势以及侨汇对侨乡市镇化的影响。[1]

张军则以厦门为中心综合探讨近代侨批业的发展及其与邮政、银行的关系，见其硕士论文《近代中国侨批业的研究——以侨批业与邮政、银行关系为中心》（厦门：厦门大学，2001年）。张慧梅继续挖掘原始档案，探讨抗日战争时期潮汕地区的侨汇流通问题。[2] 李小燕研究1937—1949年国民政府银行与邮政局的侨汇业务。[3] 焦建华的《福建侨批业研究（1896—1949）》（厦门：厦门大学出版社，2017年）系统论述了福建侨批业的兴起、发展，侨批网络的跨国形态和民国政府的侨批政策，包括侨批局与邮政的关系、侨批局与银行的关系。该书将侨批置于国家、网络、市场的研究视野下，指出跨国侨批网络对民国政府的现代垄断构成了挑战，而现代国家的金融、邮政体系又重塑了跨国侨批网络。另外，民国政府的国家能力强弱决定了它与侨批网络的关系变动，同时国家利益部门化又制约了民国政府的侨批政策。

3. 对侨批文书的解读

随着侨批档案的不断公开出版，学者们开始通过对侨批文书的深入解读来探讨侨批文化以及海外华侨与侨乡社会的互动关系。例如，张慧梅通过解读潮安金石龙阁乡陈氏侨批，向我们展示了华侨家庭的日常生活，指出在侨乡社会中，华侨与非华侨之间的差别并不明显，相反，他们间体现了互相转换的关系。[4] 陈春声通过对澄海陈子昭家书的深入考察，提出"侨乡文化"的创造过程："如果把这里所说的'侨乡文化'理解为某种生活方式的整体，理解为在普通人日常生活中传承不替的某些或某类习俗，那么，批信所包含的内容，可能常常在无意中更深层地反映了侨乡社会的内在秩序……正是在这种自然的、非戏剧性的日常交往中，所谓'侨乡文化'才得以深刻而长远地被创制出来。"[5] 杜式敏、严飞生、

---

① 袁丁：《跨国移民与近代广东侨乡》，北京：中华书局，2019年。

② 张慧梅：《战争状态下之金融与传统人文网络——1939—1947年潮汕与东南亚间侨汇流通研究》，潮汕历史文化研究中心、韩山师范学院编：《潮学研究》（第11辑），汕头：汕头大学出版社，2004年。

③ 李小燕：《中国官方行局经营侨汇业务之研究（1937—1949）》，新加坡国立大学博士学位论文，2010年。

④ 张慧梅：《百姓视野下之"华侨"——侨批所见之潮安金石龙阁乡陈氏》，潮汕历史文化研究中心、汕头大学潮汕文化研究中心编：《潮学研究》（第10辑），广州：花城出版社，2002年。

⑤ 陈春声：《从家书到公共文献——从陈子昭书札看潮州商人与家乡的联系》，李志贤主编：《海外潮人的移民经验》，新加坡：新加坡潮州八邑会馆、八方文化企业公司，2003年。

房学嘉也较早地通过解读侨批文书来分析侨乡和华侨生活。① 邓达宏、肖文评等通过对侨批文书的解读反映了海外华侨对侨乡子弟教育的重视、华侨对侨乡教育发展的积极影响以及侨乡人才对海外华文教育的推动作用。② 笔者通过对陈遗恩家族侨批的解读来分析海外华人对侨乡家庭的教育、家计、文化的影响，论证跨国华人家庭的存在。③

张国雄、刘进、石坚平则通过深刻挖掘和解读江门五邑地区的侨批，再现了移民美国的华侨家族的跨国移民网络、对出世纸和口供纸的运用，以及海外移民对侨乡的城镇化发展的作用。④ 黄卓才、李柏达分别详细记录和解读了古巴华侨黄宝世和李云宏的家书，再现了两个跨越中国和古巴的华侨家族的历史。⑤ 沈惠芬利用侨批来构建侨乡女性的生活史。⑥

4. 侨批网络的构建

对侨汇、侨批作理论分析和更宏观考察者首推滨下武志，他在 1985 年的《传统社会与庶民金融——新加坡、马亚西亚华人社会的"合会"与"银信汇兑"》中将侨批与民间的合会联系起来，指出合会是民间社会内部进行资金筹集的组织，而侨批局则将海外华人社会筹集的资金向外转移，⑦ 他从金融的角度对

---

① 杜式敏：《从潮汕侨批看海外潮人的女性观》，《汕头大学学报（人文社会科学版）》2005 年第 3 期；严飞生、房学嘉：《1947—1950 年印尼三宝垄华侨侨批初探——以李芝敏的十二封侨批为例》，《汕头大学学报（人文社会科学版）》2005 年第 3 期。

② 邓达宏：《国际移民书信与闽粤侨乡教育探略——以批信个案为例》，刘进主编：《比较、借鉴与前瞻：国际移民书信研究》，广州：广东人民出版社，2014 年；肖文评、田璐、许颖：《从侨批看民国初期梅州侨乡与印尼地区近代教育的发展——以梅县攀桂坊张家围张坤贤家族为中心》，陈荆淮主编：《海邦剩馥：侨批档案研究》，广州：暨南大学出版社，2016 年。

③ 陈丽园：《从侨批看跨国华人的教育与社会传承（1911—1949）》，《东南亚研究》2011 年第 4 期；陈丽园：《社会变迁与跨国华人家庭的建立——以陈遗恩家庭为例》，《暨南学报（哲学社会科学版）》2013 年第 5 期；陈丽园：《近代华南与东南亚华人社会间的互动关系——以一个华人移民家庭的侨批为例》，《历史人类学学刊》2014 年第 12 卷第 2 期。

④ 张国雄：《近代五邑侨乡国际移民网络的建构——以开平周运中家族为例》，张国雄等主编：《国际移民与侨乡研究》，北京：中国华侨出版社，2012 年；刘进：《民国时期北美华侨与华南乡村社会转型——以广东开平关崇瑶家庭书信为中心探讨》，刘进主编：《比较、借鉴与前瞻：国际移民书信研究》，广州：广东人民出版社，2014 年；石坚平：《四邑银信中的乡族纽带与海外移民网络——以广东省台山县三八镇吉都余里余氏家族书信为中心的考察》，刘进主编：《比较、借鉴与前瞻：国际移民书信研究》，广州：广东人民出版社，2014 年。

⑤ 黄卓才：《鸿雁飞越加勒比：古巴华侨家书纪事》，广州：暨南大学出版社，2011 年；李柏达：《古巴华侨银信：李云宏宗族家书》，广州：暨南大学出版社，2015 年。

⑥ 沈惠芬：《构建东南沿海侨乡女性生活史：侨批资料的价值与利用》，《福建论坛（人文社会科学版）》2013 年第7期。

⑦ ［日］滨下武志：《传统社会与庶民金融——新加坡、马来西亚华人社会的"合会"与"银信汇兑"》，《1985 年华侨华人历史国际研讨会论文集》，广州：中山大学东南亚研究所，1985 年。

侨批局性质所作的分析十分有见地。在滨下武志稍后的著作《香港大视野：亚洲网络中心》[香港：商务印书馆（香港）有限公司，1997 年]中，其将侨汇经营置于亚洲的金融贸易网络的角度去把握，指出它们间相辅相成的作用，其中，移民网络、贸易网络与侨汇网络显示了相互重叠的关系。基于对侨汇流通及亚洲金融贸易市场的深入研究，滨下武志在专著《近代中国的国际契机：朝贡贸易体系与近代亚洲经济圈》（北京：中国社会科学出版社，1999 年）中，进一步提出"近代亚洲体系"的理论，其中也专门论述了香港和新加坡在侨汇流通网络中所发挥的重要中转作用。在《中国、东亚与全球经济：区域和历史的视角》（北京：社会科学文献出版社，2009 年）中，滨下武志比较了印侨和华侨的汇款网络，提出网络的不同形态，以及移民网络、商业网络和金融网络的交叉关系。

以往对侨批局经营网络的研究仅限于简单说明东南亚侨批与家乡侨批局间存在代理关系，缺乏实例证明，2000 年陈春声的《近代华侨汇款与侨批业的经营——以潮汕地区的研究为中心》在一定程度上填补了此方面研究的不足。通过发掘大量的档案资料及地方志，陈春声成功展示了东南亚与华南间存在着广泛的多重叠合的侨批局网络，再通过分析侨批局成员的人际关系，说明了这个广阔的侨批局网络建立在具有乡族性的社会关系网络的基础上。[①] 戴一峰也先后在环南中国海华人跨国网络及近代中国企业制度的背景下考察侨批经营的网络化及其优越性，主张把商业与人文结合起来研究环南中国海贸易圈，还原环南中国海贸易圈的主体性。[②] 马明达、黄泽纯分析了潮汕侨批局经营网络的特点。[③] 笔者深入分析了侨批经营网络在本土和跨国的环节上的多层嵌合关系、侨批局网络的组织形态、侨批社团网络的形成以及对跨国华人社会建立的影响。[④] 焦建华探讨了福

① 陈春声：《近代华侨汇款与侨批业的经营——以潮汕地区的研究为中心》，《中国社会经济史研究》2000 年第 4 期。

② 戴一峰：《网络化企业与嵌入性：近代侨批局的制度建构（1850s—1940s）》，《中国社会经济史研究》2003 年第 1 期；戴一峰：《传统与现代：近代中国企业制度变迁的再思考——以侨批局与银行关系为中心》，《中国社会经济史研究》2004 年第 1 期；戴一峰：《近代环中国海华商跨国网络研究论纲》，《中国社会经济史研究》2002 年第 1 期；[日] 市川信爱、戴一峰主编：《近代旅日华侨与东亚沿海地区交易圈——长崎华商"泰益号"文书研究》，厦门：厦门大学出版社，1994 年。

③ 马明达、黄泽纯：《潮汕侨批局的经营网络》，《暨南学报（人文科学与社会科学版）》2004 年第 1 期。

④ 陈丽园：《跨国华人社会的脉动——近代潮州人的侨批局网络探悉 1911—1949》，《历史人类学学刊》2004 年第 2 卷第 2 期；陈丽园：《近代跨国华人社会建构的事例分析：1929—1930 年新加坡保留民信局与减轻民侨邮费全侨大会》，《华侨华人历史研究》2010 年第 3 期；陈丽园：《侨批公会的建立与跨国侨批网络的制度化（1911—1937）——以潮汕为例的研究》，《华侨华人历史研究》2012 年第 2 期；陈丽园：《战后华南与东南亚侨批网络的整合与制度化——以南洋中华汇业总会为中心》，《东南亚研究》2014 年第 3 期。

建的侨批网络的形成和发展，以及侨批网络与国家、市场的关系。① 黄清海也在海洋贸易、跨国移民的视野下考察了福建侨批经营网络的跨国性。② 这些研究成果对本书的研究有重要参考作用。

5. 档案文献的出版

侨批档案文献的出版对侨批研究的推动起很大的作用，较早出版的档案文献有《泉州侨批业史料》（厦门：厦门大学出版社，1994 年）与邹金盛的《潮帮批信局》（香港：艺苑出版社，2001 年）。在侨批档案申遗的推动下，更多的侨批档案文献公开出版。如潮汕历史文化研究中心的《潮汕地区侨批业资料》、《潮汕侨批萃编》（3 辑）、《潮汕侨批档案选编》（3 辑 5 册）、《潮汕侨批集成》（4 辑 139 册），③ 洪林、黎道纲的《泰国侨批业资料荟萃》，④ 汕头市档案局等的《潮汕侨批业档案选编》⑤。有关梅州的侨批档案文献有《梅州侨批档案选编》《梅州侨批世界记忆——魏金华收藏侨批档案汇编》。⑥ 在江门五邑地区，有《江门五邑侨汇档案选编（1940—1950）》、刘进等编的《华侨书信抗战史料选编（五邑侨乡卷）》及李柏达编著的《世界记忆遗产：台山银信档案及研究》。⑦

福建的侨批文献有《闽南侨批大全》（2 辑 30 册）、福建省档案馆编的《福建侨批档案文献汇编》（第一辑 25 册）、厦门大学南洋研究院编的《东南亚华侨口述历史丛编》（8 册）、黄清海编著的《菲华黄开物侨批：世界记忆财富

① 焦建华：《福建侨批业研究（1896—1949）》，厦门：厦门大学出版社，2017 年。
② 黄清海：《海洋移民、贸易与金融网络：以侨批业为中心》，北京：社会科学文献出版社，2016 年。
③ 杨群熙辑点校：《潮汕地区侨批业资料》，汕头：潮汕历史文化研究中心、汕头市文化局、汕头市图书馆，2004 年；潮汕历史文化研究中心：《潮汕侨批萃编》（第 1 辑），香港：公元出版有限公司，2003 年；潮汕历史文化研究中心：《潮汕侨批萃编》（第 2、3 辑），香港：公元出版有限公司，2004 年；潮汕历史文化研究中心侨批文物馆：《潮汕侨批档案选编》（一）（二）（三），香港：天马出版有限公司，2011 年；潮汕历史文化研究中心：《潮汕侨批集成》（第一辑），桂林：广西师范大学出版社，2007 年；潮汕历史文化研究中心：《潮汕侨批集成》（第二辑），桂林：广西师范大学出版社，2011 年；潮汕历史文化研究中心：《潮汕侨批集成》（第三辑），桂林：广西师范大学出版社，2015 年；潮汕历史文化研究中心：《潮汕侨批集成》（第四辑），桂林：广西师范大学出版社，2020 年。
④ ［泰］洪林、黎道纲：《泰国侨批业资料荟萃》，香港：天马出版有限公司，2011 年。
⑤ 汕头市档案局等编：《潮汕侨批业档案选编》，香港：天马出版有限公司，2010 年。
⑥ 潮汕历史文化研究中心、侨批文物馆编：《梅州侨批档案选编》，香港：天马出版有限公司，2011 年；魏金华：《梅州侨批世界记忆——魏金华收藏侨批档案汇编》，广州：广东省档案馆，2014 年。
⑦ 江门市档案局、广东侨乡文化研究中心主编：《江门五邑侨汇档案选编（1940—1950）》，北京：中国华侨出版社，2011 年；刘进、罗达全、张秀明：《华侨书信抗战史料选编（五邑侨乡卷）》，广州：广东人民出版社，2016 年；李柏达编著：《世界记忆遗产：台山银信档案及研究》，广州：暨南大学出版社，2017 年。

（1907—1922年）》。①

综上所述，前人研究成果丰富，几乎论及侨汇侨批的方方面面，从早期关注侨汇数量的历史变化、侨汇经营机构的运作到关注国家的侨汇政策，银行、邮政和侨批局、钱庄的竞争与合作关系，侨批经营网络的建构，侨汇、侨批对侨乡的全方位影响乃至对华南、东南亚造成的深刻影响。这些研究无论是在探讨的广度还是深度上都为本书的研究打下深厚的基础。由于侨批文献非常广泛而丰富，所反映的大都是家庭的日常生活，因此对目前的华侨华人史研究提出了挑战，还有很多课题有待探讨。

二、海外华人与侨乡社会互动研究

对于东南亚华人社会与华南的互动关系研究，华南侨乡研究与海外华人研究是两个密切相关的领域。前者以华南侨乡为中心，强调海外华人对侨乡的影响，后者以海外华人为中心，也关注其与中国的关系，虽然两者的立足点不同，但是都受制于近代以来兴起的民族国家理论模式和话语霸权，② 它们这种非此即彼的二元独立思维使二者缺乏必要的对话。20世纪70、80年代以来，随着华人经济的腾飞以及华人跨国活动的频繁，华南-东南亚华人互动研究也逐渐出现了超越了民族国家框架的影响，学界开始关注侨乡纽带、华商网络以及跨国华人社会的研究。

（一）华南侨乡研究

备受人们瞩目的侨乡研究是在1978年中国实施改革开放政策以后兴起的，由于1978年后中国实行鼓励海外华人归国探亲投资的政策，华南侨乡与海外的联系达到空前的盛况，并表现出与非侨乡地区迥然不同的特色，侨乡作为一个既

---

① 《闽南侨批大全》编委会编：《闽南侨批大全》（第一辑15册），福州：福建人民出版社，2016年；《闽南侨批大全》编委会编：《闽南侨批大全》（第二辑15册），福州：福建人民出版社，2018年；福建省档案馆编：《福建侨批档案文献汇编》（第一辑25册），北京：国家图书馆出版社，2017年；厦门大学南洋研究院编：《东南亚华侨口述历史丛编》（8册），桂林：广西师范大学出版社，2018年；黄清海编著：《菲华黄开物侨批：世界记忆财富（1907—1922年）》，福州：福建人民出版社，2016年。
② 参见［美］杜赞奇著，王宪明译：《从民族国家拯救历史：民族主义话语与中国现代史研究》，北京：社会科学文献出版社，2003年。

具政治经济色彩又具悠久历史文化传统的整体成为海内外学术界研究的对象。①

这时期的侨乡研究有部分是从客观上论述华侨对侨乡社会的经济、文化建设等方面的整体影响，例如孙谦的《清代华侨与闽粤社会变迁》便是继陈达之后试图全面反映清代华侨对促进闽粤社会变迁作用的著述，不过在研究方法和理论上未能超越后者。② 这时期的论著更多的是从区域或某个方面来反映侨乡社会发展，例如对于广府地区，有郑德华、成露西对近代台山新宁铁路的研究，③ 以及詹森（Graham E. Johnson）、温苑芳（Woon Yuen-fong）对珠江三角洲经济发展的研究。④ 对于潮汕地区，有张映秋、王本尊、杨群熙、冷东等人对潮汕侨乡社会发展的研究。⑤ 对于福建地区，有庄国土、戴一峰对海外华人的投资、捐建等活动对闽南侨乡社会经济发展的影响的研究。⑥

这时期侨乡研究的兴盛还表现在各地区侨乡志、华侨志的编写上。⑦ 这些侨乡志、华侨志基本上论及华人出国的原因、在当地的情况，他们对建设祖国、家

---

① 有关广东侨乡研究可参见潮龙起、邓玉柱：《广东侨乡研究三十年：1978—2008》，《华侨华人历史研究》2009 年第 2 期；石坚平：《近年来广东侨乡研究述评》，《五邑大学学报（社会科学版）》2012 年第 14 卷第 2 期。

② 孙谦：《清代华侨与闽粤社会变迁》，厦门：厦门大学出版社，1999 年。

③ 郑德华、成露西：《台山侨乡与新宁铁路》，广州：中山大学出版社，1991 年。

④ Johnson, Graham E. and Woon, Yuen-fong, "The Response to Rural Reform in an Overseas Chinese Area: Examples from Two Localities in the Western Pearl River Delta Region, South China", *Modern Asian Studies*, 1997, 31 (1), pp. 31 - 59.

⑤ 张映秋：《近代潮汕人民向外移植及其对潮汕经济开发的影响》，郑民、梁初鸣编：《华侨华人史研究集》（一），北京：海洋出版社，1989 年；王本尊：《海外华侨华人与潮汕侨乡的发展》，北京：中国华侨出版社，2000 年；杨群熙：《华侨与近代潮汕经济》，汕头：汕头大学出版社，1997 年；冷东：《东南亚海外潮人研究》，北京：中国华侨出版社，1999 年。

⑥ Dai, Yifeng, "Overseas Migration and the Economic Modernization of Xiamen City during the Twentieth Century", in Douw, Leo and Post, Peter (eds.), *South China: State, Culture and Social Change during the 20th Century*, Amsterdam, New York: North-Holland, 1996, pp. 159 - 168; Zhuang, Guotu, "The Social Impact on Their Hometown of Jinjiang Emigrants' Activities during the 1930s", in Douw, Leo and Post, Peter (eds.), *South China: State, Culture and Social Change during the 20th Century*, Amsterdam, New York: North-Holland, 1996, pp. 169 - 182; Dai, Yifeng, "Southeast Asian Chinese Investment in Xiamen: The Li Family during the 1920s and 1930s as a Case Study", in Douw, Leo, Huang, Cen and Ip, David (eds.), *Rethinking Chinese Transnational Enterprises: Cultural Affinity and Business Strategies*, Richmond, Surrey: Curzon Press; Leiden: International Institute for Asian Studies, 2001, pp. 102 - 122; Zhuang, Guotu, "Donations of Overseas Chinese to Xiamen since 1978", in Douw, Leo, Huang, Cen and Ip, David (eds.), *Rethinking Chinese Transnational Enterprises: Cultural Affinity and Business Strategies*, Richmond, Surrey: Curzon Press; Leiden: International Institute for Asian Studies, 2001, pp. 123 - 138.

⑦ 例如广东省地方史志编纂委员会编：《广东省志·华侨志》，广州：广东人民出版社，1996 年；福建省地方志编纂委员会编：《福建省志·华侨志》，福州：福建人民出版社，1992 年；原台山县志编写组编：《台山县侨乡志》，台山：中共台山县委宣传部等，1985 年；陈克振主编：《安溪华侨志》，厦门：厦门大学出版社，1994 年；饶平县归国华侨联合会编：《饶平华侨史志》，1999 年。

乡的影响，侨乡社会的发展变化等。由于对侨乡各地区的人口、经济发展、文化教育等方面作了较为详细具体的调查研究，从资料上说，这些著述对侨乡与海外华人的关系的研究具有较大的学术意义，但是由于过分强调海外华人对祖国、家乡建设的贡献，它们对于华人及侨乡的认识存在本质化和中国中心主义的问题；另外，它们对海外华人对祖国家乡的论述更多是描述现象，而没有分析侨乡在华侨华人影响下发生变化的过程和机制。

国外的学者则注意到侨乡社会所具有的内部社会结构。例如，在近代华南社会里，宗族仍然是社会构成的重要组成部分，在社会、经济文化活动上发挥重要作用。只有把侨乡视作一个有机体，从内部社会结构发展的轨迹来把握，侨乡研究才能进入一个更高的层次。温苑芳和吴振强（Ng Chin-keong）分别对开平关氏宗族和闽南社会文化进行的研究便是朝这方向努力的表现。① 随着侨乡研究的发展，现有侨乡研究上所存在的本质化的问题也受到了某些学者的注意，例如游俊豪（Yow Cheun Hoe）的《广东与离散华人：侨乡景观的嬗变》便是通过比较信宜和番禺这两个侨乡社会在不同阶段上的异同，来说明侨乡社会及它们与海外华侨的关系不是同质的，而是随着不同阶段的社会经济环境的影响而变化，这些环境因素既包括侨乡社会固有的地理经济条件，也包括海外华人所处的社会经济条件，甚至还包括海外华人与港澳同胞的差异。②

总体来说，侨乡研究虽然强调海外华人对侨乡社会发展的重要作用，但是其立足点仍为侨乡社会，即把侨乡当作一个独立的客体来研究，而没有把它与海外华人社会视作一个整体。这种侨乡与海外华人社会二元对立的模式使海外华人社会对侨乡社会的影响被描述成一种外在因素，而不是一种内在的有机因素在起作用，相应地，侨乡也处于被动的位置。具体表现在论述的策略上，便是采用统计和描述的方式来表现海外华人对侨乡的经济文化影响，至于由家庭、宗族等单位

① Woon, Yuen-fong, *Social Organization in South China*, *1911 – 1949*: *The Case of the Kuan Lineage of Kai-ping County*, Ann Arbor: Center for Chinese Studies, University of Michigan, 1984; Woon, Yuen-fong, "Emigrant Community in the Ssu-yi Area, 1885 – 1949: A Study in Social Change", *Modern Asian Studies*, 1984, 18 (2), pp. 273 – 306; Woon, Yuen-fong, "International Links and the Socioeconomic Development of Rural China: An Emigrant Community in Guangdong", *Modern China*, 1990, 16 (2), pp. 139 – 172; Ng, Chin-keong, "The Cultural Horizon of South China's Emigrants in the Nineteenth Century: Change and Persistence", in Yong, Mun Cheong (ed.), *Asian Traditions and Modernization*: *Perspectives from Singapore*, Singapore: Times Academic Press for Centre for Advanced Studies, National University of Singapore, 1992, pp. 1 – 30.

② Yow, Cheun Hoe, *The Changing Landscape of Qiaoxiang*: *Guangdong and the Chinese Diaspora*, *1850 – 2000*, Singapore: National University of Singapore, Ph. D thesis, 2002; [马来西亚] 游俊豪著，卢婷、谢文君译:《广东与离散华人：侨乡景观的嬗变》，广州：世界图书出版广东有限公司，2016 年。

构成的侨乡社会的具体运作及深层演变则较为缺乏。从更大的理论框架来说，侨乡社会之所以被视为一个独立整体并往往与祖国命运相提并论，是受民族国家的思维模式影响的结果。

（二）海外华人研究

较早对东南亚华人进行研究并在学术界享有相当权威地位的有：维克多·帕塞对马来亚及东南亚华人历史的研究，[①] 美国学者施坚雅（William Skinner）对泰国华人历史及社会结构的研究，[②] 英国人类学家傅利民（Maurice Freedman）对新加坡华人婚姻家庭的研究，[③]威尔莫特（E. D. Willmott）对印尼华人史的研究，[④] 以及魏安国（Edgar Wickberg）对菲律宾华人史的研究。[⑤] 以上研究的一个特点就是除了纵向考察东南亚华人移民的历史外，还对当时东南亚华人社会的经济、组织结构和文化习俗等方面进行了详细的研究，通过分析华人社会"同化"于当地的过程，他们的研究最终把东南亚华人历史纳入当地历史发展的脉络。

欧美学者研究东南亚华人社会的传统在华人学者里得到继承，这方面的代表作有李保平（Lee Pohping）的《19世纪新加坡华人社会》、[⑥] 麦留芳的《方言群认同：早期星马华人的分类法则》（台北：台湾"中央研究院"民族学研究所，1985年）和颜清湟（Yen Ching-hwang）的《新马华人社会史》（北京：中国华侨出版公司，1991年）等，他们对华人社会的组织结构和文化教育等都有较详细的探讨。总之，这些立足于华人社会的研究著作对东南亚华人社会的历史、经济、文化、社会结构等方面的研究，无论是在方法上还是在资料上，都对我们了解东南亚华人社会具有极大的参考价值。不过，由于受民族国家思维模式的影响，这些著作多把华人社会视作一个封闭体系，忽略其与华南家乡的联系，因此，它们仅能反映部分/片面的历史"真实"。

并不是说所有海外华人的研究都忽略海外华人社会与中国的联系，实际上，关

---

① Purcell, Victor, *The Chinese in Southeast Asia*, Kuala Lumpur: Oxford University Press, 1965; Purcell, Victor, *The Chinese in Malaya*, Kuala Lumpur: Oxford University Press, 1967.

② Skinner, William, *Chinese Society in Thailand—An Analytical History*, Ithaca, N. Y.: Cornell University Press, 1957; Skinner, William, *Leadership and Power in the Chinese Community of Thailand*, Ithaca, N. Y.: Cornell University Press, 1958.

③ Freedman, Maurice, *Chinese Family and Marriage in Singapore*, London: HMSO, 1957.

④ Willmott, E. D., *The Chinese of Semarang: A Changing Minority Community in Indonesia*, Ithaca, N. Y.: Cornell University Press, 1960.

⑤ Wickberg, Edgar, *Chinese in Philippine Life 1850 – 1898*, New Haven: Yale University Press, 1965.

⑥ Lee, Pohping, *Chinese Society in Nineteenth Singapore*, Oxford: Oxford University Press, 1978.

于二者间的政治联系的研究比比皆是，例如对海外华人参与辛亥革命、五四运动、济南惨案、抗日救亡以及中国国民党、共产党在海外华人社会的活动等都已有相当深入的探讨。[①] 不过，这些对近代东南亚华人民族主义的研究不是站在中国民族国家建设的立场上加以褒扬，便是站在东南亚民族国家形成的立场上颇有微词。

相较而言，中国学者对海外华人的研究则体现更多的中国视角，也更关注海外华人的中国渊源及与中国的联系。[②] 庄国土、刘文正试图全面论述海外华人与中国的互动关系，包括中国的华侨政策、海外华人的民族主义、华人对中国经济的贡献等，他们也尝试从网络的角度分析 19 世纪以前的华商网络以及 20 世纪 80 年代以后的东亚经济一体化。[③] 不过大部分著作仍然深刻民族国家意识的烙印，只是它们的民族国家的框架根据不同的时代而相互转换。以 1949 年为分界线，1949 年前的海外华人被视作暂时旅居海外的华侨，他们认同中国，最终落叶归根；1949 年后随着东南亚各民族国家的独立，大部分东南亚华人被迫加入当地国籍而落地生根，他们的历史也被看作当地民族国家的一部分，纳入当地民族建设的进程中。同时它们又以这种后顾（retrospective）方式把 1949 年前的历史纳入民族国家的发展脉络里，强调海外华人对当地民族国家的贡献。

总而言之，民族国家的理论框架在解释移民的原因时，采用推－拉理论，在研究海外华人社会时则用"中国文化持续论""同化论""融合论""认同论"。由此可见，虽然华南侨乡及海外华人研究的立足点不同，但受民族国家理论框架的影响，使得近代华南侨乡与东南亚华人社会的有机联系被忽略。尽管如此，这些研究仍然为东南亚与华南的互动关系研究打下了坚实的基础。

① 参见［澳］颜清湟著，李恩涵译：《星马华人与辛亥革命》，台北：联经出版事业公司，1982 年；［澳］颜清湟：《新加坡和马来亚华人对 1928 年济南惨案的反响》，［澳］颜清湟：《海外华人史研究》，新加坡：新加坡亚洲研究学会，1992 年，第 123－148 页；Yen, Ching-hwang, *Community and Politics*: *The Chinese in Colonial Singapore and Malaysia*, Singapore: Times Academic Press, 1995; Yong, C. F., *Chinese Leadership and Power in Colonial Singapore*, Singapore: Times Academic Press, 1992；古鸿廷：《论马来亚华人民族主义运动之研究》，古鸿廷：《东南亚华侨的认同问题·马来亚篇》，台北：联经出版事业公司，1994 年，第 31－54 页。

② 例如：李学民、黄昆章：《印尼华侨史》，广州：广东高等教育出版社，1987 年；黄滋生、何思兵：《菲律宾华侨史》，广州：广东高等教育出版社，1987 年；朱杰勤：《东南亚华侨史》，北京：高等教育出版社，1990 年；林远辉、张应龙：《新加坡马来西亚华侨史》，广州：广东高等教育出版社，1991 年；陈碧笙：《世界华侨华人简史》，厦门：厦门大学出版社，1991 年；吴凤斌主编：《东南亚华侨通史》，福州：福建人民出版社，1994 年；黄昆章：《印尼华侨华人史：1950 至 2004 年》，广州：广东高等教育出版社，2005 年。

③ 庄国土：《华侨华人与中国的关系》，广州：广东高等教育出版社，2001 年；庄国土、刘文正：《东亚华人社会的形成和发展：华商网络、移民与一体化趋势》，厦门：厦门大学出版社，2009 年。

（三）侨乡纽带

侨乡纽带（Qiaoxiang ties）的研究是海外华人研究的延伸，它与侨乡研究有很大的相同之处，即都探讨海外华人与侨乡的联系，但是后者主要立足于侨乡，着重分析海外华人对家乡的影响结果，而前者立足于海外华人，强调这种联系建立的过程及机制，具有较强的双向性。侨乡纽带研究的重要推动者是荷兰亚洲研究国际学院学者刘岛（Leo Douw）、黄岑（Cen Huang）和古德利（Michael R. Godley）等人，他们在 1996 年发起侨乡纽带研究，1999 年出版的论文集《侨乡纽带：对华南"文化资本主义"的跨学科研究》便是这一领域研究的重要成果。①

侨乡纽带研究的范围包括社团组织的跨界活动和功能，如冼玉仪（Elizabeth Sinn）对三水同乡会的研究，刘宏对中华总商会的研究；也包括海外华人社会与侨乡间的文化交流，如柯群英（Khun Eng Kuah）对新加坡安溪人认祖归宗活动的研究。不过，现存的侨乡纽带研究更着重于探讨历史文化在海外华人与侨乡社会的经济联系中所起的作用，其目的在于探讨文化与华人资本主义这个命题。这使侨乡纽带研究最终没有走向对华南侨乡与东南亚华人社会互动关系的整体研究，而是步入华商研究。而在华商研究领域里，涉及华南与东南亚互动关系的文化、网络、制度等问题的讨论则更丰富、深刻。

（四）华商网络

对于 20 世纪 70 年代崛起的华人经济，学术界出现了两种不同的学术取向：一种是将华人企业视为一个社会单元，其组织结构深受文化价值的影响，采用这种研究取向的多是社会学家、人类学家和历史学家；另一种是从经济学角度研究企业的组织结构和管理模式，这类学者主要属于经济和商业史学、组织社会学和人类学学者。② 这两种取向对探讨华人商业的重要性是显而易见的，不过，前者对华南与东南亚社会互动关系的探讨更显密切。

较早从文化的角度来探讨华人经济的是以杜维明、黄绍伦等人为首的"新儒

---

① Douw, Leo, Huang, Cen and Godley, Michael R. (eds.), *Qiaoxiang Ties: Interdisciplinary Approaches to "Cultural Capitalism" in South China*, London: Kegan Paul International, 1999.

② Douw, Leo, Huang, Cen and Ip, David (eds.), *Rethinking Chinese Transnational Enterprises: Cultural Affinity and Business Strategies*, Richmond, Surrey: Curzon Press; Leiden: International Institute for Asian Studies, 2001, p. 1.

家"学派，[1] 他们认为儒家思想的价值观念是推动华人经济发展的重要原因，其理论来自对韦伯宗教伦理的批判。不过，由于儒家思想这一价值软件并不能直接解释华人经济成功的原因，因此它在 20 世纪 80 年代盛行一时之后，便在 20 世纪 90 年代渐渐式微，为韩格理（Gary G. Hamilton）、高伟定（S. Gordon Redding）和黄绍伦等人提倡的华人网络论所取代。[2] 华人网络论者指出，东方国家没有发展出像西方那样的公共商业制度，而是发展出以家庭、社会网络为单位，传统社会关系为约束的商业制度。在这样的制度下，华人企业通过个人信用、关系组成的网络来发展事业，建立了与西方大公司相对立的另一种成功模式。从理论资源来看，华人网络论与儒家理论一脉相承，即都认为华人经济是建立在特定的儒家文化传统的基础上，不同之处在于，它提出网络作为与社会结构和文化观念相对应的硬件，这使华人网络论在分析华人商业时更具有效性并进而构筑亚洲型资本主义的框架。

由于华人网络论是以个人、家庭为核心，以社会关系为联结的一个横向延伸的体系，因此它对华人间的跨界联系有特别意义。不过，由于华人网络论的研究者往往是对当代华人企业进行统计分析，而理论分析的工具又仅限于以文化亲缘关系为基础的"信用""关系"等概念，加上人们对华人网络论在任何组织、集团的内部结构和对外关系领域的随意应用，华商网络论内涵空洞化危机也随之产生。[3]

对华人网络论的批评和修正主要包括网络的历史化、场景化和制度化等。华人网络论的场景化和历史化较早受到人们的重视，例如 1995 年罗杰斯瓦利·安帕拉瓦那·布朗（Rajeswary Ampalavanar Brown）便提出需要将网络置于一定的历史环境中考察，研究华商网络怎样随着外部政治经济环境的改变而变化，在其所编的论文集《亚洲华商企业》里，有大部分论文是在此方面的努力探索。[4] 如安德烈·麦克尔德利（Andrea McElderry）对晚清金融的研究，罗伯特·加特拉

① ［美］杜维明著，高专诚译：《新加坡的挑战：新儒家伦理与企业精神》，北京：生活·读书·新知三联书店，1989 年；黄绍伦编：《中国宗教伦理与现代化》，香港：商务印书馆（香港）有限公司，1991 年。

② 参见 Hamilton, Gary G. (ed.), *Business Networks and Economic Development in East and Southeast Asia*, Hong Kong：Centre of Asian Studies, University of Hong Kong, 1991；Hamilton, Gary G. (ed.), *Cosmopolitan Capitalists：Hong Kong and the Chinese Diaspora at the End of the Twentieth Century*, Seattle：University of Washington Press, 1999.

③ 廖赤阳：《世纪之交的华侨、华人研究——寻求网络与国家的对话》，廖赤阳、刘宏主编：《错综于市场、社会与国家之间——东亚港口城市的华人社团与区域间商贸网络之建构》，东京：平和中岛财团，2002 年。

④ Brown, Rajeswary Ampalavanar, *Chinese Business Enterprise in Asia*, London, New York：Routledge, 1995.

（Robert Gardella）对明清和民国时期中国经济转变及会计发展的研究等。另外，詹妮弗·库什曼（Jennifer W. Cushman）对 19、20 世纪许氏家族锡矿业在马、泰的经营发展和商业网络的研究也是这方面的范例。① 1995 年以来还有不少学者继续在这个方面深挖细钻，例如蔡志祥（Choi Chi-cheung）对泰国乾泰隆跨国公司的研究，② 钟宝贤（Stephanie Po-yin Chung）对余仁生的研究，颜清湟对华侨银行和永安公司的研究，③ 罗伯特·克里布（Robert Cribb）和艾德蒙·特伦斯·哥美兹（Edmund Terence Gomez）等人对印度尼西亚、马来西亚华商企业主公制度的研究。④ 对华商群体的研究又涉及华商网络的制度化问题，关于这个问题，除了钟宝贤对香港华商及钱江对越南华商的实证研究以外，⑤ 刘宏和颜清湟等还特别研究新加坡中华总商会及其他华人社会组织的作用，并说明华人网络的社会组织基础及制度化支持。⑥

在华人网络论需要进行历史化和场景化的同时，研究华人经济的另一派学者也逐渐向此靠拢，例如郭根维（Koh Keng We）从商业机构的内部管理、策略来研究余仁生跨国商业网络的发展时，也尽量将它置于当时经济体制和社会结构及

---

① Cushman, Jennifer Wayne, *Fields from the Sea：Chinese Junk Trade with Siam during the Late Eighteenth and Early Nineteenth Centuries*, Ithaca, N. Y. : Southeast Asia Program, Cornell University, 1993.

② Choi, Chi-cheung, "Competition among Brothers：The Kin Tye Lung Company and Its Associate Companies", in Brown, Rajeswary Ampalavanar（ed.）, *Chinese Business Enterprise in Asia*, London：Routledge, 1995, pp. 91 – 114.

③ Chung, Stephanie Po-yin, "Doing Business in Southeast Asia and Southern China—Booms and Busts of the Eu Yan Sang Business Conglomerates, 1876 – 1941", in Douw, Leo, Huang, Cen and Ip, David（eds.）, *Rethinking Chinese Transnational Enterprises：Cultural Affinity and Business Strategies*, Richmond, Surrey：Curzon Press；Leiden：International Institute for Asian Studies, 2001, pp. 158 – 183；Yen, Ching-hwang, "Ethnic Chinese Business Networks in East and Southeast Asia", in Yen, Ching-hwang, *The Ethnic Chinese in East and Southeast Asia：Business, Culture and Politics*, Singapore：Times Academic Press, 2002, pp. 23 – 50.

④ Cribb, Robert, "Political Structures and Chinese Business Connections in the Malay World：A Historical Perspective", in Chan, Kwok Bun（ed.）, *Chinese Business Networks：State, Economy and Culture*, Singapore：Prentice Hall；Copenhagen：Nordic Institute of Asian Studies, 2000, pp. 176 – 192；Gomez, Edmund Terence, "In Search of Patrons：Chinese Business Networking and Malay Political Patronage in Malaya", in Chan, Kwok Bun（ed.）, *Chinese Business Networks：State, Economy and Culture*, Singapore：Prentice Hall；Copenhagen：Nordic Institute of Asian Studies, 2000, pp. 207 – 223.

⑤ Chung, Stephanie Po-yin, *Chinese Business Groups in Hong Kong and Political Change in South China, 1900 – 1925*, New York：St. Martin's Press, 1997；钱江：《商人、帮群与网络》，廖赤阳、刘宏主编：《错综于市场、社会与国家之间——东亚港口城市的华人社团与区域间商贸网络之建构》，东京：平和中岛财团，2002 年；钱江：《潮汕商人与香港米粮贸易》，李志贤主编：《海外潮人的移民经验》，新加坡：新加坡潮州八邑会馆、八方文化企业公司，2003 年。

⑥ 刘宏：《中国－东南亚学：理论建构·互动模式·个案分析》，北京：中国社会科学出版社，2000 年；Yen, Ching-hwang, *The Ethnic Chinese in East and Southeast Asia：Business, Culture and Politics*, Singapore：Times Academic Press, 2002.

政治文化的视野下考察。[①] 商业结构在东西方国家截然不同的界限在高家龙（Sherman Cochran）的视阈中变得模糊，通过对不同国家的商业史的研究，他指出，公司的科层结构与社会网络并不是必然排斥的，而是在不同时期会交替使用或互补的。[②]

由上可知，虽然华商网络论曾因其解释模式的僵化和滥用而出现理论空洞化的危机，但如果将它与社会组织、国家制度及经济条件结合分析，并置于历史的视野下来考察这些因素的变动，网络论有充分的理由成为社会科学研究的有效工具。虽然经济史学家科大卫（David Faure）指出华人商业并不建立于网络联系之上，而是与合同、会计和合作相关的行为，[③] 但显然，合同、合作等行为也是在网络的基础上进行的。

刘宏通过对新加坡华人商业网络的研究指出，华人的社会网络和商业网络是不可分离的，华人价值观、家庭以及非正式的个人联系等文化要素构成华人资本主义的"软件"，而商会等华人社团则构成华人资本主义运作的"硬件"。[④] 刘宏也回顾了亚洲华商网络研究的范式变迁，指出："从本质上讲，网络所涵盖的是一种横向的、跨国跨区域的、较为平等的社会商业关系，而国家则是一种民族国家内部的纵向的、垂直的权力体系。"华商网络研究应该"找回国家"，重视国家对华人商业的影响。[⑤] 他认为："如何在现有研究的基础上摆脱其局限性，从实证和理论结合的角度分析华商网络的历史与当代的不同形态、不同层面的网络关系、跨种族但仍以华族为主体的网络建构、网络的社会与文化基础、在区域化

① Koh, Keng We, *Eu Tong Sen：A Case Study in Business Expansion*, Singapore：National University of Singapore, Master Thesis, 2000.

② Cochran, Sherman, "Chinese and Overseas Chinese Business History：Three Challenges to the State of the Field", in *Asian Business Networks & History：A One-day Workshop*, Singapore：NUS, June 15, 2002；Cochran, Sherman, *Encountering Chinese Networks：Western, Japanese, and Chinese Corporations in China, 1880 - 1937*, Berkeley：University of California Press, 2000.

③ Faure, David, "Beyond Networking：An Institutional View of Chinese Business", in *Asian Business Networks & History：A One-day Workshop*, Singapore：NUS, June 15, 2002.

④ 刘宏：《战后新加坡华人社会的嬗变：本土情怀·区域网络·全球视野》，厦门：厦门大学出版社，2003 年，第 164 - 165 页。

⑤ 刘宏：《战后新加坡华人社会的嬗变：本土情怀·区域网络·全球视野》，厦门：厦门大学出版社，2003 年，第 198 页。刘宏对网络的总结和批判又可参见廖赤阳、刘宏：《网络、国家与亚洲地域秩序：华人研究之批判性反思》，《华侨华人历史研究》2008 年第 1 期；另见廖赤阳、刘宏主编：《错综于市场、社会与国家之间：东亚口岸城市的华商与亚洲区域网络》，新加坡：南洋理工大学、八方文化创作室，2008 年，第 1 - 34 页。

和全球化时代的网络与国家关系等等，这些都是值得深入研究的论题。"① 总之，华人网络论对于个人、家庭、社会、市场与国家的分析方法对研究无论是华人商业经济还是各地区华人社会间的互动都具有重要意义。

（五）跨国华人社会

由于受民族国家模式的影响，迄今为止，学术界整体研究海外华人社会与家乡互动关系的著作不多，除了 20 世纪 30 年代陈达采用社会学的方法研究南洋华侨社会及其对闽粤侨乡的影响外，据笔者所知，目前较早的研究著作便是华琛（James L. Watson）对香港新界社会与其移民英国华人间的互动关系的研究。作者采用人类学的研究方法，以研究对象而定，把新界与其移民英国华人视作一个有机的社会整体，并能从宗族等结构性因素来探讨他们间的互动关系。② 在此基础上，濑川昌久也对华南侨乡村落有类似的研究。③ 郑一省则从移民网络、金融网络、商贸网络、社团网络、资讯网络、区域网络、全球网络等多重网络关系的变化来研究 20 世纪各个时期海外华人与侨乡互动关系的变化和相互影响。④

关于华南与海外华人社会互动关系的研究，近年来受西方学术界兴起的全球化理论和跨国主义理论的影响，学者们开始对传统的华南研究与海外华人研究进行反思，并将之置于全球化的视野下进行考察。代表这一理论的研究成果有徐元音（Madeline Yuan-yin Hsu）的《梦金山、梦家乡：跨国主义与美国和华南间的移民，1882—1943》。⑤该书研究的是 1882—1943 年移民美国的台山人，把中国本土的台山人与移民海外各地的台山人视作一个整体社会，并研究这样一个跨国社会是怎样维系和发展的。通过研究，该书指出社会网络的重要性。在 1910 年前，尽管排华法案严苛，台山人移民美国的潮流却没有间断，他们通过朋友、亲人的关系网络组成了一套有效的入境和认证体系，从而以美国公民或美国公民儿子身份进入美国。在家庭方面，该书指出，华人出于奉养父母和传宗接代的责任感不

---

① 刘宏：《战后新加坡华人社会的嬗变：本土情怀·区域网络·全球视野》，厦门：厦门大学出版社，2003 年，第 199 页。

② Watson, James L., *Emigration and the Chinese Lineage—The Mans in Hong Kong and London*, Berkeley: University of California Press, 1975.

③ ［日］濑川昌久著，钱杭译：《族谱：华南汉族的宗族·风水·移居》，上海：上海书店出版社，1999 年。

④ 郑一省：《多重网络的渗透与扩张——海外华侨华人与闽粤侨乡互动关系研究》，北京：世界知识出版社，2006 年。

⑤ Hsu, Madeline Yuan-yin, *Dreaming of Gold, Dreaming of Home: Transnationalism and Migration between the United States and South China, 1882–1943*, Stanford: Stanford University Press, 2000.

断到美国赚钱，又不断回家乡娶妻生子，人们对妇女的贞节要求和社会网络的监视又有效地维护了分居家庭的存在。台山侨刊作为传递信息、观念和情感的便捷方式，使得海内外台山人几乎在同时分享相同的信息、参与相同的事件，从而巩固了跨国台山人社会的联系纽带。总之，在跨国主义理论框架下，该书为我们展现了一个在经济、文化等方面与家乡有多重互动关系的近代美国华人社会，他们在以家庭为核心的多重网络的构建下共同组成了一个有机的社会整体，这在很大程度上比把华人孤立于某一民族国家的传统研究更真实地反映了近代海外华人社会的发展动态。它从华人社会的内部结构观照侨乡社会与海外移民社会的互动关系，无论是从理论上还是实证研究上都代表了该领域研究的重要成果。

另外，李明欢从中国和荷兰两地相结合的视角来研究荷兰的华人移民社团。[①] 卡罗琳·卡地亚（Carolyn L. Cartier）将华南的空间范围扩大到其与海外华人的联系。[②] 亚当·麦基翁（Adam McKeown）用全球的视角考察秘鲁、芝加哥和夏威夷三地的华人社会，指出"全球"发生于移民内部和外界各种社会力量交相作用的场域中，它经历一个动态的历史演变过程，通过恢复跨国移民的当时场景，试图构建一套适合于跨国移民现象的话语体系。[③]

第三节　理论取向

通过以上学术史回顾，我们知道华南侨乡研究和海外华人研究是华南与东南亚互动关系研究的两大重镇。但是由于深受民族国家理论框架的影响，其立足点分别是中国和东南亚国家，它们反映出的华南与东南亚华人社会处于相对隔离的状态。虽然它们都重视两者间的联系，但都是将这一联系视为外部影响，纳入民族国家进程的脉络里，由于不能将两者置于同一个社会场域，故未能从内部结构把握两者的联系机制和相互关系。

---

①　Li, Minghuan, *We Need Two Worlds: Chinese Immigrant Associations in a Western Society*, Amsterdam: Amsterdam University Press, 1999.

②　Cartier, Carolyn L., *Globalizing South China*, Malden, M. A.: Blackwell Publishers, 2001.

③　McKeown, Adam, *Chinese Migrant Networks and Cultural Change: Peru, Chicago, Hawaii, 1900 - 1936*, Chicago: The University of Chicago Press, 2001.

侨乡联系与华商网络都强调华南与东南亚华人社会间的跨界联系，它们提出的网络概念能冲破国家史观的束缚和限囿，但是由于对网络、社会、经济环境等关系的忽略，现有的华商网络的研究仍局限于华人商业本身，而未能提供一个处理华南与东南亚华人社会间多重互动关系的更周全的体系。对华南与东南亚华人社会互动关系的研究应置于一个超越民族国家但又包容国家、社会与网络的多层次、有机体系中考察。毋庸讳言，20 世纪末学术界兴起的跨国主义理论对我们的研究有极大的启发性。

一、跨国主义理论

跨国主义理论（transnationalism）① 产生于 20 世纪 90 年代初期，它是伴随着现代的交通、资讯的发达而出现的全球化时代的产物。依照较早提出跨国主义理论的尼娜·格里克·席勒（Nina Glick Schiller）等人的定义，所谓跨国主义是指移民建立跨越地理、文化和政治边界的社会场景（social fields）的社会进程，跨国移民（transmigrants）被理解为建立和维持跨界的家庭、经济、社会、组织、宗教和政治的多重联系的群体，他们用这种多重联系和在不同国家所获得的多重身份来调试或抗拒其移民过程中遇到的困难，移民在出生国和移居国间的多重参与是跨国主义的要旨，他们的行为、决策和关怀都离不开连接他们的出生国与移居国之间的社会关系场域。② 跨国主义理论与民族国家理论的根本区别在于对移民去疆域化（deterritorialized），即把华人从领土化的民族国家禁锢中解放出来。移民被看作是流动、有机的，其生活决定于移出国与移入国间复杂的社会环境。③

在跨国主义理论里，跨国社会场景是个重要的概念，它是相对于地理空间而

---

① 关于跨国主义理论和跨国主义的华人研究可参见潮龙起：《移民史研究中的跨国主义理论》，《史学理论研究》2007 年第 3 期；潮龙起：《跨国华人研究的理论和实践——对海外跨国主义华人研究的评述》，《史学理论研究》2009 年第 1 期；吴前进：《当代移民的本土性与全球化——跨国主义视角的分析》，《现代国际关系》2004 年第 8 期；吴前进：《跨国主义的移民研究——欧美学者的观点和贡献》，《华侨华人历史研究》2007 年第 4 期。

② Schiller, Nina Glick, Basch, Linda and Blanc-Szanton, Cristina（eds.），*Towards a Transnational Perspective on Migration*：*Race*，*Class*，*Ethnicity*，*and Nationalism Reconsidered*，New York：New York Academy of Sciences, 1992, pp. ix, 4, 8.

③ Schiller, Nina Glick, Basch, Linda and Blanc-Szanton, Cristina（eds.），*Towards a Transnational Perspective on Migration*：*Race*，*Class*，*Ethnicity*，*and Nationalism Reconsidered*，New York：New York Academy of Sciences, 1992, pp. 1, 5 – 8.

言的，这与传统移民研究潜在的分析单位很不同，它在地域上是跨国的，但又跳出地域的局限，它包括移入国与移出国间的社会经济文化交流，而背后所依靠的更多的是移民建立的网络关系。在这样的理论框架下，移民的研究单位自然不是地理空间，因为社会网络几乎支撑了跨国移民社会的基础，所以亚历山大·波茨（Alejandro Portes）等人主张以移民个人及其支持网络作为跨国移民的研究单位。① 重要的是，这个单位具有伸缩性，它依研究对象而定，可能是家庭、村庄、宗亲组织、同业公会，或它们的结合体。后来致力于跨国移民研究的学者如卢格·普里斯（Ludger Pries）和托马斯·费斯特（Thomas Faist）则在跨国社会场景概念的基础上进一步提出跨国社会空间（transnational social space）的概念，他们认为跨国社会空间不能被视为地理空间的对立面，而是相互依存的。② 其中托马斯·费斯特更把跨国社会空间发展成为一个系统的理论，他把跨国社会空间分成三类：跨国互惠关系（transnational reciprocity in kinship groups）、跨国交换圈（transnational circuits in exchange-based networks）和跨国社会群体（transnational communities of solidarity），其联系机制分别对应于互惠关系、交换关系和集体团结精神。③ 托马斯·费斯特对跨国社会空间的划分和对相应机制的探讨对我们研究跨国移民社会有极大的启发意义。

如果对跨国主义理论作进一步引申，我们可以认为，跨国移民是跨国主义理论的中心，他们既在移入国有多重的政治、经济和文化参与，又与家乡（母国）构成强大的感情磁场，家乡（母国）的象征意义可以体现于移民社会的文化教育与组织机构上，通过跨国移民社会的关系网络和承载网络，移民与家乡（母国）的多重联系得以实现。当跨国移民社会利益受到所在国或母国政策影响时，移民社会有效的组织机构和网络关系又发挥公共领域的作用。由上可见，跨国主义现象的形成大致包括以下条件：第一，移民政策的通融和移民现象的持续；第二，交通和信息传播的便利；第三，关系和承载网络的存在和有效运转。其中移民的持续至为关键，一旦跨国移民中断，跨国主义就可能退变为文化象征乃至消

---

① Portes, Alejandro, Guarnizo, Luis E. and Landolt, Patricia, "The Study of Transnationalism: Pitfalls and Promise of an Emergent Research Field", *Ethnic and Racial Studies*, 1999, 22 (2), pp. 217 - 237.

② Pries, Ludger, "The Approach of Transnational Social Spaces: Responding to New Configurations of the Social and Spatial", in Pries, Ludger, *New Transnational Social Spaces: International Migration and Transnational Companies in the Early Twenty-first Century*, London, New York: Routledge, 2001, pp. 3 - 33.

③ Faist, Thomas, "Transnationalization in International Migration: Implications for the Study of Citizenship and Culture", *Ethnic and Racial Studies*, 2000, 23 (2), pp. 189 - 222; Faist, Thomas, *The Volume and Dynamics of International Migration and Transnational Social Spaces*, Oxford, New York: Oxford University Press, 2000, p. 198.

失，但一旦跨国移民现象再次出现，原有的文化象征就可能被激活，重新参与跨国主义潮流。

总之，跨国主义对移民的重新定义，跨国社会场景概念的提出及其对国家、社会、网络等层次的涵盖性，以及它对跨国移民社会研究单位的重新审视，使它成为研究以移民为中心的跨国互动关系的较有效工具。对于目前移民研究存在的畛域分明和学科分野的问题，跨国主义理论框架为次区域（sub-region）的连接和学科的沟通提供了合适的舞台。①

诚然，作为一个新兴理论，跨国主义理论也存在许多不足和欠缺之处。首先，就研究对象来说，跨国主义理论的建立和发展主要出于社会学家对当代居住在美国的拉美国家（危地马拉、多米尼加、海地和波多黎各等）移民群体的实证研究，由于研究视野的狭窄和历史取向的欠缺，跨国主义理论的研究对象设定为当代移民，即世界资本主义体系和全球化进程的产物，以区别于19世纪末、20世纪初的早期移民。以往关于早期移民的研究往往将其表现为"连根拔起"式的移民，即摒弃旧的生活方式以及与家乡有关之所有社会关系和文化纽带，永久地定居于移入国，全心全意地投入新国家的社会、文化、经济和政治活动，并伴随着痛苦的文化适应过程。② 但事实证明，许多早期移民不但没有切断与家乡的联系，反而与家乡存在广泛的经济文化互动关系，那么，当代的跨国移民与早期移民又有何区别呢？对此，跨国主义理论的后继者亚历山大·波茨等人指出，当代发达的交通、资讯网络使跨国移民与家乡的互动关系更为频繁、更为广泛。③ 然而，这种频繁性和广泛性的"度"又如何把握呢？可见，跨国主义理论要发展为更具分析力和适用性的理论，就不应局限于当代移民的研究，而应把19世纪甚至更早的时代纳入其历史视野内。

跨国主义理论自其产生以来就受到学术界的各方关注和批评，例如彼得·基维斯托（Peter Kivisto）便对跨国主义理论的产生和发展作了较为全面和具有批判性的回顾，通过批判分析跨国主义理论分别经过人类学家尼娜·格里克·席勒（Nina Glick Schiller）、琳达·巴茨（Linda Basch）和克里斯汀娜·布兰克－桑顿

---

① Castles, Stephen, *Ethnicity and Globalization*: *From Migrant Worker to Transnational Citizen*, London: Sage Publications, 2000, pp. 15 – 22.

② Schiller, Nina Glick, Basch, Linda and Blanc-Szanton, Cristina (eds.), *Towards a Transnational Perspective on Migration*: *Race*, *Class*, *Ethnicity*, *and Nationalism Reconsidered*, New York: New York Academy of Sciences, 1992, pp. ix, 1.

③ Portes, Alejandro, Guarnizo, Luis E. and Landolt, Patricia, "The Study of Transnationalism: Pitfalls and Promise of an Emergent Research Field", *Ethnic and Racial Studies*, 1999, 22 (2), p. 217.

（Cristina Blanc-Szanton）等人的倡议，社会学家亚历山大·波茨和政治学家托马斯·费斯特等人的修正和发展的不同阶段的特点，指出跨国主义理论并没有取代它试图取代的同化理论，其对移民文化和适应性的关注使它不免沦为同化理论的变体。[①]

针对跨国主义理论目前研究对象狭隘而需要拓展的问题，有学者指出，事实上，华人移民与拉美移民相比，历史更悠长，范围更庞大，而宗族、地缘和方言的网络也更为普遍与持久，[②] 因此更应引起学术界的关注。较早从跨国主义的角度进行的海外华人研究可参见由王爱华（Ong Aihwa）、唐纳德·诺尼尼（Donald M. Nonini）编纂的论文集《无根帝国：现代华人跨国主义的文化政治学》。[③] 该书的论题主要属于华人资本主义的研究范围，但是也注意到 20 世纪 80 年代以来跨国主义对海外华人现代性的影响，并根据海外华人的跨国主义现象提出"第三种文化"（third culture），用以指代海外华人跨国政治、经济、社会和文化活动所形成的新的话语。不过由于本书的成文大多是在跨国主义理论著作正式问世之前，因此未能借用其相关的研究成果，而其对华人跨国主义的界定也局限于由科技发达所引发的资本主义全球化时代，并与现代性的议题相提并论。在几年后进行的侨乡纽带的讨论中，刘岛等人继续引入跨国主义理论，但其研究范围仍然不出华人商业、文化资本主义的范畴。[④] 刘宏最早将跨国主义理论译介于中文学术界，并应用于当代新移民与跨国华人（transnational Chinese）的实证研究，为我们提供了跨国主义理论与华人研究相结合的范例。[⑤]

徐元音的《梦金山、梦家乡：跨国主义与美国和华南间的移民，1882—1943》（以下简称"徐著"）是第一部应用跨国主义理论系统研究近代跨国华人社会（Chinese transnational communities）的专著。虽然作者没有直接提出采用跨国主义的理论框架，反而批评其理论建立的基础是当今发达的传播技术，缺乏历史化取向，但作者的问题意识明显带有跨国主义理论的烙印：究竟地理上分布于两个大陆的台山移民社会怎样作为一个内聚性整体维系和生存了半个多世纪？通

---

① Kivisto, Peter, "Theorizing Transnational Immigration: A Critical Review of Current Efforts", *Ethnic and Racial Studies*, 2001, 24 (4), pp. 549 – 577.

② 刘宏：《跨国华人：实证分析与理论思考》，《二十一世纪》2002 年第 71 期。

③ Ong, Aihwa and Nonini, Donald M. (eds.), *Ungrounded Empires: The Cultural Politics of Modern Chinese Transnationalism*, New York: Routledge, 1997, pp. 3 – 33.

④ Douw, Leo, Huang, Cen and Godley, Michael R. (eds.), *Qiaoxiang Ties: Interdisciplinary Approaches to "Cultural Capitalism" in South China*, London: Kegan Paul International, 1999.

⑤ 刘宏：《跨国华人：实证分析与理论思考》，《二十一世纪》2002 年第 71 期；刘宏：《社会资本与商业网络的建构：当代华人跨国主义的个案研究》，《华侨华人历史研究》2000 年第 1 期。

过分析当时的地理交通、社会经济条件，华人的关系网络、家庭观以及侨刊、侨汇的流通，作者阐明了跨国华人社会持续存在的机制。因此，与其说作者抛弃了跨国主义理论，毋宁说她尝试利用近代台山移民的实证研究来使该理论充分历史化。徐著为跨国主义理论引入近代华人研究提供了成功的典范，同时又显示了所存在的问题，即把跨国华人从华人社会整体及两国场景中剥离出来的危险。① 徐著为本书对近代东南亚华人的研究提供了重要的借鉴作用。

特别需要指出的是，当把跨国主义理论运用于近代东南亚华人与华南互动关系的研究时，还存在"名正言顺"的问题。在近代东南亚，民族国家还没有普遍形成，除泰国外，大部分东南亚地区处于西方殖民者的统治范围，因此，如果用"跨国"来指代当时中国与东南亚间的互动，不少学者会提出异议。在此，有必要对本书所使用的"跨国"作出解释：首先，从跨国主义理论的定义本身解释，"跨国"的真正内涵是"跨越地理、文化和政治边界"，而不一定局限于民族国家，不过由于该理论的创立者主要用以研究当代的移民活动，故而不尽恰当地将之概括为"transnationalism"，而就中文翻译而言，由于未能找到更为恰当的词语，也只好译之为"跨国主义"。其次，就中文而言，"国"不特指"民族国家"，它既可以指古代的王国（kingdom），也可以指帝国（empire），从这个意义上讲，"国家"在东南亚很早就存在，最先是独立的王国，后来则沦为西方帝国的殖民地，因此，中国和东南亚无论如何都分属于不同的"地理、文化和政治边界"或"国家"，本书正是从这个意义上使用"跨国"的。

在跨国主义理论里，跨国社会场域的形成是个核心问题，本书将跨国主义理论引入中国－东南亚华人互动关系的研究中，还得到以下研究理论和成果的支持。

二、滨下武志：近代亚洲体系

近代亚洲体系是从传统亚洲体系发展而来的，其中南中国海贸易是重要的组成部分，对此中外学术界已有较多研究。南中国海贸易圈长期存在，即使在西方殖民者到来后也没有根本改变，相反，以亚洲视角来看，这个有机的贸易体系还因为西方殖民者的加入而得到加强。亚洲传统秩序的确立离不开以中国为中心的朝贡体系，朝贡体系是中国"礼"的观念运用于现实政治秩序的体现，它是以

---

① 参见陈丽园：《近代海外华人研究的跨国主义取向探索——评徐元音的〈梦金山、梦家乡〉》，《华侨华人历史研究》2003 年第 1 期。

"天朝"为中心逐渐向地方和周边国家辐射的政治体系，在这样的体系里，中国分别与东亚国家（日本、朝鲜）和东南亚国家（暹罗、越南、老挝、缅甸、菲律宾、马来亚、印度尼西亚）组成了朝贡地域圈。① 由于这种朝贡体系主要是以朝贡贸易来维持，而华人又在朝贡贸易中充当重要角色，因此亚洲体系是个既具政治稳定性又具经济活力的有机体系。

通过对朝贡体系从古代到近代的纵向考察和对朝贡政治、朝贡贸易、金融流通和移民的多层观照，滨下武志比前人更加系统地提出了亚洲传统秩序，他指出："通过对历史上亚洲区域内的各种关系进行研究之后，我们不难发现，以中国为核心的与亚洲全境密切联系存在的朝贡关系，以及在此基础上形成的朝贡贸易关系，是亚洲而且只有亚洲才具有的唯一的历史体系。亚洲区域内的各种关系，是在以中国为中心的朝贡关系、朝贡贸易关系中形成的，这种关系是历史上形成的联结亚洲各国各地区的内在的纽带。"② 在朝贡体系里，前近代的亚洲区域市场的形成，"是一种以中国和印度为两个轴心，以东南亚为媒介的亚洲区域市场分布图。特别是15、16 世纪以来，随着对中国的朝贡贸易及互市贸易等官营贸易的经营发展，民间的贸易也在扩大。以华侨、印侨为中心的帆船贸易和官营贸易一起，形成了亚洲区域内的多边贸易网。在此，以中国的茶、生丝、土布，日本的贵金属、海产品，泰国的米，印度的棉花以及菲律宾的砂糖等货物为中心构成了多边的贸易网络"③。

滨下武志对亚洲秩序的贡献更在于把亚洲秩序拉至近代的视野。他指出，亚洲近代的契机，并非仅限于欧洲对亚洲的"冲击"，"西欧进入亚洲时首先要面对一个有着自身规律的、按照自身秩序运行的亚洲朝贡贸易体系，也就是说，欧洲也有一个面对来自亚洲'冲击'的问题。所以西方诸国一方面采取加入和利用亚洲原有的朝贡贸易形成的网络，另一方面则通过介入朝贡关系的一角，并试图使其改变的做法来达到自己的目的"④。欧洲的加入导致亚洲市场发生了变化，中、日、印三国茶叶出口的竞争，亚洲白银本位圈的形成以及以香港为中介的劳

① 参见余定邦、喻常森等：《近代中国与东南亚关系史》，广州：中山大学出版社，1999 年；黄枝连：《亚洲的华夏秩序——中国与亚洲国家关系形态论》，北京：中国人民大学出版社，1992 年。
② ［日］滨下武志著，朱荫贵、欧阳菲译：《近代中国的国际契机：朝贡贸易体系与近代亚洲经济圈》，北京：中国社会科学出版社，1999 年，前言第5 页。
③ ［日］滨下武志著，朱荫贵、欧阳菲译：《近代中国的国际契机：朝贡贸易体系与近代亚洲经济圈》，北京：中国社会科学出版社，1999 年，第10 页。
④ ［日］滨下武志著，朱荫贵、欧阳菲译：《近代中国的国际契机：朝贡贸易体系与近代亚洲经济圈》，北京：中国社会科学出版社，1999 年，前言第6 页。

工贸易和汇兑网的形成标志着亚洲秩序的近代形态，亦即纳入国际体系的近代亚洲经济圈的内部机制。① 近代亚洲体系的提出为我们采用跨国主义理论研究华南与东南亚社会的互动关系提供了有力的区域史背景。

三、王赓武的南中国海论述与孔飞力的"中国移民的历史生态学"

南中国海自古以来就是华人活动的重要场域，王赓武通过其卓越而丰富的著述向我们展现了自秦代以来以南中国海为中心的中国与东南亚各地间的政治、经济、交通和文化交流的历史，以及华人在其中所扮演的重要角色。中国与东南亚间的交流自秦代以来便几乎不曾中断，其中既包括官方的互访、朝贡和贸易，也包括民间广泛的私人贸易和海上活动。② 当中国处于强盛的唐、元、明、清时期，中国与东南亚各地间的官方互访和朝贡贸易十分兴盛，其间中国处于绝对优势的地位，并开创了郑和下西洋的壮举；③ 即使当中国处于积贫积弱、分裂及政治军事上转向防守的时期，闽粤民众在南中国海上的活动也一直非常活跃。例如，16世纪林凤在马尼拉建立强大的军事集团，17世纪郑氏集团在长崎、厦门和台湾建立强大的海上帝国，而早在14世纪闽粤民众便在爪哇东北海岸和苏门答腊的巨港建立了颇具规模的华人社会，17世纪中叶在巴达维亚也形成另一个庞大的华商社会。④

王赓武对南中国海的历史活动的研究并不是开创性的，早在20世纪初，以伯希和为首的西方学者便依据中西史料对东南亚古代的历史地理进行考证，此后冯承均、姚楠、许云樵等华人学者继续在这个领域进行研究和译介西方著作，⑤

---

① ［日］滨下武志著，朱荫贵、欧阳菲译：《近代中国的国际契机：朝贡贸易体系与近代亚洲经济圈》，北京：中国社会科学出版社，1999年，第12-17页。

② 参见［澳］王赓武著，姚楠编译：《南海贸易与南洋华人》，香港：中华书局，1988年；［澳］王赓武著，姚楠编译：《东南亚与华人——王赓武教授论文选集》，北京：中国友谊出版公司，1987年；［澳］王赓武：《王赓武自选集》，上海：上海教育出版社，2002年；［澳］王赓武：《中国与海外华人》，香港：商务印书馆（香港）有限公司，1994年。

③ 参见 Wang, Gungwu, *The Chinese Overseas: From Earthbound China to the Quest for Autonomy*, Cambridge, M. A.: Harvard University Press, 2000；王赓武：《王赓武自选集》，上海：上海教育出版社，2002年，第139-158页。

④ ［澳］王赓武：《中国与海外华人》，香港：商务印书馆（香港）有限公司，1994年，第91-118页。

⑤ 参见冯承均译：《西域南海史地考证译丛七编》，北京：商务印书馆，1962年；冯承均：《中国南洋交通史》，上海：商务印书馆，1937年；姚楠、许云樵等编：（新加坡）《南洋学报》，1940年创刊。

而张相时、刘继宣、束世澂、李长傅、温雄飞等学者则对华人移民东南亚史展开系统而深刻的研究。[①] 尽管如此，王赓武所同时具有的历史深度、全球视野和精辟见解却是许多人难以比拟的。王赓武对南中国海的研究贡献不但在于其深纵的历史趋向，还在于其对近代史和当代史的近距离考察。他关于南中国海的历史论述足以证明：在前近代，南中国海便成为华人活动的重要空间，它从来没有阻隔中国与东南亚间的交往，相反，通过贸易、朝贡、军事等关系形式，两个地区很早就紧密联系在一起。[②]

当然，王赓武对华人史研究的贡献更加引人注目。"由于王赓武教授的学术方法、资料运用和理论视野，使他在过去近四十年来所致力从事和积极推动的海外华人研究既有延续性，又具原创性……（他）透过对历史个案和宏观进程的分析尝试把握海外华人发展中的规律、模式和前景。这种分析同时注意到了地方、区域、中国与全球进程的交织作用与错综复杂的关系。"正因为他的推动和导航作用，海外华人研究逐渐被接受为一个独立的跨学科和跨区域的研究领域。[③]

孔飞力基于对中国移民史的深入研究，提出了"中国移民的历史生态学"。[④]他认为每个华人移民社会都有一个独特的生态体系，这个生态体系是华人移民在适应"他者"的社会中逐渐形成的社会体系，它既包括异质的社会环境，也包括移民所自带的社会文化特质、跟家乡持续联系的资源以及移民在这些资源的基础上因应"他者"的社会而创造的新的社会文化。"通道"和"小生境"是孔飞力提出的新概念。大致来说，"通道"是指移民跟家乡的联系通道，是移民旧环境的延伸，它既包括移民社会与家乡的人员、资金、信息的实质性流通，也包括基于地缘、血缘、业缘等因素建立的社会关系网络、情感和文化凝聚力。"小生境"则指移民在新环境中创造的社会空间，它包括移民建立的新的地缘、血缘、业缘、文缘、神缘组织等。跟家乡联系的纽带"通道"其实也是移民社会"小生境"的一部分。

孔飞力提出"中国移民的历史生态学"用以解释不同历史时期全世界范围

---

① 参见张相时：《华侨中心之南洋》，琼州：海南书局，1927年；刘继宣、束世澂：《中华民族拓殖南洋史》，上海：国立编译馆，1935年；李长傅：《中国殖民史》，上海：商务印书馆，1937年；温雄飞：《南洋华侨通史》，上海：东方印书馆，1929年。

② 又可参见 Reid, Anthony, *Sojourners and Settlers*: *Histories of Southeast Asia and the Chinese*, Australia: Allen & Unwin Pty Ltd., 1996, pp. 1 – 50, 148 – 163.

③ 刘宏：《王赓武教授与海外华人研究：方法论的初步观察》，《华侨华人历史研究》2003年第1期。

④ ［美］孔飞力著，李明欢译：《他者中的华人：中国近现代移民史》，南京：江苏人民出版社，2016年。

内的移民对不断变化的环境的适应，它对我们从社会系统的角度研究华人移民有很大的启示。其实孔飞力的理论和本书所运用的跨国主义理论有相通的地方，按照孔飞力的理论，本书所研究的侨批网络即华人移民"通道"的一部分，对侨批网络的建构与维护，通过侨批网络而形成的与家乡的金融、信息、文化交流构成了华人社会的"小生境"，因此孔飞力的"中国移民的历史生态学"对本书的研究也提供了有力的支持。

四、刘宏："跨界亚洲"的理念

在亚洲本位研究的丰厚基础上，刘宏进一步结合最新的全球化和跨国主义理论，提出"跨界亚洲"的理念。"跨界亚洲"是在"中国－东南亚学"（Sino-Southeast Asian Studies）的基础上提出来的。"中国－东南亚学"是一种具有内在逻辑性的分析框架，用于系统地、科学地研究中国与东南亚之间长期互动的动力、进程与后果。它尝试解构并阐释亚洲次区域之间的互动模式及其对民族国家内部进程的影响。"它不仅注重货物、资本、信息和人口的双向交流，而且也注重这些互动关系如何产生新的社会文化与政治经济格局及其对国内、区域和全球的影响。换言之，'中国－东南亚学'的核心可以说是'终点作为开端'，它的出发点是多数中国或东南亚研究学者所认为的终点，亦即各自文明的交界处。"①

"接触区"（contact zone）是刘宏提出的重要概念，它是指不同次区域/地理文化圈之间的联结处。当然，这个联结处不仅仅是僵化的地域概念。刘宏借用法国历史学家费尔南·布罗代尔的观念，指出："地域作为说明的本原，同时涉及历史的全部实在，涉及整体的所有组成部分：国家、社会、文化、经济等等。根据人们选择这些集合中的这个集合或那个集合，地域的意义和作用便有所变化。"换言之，地理可以被视为"进程"，它们经历了"人类组织的各种不同的行为、互动、贸易、旅行、朝圣、战争、殖民化和流放……它们造成了不同的地理，而非由预先设定的论题所形成的固定的地理"。因此，从这个角度看，"辽阔的中国海不应该仅仅被视为将中国与东南亚割裂开来的地理屏障；相反，它更像一条交通繁忙的高速公路，通过它，人口与货物不停地流动并形成新的形态。即使横跨中国与大陆东南亚之间的崇山峻岭也没能阻挡富有冒险精神的云南人进入缅甸

---

① 刘宏：《中国－东南亚学：理论建构·互动模式·个案分析》，北京：中国社会科学出版社，2000年，第4、8－9页。

与泰国，并形成新的文化与种族认同"。①

"跨界亚洲"则将地理空间扩充到整个东亚（包含东南亚）以及海洋亚洲，"其核心内涵是机构、群体和个人在跨越民族国家疆界过程中所形成的观念、认同、秩序、模式以及亚洲现代性。从这个意义上说，'跨界亚洲'并非仅仅一种开放性的地理和文化空间，它同时也提供了一种理解全球化和区域变迁的新路径和新视野。它以历史性，以及网络、移民、跨国场域下社会与国家的互动，市场与组织，跨国婚姻，跨界企业家精神等不同的机制和想象为主要着眼点，注重其在制度上、文化上和空间上的相互联系"。刘宏认为，正是这些相互影响的节点和接触区，"构成了跨界亚洲的精髓，并成为理解中国模式、华人移民，以及亚太国际关系的重要因子"。②

在"跨界亚洲"的理念下，中国、东南亚的概念也须重新界定，刘宏指出，中国至少可从四个层面来分析："作为一个民族国家、一种文明、施坚雅的宏观经济区域的一个部分（如华南），或者亚洲区域的政治经济强国。"为此，刘宏还从以下几个个案的研究来证明：①20世纪初期观念上的双向交流，这时期中国主要作为一种"文明"出现。②20世纪30年代所形成的社会机制，用以维系移民进程与东南亚的新华人移民社会。这里的社会机制主要指代华人的地缘、业缘和方言群社团，它们成为"跨国与跨次区域交往的一种有效的制度化桥梁"，"在华南地区扮演着'政治活动者、社会救济者、商业信用保护者和传统文化推动者'的多重角色。这也进而推动并加强了东南亚华人社群之间的团结和'散居者意识'"。在这时期中国与东南亚的交往中，华南成为中国的代表者。③在20世纪五六十年代，中国成为后殖民时期印尼现代化的一种模式，这时期中国以民族国家的形象出现。④20世纪90年代的海外华人跨国主义及其对华南的影响，这时期中国作为区域经济大国出现，同时刘宏强调，"当代中国－东南亚协合是由一系列多层的网络关系——从个人、家庭、公司、社会团体、国家到全球资本主义——所建构和维系的"。③此外，刘宏还通过对华商网络、新加坡华人社会、中国与新马华人的跨国互动、当代的跨国华人人才环流等方面的大量研究来阐述"中国－东南亚学"和"跨界亚洲"的理念和实践。

---

① 刘宏：《中国－东南亚学：理论建构·互动模式·个案分析》，北京：中国社会科学出版社，2000年，第9－10页。

② 刘宏：《跨界亚洲的理念与实践：中国模式·华人网络·国际关系》，南京：南京大学出版社，2013年，第6－7页。

③ 刘宏：《中国－东南亚学：理论建构·互动模式·个案分析》，北京：中国社会科学出版社，2000年，第12－21页。

本书研究的是华南与东南亚间的侨批网络，可以说是"跨界亚洲"理念下"接触区"的一部分，或许本书的研究也是"跨界亚洲"理念的一个注脚。

第四节　中心问题·概念·内容结构

一、中心问题

受上述理论的启发，本书认为，南中国海不是一个阻隔华南与东南亚华人社会的天然屏障，反而是连接华南与东南亚华人社会的自然场域，是两地华人社会交流互动的平台，通过人们的活动，南中国海也成为具有历史人文意义的"海"，从而纳入本书研究的跨国社会场域的一部分。因此，本书研究的便是华南与东南亚两地的华人社会如何参与和建构双方的经济、社会、文化互动的跨国社会场域。显然，侨批网络是跨国华人社会场域的重要部分：一方面，人们参与和缔造了连接两地华人社会的跨国侨批网络；另一方面，人们又通过侨批网络的缔造和连接而更紧密地结合在一起。因此本书将围绕以下两个相互关联的中心问题而展开：第一，华南与东南亚两地华人社会在侨批网络的运营与建构中起什么作用？第二，反过来，侨批网络作为一个联系的机制和活动的平台又如何建构了跨国华人社会？

二、相关概念

侨批网络是本书的关键概念，在阐释这个概念之前，让我们先回顾关于"网络"的概念。较早对网络进行定义的有人类学家爱德华·杰伊（Edward J. Jay），他的定义是："网络是构成单位通过某种特定的关系联结而成的总体。"[1] 综合前人的研究成果，弗朗索瓦·吉普鲁（Fransois Gipouloux）较系统地对社会科学中

---

[1] Jay, Edward J., "The Concept of 'Field' and 'Network' in Anthropological Research", *Man*, 1964 (9 – 10), pp. 137 – 139.

所使用的"网络"进行定义："网络是由行为者（个人或组织）之间的联系组成，这些联系既包含内容（信息或流动资源，大体来说就是社会关系），也包含形式（相互关系的紧密程度）。"网络的运作包括四个要素：①行为者，如公司、政府、机构、大学等；②活动内容，如组织议决的方式、集会、生产、研究等；③流动资源，网络中所交换的内容，如技术等；④联系机制。① 亚当·麦基翁从海外华人研究的学科出发，将移民网络定义为使移民得以成为一项可行的经济策略的一系列的跨国组织、机构和个人关系，以及使物资、人员、信息和利润得以流通的稳定系统。② 此概念对跨国华人网络的研究很有启发性。

侨批网络是指海外华人社会与侨乡社会的个体（海外华人/侨眷）、侨批经营的商号（侨批局）与华人社会组织通过参与侨批的经营运作与秩序维护互相建立起来的具有相对稳定性和内聚性的多重的社会关系整体。③ 它又可划分为侨批经营网络与侨批社团网络。侨批经营网络是指：在侨批流通的过程中，侨批的经营者（侨批局）与顾客（海外华人/侨眷）、侨批的经营者与经营者之间所联结而成的具有长期稳定性的关系结构，它是侨批网络的商业基础。侨批社团网络指各地的华人社会组织通过参与侨批经营网络的内部运作和外部联系所建立起来的联系机制，它是侨批网络的上层建筑。侨批社团网络是个具有可塑性的单位，在正常的情况下，侨批社团网络主要是由侨批公会网络构成，但是在侨批公会网络建立之前，或者当侨批经营网络承受过大的外部压力以致侨批公会网络难以独立承当其维护者的角色时，其他华人社会组织便卷入其中，从而造成侨批社团网络的扩大，也就是侨批网络的扩大，它甚至可以包括整个以中华总商会为中心的华人社团网络。侨批网络的内部构成与扩大机制可参考图 1 - 1。侨批经营网络与侨批社团网络的联系机制是通过网络的制度化建立起来的，关于侨批网络的制度化的概念及讨论将在第四章有具体的阐述。通过侨批网络的运作，我们看到了跨国华人社会两种基本组织的形成——跨国华人家庭和跨国华人社团，它们对本书所探讨的跨国华人社会的存在及结构有重要意义。

---

① Chan，Kwok Bun（ed.），*Chinese Business Networks*：*State*，*Economy and Culture*，Singapore：Prentice Hall；Copenhagen：Nordic Institute of Asian Studies，2000，p. 59.

② McKeown，Adam，"Conceptualizing Chinese Diasporas，1842 to 1949"，*The Journal of Asian Studies*，1999，58（2），pp. 306 - 337.

③ 在侨批的经营运作中，汇丰银行、渣打银行等金融机构也起着重要作用，它们主要是在侨批的金融流通中承担重要角色，对此滨下武志以及更早的学者如饶宗颐、吴承禧等曾作过深入讨论，但对于侨批局如何利用金融机构来从事套汇盈利的行为，以及它与金融机构间的网络关系等，则由于资料的缺乏而未能进一步展开讨论。因此，本书主要着重于探讨侨批网络的社会文化层面，而暂时将各种金融机构视为侨批网络运作可利用的金融市场。

跨越华南与东南亚：1911—1949 年的潮帮侨批网络和社会互动

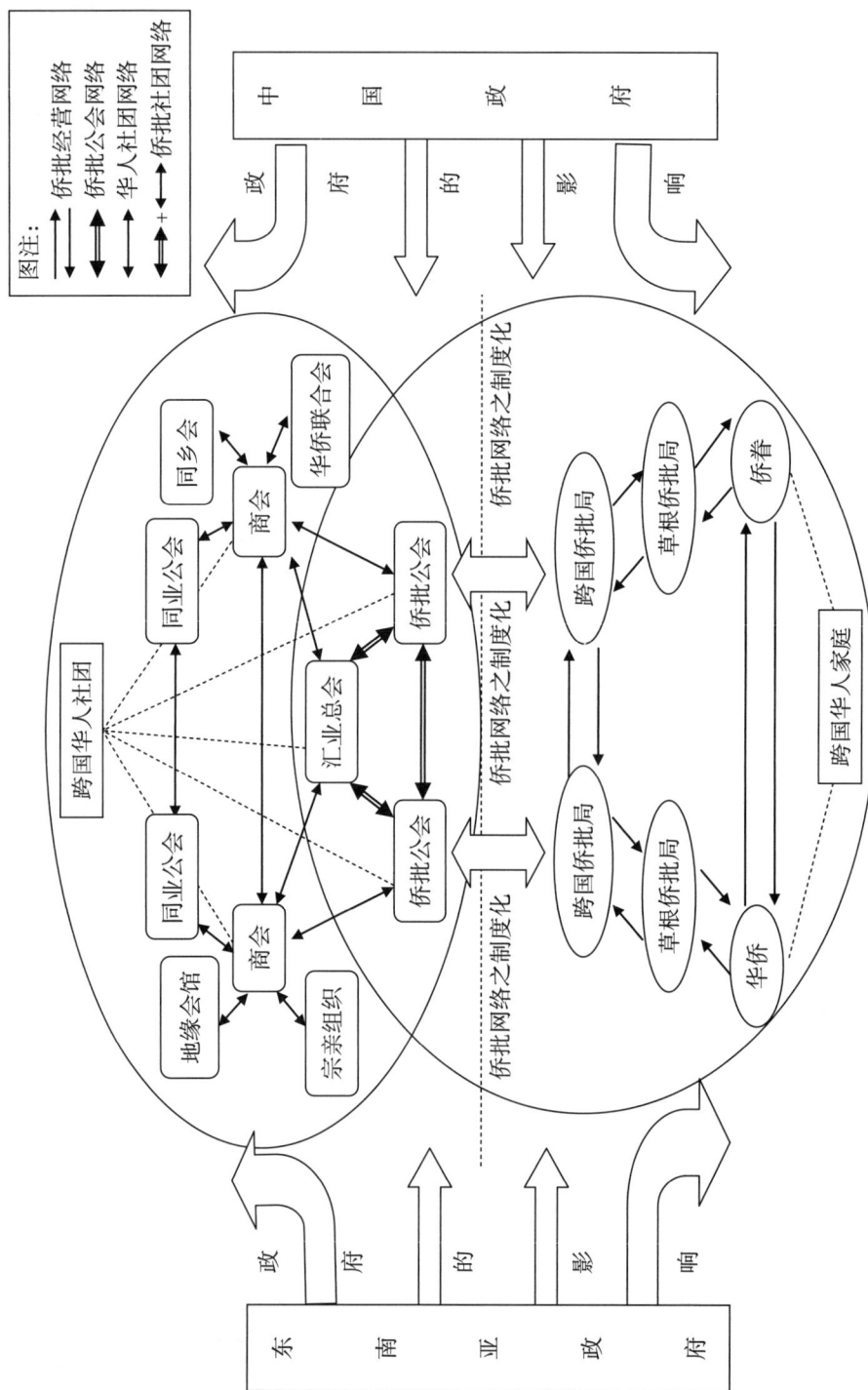

图1-1 侨批网络的建构与运作

042

三、内容结构

本书引入跨国主义理论，试图通过潮帮侨批网络来探讨华南与东南亚两地华人社会如何参与和建构双方的经济、社会、文化互动的跨国社会场域。侨批网络可分为侨批经营网络与侨批社团网络。立足于丰富的档案文献和田野考察，本书指出：广泛存在于东南亚华人社会与华南侨乡社会间的侨批经营网络是由多个层次的地域网络相互嵌合的体系，经由侨批经营网络流动的是规模庞大的侨汇与信息；侨批社团网络是各地的华人社团组织通过参与侨批经营网络的内部运作和外部联系而建立起来的联系机制，它在应对各国政府的侨批政策和干预中发挥重要作用。侨批网络的功能首先是构建了跨国华人家庭，它在沟通华南与东南亚两地华人家庭的经济情感交流中起着关键作用；其次，侨批网络是华南与东南亚华人社会进行全方位互动的重要一环；再次，侨批网络为跨国华人社会的统一行动提供了舞台，加强了华人社会的集体感和团结精神。有鉴于此，本书认为，近代华南与东南亚间存在着一个有机的跨国华人社会，其中侨批网络是建构跨国华人社会不可或缺的重要机制。

在第一章导论部分，作者把本书研究的潮帮侨批网络置于华侨华人移民史的历史背景下考察，提出本书的问题意识，并对相关的学术研究作了多层梳理，指出本书的理论取向、理论资源和形成本书的档案文献基础。

第二章主要探讨服务范围遍及整个潮汕地区与东南亚潮人社会的跨国侨批经营网络是如何建构的。通过对各地数百家侨批局间的联网关系的深入考察，该章指出：跨越潮汕侨乡与东南亚潮人社会的侨批经营网络是由多个层次的地域网络相互嵌合的体系，具有网络关系的不同侨批局间有可能是垂直性的总号与分号的关系，也有可能是平等的代理关系；而建立网络的模式，则大致可分为三种——家族网络、合股关系网络和乡族商业网络。该章的论述是全书的基础。

第三章进一步揭示在侨批经营网络的基础上所流通的侨批的规模、节律变化和区域差异，分析其背后的影响因素。该章特别区分出侨批变动中侨汇与侨信的差异、维持性侨汇与改善性侨汇的差异，指出侨批变动中稳定性与变动性并存的双重性质。该章也从宏观的量化的角度来论证侨批经营网络的重要性和其有效运作，并为以下几章的论述作铺垫。

第四章首先以汕头侨批公会为中心分析侨批网络的制度化，通过网络的制度化，侨批网络得以扩大到包含其他华人社团的网络。该章详细分析了 1911—1937 年中国及东南亚各地政府的侨批政策，及其如何作为一个活动的平台吸引了广大华人社团参与侨批网络，并在与各地政府的持续角力中构成跨国侨批社团网络，进而维护侨批网络的正常运作。

第五章分别分析国统区与沦陷区的侨批网络如何经历 1937—1945 年的全面抗日战争时期而生存下来，以及 1945—1949 年仍然严峻的政治、经济时势如何影响侨批网络的发展。"二战"后东南亚与中国不同的政治经济形势导致这两个区域侨批网络的不同发展，前者是区域侨批网络的进一步整合与制度化，后者则走向市场化。该章是第四章的延续，都是探讨政府压力下侨批网络的自我维护机制。

第六章具体分析侨批文书，从陈遗恩家庭的个案来探讨分散于华南与东南亚两地的华人家庭通过侨批互动而构成有机的跨国华人家庭，同时展现了这样的跨国华人家庭如何进行自我创造的过程。跨国华人家庭是跨国华人社会的重要组织单位，因而直接导向本书的重要观点——近代跨国华人社会的存在。无论是跨国华人家庭还是跨国华人社会的建立，很大程度上都归功于跨国侨批网络长时期的有效运转，因此，该章与前述几章是因果相承的关系。

第七章主要论证近代华南与东南亚间跨国华人社会的存在及侨批网络在其中所起的联系机制的作用，探讨华人移民史研究所存在的问题，指出跨国主义理论对华人移民史研究的适用性和学术意义。

第五节 研究资料

本书的研究立足于丰厚的原始文献，这些文献遍布广州、汕头、香港、新加坡、曼谷等地，以下将分别按文献的类别与收藏地对它们进行介绍。

一、原始档案、文献

（一）广东省档案馆

广东省档案馆所藏有关侨批、侨汇、华侨、侨眷的资料非常丰富，内容遍布于各卷宗，卷册浩繁。例如"广东省邮政管理局档案"（全宗号29）共有一千多卷，记录了广东省邮政管理局及各分局的业务发展状况、侨汇经营状况和侨批局的政策、管理、经营业务等，其中目录号2的案卷号368至382、485至488、624、637等二十多卷包括了1907年至1949年对各地侨批局的调查、侨批局的申请执照、各地侨批局的详情表、侨批局收发的批信与回批的统计表以及邮政管理局的侨批政策、华侨与侨批调查等，是侨批研究重要的原始资料。"汕头邮局档案"（全宗号86）也有一千多卷，包括汕头邮局的侨汇经营、汕头邮局与广东省邮政管理局的来往文书、汕头段侨批局的经营管理状况和详情表等，其中目录号1的案卷号344、407至409则含有1936年及1946—1949年汕头段侨批局的挂号详情表，是研究汕头侨批业不可多得的重要文献。

"广东省银行档案"（全宗号41）和"中国银行广州分行档案"（全宗号43）体量都非常庞大，分别在五千卷和三千卷以上，内容包含海内外各分行的侨汇发展、侨汇统计、侨汇政策及与侨批局的合作与竞争关系等。"广东省政府侨委会与侨务处档案"（全宗号28）涉及华侨汇款、金融管理、华侨投资等问题。"广东省财政厅档案"（全宗号4）体量也在二百多卷以上，包含了各类有关华侨的金融政策、侨汇经营等条例、来往文书。"潮海关档案"（全宗号101）则包含不少潮海关缉获的侨批走私案件。

以上档案数量浩繁，涉及侨批政策，侨批经营，侨批统计，侨批在海内外的分布网络，侨批局与邮政、银行的关系，国际金融汇兑等问题，其中大部分没为学术界所使用过，有极高的研究价值，本书的研究正是在挖掘这些丰富的原始档案的基础上进行的。

（二）汕头市档案馆

汕头市档案馆所藏民国时期的"伪汕头市侨务局档案"（全宗号12，目录号7）包含了华侨、侨务与侨批经营的各方面档案，如侨批同业公会会员名册（案卷号12、案卷号50等）、侨批商号领取批信证明书（案卷号38至44）、华侨出入国管理和人口登记文件（案卷号 15、17、27、28、47、64 等）、华侨与归侨名册（案卷号 18、22、25、26 等）、南洋华侨团体与工商业调查（案卷号 30、31 等）、侨批政策（案卷号 49 等）。"伪汕头市商会档案"（全宗号 12，目录号 9）共有 949 卷，涵盖汕头市商业的各方面档案，其中包括违法侨批局被勒令停业的档案（如案卷号 190）、1946—1949 年汕头侨批业公会组织档案（如案卷号 270、271、340 等）。这些档案构成本书研究的重要基础。

（三）香港

作为中国和东南亚金融贸易的中转中心，香港在东南亚与华南的侨批网络中一直处于枢纽的地位。香港的历史文献主要收藏于香港历史档案馆、香港历史博物馆和各个大学的图书馆，其中香港大学图书馆对本地文献的收藏甚为丰富，在其富有特色的"香港特藏"里，收藏了许多同乡会、商业团体的纪念刊和大量"香港商业名录"，这对研究早期香港的华人社会和华人商业均有重要意义。尤其值得一提的是，"香港特藏"里还藏有不少华人商号的账册，其中余仁生公司的账簿达 1 630 册，汇单数以千计，对研究华南与东南亚的金融汇兑有极其重要的价值。香港历史档案馆的"公司注册"卷宗里也包含一些侨批局的注册文件，对于了解香港的侨批运作很有参考价值。

（四）新加坡

新加坡国立大学图书馆和新加坡国家档案馆藏有中国第二历史档案馆南洋华人的档案、海峡殖民地档案（Straits Settlements Record）、殖民公署档案（Colonial Office 或 CO 系列）、私人档案（Private Record）和口述历史档案，规模庞大，是研究新马华人史、新马历史的文献宝库。其中中国第二历史档案馆文件可分为《有关华侨事务与南洋地区档案史料选编》和《有关南洋暨新马地区档案史料选编》两种，这些档案涉及华侨、华工出入境及移民统计，华侨人口数量及分布概况，华侨团体组织情况，华侨在当地从事工、商、农、矿等各项事业情况，侨汇及当地交通、邮电、教育情况等史料。新加坡国家档案馆所藏殖民公署档案下的商业档案（Registry of Business "Defunct Business Files"）和财政部（Ministry of Finance）档案包含不少侨批局的商业注册档案和有关侨批业务的政策，英国军政府（British Military Administration，BMA）档案包含 1945—1949 年的外汇管理和侨汇政策（"Exchange Control and Remittance to China"）。另外，新加坡国家档案馆所藏私人档案中包括新加坡中华总商会历年的会议记录，口述历史档案中也包含不少侨批业者对侨批经营的忆述，是本书研究重要的参考资料。

（五）泰国

泰国国家档案馆所藏交通部邮政电报处（Ministry of Communications，Post and Telegram Department）、拉玛六世（Reign of King Rama VI）、商业部商业注册处（Ministry of Commerce，Commercial Registration Department）和财政部（Ministry of Finance）等的相关档案含有相当多侨批局及华人商业史的文献；另外，泰国国家图书馆也藏有非常丰富的泰华报刊，[①] 是研究泰国华人商业史、社会史必不可少的资源。不过由于泰国政府实行严格的政策，笔者未能直接查阅这些原始资料，只能依靠前人研究所得的二手资料，殊为可惜。

二、民间侨批收藏

在官方档案以外，还有不容忽略的丰富的民间收藏，值得一提的是位于汕头市的潮汕历史文化研究中心的侨批收藏。侨批研究的推动最早源于澄海邮电局邹金盛先生收藏的近万封侨批原件（邹金盛在其私人收藏的基础上出版了《潮帮批信局》）。此后该中心陆续向民间征集，到2003年6月共拥有约23 000封侨批原件和复印自邹金盛先生、麦保尔先生的近5万封侨批。数万封侨批真实地记录了近百年来海外华侨与侨乡间的经济文化交流，其蕴含的丰富社会内容可以形象映射出潮汕社会及海外潮人社会的历史变迁，故此国际汉学大师饶宗颐认为潮汕侨批可与徽州契约相媲美。为推动国际潮学的发展，潮汕历史文化研究中心紧接着创立"侨批文物馆"，并相继出版大量的侨批档案。基于丰富的侨批档案和侨批研究成果，2013年，广东、福建的侨批档案成功入选《世界记忆名录》。本书第六章对跨国华人家庭的探讨正是基于以上丰厚的侨批收藏。

三、报刊、会刊

海外华人报刊对本书研究有重要意义，它记录了海外华人社会丰富的生活内

---

① 参见［新加坡］关瑞发：《曼谷国家图书馆现存早期泰国华文报章》，泰中学会：《泰中学刊》，2000年，第62－70页。

容，可以弥补官方文件的相关不足。例如通过挖掘 20 世纪二三十年代《叻报》《南洋商报》《星洲日报》和《新国民日报》的史料，本书第四章再现了 1929—1930 年在新加坡出现的轰轰烈烈的"新加坡华侨请愿保留民信局全体大会"和"新加坡各团体请愿减轻民信邮费侨民大会"。这两个事件在官方文件中几近阙如，亦鲜为后人所知，但它们对本书侨批网络的探讨有重要意义，而它们在海外华人史研究中的地位也有待重新探讨。会刊也是本书重要的资料来源，尤其是 1947—1958 年南洋中华汇业总会所出版的《南洋中华汇业总会年刊》三册，它包含了南洋中华汇业总会及其属会的组织、管理状况，与各地侨批公会及各地政府的来往文书，时人对侨汇、侨批研究的探讨，等等，内容多样，是本书第五章探讨区域侨批网络的整合的重要文献依据。

四、田野调查

为开展本书的研究，笔者在攻读博士学位和博士后工作期间曾到广州、潮汕地区、香港以及泰国曼谷，马来西亚新山、麻坡、峇株巴辖、马六甲、吉隆坡、芙蓉、怡保、金宝、槟城等地进行了为期四个多月的田野调查和资料搜集。在田野考察中，笔者收集了不少侨批局经营者的口述史，在潮汕地区包括振盛兴批局、致成批局、德顺盛批局、永振发批局等，在吉隆坡包括郑绵发批局等。在历史研究中，田野调查的方式与文献爬梳相较而言，有更多的历史感，研究者通过口述者的回忆和各种实物可以真切地感受到当时的历史。正是通过对华南与东南亚多个不同地方亲身的历史体验，本书才能提出侨批网络是由多重网络叠合所构建、跨国华人家庭的建立等论点。

第二章

跨国侨批经营网络的建构

侨批简称"批"，具有"批信"（侨信）和"批银"（侨汇）的双重意义，承担侨批运转工作的主要机构为侨批局。在东南亚，侨批局从华侨手中收到侨批，然后通过国内的侨批局分发给侨眷，再从侨眷手里收集回批（回信或侨批收款凭证），通过东南亚的侨批局发回原寄批人，于是侨批的流通过程即完成。本书将建立在侨批流通基础上的侨批局与顾客（华侨/侨眷）、侨批局与侨批局间所形成的具有长期稳定性的关系结构称为侨批经营网络。在整个民国时期，潮州人侨汇和侨信的流通大部分是通过侨批经营网络进行的，而侨汇和音信来往无疑是跨国华人社会得以建立和维系的命脉所在。有鉴于此，本章的中心问题是：侨批局如何在华南与东南亚间建立起广泛的跨国商业网络？具体来说：①从侨批局与顾客间的收发网络看，分布广泛的侨批经营网络如何植根于广大华人社会与侨乡社会并与之有着深刻的互动关系？这是否说明了华南－东南亚华人社会内部运作的某些法则？②跨越东南亚与华南两地的庞大的侨批经营网络在地域结构上有何特点？换言之，为东南亚华侨与家乡侨眷间的侨批往来架起桥梁的侨批经营网络由什么样的环节组成？③从组织形态上，侨批经营网络如何处理长途的跨国商业网络所面对的信用和风险问题？换言之，不同地域的侨批局通过什么方式建立稳定的联网关系？

第一节　侨批经营网络与华人社会的互动关系

一、侨批经营网络的发展

由于侨批业对东南亚华侨及家乡侨眷生活至关重要，所以一直备受重视。20世纪40年代末饶宗颐编修的《潮州志》，对侨批业的产生及运作有如下说明："潮州地狭民稠，出洋谋生者至众，居留遍及暹罗、越南、马来亚群岛、爪哇、苏门答腊等处，其家书汇款，向赖业侨批者为之传递，手续简单而快捷稳固。厥后虽有邮政及国营银行开办，然终接乘民营批局业务，因华侨在外居留范围既极广，而国内侨眷又多为散处穷乡僻壤之妇孺。批业在外洋采代收方法，或专雇伙伴——登门收寄，抵国内后，又有熟习可靠批脚逐户按址送交，即收取回批寄返外洋，仍——登门交还，减少华侨为寄款而虚耗工作时间。至人数之繁多，款项之琐碎，既非银行依照驳汇手续所能办理，其书信书写之简单，荒村陋巷地址之错杂，亦非邮政所能送递，故批业之产生与发展乃随侨运，因果相成。"①

单位：家

地区	1910 年前	20 世纪 10 年代	20 世纪 20 年代	20 世纪 30 年代	20 世纪 40 年代	共计
新加坡	9	15	37	33	53	147
马来亚	1	12	33	43	85	174
泰国	19	17	47	52	109	244
汕头	8	16	43	29	8	104
汕头以外之潮属地区	14	72	57	24	19	186
共计	51	132	217	181	274	855

资料来源：广东省档案馆藏汕头邮局档案，全宗号 86，目录号 1，案卷号 344，《各批信局执照声请书副份 1936》其中各批局及其分号的开设时间；广东省档案馆藏广东省邮政管理局档案，全宗号 29，目录号 2，案卷号 382；邹金盛：《潮帮批信局》，香港：艺苑出版社，2001 年，第 116-715 页。

注：本表主要根据以上档案及邹金盛对每个批局的考证统计而成，由于前者可能出现的误差，本表的数字不可能完全准确。

由上可见，侨批局因应华侨与家乡间的汇款和家书联系的需要而兴起，在早期官方邮政体系欠发达时，华侨与家乡间的联系便主要通过侨批局进行。据笔者统计，1910 年前潮汕和东南亚两地就创设了再和成伟记、振盛兴、陈炳春、和合祥、魏启峰、万兴昌等 51 家侨批局。20 世纪 10 年代两地又新创立了 132 家批局。20 年代由于东南亚经济的持续发展，移民东南亚的潮州人及汇回家乡的信款数量皆大大增加，这时期进入侨批局创立的一个高峰期，共有 217 家。不过1929—1931 年的世界经济危机对侨批局的发展造成很大的打击，有不少侨批局如森峰号、致成号等相继倒闭，经济不景气导致 30 年代侨批局的发展比不上 20年代，只有 181 家侨批局创立。1931—1945 年的第二次世界大战对侨批业的发展造成更大的打击，在日本占领期间大部分侨批局停业或转到后方秘密经营。1945

---

① 饶宗颐：《潮州志·实业志·商业·侨批业》，汕头：汕头艺文印务局，1949 年，第 72 页。

年抗战胜利后，由于中国出现恶性通货膨胀及汇兑业由此导致极大的投机性，这时期大量的侨批局如雨后春笋般建立起来，40 年代新创立的 274 家侨批局中大部分是抗战胜利后创立的，参见表 2－1。

民国时期也是中国近代国家进程下邮政银行体系逐渐发展的时期。1914 年中国加入万国邮政联盟，逐渐采用国际规范，把邮政业纳归国有并开始加强对民间信局业的管制。1918 年国民政府下令取缔民间侨批局，后在华侨界和地方社会的力争下，得以无限期展延以至邮局发达到可以取缔侨批局为止。1928 年南京国民政府再次下令取缔侨批局，又遭到华人社会的广泛反对。经过多方交涉，经营国内信件业务的民信局准予延至 1934 年结束，而经营海外侨批的民信局定名为批信局，准予继续经营海外侨批业务，不过此后邮政局对侨批局实行了注册制度及各种限制措施，试图把侨批局的经营掌握在自己的控制之下。① 与此同时，国民政府的金融机构也在国内外广设分支机构，试图垄断侨汇的经营。尽管这时期邮政业与国家金融业都有长足的发展，但是以分支机构最多、分布最广的邮政局而言，其服务的范围最多只能到达城镇，并不能深入广大农村，直至 1940 年，潮汕地区不通邮村镇占比仍达 88.3%，见表 2－2。

表 2－2　1940 年潮汕地区通邮与不通邮村镇统计

县	通邮村镇数	不通邮村镇数	不通邮村镇占比
潮安	79	602	88.4%
潮阳	48	282	85.5%
揭阳	85	161	65.4%
揭西	33	373	91.9%
饶平	22	571	96.3%
普宁	27	130	82.8%
澄海	43	143	76.9%
惠来	7	333	97.9%
共计	344	2 595	88.3%

资料来源：广东省档案馆藏广东省邮政管理局档案，全宗号 29，目录号 1，案卷号 275，《华侨汇票分发区地名表及"广东邮区邮政代办所一览表"1940—1941》，根据第 10－37 页"汕头分发局地名表"统计而成。

注：以上统计所涉县，是参照当代中国行政区域划分图。

---

① 饶宗颐：《潮州志·实业志·商业·侨批业》，汕头：汕头艺文印务局，1949 年，第 73－74 页。

表 2-3　1948 年汕头侨批局在潮汕地区、香港及东南亚分号统计

单位：家

广东潮汕地区						香港及东南亚地区					
	地区	分号		地区	分号		地区	分号		地区	分号
潮安	县城	20	饶平	黄冈	7	马来亚	柔佛新山	9	印度尼西亚	勿里洞	1
	庵埠	1		隆都	4		柔佛士乃	2		望加锡	1
	凤凰	1		浮山	4		柔佛古楼	1		日里	4
	浮洋	4		店市	4		柔佛居銮	1		仙达	4
	意溪	1		洪洲	3		马六甲	6		民礼	1
	葫芦市	1		司马委	1		吉兰丹	1		邦加	1
	金石	1		小东	1		吉隆坡	9		廖内	1
	松下	1		其他	3		丁加奴	2		坤甸	29
	共计	30		共计	27		美里坡	1		山口羊	3
普宁	流沙	5	揭阳	县城	11		霹雳州	5		棉兰	14
	南山	2		河婆	7		太平	1		巴达维亚	7
	鲤湖	1		棉湖	4		金宝	1		三宝垄	2
	大长陇	1		梅兜	1		怡保	10		其他	2
	其他	3		其他	2		芙蓉	5		共计	70
	共计	12		共计	25		槟榔屿	16	安南	堤岸	18
澄海	县城	7	潮阳	县城	6		山打根	4		安顺	2
	莲阳	8		成田	8		沙捞越	6		金塔	4
	东陇	5		达濠	3		沙巴斗湖	1		摆草	3
	东里	4		金瓯	3		古晋	2		宅郡	2
	樟林	3		关埠	1		峇眼	2		其他	5
	北湾	1		陈店	1		奇砂兰	1		共计	34
	图濠乡	1		共计	22		劳勿	1	泰国	曼谷	87
	鸵浦市	1	惠来	蔡潭	3		吉礁	1		其他	2
	共计	30		梅林	2		共计	88		共计	89
丰顺	留隍	5		隆江	1	缅甸	仰光	8		香港	32
	汤坑	4		其他	2		共计	8		新加坡	63
	共计	9		共计	8						
	汕头	78									
总计				241		总计				384	

资料来源：广东省档案馆藏广东省邮政管理局档案，全宗号 29，目录号 2，案卷号 382。

注：汕头侨批局在汕尾、梅州等国内地区有分号 54 家，在印度等国有分号 3 家，未统计在内。

相比之下，侨批局的发展尽管受到不少限制，但是无论是在批局的数量上还是分布的广泛性上都令官方的侨汇经营机构望尘莫及。据陈春声统计，1935 年

在汕头邮局领有执照的批局共 110 家，其设立于海内外各地的分号共 790 家。[①]到 1948 年，据笔者统计，在汕头段领有执照的侨批局虽减少为 78 家，其在海内外的总分号数仍达 682 家，其中潮汕地区 241 家，香港及东南亚地区 384 家，见表 2 - 3。另外，我们也可以看到侨批局在东南亚和潮汕地区的分布非常广泛，在东南亚，侨批局不但分布在主要的港口城市如新加坡、吉隆坡、马六甲、巴达维亚、曼谷等，而且在柔佛、霹雳州等内部州府和中小城镇的数量也非常可观，基本上覆盖东南亚潮州人的主要聚居区。在潮汕地区，侨批局的分布也基本覆及各主要城镇，再加上数以千计的批脚的登门服务，侨批经营网络的服务范围几乎达到潮汕侨乡的每个侨户。

二、侨批经营网络与华人社会的契合

如上文显示，民间侨批经营网络与官方的邮政金融体系最明显的区别在于其能根植于海外华人社会与侨乡社会，这除了表现在其空间分布的广泛性外，还主要表现在其亲民的服务方式。例如侨批局采用登门服务的方式便无形中使它们与华侨、侨眷的生活息息相关。据有信庄批局经理芮诒埙回忆："（新加坡有信庄收汇侨批）除店前外，还须间派专人，深入各个橡胶园、锡场、工厂接批并按期送回唐山亲人回批，不少送批员还代寄批人写批和宣读回批仔，务使寄批人心满意惬，有的在听到乡音家讯时，感至流泪，而问长问短，抱头痛哭，误认收批员亦和旧时水客一样从唐山来！"[②] 在国内，侨批局也雇请熟习"批脚"（侨批员）深入穷乡僻壤，务必将侨批准确地送到收批人手中，再加上代写批信、回批的服务，华侨/侨眷便把侨批员视若一家人。此外，为满足华侨的需要，侨批局甚至采用赊汇的方式，先替华侨垫款寄批，回批到达后再收回批款，因而达至与华人社会的相互信赖。在此值得探究的是：为什么侨批局与华侨/侨眷间如此熟悉、亲密并拥有牢固的信用关系？为什么侨批局可以拥有和支持如此广泛的服务网络？究其原因，主要有如下两点：

第一，侨批经营网络与东南亚 - 潮汕华人社会的内部结构具有一致性。潮汕

---

① 陈春声：《近代华侨汇款与侨批业的经营——以潮汕地区的研究为中心》，《中国社会经济史研究》2000 年第 4 期。

② 芮诒埙：《有信银庄（批局）琐忆》，中国人民政治协商会议广东省汕头市委员会文史资料研究委员会编：《汕头文史》（第 4 辑），1987 年，第 94 - 106 页。

社会的组织结构建立在由血缘、地缘关系发展起来的乡族关系的基础上,这种乡族关系再通过移民的网络移植于东南亚,因此形成以同乡会、会馆和宗亲会等组织为基础的东南亚华人社会,侨批经营网络亦大致如此。姚曾荫在《广东省的华侨汇款》中称:"(侨批)其营业或为专业或由一般商号兼营,其营业范围多带有地方性。潮州帮、梅属帮、琼州帮以及福建帮为其大帮别。各大帮之中,又可按其所属县份划分为若干小帮。各帮批局的业务皆以其本县本乡者为主。在南洋如此,在国内亦然。"① 我们发现许多侨批经营网络具有乡族色彩,例如创立者来自澄海上华镇的振盛兴批局,其成立之初只接收澄海上华镇各村的华侨批信,后来所扩大的投递范围也仅是澄海及毗邻的潮州乡镇。② 同乡同族的关系有利于华侨与侨批局之间信用关系的建立,在基本上仍属于道德法约束的传统社会,乡族关系很大程度上成为人们信用关系建立的基础和保证。

在发批的环节上,为保证侨批能迅速送交正确的收批人,侨批局所请批脚均为当地土生土长的人,他们"对族亲乡邻、荒村陋巷、孤屋独寮、围堀合亩无不熟悉,侨批封上只写村名,'批脚'均能一一送到"③。例如上文所提澄海振盛兴批局所请批脚基本为上华镇曾姓的族人,其他如饶平隆都万兴昌批局、潮阳西胪勤利恒记批局、普宁和合祥批局等所请批脚都是该乡族人。④ 正是侨批经营网络的乡族性,确保了它与华侨/侨眷间的熟稔与信任关系,也因此与华侨/侨乡社会达成水乳交融的关系。

第二,侨批经营网络与华人商业网络重合。虽然本章主要讨论侨批经营网络,但是侨批的经营自始至终不能脱离其他商业,大部分侨批局都兼营他业。这早在《潮州志》中就有所反映:"至国内批局在民国二十年以前,每百元仅得利益一元,而负担派工消耗等费用。二十年间改组工会成立,始倡议增至二元,战后拟加至六元,因外洋批局不同意,现大率在三元至四元间。汕头批局因利益微薄,若设一号而专业侨批,殊难支应必须消费,故多有他业兼营。在二十年间,汕头专营侨批之商号全业中,几十不得一,大都为汇兑业与收找业兼营者。此外如运销业、客栈业、茶业、酒业、糖业、出口业等亦各有兼营侨批者。"⑤

由上可见,兼营他业可以降低侨批业的成本,不但如此,兼营他业还有助于

---

① 姚曾荫:《广东省的华侨汇款》,上海:商务印书馆,1943 年,第 18 页。
② 邹金盛:《潮帮批信局》,香港:艺苑出版社,2001 年,第 28 页。
③ 邹金盛:《潮帮批信局》,香港:艺苑出版社,2001 年,第 34 页。
④ 邹金盛:《潮帮批信局》,香港:艺苑出版社,2001 年,附录(1):《汕头市侨批业公会会员批伙领取证明书名册》。
⑤ 饶宗颐:《潮州志·实业志·商业·侨批业》,汕头:汕头艺文印务局,1949 年,第 75 页。

侨批业顾客网络的建立和扩展。我们发现，无论是在东南亚还是潮汕内地，大部分侨批业者都是以经营商业起家，再受顾客委托而兼营侨批，因此商号既有的顾客网络自然成为侨批经营网络的基础。事实上，兼营侨批业与原有商业的发展相辅相成，因为兼营侨批业既可以给商号增加资本（对东南亚的商号而言），又可增加服务的多样性而提高其商业信誉。在一个以商业为导向的华人社会，侨批业与商业的"同谋"使它更加因循华人社会的组织结构，从而最有效地发展出庞大的服务网络。

不过仍然值得注意的是，如果经营侨批对大多数商号来说无利可图，那为什么还有那么多商号经营侨批呢？笔者到泰国、马来西亚及潮汕地区作调查访问时，[①] 曾访问了吉隆坡郑绵春、澄海振盛兴和潮阳德顺盛等批局的经营者或后代，他们都表示经营批局不赚钱，或所赚手续费仅能维持支出。那为什么还要经营侨批业呢？受访者回答的真实度如何？为探讨此问题，我们有必要分辨东南亚与潮汕地区不同的侨批局间的差别。在为数众多的侨批局中，有一些侨批局在东南亚与中国均设有分号，在侨批经营中直接参与国际金融汇兑或从事国际贸易，从而赚取高额利润，还有很多侨批局只是地方性的侨批局，仅负责地方性侨批与回批的收发，因而主要依靠手续费来维持运作。不赚钱的侨批局大概是针对后者而言，不过此类侨批局对本书研究侨批局与华人社会的互动关系却有重大意义。

在访问中，曾在泰国呵叻府（Nakonrachasima）经营侨批业的丁翀先生道出了真谛："只是为了方便，搞好关系。"[②] 此语的含义是双关的：既方便于人，也方便于己。方便于人，说明了侨批局服务于社会的性质；方便于己，说明侨批局可以利用侨批业务来与顾客搞好关系，从而增强其社会资本。两者的关系是互惠互利的，而客观上则反映了侨批局等商业机构在建构东南亚－华南跨国华人社会中的互助机制。商业机构在海外华人社会中的重要地位可以反映在许多层面上，不但各项慈善事业、社会福利为商人所推动，而且商人在成立的各级商会中扮演实际领导者的角色。[③] 商业机构的这种功能再通过投资、捐资等方式深入侨乡社

---

① 2001 年 10 月及 2003 年 9—12 月笔者曾先后访问汕头振盛兴批局的经营者曾寿田先生、澄海致成批局后人黄少雄先生、协成兴批局少东家许敦煌先生、潮阳德顺盛批局的后代马陈宣先生、潮州市泰国归侨丁翀先生、吉隆坡郑绵春的经营者郑浩生先生、泰国曼谷松兴泰批局经营者郑敦耀的弟弟郑膺年先生等，笔者对于他们的受访及提供的帮助深表感谢！

② 2003 年 9 月丁翀先生在潮州接受笔者访问时所述。

③ 参见刘宏：《战后新加坡华人社会的嬗变：本土情怀・区域网络・全球视野》，厦门：厦门大学出版社，2003 年，第 16 - 19、41 - 80 页。

会内,① 从而导致侨乡社会的转型，使之愈益趋同于东南亚华人商业型社会，侨批经营的社会互助的性质便是在商业型东南亚－华南跨国华人社会中商业结构功能化的表现。通过以上诸多线索，我们大致可以一窥东南亚－华南跨国华人社会作为一个有机体的轮廓及其内部互动的机制。

第二节　侨批经营网络的多重结构关系

一、庞大的总分号网络

上文详细讨论了侨批经营网络的发展及其与华人社会的互动关系，本节将进一步探讨侨批经营网络的内部构成。广东省档案馆所存档案中包括了大量汕头侨批局及其海内外分号的资料，这些资料显示汕头的侨批局在海内外有很多分号。根据《中华民国25年各批局声请书副份》，1936年共有98家批局向汕头邮政局申请执照，这些批局所登记的海内外的号数（总分号数）统计下来达824家，平均每家批局的号数约8家，其中在海内外的号数在6～10家的最多，共53家。到1948年，这些批局在海内外的号数有明显的增长，根据"广东邮区汕头段各批信局声请换发37年执照表"，登记的84家批局在海内外的总号数多达1 040家，平均每家批局的号数达12家，详见表2－4。

1936年只有有信庄批局在海内外的总分号数在21家以上（共23家），而到1948年总分号数在21家以上的批局增至9家，其中汕头万丰发批局在海内外的总分号数最多，共48家。其分号包括启峰（揭阳）、政记（棉湖）、喜合（潮阳）、黄茂利、陶合（黄冈）、福成（隆都）、潘合利（店市）、普通、如陶庄（潮安）、邱发利（意溪）、有信（澄海）、合丰盛（汤坑）、桂兴（留隍）、永兴盛（流沙）、同春、兴合公司、吴长记、同春森记、仁友公司、忠和原芝、人寿堂、郑永和、德安堂、和兴公司、建丰公司、永桂合、黄坤合、益成礼记、永成

---

① 参见黄挺：《商人团体、地方政府与民初政局下之社会权力——以1921—1929年的韩江治河处为例》，潮汕历史文化研究中心编：《潮学研究》（第9辑），广州：花城出版社，2001年，第175－236页。

发、郑和发、林升合、荣和公司（坤甸）、荣盛利、振华丰、永成丰、永兴盛、义瑞兴、正基、炳合丰、庆顺利、明兴发、永昌利、泰记、潮源兴、展亚、伦敦（盘谷）、馨合美记（安南堤岸）。①

表 2－4　1936、1948 年汕头侨批局在海内外总分号数统计

年份	号数								
	1～5	6～10	11～15	16～20	21～25	26～30	31～35	36～45	46～50
1936	21	53	21	2	1	—	—	—	—
1948	13	25	23	14	5	2	1	—	1

年份	批局数	总分号数	平均总分号数
1936	98	824	8.4
1948	84	1 040	12.4

资料来源：广东省档案馆藏汕头邮局档案，全宗号 86，目录号 1，案卷号 344；广东省档案馆藏广东省邮政管理局档案，全宗号 29，目录号 2，案卷号 382。

注：统计资料中包含在汕头邮局注册的客家属批局；总分号数的统计是按照批局所登记的联号数目进行合计，其中包含不少重复的批局。

根据侨批局在邮政局登记的海内外分号的列表，似乎许多批局在海内外都建立了庞大的跨国网络，不过对这些侨批局及其内地分号作进一步的系统分析后，我们发现许多潮汕内地的批局同时被汕头众多批局登记为其分号。例如 1936 年汕头许福成批局在各地的分号包括黄冈陶合号、店市林春生、莲阳信成庄、东陇协成兴、潮安聚丰庄、潮阳刘喜合、揭阳魏启峰、棉湖洪万兴和曼谷许明发，但是统计发现，黄冈的陶合号还被汕头和合祥、协成兴等 4 家批局列为分号。在许福成的分号中，潮阳刘喜合和揭阳魏启峰被最多汕头批局列为分号，分别是 53 家和 43 家，见表 2－5。上述例子显示，被汕头批局列为分号的潮汕内地批局中，除了有个别属于垂直的总号－分号的隶属关系外（例如东陇协成兴－汕头协成兴、揭阳魏启峰－汕头启峰栈和棉湖洪万兴－汕头洪万丰），其余大部分只是平等的代理关系。②

① 广东省邮政管理局档案，全宗号 29，目录号 2，案卷号 382。
② 陈春声也从联号创立时间的先后证明了这一点，见陈春声：《近代华侨汇款与侨批业的经营——以潮汕地区的研究为中心》，《中国社会经济史研究》2000 年第 4 期。

表2-5　汕头许福成批局属下分号与汕头各批局的联号状况

地点	分号	被汕头各批局列为分号统计
（饶平）黄冈	陶合号	许福成、和合祥、协成兴、有信、万兴昌，共5家
（饶平）店市	林春生	许福成、义发、钟荣顺，共3家
（澄海）莲阳	信成庄	许福成、吴顺兴、裕益、有信、光益裕、宏信、顺成利、利昌庄、启峰栈、万丰发、郑成顺利振记、泰成昌、德合兴、协成兴、黄潮兴，共15家
（澄海）东陇	协成兴	许福成、顺成利、协成兴，共3家
潮安	聚丰庄	许福成、万丰发、和合祥、马合丰、合盛利、利昌庄、启峰栈、协成兴，共8家
潮阳	刘喜合	许福成、陈悦记、吴顺兴、洪万丰、义发、福兴号、森春庄、胜发、裕益、潮利亨、普通、广顺利、光益裕、泰成昌、振盛兴、昌盛庄、德合兴、周生利、志成庄、协成兴、信大、长发、马德发、陈万合、黄潮兴、荣丰利、佳兴、源合兴、广汇通、陈炳春、万丰发、理元、有信、钟荣顺、万兴昌、和合祥、光益、宏信、永安、马合丰、同发利、顺成利、广源和记、合盛利、玉合、祥益、安顺、利昌庄、马源丰、启峰栈、裕大、益昌号、郑成顺利振记，共53家
揭阳	魏启峰	许福成、吴顺兴、义发、陈炳春、万丰发、理元、有信、钟荣顺、万兴昌、和合祥、宏信、永安、马合丰、同发利、顺成利、广源和记、合盛利、玉合、马德发、安顺、利昌庄、马源丰、启峰栈、益昌号、郑成顺利振记、福兴号、森春庄、胜发、潮利亨、普通、广顺利、振盛兴、昌盛庄、德合兴、周生利、志成庄、协成兴、李华利、陈万合、黄潮兴、佳兴、源合兴、泰成昌，共43家
（揭阳）棉湖	洪万兴	许福成、张联发、长发、荣丰利、陈悦记、洪万丰、裕益、万兴昌、普通、光益裕、永安、同发利、周生利、信大、广汇通，共15家
曼谷	许明发	许福成，共1家

资料来源：广东省档案馆藏汕头邮局档案，全宗号86，目录号1，案卷号344。

据此可见，代理关系在连接潮汕内地侨批局与汕头侨批局中具有重要作用——在以汕头市为中心的潮汕地区侨批经营网络中，到达汕头的批信除了小部分能直投汕头及其附近郊区外，其他潮属八县的侨批并不能直接投递，而是需要当地的侨批局负责。如若进一步推断，就可发现侨批经营网络的多元空间：在侨批经营网络中，地方具有中心的意义，各个县城乃至其下属乡镇的侨批局都建立了以自己为中心的收发网络，然后向上逐层递进，最后汇归为以汕头为中心的潮汕地区的侨批局收发网络。

二、跨国批局与草根批局

东南亚的侨批经营网络也体现了相同的特征。有不少的侨批局本身并没有建立跨国的联系，即在中国本土拥有分发批局，而只具有地方性网络，它们需要将收到的侨批交由上一层的侨批局进行转递。例如，在马来亚柔佛州（Johor）的峇株巴辖，兼营侨批汇兑生意的义顺昌杂货店只是一间地方性的商号，为完成侨批的流通过程，它与新加坡的洪万成批局建立代理关系，将收来的侨批交给后者，由后者转递到潮汕分发。① 为论述的清晰起见，我们把那些只拥有地方性收发网络的侨批局称为"草根批局"，而那些能直接建立跨国联系的批局称为"跨国批局"（事实上，这两者并没有截然的界限，大部分跨国批局同时发挥草根批局的功能）。

表 2-6 显示了以新加坡为中心的多重侨批经营网络的概况。例如 1910 年前由李伟南等建立并在新加坡潮人社会享有盛誉的再和成伟记批局，除了在新加坡作为草根批局建立自己的收批网络外，作为跨国批局，它还拥有新加坡三发号、广成公司行批局、天安共三家草根批局所建立的网络，同时，它的网络范围还辐射到马来亚的柔佛州和芙蓉及荷属东印度西加里曼丹的三发坡（Sambas）。大致上，以新加坡为中心的侨批经营网络除了在新加坡建有地方性的侨批经营网络外，还覆及马来亚柔佛州的麻坡（Muar）、昔加目（Segamat）、峇株巴辖（Batu-pahat），吉兰丹州（Kelantan），丁加奴州（Terengganu），彭亨州（Pahang），雪兰莪州的巴双坡（Klang），沙捞越州的巴谷坡等地。在荷属东印度，其网络范围包括加里曼丹岛的三发坡、苏门答腊岛的占卑（Jambi）和邦加（Bangka）、班年。由此我们看到，一方面，新加坡作为国际港口城市成为跨国侨批经营网络在东南亚地区的枢纽；另一方面，新加坡能成为东南亚侨批经营网络的枢纽是由于得到周边地方侨批经营网络的承托。

---

① 南方学院华人族群与文化研究中心：《潮人拓殖柔佛原始资料汇编》，新山：南方学院，2003 年，第 269 页。

表2－6　新加坡跨国批局及其新马、荷印的草根批局联号

跨国/草根批局	新加坡草根批局联号	马来亚草根批局联号	荷印草根批局联号
再和成伟记	三发号、广成公司行批局、天安	（柔佛）广泰发公司	（三发坡）周昌兴信局
		（麻坡）蔡福盛	
		（芙蓉）海泉汇兑信局	
洪万成	天安、昌合明利、广泰成瑞记	（麻坡）泰生堂、福南信局酒行	
		（巴谷坡）俊成	
		（昔加目）广泰盛	
		（峇株巴辖）许成发	
		（吉兰丹）林有成	
万益成	四合兴、胜兴		（班年）陈荣裕秉记
			（占卑）广发盛
万顺成	刘益丰代理银信局		
万德祥	厚通代理处信局		
公发祥	和成应记、再添隆汇兑信局、发成兴		（邦加）海兴号
祥泰隆	潮顺成	（丁加奴甘吗挽）曾坤记	
裕成利		（麻坡）茂记信局、林锦昌	
		（巴双坡）同泰成汇兑信局	
汇通信局	荣兴		
陈捷泰			（邦加）裕发
光裕兴	兆兴批局		
光德栈成记		（彭亨）陈顺兴睦记	
光荣昌庄行			（三发坡）周益兴
许永德盛			（三发坡）曾金泉信局
许顺记	集丰信局		
永茂兴汇兑局	和瑞隆信局		

（续上表）

跨国/草根批局	新加坡草根批局联号	马来亚草根批局联号	荷印草根批局联号
华兴		（沙捞越）振昌汇兑信局	
陈合兴		（吉兰丹）陈合兴	
李福利		（吉兰丹）再发	
潮昌兴记		（彭亨关丹）福茂公司信局	

资料来源：邹金盛：《潮帮批信局》，香港：艺苑出版社，2001 年，第 312 – 537 页。

在马来亚其他地区，马六甲、吉隆坡和槟城的地位虽然较新加坡逊色，但它们也与汕头建立联网关系，成为跨国侨批经营网络在东南亚区域的枢纽城市。它们的网络范围大致上分别覆盖南马、中马和北马地区。在槟城的侨批界，潮阳人林德音是其中的佼佼者。早在 1917 年，林德音便在汕头独资创立恒记行，稍后又在槟城创立了承福兴批局，与汕头恒记行共同经营香汕杂货和侨批业生意。1940 年后为扩大业务，林德音又在槟城另创恒记栈，由其长子林为仪掌理，次子林硕夫负责经营汕头恒记行，承福兴批局则归其侄辈经营。[1] 到三四十年代，恒记栈在该地区建立了颇有影响力的侨批经营网络。潮利亨合记是在槟城颇具影响力的另一家批局，约于 1933 年由潮阳人陈子余建立，它在汕头的联号潮利亨批局约创于 1920 年，估计前者是后者的分号，到 1948 年，两号的负责人分别是陈见民和陈子余。[2]

坤甸的侨批业也非常引人注意，根据表 2 – 3，1948 年在坤甸设立的潮帮批局多达 29 家，其中汕头信和成批局在坤甸建立的网络最广，其联号包括信和成、和平、吴长江、源合兴、林木荣、兴合、荣成礼记、合和成 8 家，[3] 可见坤甸在加里曼丹岛的侨批经营网络中处于核心的地位。在荷属东印度，除了苏门答腊岛的侨批局从属于新加坡的侨批经营网络外，巴达维亚是爪哇岛和周边地区的另一个中心。由于荷属东印度的潮州人并不多，所以来自巴达维亚的批信也不占主要地位，有一段时间由于荷属东印度与中华民国还没建立正常的外交关系，以巴达

---

① 潘醒农编著：《马来亚潮侨通鉴》，新加坡：南岛出版社，1950 年，第 123 页。
② 广东省档案馆藏汕头邮局档案，全宗号 86，目录号 1，案卷号 344；广东省档案馆藏广东省邮政管理局档案，全宗号 29，目录号 2，案卷号 382。
③ 广东省档案馆藏广东省邮政管理局档案，全宗号 29，目录号 2，案卷号 382。

维亚为中心的侨批经营网络还隶属于新加坡侨批经营网络之下。[①]

泰国的侨批经营网络也与新马类似，它由多个地方的侨批经营网络组成并最后统归于以曼谷为中心的区域网络。表2－7反映了陈炳春、郑成顺利振记等多家批局在曼谷及其他各府拥有地方网络的情况。陈炳春批局最初是一家银号，大约于1907年首创于汕头，旋即又在曼谷创立陈炳春银庄，属于陈炳春家族的产业，有银行、汇兑业兼营侨批业。1936年汕头陈炳春批局的负责人是陈尹衡。由于暹汕之间可以直接往来，曼谷陈炳春号在该区域建立了颇有影响力的侨批经营网络，佘林合和曾金记大银批信局等本地的草根批局都委托它代转侨批。1946年后陈炳春家族的网络又扩展至新加坡和香港，分别在两地增设了陈炳春银行和陈嘉彰银行。由于经营有方，陈炳春家族富甲一方，1946、1947年陈炳春的家人要把不幸遇害的陈炳春及其长子陈益章的灵柩运回家乡安葬时，家乡的人们纷纷准备祭品迎拜以期获得双倍的回礼，以至"赶人食早早去拜陈炳春"的俗语广为流行。[②]

郑成顺利振记是泰国的另一大批局，其汕头联号与之同名，大约于1912年由郑敦翰及友人合创。作为一家跨国批局，曼谷郑成顺利振记在本地区建立起大型的侨批经营网络，其网络范围除了包括曼谷市郊外，还辐射曼谷挽叻县（Bang Rak）、洛坤府（Nakhon Si Thammarat）、叻丕府（Ratchaburi）等地。由于拥有众多的草根批局联号，战前泰国郑成顺利振记寄出的侨批数量在旺季时每月高达一万多件，平时也有四五千件，是泰国经营侨批数量最多的批局之一。[③]

① 1930年中国邮政总局规定荷属东印度的批信由新加坡英殖民政府转寄，参见广东省档案馆藏广东省邮政管理局档案，全宗号29，目录号2，案卷号375，《广东邮局关于民信局批信局发给侨批营业执照、推广邮区办法等业务的文书材料及批信事务处理办法1934—1949》，第77－82页。

② 邹金盛：《潮帮批信局》，香港：艺苑出版社，2001年，第49页。

③ 参见广东省档案馆藏广东省邮政管理局档案，全宗号29，目录号2，案卷号329，《广东邮区汕头邮段1938年邮政概况月报（一）》，"汕头地方收发暹罗香港及各属殖民地批信及回批统计表"（1938年1—6月）；广东省档案馆藏广东省邮政管理局档案，全宗号29，目录号2，案卷号330，《广东邮区属下局批信统计表1938—1939》，"汕头地方收发暹罗香港及各属殖民地批信及回批统计表"（1938年7—12月）。

表2-7 曼谷跨国批局及其泰国国内草根批局联号

跨国批局	曼谷草根批局	泰国国内草根批局联号	
		名称	地方
陈炳春	佘林合		
	曾金记大银批信局		
郑成顺利振记	邱顺荣成记	林胜泰	曼谷挽叻县
		林程记	洛坤府
		廖炎兴	叻丕府万磅县
协成兴	刘顺兴（协分号）	林得记	坤敬（Khon Kaen）万沛县
泰兴裕	亿盛美利信局	蚁成记	大城府（Phra Nakhon Si Ayutthaya）打坛县
黄潮兴	黄德昌、泰成记	陈益发	廊开府（Nong Khai）
振盛兴	振成发	蔡裕成发	北榄府
万兴昌	陈宜新		
合兴利	吴协丰、振成发		
荣丰利	陈瑞发、吴俊新		
泰合昌	天寿堂		
吴泰安	张荣发、许瑞和、许日三		
常丰泰	荣发		
张祥生泰信局		蔡就成	北榄府
许明发	许振茂		
许公兴	陈仁源、庄胜裕兴		
陈美盛和记		林裕发	宋卡（Songkhla）合艾县
陈协顺言美	陈培兴		
永泰祥	陈和发		
永昌盛银信局	联顺利		
义瑞兴	成利发		
长兴利	长兴		
宏发	泰成记		
马金峰	刘炎成裕记		

（续上表）

跨国批局	曼谷草根批局	泰国国内草根批局联号	
		名称	地方
振泰丰	集隆、佘林合、郑协记		
振华丰	榕江银信局		
郑成顺利舜记	得兴利、成兴		
广顺利	陈利兴、马泰盛		
协成丰	洪玉成、华祥兴		

资料来源：邹金盛：《潮帮批信局》，香港：艺苑出版社，2001 年，第 116－311 页。

注：地名翻译参考 http：//www. anyway. com. tw/community/family/fm_publish. asp？fmrfnbr =139。

三、多重地域网络的相互嵌合

综上所述，分别以东南亚华人和其家乡侨眷为起点和终点的跨国侨批经营网络是由多个层次的地方网络（中间环节）组成的，在这样的侨批经营网络里，每个地方对下都有一个网络，而对上又从属于另一个网络。举例来说，一位侨居马六甲属万里望（Merlimau）的华人陈应传要寄批给其家乡澄海县山边乡的亲属，便要依赖以下各层次的侨批经营网络：由于万里望没有侨批局，所以陈应传便跑到与其相隔不远的麻坡（属于柔佛州）并通过泰生堂来寄批，不过泰生堂与汕头没有跨国联系，但与新加坡的洪万成批局建有代理关系，于是陈应传的侨批便进入新加坡洪万成批局的侨批经营网络，后者与汕头的洪万丰有联网关系，因此陈应传的侨批到达汕头，汕头洪万丰批局再通过其在店市的利发隆庄分发到与其邻近的山边乡，回批则是沿着上述路线的逆方向回送至陈应传。[1] 由此可见，为万里望陈应传与其家乡澄海家属间的侨批往来架起桥梁的是由麻坡、新加坡、汕头、饶平店市共同组成的多重的侨批经营网络，见图 2－1。

那么这样的侨批经营网络在地域分布上具有什么特点呢？在东南亚，基本上可视为商业社会的华人社会[2]分布与商贸中心重合，因此侨批经营网络的中心便

---

[1] 参见汕头市潮汕历史文化研究中心所藏有关陈应传家族的侨批复印件。

[2] 相关论述参见 Wang, Gungwu, "Traditional Leadership in a New Nation：The Chinese in Malaya and Singapore", in Wijeyewardene, Gehan (ed.), *Leadership and Authority：A Symposium*, Singapore：University of Malaya Press, 1968, pp. 208－222；Yen, Ching-hwang, "Class Structure and Social Mobility in the Chinese Community in Singapore and Malaya 1800－1911", *Modern Asian Studies*, 1987, 21（3）, pp. 417－445.

是该区域的商贸中心，各级地方性的商贸中心通过其地方侨批经营网络将收到的侨批往上递进，再汇聚到巴达维亚、新加坡、马六甲、吉隆坡、槟城、曼谷等大型商贸中心或港口城市，然后到达以汕头为中心的收发网络，再以城镇为中心渐次向下一级乡村辐射。由此可见，庞大的侨批经营网络是由各个地方自我组成的地域网络相互嵌合的体系，正是由于有众多的地方性侨批经营网络作承托，多个国际港口城市相互建立跨国联网关系，跨国侨批经营网络才得以覆盖东南亚的每个华人及潮汕侨乡的每个乡村，并成为东南亚华人社会与侨乡社会互动的承载体系。

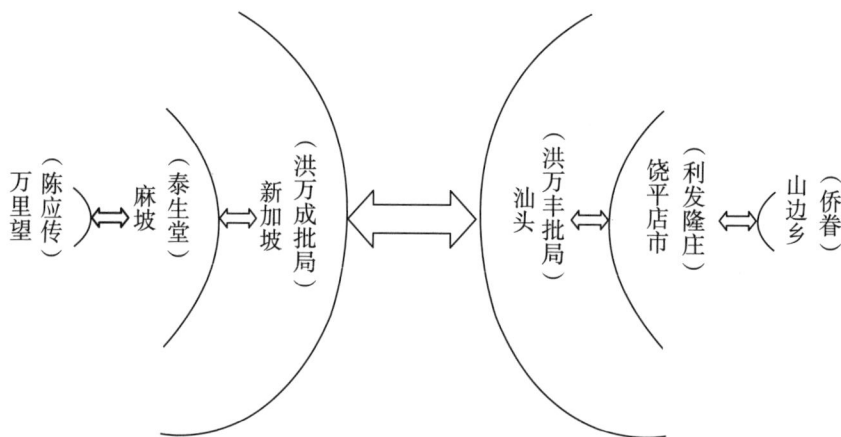

图 2-1　万里望陈应传与家乡澄海县山边乡的侨批流通网络

第三节　侨批经营网络的组织形态

从地域分布的向度上，我们可看到侨批经营网络是由多重的地方网络组成的，那么从组织形态上，这么庞大的跨国侨批经营网络又是按照什么方式组织起来的呢？换言之，东南亚或潮汕地区的草根批局与跨国批局间以及分别位于东南亚与潮汕两地的跨国批局间如何建立稳定的合作关系？后者通过什么方式来克服越洋网络所潜在的不稳定因素，如信任问题等？上文在探讨地域性侨批经营网络的结构关系时曾提到，地方性的草根批局与跨国批局间有两种关系模式：一种是垂直性的总号与分号的关系，另一种是平等的代理关系。这两种关系模式同样适用于潮汕地区与东南亚两地的跨国批局间的联网关系，不过这两种关系的背后却呈现出复杂的组织形态。通过对大量跨国批局联网关系的考察，笔者发现侨批经营网络的组织形态大致可分三种：家族网络、合股关系网络和乡族商业网络。事实上，这几种组织形态在侨批经营网络中往往不是截然分开，而是交织在一起的。下文将对这几种组织形态在侨批经营网络建立中的地位、不同时期的发展以及背后的影响因素等方面做详细讨论。

一、家族网络

在华人传统企业中，由于产权和信用的问题，家族企业是最常用的组织形式，因此它受到学术研究的重视，[①] 同样，它也适用于侨批局的经营及侨批经营网络的建立。在1936年75家在汕头邮局注册的潮帮批局中，大约有51家批局至少在国内或海外建有一间家族联号（分号），占了所有批局的68%；1946年拥有家族联号的批局减少到42家，但仍占75家批局的56%，[②] 由此可见家族网络在侨批经营网络中的重要地位。

在这75家批局中，绵发号的家族网络很典型。1936年汕头绵发号在海外的分号包括新加坡绵发号、吉隆坡东亚号和马六甲绵元号，掌管者分别是郑则士、郑则光、郑则民和郑汉杰，前三人为同胞兄弟，郑汉杰为郑则士的次子，整个批局网络的家族色彩十分明显，见表2-8。到1946年后，绵发号家族企业在吉隆坡加创了郑绵春号，由郑则士的另一个弟弟郑则愈的儿子郑汉麒掌管，[③] 可见绵发号批局的家族网络到"二战"后还没有发生变化。

---

① 参见 Choi, Chi-cheung, "Competition among Brothers: The Kin Tye Lung Company and Its Associate Companies", in Brown, Rajeswary Ampalavanar (ed.), *Chinese Business Enterprise in Asia*, London: Routledge, 1995, pp. 91 – 114; Chung, Stephanie Po-yin, "Doing Business in Southeast Asia and Southern China—Booms and Busts of the Eu Yang Sang Business Conglomerates, 1876 – 1941", in Douw, Leo, Huang, Cen and Ip, David (eds.), *Rethinking Chinese Transnational Enterprises: Cultural Affinity and Business Strategies*, Richmond, Surrey: Curzon Press; Leiden: International Institute for Asian Studies, 2001, pp. 158 – 183.

② 广东省档案馆藏汕头邮局档案，全宗号86，目录号1，案卷号344；广东省档案馆藏广东省邮政管理局档案，全宗号29，目录号2，案卷号371，《广东邮区后方1944年份汕头段1940、1942—1944、1946—1949年份已挂号批信局详情表》。正文数据根据以上档案统计而成。

③ 邹金盛：《潮帮批信局》，香港：艺苑出版社，2001年，第483页。

表 2-8　1936 年绵发号批局的家族网络

批局名称	分号名称	开设日期	开设地点	负责人	年龄	籍贯
绵发号	绵发号	民国八年（1919）	汕头永安街 55 号	郑则士	55	潮阳
	绵发号	民国八年（1919）	新加坡马车街 16 号	郑则光	44	潮阳
	东亚号	民国十二年（1923）	吉隆坡罗太耶街 45 号	郑则民	47	潮阳
	绵元号	民国十三年（1924）	马六甲班底街	郑汉杰	23	潮阳

资料来源：广东省档案馆藏汕头邮局档案，全宗号 86，目录号 1，案卷号 344。

其实绵发号并不是一家专业的批局，它是依靠经营酒厂发家的。早在 1905 年，世居潮阳第一区的郑则士、郑则英、郑则民、郑则光和郑则愈（振文）五兄弟便在汕头创办了郑绵发酒行，1908 年在新加坡创立郑绵发酒庄，继而又先后在吉隆坡、马六甲等地创立酒行和酒厂，侨批的生意是在酒厂生意的基础上，为满足乡人的需要而兼营的。绵发号家族企业自创立后一直由郑氏家族掌握，20 世纪 50 年代后，绵发号家族企业的领导权开始逐渐转到第二代人手里，其中包括郑则士的两个儿子郑汉川、郑汉亮和郑则民的儿子郑浩生等。绵发号的侨批生意一直经营到 1977 年汕头的侨批业务统一由国家银行经办为止，其酒厂生意则绵延至今。[①]

不过，除了少数批局能像绵发号一样，海内外联号完全由本家族掌握外，大部分具有家族网络的批局同时与他姓批局建立代理关系。表 2-9 展示了 1936 年洪万丰、振盛兴、协成兴和启峰栈在潮汕和东南亚地区所建立的家族性和代理性侨批经营网络的情况。例如洪万丰在汕头、棉湖、新加坡、曼谷、槟城、越南堤岸和河婆的联号几乎都以"洪"姓为名，掌管人一律是揭阳籍洪氏，侨批经营网络的家族色彩很明显，不过在 14 家联号中，除了 6 家批局属于揭阳洪氏掌握外，还有其他 8 家批局可能便是通过代理关系建立网络的。1946 年洪万丰批局河婆分号的负责人易为洪明云，曼谷分号改为洪万发，负责人是洪贤生，家族网络的情况大致未变，不过在海内外的代理联号增加到 13 家，[②] 明显超过家族联号的数目，可见，"二战"后洪万丰批局网络的扩展主要是通过增加代理联号的方式进行的。

[①] 参见潘醒农编著：《马来亚潮侨通鉴》，新加坡：南岛出版社，1950 年，第 185-189 页；邹金盛：《潮帮批信局》，香港：艺苑出版社，2001 年，第 483 页。

[②] 广东省档案馆藏广东省邮政管理局档案，全宗号 29，目录号 2，案卷号 371。

表 2-9 1936 年部分家族批局的跨国网络

批局名称	分号名称	开设年份	开设地点	负责人	年龄	籍贯
洪万丰	—	民国十九年（1930）	汕头海平路	洪贤良	28	棉湖
	洪万兴	民国十五年（1926）	揭阳棉湖	洪贤明	28	棉湖
	洪万成	民国廿三年（1934）	新加坡奉教街	洪贤炎	36	揭阳
	中兴发	民国十九年（1930）	暹罗越三振	洪监澄	50	揭阳
	洪万祥	民国廿三年（1934）	槟榔屿中街	洪哲生	29	揭阳
	万成兴	民国廿三年（1934）	安南美萩街	洪梦矛	30	揭阳
	洪协和	民国十年（1921）	揭阳河婆	洪士力	62	揭阳
	鸿茂盛	民国四年（1915）	饶平黄冈	卢湘如	50	潮安
	万兴昌	民国十三年（1924）	店仔头	许文谦	52	饶平
	光益庄	民国元年（1912）	潮安	钟少岩	58	潮安
	光德成	民国二年（1913）	揭阳	李运祥	43	揭阳
	刘喜合	民国元年（1912）	潮阳	刘竹船	49	潮阳
	如陶	民国元年（1912）	潮安	蔡若水	52	潮安
	普通	民国元年（1912）	潮安	吴彩堂	50	潮安
	恒亨	民国元年（1912）	丰顺留隍	詹集秉	27	饶平
振盛兴	—	民国前三年（1909）	汕头永和街35号	曾国声	63	澄海
	振盛兴	民国前三年（1909）	澄海图濠乡	曾国声	63	澄海
	普通	民国元年（1912）	潮安	吴彩堂	49	潮安
	刘喜合	民国元年（1912）	潮阳	刘竹船	49	潮阳
	瑞记	民国元年（1912）	丰顺留隍	郑新南	55	留隍
	魏启峰	民国元年（1912）	揭阳	魏启圃	35	揭阳
	瑞孚陶记	民国廿三年（1934）	饶平黄冈	余桂生	45	黄冈
协成兴	—	民国十一年（1922）	汕头永平路	许汉平	27	饶平
	协成兴	民国十一年（1922）	曼谷三聘街	许经纬	52	饶平
	协成兴	民国十一年（1922）	澄海东陇	徐锡河	29	澄海
	陶合号	民国五年（1916）	饶平黄冈	许献其	35	饶平
	信成庄	民国十一年（1922）	澄海莲阳	余昌期	55	澄海
	聚丰庄	民国十二年（1923）	潮安	朱湘兰	37	潮安
	广顺庄	民国四年（1915）	店仔头	金振忠	39	饶平
	广源庄	民国六年（1917）	诏安	许风声	55	诏安
	魏启峰	民国七年（1918）	揭阳	魏启圃	35	揭阳
	刘喜合	民国四年（1915）	潮阳	刘竹船	50	潮阳

（续上表）

批局名称	分号名称	开设年份	开设地点	负责人	年龄	籍贯
启峰栈	一	民国元年（1912）	汕头永兴街 123 号	魏启和	42	揭阳
	启峰号	民国元年（1912）	揭阳	魏启圃	35	揭阳
	新峰栈	民国二十年（1931）	新加坡新巴虱	魏茂中	28	揭阳
	聚丰	民国十二年（1923）	潮安	朱湘兰	28	潮安
	喜合	民国元年（1912）	潮阳	刘竹船	48	潮阳
	茂利	民国十三年（1924）	饶平黄冈	黄子厚	43	黄冈
	信成	民国十一年（1922）	澄海莲阳	余斯耀	55	莲阳
	有信	民国十年（1921）	澄海	芮弼卿	50	澄海
	永丰发	民国十八年（1929）	安南金塔安宁街	林君正	48	揭阳
	陈德华	民国元年（1912）	暹罗攀德素旺	陈成煌	37	揭阳
	政记	民国元年（1912）	揭阳棉湖	杨璧荣	25	棉湖
	李同春	民国十二年（1923）	坤甸远和街	李春树	37	揭阳
	源合兴	民国十年（1921）	坤甸绵兴街	许双顺	41	揭阳

资料来源：广东省档案馆藏汕头邮局档案，全宗号 86，目录号 1，案卷号 344。

　　振盛兴是另一具有家族网络的侨批局，它的创始人为曾仰梅，又名曾国声，1899 年首先在曼谷创立振盛兴批局，1908 年先后在汕头和家乡澄海图濠乡建立联号。在 1946 年的注册资料中，汕头和图濠乡批局的负责人易为曾慎一，是振盛兴批局的第二代掌理人，同时增添在曼谷和香港的联号振盛兴和远明号，负责人分别是曾壮吾和曾益三。20 世纪 50 年代后，汕头振盛兴批局的负责人易为曾寿田，笔者 2001 年 10 月在汕头采访曾寿田先生时得知，曾寿田和曾壮吾为胞兄弟。可以说，他们是振盛兴批局的第三代掌理人。不过就算是这样明显的家族批局，它的侨批经营网络中也有几家是代理联号。①

　　协成兴也是一家具有家族网络的批局，它在汕头、澄海东陇和曼谷的联号都以"协成兴"为名，分别掌管曼谷和汕头协成兴的许经纬和许汉平为父子。② 1946 年东陇协成兴批局的负责人易为黄潮存，侨批经营网络的家族性没有变化，

① 邹金盛：《潮帮批信局》，香港：艺苑出版社，2001 年，第 28 页；广东省档案馆藏广东省邮政管理局档案，全宗号 29，目录号 2，案卷号 371。

② 2003 年 9 月协成兴批局少东家许敦煌先生在澄海接受笔者采访时所述。

不过增加了 2 家代理联号，总共 2 间家族联号、9 家代理联号，[①] 从数字上看，代理联号仍占绝对优势。

汕头启峰栈是另一家同时通过家族关系和代理关系建立跨国网络的批局。从表 2-9 中我们看到，汕头启峰栈、揭阳启峰号和新加坡新峰栈组成了启峰栈批局网络的核心部分，其中汕头启峰栈和揭阳启峰号的负责人魏启和、魏启圃是兄弟，新加坡新峰栈的负责人魏茂中是魏启和的儿子，魏茂中不幸在 1938 年早逝，此后他的弟弟魏茂硕开始担任重要角色。不过饶有趣味的是，在海内外设有家族联号的启峰栈最初是通过代理其他批局的侨批业务发展起来的。魏启和家族经营侨批业务最早可追溯到其祖父魏福罗，魏福罗早年在家乡做夏布生意，在一次偶然的经历中得到一位"澄海伯"的赏识，委托他为揭阳的侨批代理，于是在"澄海伯"的资助下，魏福罗于 1879 年创立魏森峰号，专门代理揭阳地区的侨批业务，同时兼营夏布生意。1904 年魏福罗去世后，其子魏履巧继任了魏森峰号的业务，1915 年将魏森峰号改组为专营侨批业务的"魏启峰批局"，由其子魏启和任首届主持人，后者开始着手扩大其海外的代理范围。[②] 从新加坡新峰栈的创立时间可推知，启峰栈批局在海外建立家族联号是在 20 世纪 30 年代之后，不过创立家族联号后的启峰栈批局仍然致力于其代理批局网络的拓展。

上述例子表明，在大多数家族性侨批经营网络中，代理关系的地位也很重要，从数目来看，代理联号甚至比家族联号多，而且从 30 年代到 40 年代的发展来看还有增长的趋势。表 2-4 显示，1948 年汕头侨批局在海内外的总分号数相对 1936 年来说增加了很多，这些增加的分号便主要是代理联号。受人力和财力的限制，民营的家族企业很难在潮汕和东南亚地区广设分号，所以便通过代理关系来扩大其侨批的收发网络，提高竞争力。实际上，家族性侨批经营网络中的代理联号仍然主要设在潮汕地区，属于侨批局的分发网络，而在潮汕地区与东南亚间的跨国环节上，还是依靠家族网络，由此可见家族网络在家族性侨批经营网络中的核心地位。

在侨批业的跨国经营中，最重要的问题莫过于资金的流动及由此牵涉到的信用问题，家族企业经营的方式使上述问题迎刃而解，在家族统一管理之下，国内外不同地方的侨批局共有产权、共负盈亏，进而追求最有效的经营方法。

---

① 广东省档案馆藏广东省邮政管理局档案，全宗号 29，目录号 2，案卷号 371。
② 杨群熙辑编点校：《潮汕地区侨批业资料》，汕头：潮汕历史文化研究中心、汕头市文化局、汕头市图书馆，2004 年，第 294-305 页。

二、合股关系网络

在东南亚与潮汕地区的跨国环节上，侨批经营网络的建立除了通过家族关系外，还有相当一部分是通过其他的方式进行，其中一种是通过合股关系建立，下面将以新加坡致成号和汕头森峰号的例子作说明。

新加坡致成号和森峰栈由于早在 1927 年便停业，所以官方档案里所保存的三四十年代的侨批局的注册档案里找不到它们的记录，不过侨批专家邹金盛先生对它们的创立作了认真的考究。据悉，新加坡致成号创立于"1829 年，司理人黄继英，澄海籍……另在汕头委托黄松亭，首创森峰号批局转接批信。在家乡澄海东湖建立致成批馆，自收自投，至 1927 年停业"。至于森峰栈，"1880 年开业，司理人黄松亭，是汕头森峰号批局设于新加坡的分局，自成网络。1927 年停业"。[①] 从上述材料我们发现，虽然新加坡致成号在其家乡澄海东湖乡设有本号，但在汕头却需委托森峰号作中转，那么新加坡致成号与汕头森峰号间是什么关系呢？潘醒农编著的《马来亚潮侨通鉴》中所收录黄仙舟、黄松亭、杜以哲的传记具体谈到致成号和森峰号创立的有关情况。

黄仙舟先生，讳倬瀛，以字行，澄海县东湖乡人……其父基业翁……创致成染坊于乌桥，设致成号于小坡新街头，每晨步行至染坊监督开工，然后步行回店……（黄仙舟）民元年来星，继承先人商业，掌营森峰栈、致成号及致合峰号（经营绸缎布匹汇兑）各生意。

黄松亭先生，澄海县外埔乡人，其生卒年月已不可考。早年于汕头贩卖鱼露，勤俭机警，久而久之，积有余资，遂合创森峰号于汕头市……乃亲临星鸠收帐项，因与杜崇烈、黄基业等君，合资创森峰栈于十八间后街，经营绸布及汇兑民信生意。

杜以哲先生，名崇烈、字彦良、号松峰，澄海莲阳村人……仲舅……基业公也……旋以其辛勤之所得，创森峰栈于新加坡。创森峰号于汕头。[②]

由上可见，"森峰"批局在新加坡和汕头均有设立，而且并非黄松亭所独资

---

① 邹金盛：《潮帮批信局》，香港：艺苑出版社，2001 年，第 312 页。
② 潘醒农编著：《马来亚潮侨通鉴》，新加坡：南岛出版社，1950 年，第 101、160 页。

创立，其中新加坡森峰栈是黄松亭与致成号老板黄基业（估计亦即黄继英）及其外甥杜以哲等人合创，而汕头森峰号也是黄松亭与杜以哲等人合创，参见图2-2。

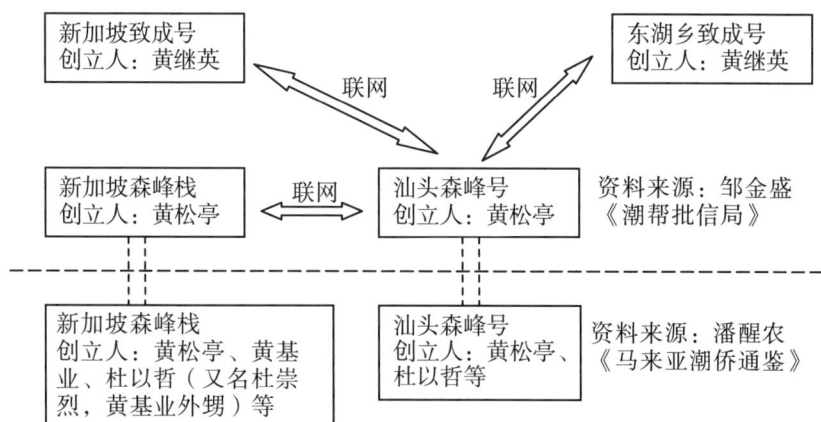

图2-2 致成-森峰批局的合股联网关系

资料来源：邹金盛：《潮帮批信局》，香港：艺苑出版社，2001年；潘醒农编著：《马来亚潮侨通鉴》，新加坡：南岛出版社，1950年。

由此可见，致成号老板黄基业在新加坡森峰栈与汕头森峰号中都拥有一定的股权，新加坡致成号与汕头森峰号间的联网关系便是基于这种个人的合股关系。同样，新加坡森峰栈与汕头森峰号也因为有共同的合股人而建立联网关系，不过因为合股人一致，批局的名号也相同，所以两者间可能是总号与分号的关系。而新加坡致成号与汕头森峰号间可能只是代理关系，正因为个人在多家批局间交叉的合股关系，黄基业的儿子黄仙舟得以"掌营森峰栈、致成号及致合峰号"。

在本章的论述中，如果有两家批局的合股人一样，或者有一方批局的创立者（对于独资的批局）或持股人（对于合资的批局）是另一方批局的合股人，那么就称这两家批局的关系网络为合股关系网络。在这种网络关系中，两家批局可能是总分号的关系，也可能是平等的代理关系，前者主要适用于合股人一样的两家或多家批局，后者则适用于合股人并不完全对等的批局间，不过在一家批局庞大的跨国网络中，这两种方式可能同时并存。①

----

① 合股关系是侨批局网络建立的重要方式，此观点原受滨下武志教授提出的网络模式中"股"的概念的启发，在与滨下武志教授的多次讨论及其研究著作中，笔者受益匪浅，在此谨致谢忱！

对于第一种总分号关系的合股网络，新加坡有信庄和汕头有信庄便是个有力的例证。据载，新加坡有信庄由澄海县城北门人黄芹生、澄海城内人李秉衡和潮安龙湖市人刘葵如共同创立，潘醒农编著的《马来亚潮侨通鉴》收录了这几人的传记，其中刘葵如的传记里提到新加坡和汕头两地有信庄的关系："民国十年（一九二一），又与黄芹生君等合创有信庄于二马路；并于汕头分设有信银庄，以经营汇兑业。"①又据《汕头市侨批业同业公会会员商号名册》（1948 年），②汕头有信庄也是合资创立的，可见，汕头有信庄与新加坡有信庄拥有共同的合股人，前者即为后者之分号。1936、1946 年汕头有信庄的负责人被登记为黄寿三，1948 年易为黄孝廉，亦即创立人之一黄芹生的儿子，在这段时间里，新加坡有信庄的负责人一直是李东辰，③合股经营的方式仍然很明显。

汕头荣丰利的侨批经营网络是另一个值得探讨的个案。据《汕头市侨批业同业公会会员商号名册》（1948 年），汕头荣丰利是合资创立的，1946 年在曼谷、香港、揭阳、兴宁、梅县和昆明等地均拥有以"荣丰利"为名的批局联号，汕头号与其他各地联号的负责人分别是黄勤敏、徐名奋、徐名宏、黄徽猷、卓海鸿、徐春苑和徐瑞芳。徐名奋和徐名宏看来像族亲，他们与黄勤敏都是丰顺籍人，④不过总体看来，各地的负责人似乎并没有亲族关系，如果他们间有什么关系，大概就是合股关系，而各地的荣丰利批局间可能是总分号关系。

复安批局的跨国网络同样值得探究：1936 年汕头复安批局在香港、新加坡和曼谷的联号复安、复茂和复成都是以"复"字开头的，汕头号与各地联号的负责人分别是潮阳籍的黄逸民、谢梅萱，潮安籍的王佑明和揭阳籍的林直臣，各地负责人表面看来也没什么关系。汕头福利批局的组织网络也类似：1936 年它在香港、新加坡和曼谷的联号分别是福利、福成和茂利，汕头和各号的负责人分别是潮阳籍的黄文秋、谢兰春，晋江籍的薛木本和梅县人熊孝则，⑤他们看来也没什么关系，估计这两家批局的网络即属于合股关系网络。

潮帮侨批局的合股经营在当时相当普遍，例如新加坡万丰隆信局由洪宝华、

① 潘醒农编著：《马来亚潮侨通鉴》，新加坡：南岛出版社，1950 年，第 201 页。
② 广东省档案馆藏广东省财政厅档案，全宗号 4，目录号 2，案卷号 8，《关于侨民出入境、携带黄金外币、金圆券的处理和侨汇侨眷贷款等问题与省府财政部、各专署、县市的来往文书（汕头市侨批业同业公会会员商号名册）1939—1949》，转引自马楚坚：《潮帮批信局之创生及其功能的探索》，李志贤主编：《海外潮人的移民经验》，新加坡：新加坡潮州八邑会馆、八方文化企业公司，2003 年，第 55－84 页。
③ 广东省档案馆藏汕头邮局档案，全宗号 86，目录号 1，案卷号 344；广东省档案馆藏广东省邮政管理局档案，全宗号 29，目录号 2，案卷号 371、382。
④ 广东省档案馆藏广东省邮政管理局档案，全宗号 29，目录号 2，案卷号 371。
⑤ 广东省档案馆藏汕头邮局档案，全宗号 86，目录号 1，案卷号 344。

林正兴、林叙光、陈潮勤、陈仁卿、黄明利等人合股创立，它与汕头洪万丰批局建立联网关系；[1] 又如曼谷松兴泰批局由郑敦耀、陈佃彬、黄景云和谢木潮等人合股建立，其在汕头的联号是黄潮兴批局。[2] 另外，1948 年在汕头的 58 家注册批局中，合资创立的共 28 家，几乎占所有批局的一半，[3] 由此我们可以推知，合股关系是侨批经营网络建立的重要方式。由于资料的缺乏，我们不能肯定哪些批局的合股网络属于总分号的关系，哪些属于代理联号的关系，不过可以肯定的是，代理联号的关系占更大的比重。

潮帮侨批局与东南亚侨批局通过合股的方式建立代理关系，早在 20 世纪初日本人就对此作过研究，当时以东南亚为据点的侨批局中有 90% 以上在中国并没有设立分局，而是通过代理局来建立合作关系，这种合作的方式之一即共同出资经营，每年结算一次，利益平分。[4]

合股代理关系在区域性的侨批经营网络里也扮演重要角色。新加坡著名闽帮侨批业家林树彦在口述时表示，合股代理关系在其经营的侨通行的批局网络中占有重要地位。侨通行战后在香港、上海、福州、泉州、古田、厦门、巴城、旧港、泗水、沙捞越、怡宝、吉隆坡、马六甲、槟城等地设有近 25 家分行，营业范围和侨批网络遍达全中国，是新加坡闽帮数一数二的大型批局。以新加坡为据点的侨通行在其发展的早期在中国并没有联号，于是便"在唐山厦门开一个（联号），由那边的人做，我们这边出资本投资，给那边的人料理"。在东南亚区域，侨通行与马来亚、荷属东印度、沙捞越等的内地联号之间，有不少也是通过共同出资，合股经营。[5]

① 新加坡国家档案馆藏商业档案（Registry of Business），ROB017，"Buan Hong Long & Co"，File Refenrence：8656。

② 笔者于 2003 年 11 月到曼谷做田野调查时访问郑敦耀的弟弟郑膺年先生所得。

③ 广东省档案馆藏广东省财政厅档案，全宗号 4，目录号 2，案卷号 8，转引自马楚坚：《潮帮批信局之创生及其功能的探索》，李志贤主编：《海外潮人的移民经验》，新加坡：新加坡潮州八邑会馆、八方文化企业公司，2003 年，第 55 – 84 页。

④ 杨建成主编：《侨汇流通之研究》，台北：中华学术院南洋研究所，1984 年，第 86 页。

⑤ 新加坡国家档案馆口述历史中心，Accession No. 147，"林树彦访谈报告"，第 47、135 – 136 页；［新加坡］柯木林：《新加坡民信业领袖林树彦》，［新加坡］柯木林、林孝胜：《新华历史与人物研究》，新加坡：南洋学会，1986 年，第 173 – 179 页。

三、乡族商业网络

除家族网络和合股关系网络外，乡族关系和商业网络在侨批经营网络中占有最重要的地位，这主要表现于不同地方侨批局间代理关系的建立。乡族关系在侨批经营网络中的重要性是不言自明的。正如前文所述，大多数侨批局的经营都带有强烈的乡族色彩，同样，不同侨批局间通过乡族关系而建立代理关系的例子也比比皆是。例如表 2 – 9 显示，揭阳籍魏启峰除了在汕头、揭阳和新加坡的商号属于家族企业外，在安南、暹罗和坤甸的联号永丰发、陈德华、李同春和源合兴属于代理局，其负责人林君正、陈成煌、李春树和许双顺一律是揭阳籍人。又如1936 年潮阳人黄日辉所掌握的汕头福成批局也建立了以本邑人为主的侨批经营网络，它在各地的联号陈四合、陈裕发（金瓯），刘喜合（潮阳），陈益隆（隆江），荣泰昌德茂（槟榔屿），和记、怡兴（霹雳），南茂兴、泗利兴（古楼）的负责人均是潮阳人。①

与乡族关系相比，商业网络与侨批经营网络的结合较隐蔽，也更少引人注意。其实，如上文所述，大多数侨批局都兼营他业，有时候侨批业是在专营他业的基础上发展起来的，自然，原有商业的经营网络便成为侨批经营网络的基础。上文所提到的魏启峰批局即为一例，它最初是经营夏布生意的，与"澄海伯"间的关系开始只是夏布的生意往来，后来在互相信任的基础上才进一步建立了侨批的代理关系。无独有偶，上文提到的致成号也是以经营布业发家的，它经营的主要是洋乌布，在兼营侨批业后，侨批业和布业的关系相得益彰：新加坡致成号在收到华侨的汇款后可用作布业的经营资本，而新加坡的洋布运到汕头卖掉后便可收回本钱，用作分发批银。它与魏启峰批局的代理关系主要出于生意上的往来。同样，在曼谷、汕头、澄海东陇均设有联号的协成兴批局，其揭阳属的侨批也主要委托揭阳魏启峰批局分发，它们之间的代理关系也主要因为生意上的往来而建立。②

在一个以商业支持的华人社会里，笔者发现，在东南亚的草根批局中，杂货店占了相当大的比例，它们货物来源的网络很可能便是其侨批集散的网络，下面将以泰国森利号的例子稍作说明。泰国森利号设在呵叻府，据其少东家丁翀称，

---

① 广东省档案馆藏汕头邮局档案，全宗号 86，目录号 1，案卷号 344。

② 根据 2003 年 9 月致成批局后人黄少雄先生及协成兴批局少东家许敦煌先生所述。

森利号是杂货店，主要经营醋、米、牛皮、手表等商品，他们从呵叻府的农村里收购土产，再卖到曼谷，从曼谷买来各种杂货，供应当地农村的需求。他们也经营侨批，从当地的华侨手里收到批以后，交给曼谷的和合祥批局，和合祥再通过其在汕头的分局来分发侨批。当笔者问及森利号与和合祥的关系时，丁先生讲，他们之间很熟悉，彼此有生意往来，和合祥批局也是经营杂货店的。① 由此可见，森利号批局与和合祥批局的联网关系主要源于彼此间的业务来往，从这个层面看，商业网络与侨批经营网络便很好地结合在一起了。

草根批局与跨国批局因为商业的因素而相互嵌合，其中除了涉及钱的流通和外汇限制外，更多地体现了不同商号间互惠互利的精神，由经营侨批而承担的社会互助性又衍生出商业的互惠性，由此侨批网络、商业网络和社会的互助功能相互交织、重叠，成为东南亚－华南跨国华人社会有机组成的重要脉络。

家族网络、合股关系网络和乡族商业网络在侨批经营网络的建立中往往不是单一存在的，而是交叉进行。家族网络、合股关系网络通过制度性或非制度性共用产权的方式，确立了国内外不同批局间稳定的合作关系，这使它们成为侨批经营网络的核心环节，而通过乡族商业网络建立起来的代理关系则有利于侨批经营网络的对外延伸，各种方式的结合保证了庞大的侨批经营网络的高效运转。

侨批业的高效运转首先体现于批信递解环节的神速，据汕头有信庄批局经理芮诒埙忆述，"海外侨批，一般都能如期在当天上午十时左右从邮局领出，逐封加盖当日邮戳，复核无误，加贴回批。会计则稽考存欠，如果账款不足，欲放欲留，统由经理立予裁决。每次来批不论多少，例于当晚办理清楚，虽通宵达旦，务必悉力以赴，盖明天一早，必须赶赴各处舟车第一帮"②。其次是侨汇融通环节上的活络便捷，据陈达考察，"自星加坡至汕头，有时候并无现款汇归，因总店与分馆，即经营银钱业或进出口货业，彼此可以划账。或有时候由星加坡批馆利用收入的批款买成南洋商品（例如米）运到汕头售卖以资获利。汕头分馆虽未接南洋总馆的现款，但亦按照'批信'中所述的数目，由'派批'分送各汇款的家庭"③。

在跨国侨批活动中，批信的递解是其中最基本和最常规的活动，而侨汇的融通则富有活力和韧性，在侨汇的跨界流动及外汇转换中，既可以通过银行汇兑业

① 2003 年 9 月丁翀先生在潮州接受笔者访问时所述。

② 中国人民政治协商会议广东省汕头市委员会文史资料研究委员会编：《汕头文史》（第 4 辑），1987 年，第 100 页。

③ 陈达：《南洋华侨与闽粤社会》，上海：商务印书馆，1938 年，第 89 页。

进行汇款，又可化钱为物，摇身变为进出口贸易，甚至可以积压资金，由代理局暂为垫款分发，一切因时因地而异，跨国侨批局对侨汇的应用更因侨汇额之大而牵涉到亚洲金融贸易体系的变动，[①] 这是另一个值得深入探讨的课题。

第四节　结语

本章揭示了在近代东南亚华人社会与潮汕侨乡社会间广泛存在的侨批经营网络，其服务范围几乎覆盖移民东南亚的每位潮州人及家乡的每位侨眷，在东南亚华人社会与侨乡社会间建立起跨国联系的桥梁。通过它，海外华人得以完成赡养家庭的责任，它同时满足了海外华人与家乡间最基本的音信联系的需要。

这样的侨批经营网络是由多个层次的地域网络相互嵌合而成，在这样的体系里，每个地方都建立了以己为中心的地域网络，并从属于更高层次的地域网络，最终与海外的侨批经营网络相连接。侨批经营网络这种多重叠合的关系使它一方面能够充分利用传统华人社会的乡族关系与商业网络而扎根于乡土社会，并与东南亚、华南两地的草根华人社会构成水乳交融的状态；另一方面又可以通过网络的多重链接把大洋两岸的华人社会连接起来。在组织关系上，家族网络、合股关系网络和乡族商业网络等方式能有机结合起来，其中在华南与东南亚两地的跨国联网关系的核心环节上，通过采用家族网络和合股关系网络等共用产权的方式，有效地克服了长途商业网络所潜在的风险和各种不稳定因素；而在草根社会的层面上，通过乡族商业网络关系，具有跨国联系的侨批网络得以无限外延至广大华人社会。正是通过这些组织关系，无数张地域性侨批经营网络相互交织、重叠，共同构建了可以连接和渗透东南亚华人社会与华南侨乡社会的社会经济脉络。

通过侨批经营网络，华南与东南亚两地华人社会间不断流动着以金融、物资以及各种以信件为载体的社会信息、观念和情感等。对于侨批经营网络的社会性及其之于华人社会与侨乡社会的衔接功能，滨下武志早在 20 世纪 80 年代

---

① 参见［日］滨下武志著，朱荫贵、欧阳菲译：《近代中国的国际契机：朝贡贸易体系与近代亚洲经济圈》，北京：中国社会科学出版社，1999 年。

作过研究，通过对新马华人社会的"合会"与"银信汇兑"的研究，他指出："银信汇兑局具有悠久历史，而且与区域社会保持密切关系而发生变迁。如果说合会是结合区域社会内部的民间金融组织，那么银信汇兑局是起着联系外部作用的组织。"①

---

① ［日］滨下武志：《传统社会与庶民金融——新加坡、马来西亚华人社会的"合会"与"银信汇兑"》，《1985年华侨华人历史国际研讨会论文集》，广州：中山大学东南亚研究所，1985年。

第三章

跨国侨批互动的节律变化

本章将探讨建立在侨批经营网络基础之上的东南亚潮人与潮汕侨乡间不断的金融与信息互动，重点研究侨批互动的规模、特性和历史变化。究竟东南亚华人社会与潮汕地区之间每年有多少侨批往来？从1911年至1949年两地间的侨批规模有何规律变化？它主要受什么因素的影响？它如何影响着两地的华人社会？来自东南亚的侨批有何区域差异？这种区域差异有何历史变化？其背后又反映了东南亚华人社会结构怎样的变动？本章将就上述问题作详细探讨。

要探讨上述问题，首先要对历年侨批的数据有准确的把握，广东省档案馆藏广东省邮政管理局档案，全宗号29，目录号2，案卷号322《广东邮区曲江办事处关于邮政业务、人事、视察及抗日期间后方各局一般情况月报表1939—1940》、案卷号329《广东邮区汕头邮段1938年邮政概况月报（一）》、案卷号330至333《广东邮区属下局批信统计表》和案卷号624《广东邮局所属各局关于寄发国内各地批信及国外回批统计表、邮资详情表等1947—1949》中，保存了1938年1月至1941年12月以及1948年7月至1949年10月汕头各侨批局经由汕头邮局所收和寄往东南亚各地的批信和回批的逐月统计。① 这些翔实的原始资料以前没有被学术界使用过，是本书研究赖以进行的重要基础。可惜这些宝贵的文献主要记录批信与回批的数据，而不包含确切的侨汇数据，因此本书只好尽量搜罗零散分布的各种侨汇的原始数据，并充分利用前人对侨汇的研究统计，试图对侨汇的数据有较准确全面的把握，借此对侨批互动作既宏观又微观的考察，进而探讨其规律变化。

---

① 其中案卷号322、329保存1938年1—6月的侨批数据；案卷号330保存1938年7—12月的侨批数据；案卷号331保存1939年1—12月的侨批数据；案卷号332保存1940年1—12月的侨批数据；案卷号333保存1941年1—12月的侨批数据；案卷号624保存1948年7月至1949年10月的侨批数据。下文关于此时期的侨批数据皆出于此，不再赘述。另外，由于战争关系，本档案中缺失1939年8月来自香港的批信数据，下文进行统计汇表时将采用同期的回批数据；同样，1939年7月寄往香港的回批数据也缺失，采用同期的批信数据；1939年7—9月及1941年1—9月来自暹罗的批信数据缺失，采用相应的回批数据；1939年8、9、12月来自印支殖民地的批信数据缺失，采用相应的回批数据；1939年7月寄往印支殖民地的回批数据缺失，采用相应的批信数据。

第一节　侨批互动的周期变化

一、侨批互动的大周期与小周期

广东省档案馆藏的汕头侨批的数据虽然从年份来说只有太平洋战争前的1938年1月至1941年12月和"二战"后的1948年7月至1949年10月的短短数年，但它包含了每家批局收到和寄出侨批及回批的逐月统计，资料可谓极其详细。另外，笔者也找到了1947年1月至1949年12月汕头邮局所经手侨批的每月统计。那么，这些资料对研究侨批互动有何帮助呢？它是否能体现侨批互动的某些节律变化？

为便于分析，笔者对1938—1941年及1947—1949年各月批信及回批的数据进行了统计整理，详见附录一。根据附录一，笔者制作了汕头批信及回批历年变化的曲线图，见图3-1。参照图3-1和附录一，我们明显发现侨批互动的某些周期变化：各年批信寄出的高潮均发生在1、2月间，对照中国农历，我们发现批信的周期与中国农历的周期一致，批信的高潮都在中国农历年底十二月的新春佳节即将来临之际。例如1938年批信的高潮在1月份，而春节是1月31日；1939年批信的高潮在2月份，春节是2月19日；1940年批信的高潮在1月份，春节是2月8日；1941年批信的高潮在1月份，春节是1月27日。"二战"后的情况也一样，1947年1月份批信有个小高潮，春节是1月22日；[①]1948年批信的高潮在2月份，春节是2月10日；1949年批信的高潮在1月份，春节是1月29日。回批的高潮则相应延后一个月。

---

① 1947年1月的批信量并非该年最高，这是值得玩味的，其中一种可能性是该年的新年来临较早，故不少批信已经于1946年的12月寄出，平衡了1947年1月的批信量，不过由于缺乏1946年批信的数据，故暂且存疑。

件

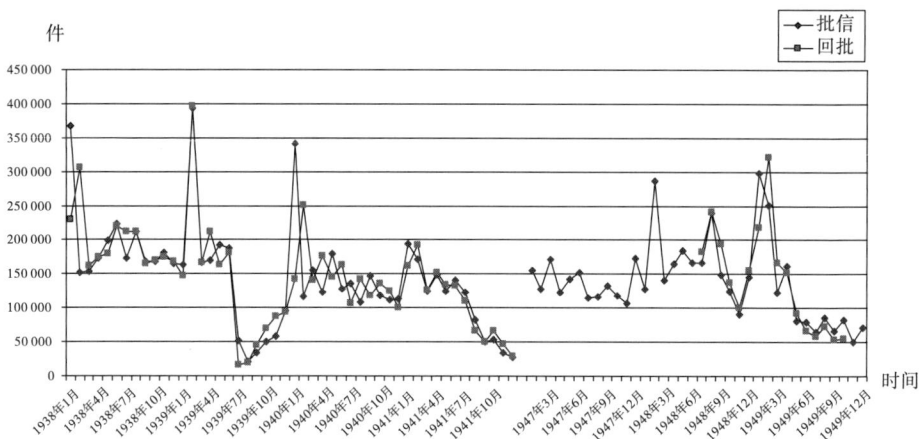

图 3 - 1　1938—1941 年、1947—1949 年汕头批局收发批信及回批按月变化情况

件

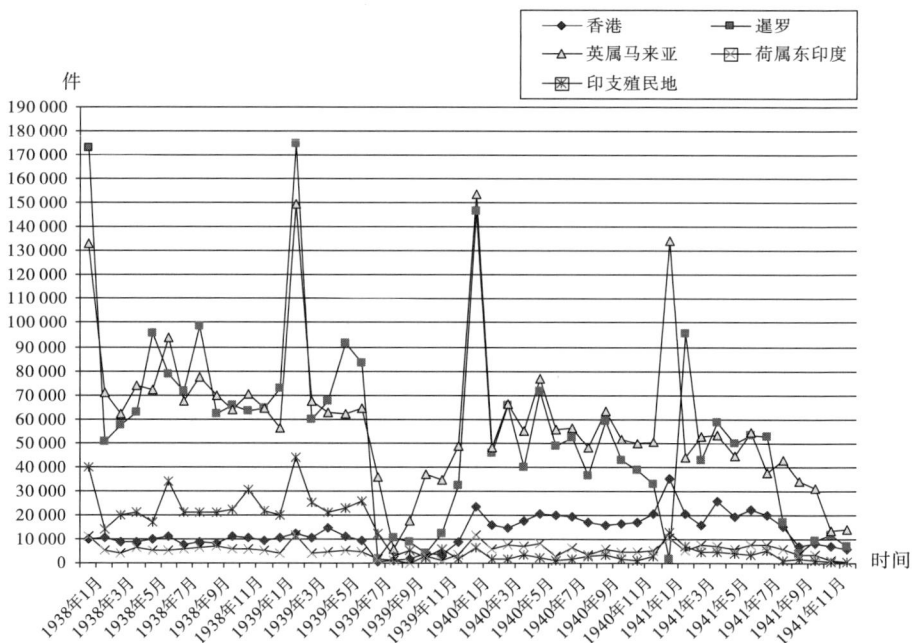

图 3 - 2　1938—1941 年汕头批局收发香港及东南亚各地批信按月变化情况

　　由此可见，侨批互动有一定的周期性，其周期变化与中国农历的周期变化一致，中国农历新年成为其中最重要的决定因素，每到过年大关，侨批额总会跃到该年的最高峰，过年之后又跌下来，待到年底时再攀高峰，周而复始地演绎着侨批互动的周期变化。

　　侨批互动的周期变化也见诸东南亚各个地区与潮汕地区间的侨批联系。例如

1938 年 1 月春节在即时，来自暹罗、英属马来亚、荷属东印度和印支殖民地的批信额均达本年最高峰，此后来自包括香港在内各地区批信额的年度高峰均在 1939 年 2 月、1940 年 1 月和 1941 年 1 月，① 各地区批信的曲线变化表现得非常一致。尽管香港、荷属东印度和印支殖民地的批信从绝对数值来说都很少，从曲线图来看似乎变化不大，但毫无例外地体现了侨批互动因循中国节庆而周期变化，见图 3 - 2 和附录二。

除春节之外，侨批互动还受中国其他传统节庆的影响，从图 3 - 1 和附录一中可以看到，各年批信除 1、2 月春节前出现最高潮外，还有两个小高潮：第一个出现在 5、6 月间，主要受中国传统的端午节的影响，由于端午节大多数在 6 月，所以批信的小高潮便在此前的一个月左右，即 5 月间；第二个小高潮出现在 8、9 月间，也主要是受中国传统的中秋节的影响，中秋节多在 9、10 月间，所以各年批信的小高潮便游移在 8、9 月间。这个现象从各属殖民地的侨批变化中看得更清楚，例如：在 1938 年 6 月，香港、英属马来亚和印支殖民地的批信额均出现春节过后的第一个高潮，这主要是受端午节的影响；1938 年 8 月，暹罗与英属马来亚的批信额同时出现了端午节后的第二个小高潮；其他年份也出现了类似的现象，见图 3 - 2 和附录二。当然，中国传统的其他节庆如七夕、重阳节、冬至等也是吸引海外华人寄批的重要因素，不过相较而言，其重要性比不上春节、端午节和中秋节，也不足以形成明显的高潮变化，而更倾向与其他因素结合在一起，共同牵引着侨批互动的大规模进行，并且长年不息。

在侨批互动的大周期下面，还隐藏着许多不同的小周期，这便是个别家庭的侨批周期。它主要取决于各家庭的行为习惯，其中家庭长辈的生辰便是重要的影响因素之一。孝敬长辈、给长辈庆祝生日是中华民族的优良传统，"每逢佳节倍思亲"，因此，每逢长辈寿辰，海外游子必遥寄批银，以全孝道，这在大量的批信中都能看到。例如在本书第六章要讨论的陈应传家批，便有不少是身在海外的陈应传特地为贺长辈寿诞而寄的。陈应传祖婶的生辰在农历十二月，于是农历十一月底陈应传及其家人便往家里寄批，为祖婶祝寿。例如，在 1927 年农历十一月二十一日，陈应传为其祖婶寄批道："老祖婶大人膝下，万安！拜禀者：刻奉上一函，外付大银二元，至祈查收，以应祖大人寿旦之用。并祝祖大人寿比南山之福也……" 1931 年农历十一月二十四日，陈应传的父亲陈遗恩也特地给祖婶寄上批银十元："祖婶大人膝下，金安！敬启者：想大人起居康健也，兹奉上片

---

① 1941 年 1 月暹罗批信意外的少，这主要由于统计数据不足。

函外大银十元，至祈查收，祝大人寿比南山之喜……"1935 年农历十一月八日，陈应传寄给祖姆寄批："兹候呈上片函，外付国币四元，至祈查收，以应祖大人来月生辰设席之用。孙等拜祝祖大人寿比南山，福如东海，此我等之欢也。"①

由此可见，每个家庭又有其自身不同的侨批周期，不过因为影响各家庭侨批周期的时间节点都不一样，所以整体的侨批周期并不会产生显著变化，而中国传统的节庆仍然主导着侨批互动的大周期。

二、周期变化对侨批经营与区域金融的影响

以上主要从批信的数量来讨论侨批互动的周期变化，那么侨批互动的周期变化对侨批经营的具体活动产生什么影响呢？或者说，侨批互动的周期变化在侨批经营的具体活动中如何体现呢？对此，汕头有信批局经理芮诒埙曾就新加坡有信庄的经营有清楚的描述，从中我们可看出侨批互动的周期变化在具体的侨批经营活动中产生的重要影响。

（新加坡有信庄）每月总合上述各地收汇大约为：淡月——常年阴历（以下同）一至三月份，月约港币一十万元；平月——四至九月，月约港币一十五万元；若在向称旺月的十至十二月，平均可为平月的两倍，特别是年梢一个月特别增多。当地商例，每年冬至之后，一年盈亏，几成定局，如果丰盈，则当事人便可先期酌支红利，寄批回乡，购置田宅和祭祀祖先；一些高级职员，亦多得店主特许，先支奖金若干；此外唐中藉神敛财者，亦多在此时大显身手，修庙换袍，酬神演戏，趁机跃起，故侨批缘情而激增。直至十二月起，例有众多侨胞，寄批馈赠戚友，以至其在国内家属所赖以托庇的豪绅，亦皆奉敬无失。新加坡各个较大批局，职司招揽寄批员工，例皆自备一本小册子，详细记录其所经手大户，每年分寄家乡亲友批款的人名、地址、金额，甚或有详细记录其姻亲、朋友关系称呼者，每届年梢，便登门招揽；寄户或有遗漏，当面补上，或在征得寄批人同意时，代为开列名单，一般豪商巨贾，事冗心繁，大多莞尔一笑，交易立成，旬日之后，回批送还，才向收账，咸称妥便。此时批业号称旺月。②

---

① 以上引文均出自汕头市潮汕历史文化研究中心所藏陈应传家族批信。

② 芮诒埙：《有信银庄（批局）琐忆》，中国人民政治协商会议广东省汕头市委员会文史资料研究委员会编：《汕头文史》（第 4 辑），1987 年，第 94 - 106 页。

从大的方面来说，侨批互动的周期变化对华南金融市场也有重大影响。每逢年底，大量侨汇涌入，汕头侨批局为分发侨汇，需要大量汕头本位银，从而形成当地银根紧缩的局面。为取得汕头本位银，侨批局纷纷抛售作为外汇形式的侨汇，结果导致汕头金融市场上汕头本位银对外汇价趋高的现象。由于 1942 年前香港为潮汕侨汇输入之总站，侨汇欲入潮汕，必先汇为香港本位银存于香港，然后于汕头将向香港支款票据兑为汕头本位银[1]，因此，每逢年底，汕头本位银对香港汇价逐渐走高。例如 1921 年 1—6 月香港银 1 000 元比值汕头直平两每月最高几乎都在 770 以上，7 月以后开始走低，最低在 10 月，只有 722；1931 年更加明显，1—10 月最高几乎都在 770 以上，11 月走低，最低在 12 月，只有 713.38，见表 3-1 和图 3-3。由此可见，侨批互动的周期变化也影响着华南金融市场的某种周期变化。

表 3-1 1921 年、1931 年汕头对香港汇价（香港银 1 000 元 = 汕头直平两若干）

年份		1 月	2 月	3 月	4 月	5 月	6 月	7 月	8 月	9 月	10 月	11 月	12 月
1921	最高	770.25	765.75	776.50	772.13	771.75	770.00	754.00	729.88	723.75	722.00	727.25	727.00
	最低	751.38	756.25	758.75	761.13	769.38	729.00	726.50	728.50	700.00	716.50	721.00	727.00
1931	最高	760.00	770.50	770.00	767.25	774.50	772.75	778.00	776.00	775.13	776.00	741.00	713.38
	最低	750.50	752.50	761.50	761.50	767.00	768.50	772.00	772.00	772.00	742.00	706.50	698.00

资料来源：饶宗颐：《潮州志·实业志·金融·汇兑·香港汇》，汕头：汕头艺文印务局，1949 年，第 27 页。

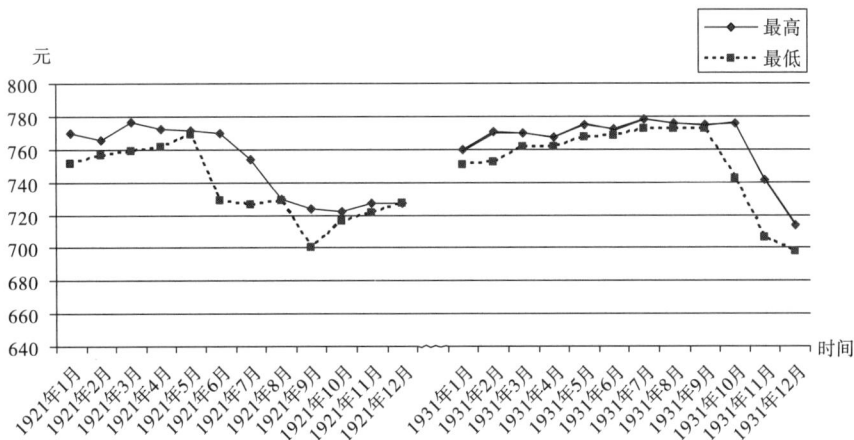

图 3-3 1921 年、1931 年汕头对香港汇价（香港银 1 000 元 = 汕头直平两若干）

---

[1] 饶宗颐：《潮州志·实业志·金融·汇兑·香港汇》，汕头：汕头艺文印务局，1949 年，第 26 页。

综上所述，侨批互动有一定的周期变化，其背后的影响因素主要是中国传统的节庆，每逢春节等重大节日，侨批便大量涌入华南侨乡地区，并导致该地区金融市场的重要变动。以往的研究往往重视海外华侨（侨汇）对侨乡的单方面影响，而忽视侨乡在两者互动关系中的主动性。从侨批互动的周期变化中，我们看到侨乡及其文化在吸引侨汇及决定其流入方式中所扮演的积极的、主动的角色，不过两者的关系又是相互作用的，侨批的周期性涌入可谓海外华侨顺应侨乡传统文化的表现，而其结果又反过来巩固了侨乡的传统文化，使之更加根深蒂固。不过从侨批互动的周期变化导致华南金融市场的周期变化这点来看，海外华人社会与华南侨乡之间的互动关系远比我们知道的复杂得多。

第二节　侨汇与侨信的二重变动

一、侨汇的变化及其原因

在以往的研究中，对侨汇的研究历来备受关注，由于 1949 年前并没有一个统一的机构经营侨汇，故不可能有精确的统计资料，于是不少研究机构、学者纷纷通过各种方法试图对侨汇的数量作出估计。估计者包括西方人士马士、瓦括尔、雷麦，日本学者井出季和太、土屋，中国学者杨建成、吴承禧、郑林宽，以及各种研究机构如中国银行、"中央研究院"、东亚研究所等。[①] 其中吴承禧、郑林宽等对福建侨汇有详细的统计，并在扎实的统计基础上进一步探讨其规律变化；姚曾荫对广东省的侨汇也有深入的研究，可惜就侨汇的数量上只分析了 1937 年的情况，其他年份均付阙如；[②] 林金枝对广东省侨汇的研究大部分是根据全国侨汇的 80% 估算，[③] 缺乏准确性；至于笔者所研究的汕头侨汇，则更加缺乏系

---

① 参见林家劲、罗汝材、陈树森等：《近代广东侨汇研究》，广州：中山大学出版社，1999 年，第 99 – 104 页。

② 姚曾荫：《广东省的华侨汇款》，上海：商务印书馆，1943 年。

③ 林金枝：《近代华侨投资国内企业史研究》，福州：福建人民出版社，1983 年，第 1 – 56 页。

统、有深度的分析。另外，前人对侨信的研究也缺乏应有的重视，事实上，侨信的研究对侨汇的研究是极好的参照，也许前人忽略了这样一个根本前提：侨汇与侨信的变动是一致的吗？如果不一致，这又说明了什么？本节将利用有限的资料，尝试探讨汕头侨汇的历年变化，并参照侨信的历年变化，从侨汇与侨信的双重角度来探讨汕头侨批变动的特点及影响因素。

就笔者所见，目前有关汕头侨汇的统计资料十分匮乏，要获取历年来汕头侨汇的准确数据几乎不可能，为此，笔者只好勉为其难，根据前人留下的有限资料，估算出一个尽可能接近事实的侨汇数据。前人对 1949 年前汕头侨汇额的研究多付阙如，唯独对 20 世纪 30 年代前期的汕头侨汇极为关注，并发表了不少侨汇数据。纵观这些侨汇数据，前人对 30 年代前期的汕头侨汇的估计基本可分为两类：第一类是根据中国银行等机构的调查所得，并为研究学者杨建成、吴承禧等所引用，见表 3 - 2；第二类是通过汕头金融机构的调查所得，并为饶宗颐、井出季和太、谢雪影、志钟等学者所引用，见表 3 - 3。

表 3 - 2　1931—1935 年全国华侨汇款统计

单位：万元

年份	寄出地				合计
	香港	汕头	厦门	其他	
1931	25 000	9 420	7 200	500	42 120
1932	20 000	7 070	4 970	500	32 540
1933	19 000	6 280	4 790	500	30 570
1934	13 750	4 700	4 330	500	23 280
1935	21 200	5 500	4 400	500	31 600

资料来源：（1）吴承禧：《厦门的华侨汇款与金融组织》，《社会科学杂志》1931 年第 8 卷第 2 期，第 193 - 252 页。

（2）［日］井村薰雄著，李林译：《华侨寄款与祖国经济关系》，《南洋研究》1941 年第 10 卷第 1 期。

（3）杨建成主编：《三十年代南洋华侨侨汇投资调查报告书》，台北：中华学术院南洋研究所，1983 年，第 49 - 60 页。

表 3 - 3　1930—1935 年汕头侨汇各地来源统计

单位：万元

年份	寄出地				合计
	泰国	新加坡	越南	其他	
1930	4 000	5 000	1 000		10 000
1931	3 500	2 800	1 000	1 700	9 000
1932	3 200	2 500	600	1 200	7 500
1933	2 700	2 500	600	1 200	7 000
1934	2 000	1 800	400	800	5 000
1935	1 500	1 500	300	700	4 000

资料来源：（1）饶宗颐：《潮州志·实业志·金融·侨汇》，汕头：汕头艺文印务局，1949 年，第 42 页。

（2）［日］井出季和太：《南洋与华侨》，转引自饶宗颐：《潮州志·实业志·金融·侨汇》，汕头：汕头艺文印务局，1949 年，第 42 页。

（3）谢雪影：《潮梅现象》，汕头：汕头时事通讯社，1935 年，第 42 页。

（4）志钟：《论南侨汇款激减之危机》，《南洋研究》1935 年第 5 卷第 5 期。

这两组数据的主要差别在 1935 年，前者是 5 500 万元，后者是 4 000 万元，相差 1 500 万元，而且前者与上年相比呈上升的趋势，而后者则呈继续下降的趋势，两者差别较悬殊。至于 1931—1934 年的差别则不大，大多在 500 万元以内，而都呈不断下降的趋势。另外，由于第二组数据是通过汕头地方金融机构调查所得，又区别出侨汇来源的区域差异，还包含 1930 年的数据，资料较第一组更具体翔实，故本书借以引用。

至于 1911—1929 年的数据，本书将根据 1930—1935 年汕头侨汇在全国侨汇中所占比例的平均值来求得，也即 21.7%，这种方法所得的侨汇数据不尽可靠，但在资料匮乏的条件下，也只能退而求其次了。1937 年汕头侨汇的数据采用姚曾荫的估计，[1] 按此算，1937 年汕头侨汇在全国侨汇中所占的比例是 13.1%，跟 1935 年一样都显示了下降的趋势，故 1936 年及 1938—1941 年汕头侨汇的比例按照 1935 年和 1937 年的平均值算，即 12.5%。太平洋战争爆发后，原有的侨汇线路中断，侨汇经营者又开辟了东兴汇路，东南亚大部分侨汇便经此汇路继续通

---

[1]　姚曾荫：《广东省的华侨汇款》，上海：商务印书馆，1943 年，第 41 页。

汇，其中广东省银行承担主要的侨汇解付工作，故 1942—1945 年采用广东省银行所经营的侨汇数据，由于广东省侨汇主要分为琼州、广府和潮汕地区三部分，故暂以 1/3 的比例估算出汕头侨汇额。至于"二战"后潮汕的侨汇，由于恶性通货膨胀，大多数侨汇都经侨批局通过各种方法逃避于香港，统计无从进行，而当时人们的估计又众说纷纭，无从依据，对此，笔者只能根据目前有限的可靠资料，对某些年份的侨汇作出统计，余者留白，见表 3-4。

表 3-4　1911—1948 年华侨汇款（国币）数额估计

单位：千元

年份	全国侨汇	汕头侨汇	汕头侨汇占比
1911	106 800	23 176	21.7%
1912	117 600	25 519	21.7%
1913	115 000	24 955	21.7%
1914	131 430	28 520	21.7%
1915	118 400	25 693	21.7%
1916	96 000	20 832	21.7%
1917	81 920	17 777	21.7%
1918	75 520	16 388	21.7%
1919	120 960	26 248	21.7%
1920	122 880	26 665	21.7%
1921	220 000	47 740	21.7%
1922	139 500	30 272	21.7%
1923	128 500	27 885	21.7%
1924	200 000	43 400	21.7%
1925	160 000	34 720	21.7%
1926	330 000	71 610	21.7%
1927	160 000	34 720	21.7%
1928	250 600	54 380	21.7%
1929	280 000	60 760	21.7%
1930	316 300	100 000	31.6%
1931	434 680	90 000	20.7%
1932	334 628	75 000	22.4%
1933	314 226	70 000	22.3%

（续上表）

年份	全国侨汇	汕头侨汇	汕头侨汇占比
1934	238 313	50 000	21.0%
1935	332 489	40 000	12.0%
1936	344 386	43 048	12.5%
1937	473 502	62 000	13.1%
1938	644 074	80 509	12.5%
1939	1 270 173	158 772	12.5%
1940	1 328 610	166 076	12.5%
1941	244 000	30 500	12.5%
1942	141 542	47 181	33.3%
1943	408 575	136 192	33.3%
1944	683 901	227 967	33.3%
1945	1 000 134	333 378	33.3%
1946	—	—	—
1947	—	100 836 000	—
1948（1—4 月）	—	155 066 000	—

资料来源：（1）1911—1930 年全国侨汇数据引自郑林宽：《福建华侨汇款》，福州：福建省政府秘书处统计室，1940 年，第 97 页。

（2）1931—1940 年全国侨汇数据引自侨务委员会编：《侨务统计》，1942 年，广东省档案馆藏民国档案，全宗号 28，目录号 1，案卷号 1，第 117 页，转引自林家劲、罗汝材、陈树森等：《近代广东侨汇研究》，广州：中山大学出版社，1999 年，第 104 页。

（3）1941 年全国侨汇数据引自林金枝：《近代华侨投资国内企业史研究》，福州：福建人民出版社，1983 年，第 1 - 56 页。

（4）1942—1945 年"全国侨汇"栏采用广东省银行的侨汇数据，引自广东省档案馆藏广东省银行档案，全宗号 41，目录号 3，案卷号 520，《关于省行、地方银行会议材料、业务概况、经济建设与侨资、侨汇、农贸、押汇、债款清理等文书 1947—1948》，第 113 - 122 页，《广东省银行办理侨汇经过与展望》。

（5）1947 年及 1948 年 1—4 月汕头侨汇数据分别为以下数据之合计：1947 年汕头入口批信款额 87 800 百万元，1947 年 4—12 月中国银行解付梅汕侨汇 9 453 百万元，同年汕头邮局经办侨票款额 3 583 百万元；1948 年 1—4 月，汕头邮局经收入口批信款额 133 300 百万元，同期汕头邮局经收侨票款额 8 318 百万元，中国银行解付梅汕侨汇 13 448 百万元。资料来自袁丁、陈丽园：《1946—49 年广东侨汇逃避问题》，《华侨华人历史研究》2001 年第 3 期，第 9 - 20 页。

从表3 – 4可看出，1911—1920年汕头侨汇的变化不大，除1917—1918年外，基本上是在2 500万元上下浮动，1921年突增至4 700多万元，此后虽有些回落，但经过1926年的猛增以后，从1927年开始不断上升，直到1930年增至1亿元，为历年最高峰，1921—1930年的十年间，平均每年达5 000万元。1931—1933年的侨汇额仍然很高，但已经不断下降，到1935年降到最低点，仅得4 000万元，此后又开始回升，1937年开始大增，到1940年再达历史最高峰，为1.660 76亿元，1931—1940年的十年间，汕头侨汇平均每年达8 354万元。1941年太平洋战争爆发后，汕头侨汇急剧下降，但从1943年起又不断猛增，到1945年还高达3亿元以上。"二战"后受通货膨胀的影响，汕头侨汇竟飙升至1 000亿元以上。从这些数字看，以往人们对二三十年代潮汕侨汇的估计似乎失之太高，例如饶宗颐先生曾说，"根据一般估计，民国十年以前，潮州侨批年有数千万元，十年以后年在一亿元以上，二十年以后又倍增，可能达二亿元之谱，至二十五六年间即略见衰落。中日战事结束后，南洋各地政府多限制华侨寄款，时国内币值日落，批款数字虽巨，但衡之事实，则远不如昔"[1]。

由上可见，从1911年到1949年，汕头侨汇的变化很大，那么影响侨汇增减的因素是什么呢？

第一，华侨的经济收益能力（earning power）。华侨在海外的经济收入多，寄款自然增多；收入少，寄款便减少。华侨的经济收益能力又跟当时社会的经济状况有关，例如在1917—1918年，受第一次世界大战影响，东南亚经济衰退，导致当时的侨汇剧减。第一次世界大战后，欧洲各国进行经济重建，大力发展殖民地经济，这时东南亚经济逐渐繁荣，故侨汇增多，尤其是1921年后有所增加，一直贯穿整个20年代。1929年世界经济危机爆发后，东南亚经济亦受波及并走向萧条，这时不少富有侨胞多罹破产，而失业归国者亦日渐众多。1931—1933年汕头每年回国者多于出国者，1931年入超1 760人，1932年入超34 040人，1933年入超14 864人，[2] 不过由于受银价暴落的影响，经济危机对侨汇的影响推迟至1932年。1932年后，侨汇剧减，直至1935年跌到最低谷。

第二，海外华侨的人口规模。海外华侨的人口越多，则侨汇越多。汕头开埠后，潮人持续移民东南亚，从1869年至1948年（1929年及1940—1945年抗战期间因无统计数字除外），除1926年、1931—1933年、1937年外，潮人出国往

① 饶宗颐：《潮州志·实业志·金融·侨汇》，汕头：汕头艺文印务局，1949年，第40页。
② 《汕头市志》编纂委员会编：《汕头市志》（第四册），北京：新华出版社，1999年，第542 – 548页。

东南亚者一直比回国者多，[①] 故海外潮人人口不断增长。以马来亚为例，1911—1921 年，潮人人口增长 44.6%，1921—1931 年增长 60.5%，1931—1947 年增长 74.3%，见表 3 - 5，这也解释了为何 1911—1949 年汕头侨汇几乎一直处于增长的状态。

表 3 - 5　1911—1947 年马来亚华人、潮人人口增长

单位：人

类别	1911 年	1921 年	1931 年	1947 年
马来亚华人人口	900 870	1 174 777	1 709 392	2 614 667
马来亚潮人人口	90 087	130 231	209 004	364 232

资料来源：（1）Nathan, J. E. , *The Census of British Malaya*, London, 1922, pp. 162 - 164, 186.

（2）Vlieland, C. A. , *British Malaya: A Report on the 1931 Census and on Certain Problems of Vital Statistics*, London: Crown Agents for the Colonies, 1932, p. 180.

（3）潘醒农编著：《马来亚潮侨通鉴》，新加坡：南岛出版社，1950 年，第 37 - 38 页。

注：1911 年马来亚潮人按占马来亚华人的 10% 估算，1921 年、1931 年、1947 年马来亚潮人人口分别占马来亚华人总人口的 11.1%、12.2%、13.9%。

第三，国内外的政治环境以及由此导致的侨汇通路的变化。1937 年日本发动全面侵华战争后，中国进入抗日救亡的高潮，海外华侨受爱国思想的激发，纷纷解囊捐资、汇款回家以备保家卫国之需，因此，全面抗战初期的几年，侨汇大增。不过 1941 年太平洋战争爆发后，侨汇通路受阻，海外侨汇要汇至侨眷手里困难重重，故 1941—1945 年的侨汇不过为正常时期的奇零之数，我们从表 3 - 4 所见 1941—1945 年的巨额侨汇，其实是通货膨胀造成的假象。

第四，国内的经济环境。1929 年后陈济棠主粤，大力发展广东经济，包括汕头在内的主要侨乡地区都进行大规模的市政改革，到处拆城墙、筑马路、新建市区，房地产业一片兴盛，相对于正处于经济不景气的南洋地区，广东成为吸引华侨资金的重要地区。不少华侨纷纷将剩余资金汇寄国内，投资房地产。与此同时，中国银价暴落，这也成为吸引侨汇的重要因素，故 1929—1931 年侨汇大增，这使经济危机对侨汇的负面影响推迟至 1932 年后。厦门的情况也类似，据吴承禧研究，"1930—1931 用外币计算的侨汇所以比 1932 以后的要多一些的缘故或

[①] 《汕头市志》编纂委员会编：《汕头市志》（第四册），北京：新华出版社，1999 年，第 542 - 548 页。

许就是由于这种投资转变的因素所促成，因 1928 以后，南洋即已为经济恐慌所袭击，侨民如果不是因地产投资的吸引而把储蓄寄回，则侨汇的大落恐怕不会迟到 1932 才出现"[①]。1946 年后中国进入解放战争时期，国民政府不但没有大力发展经济，反而大量印发纸币，造成恶性通货膨胀，经济十分混乱，这直接导致了海外侨汇止步不前。虽然从国币上看，1947—1948 年侨汇达 1 000 亿 ~ 1 550 亿元，但折为外币，则大不如前。当然，导致"二战"后实收侨汇剧减的原因是复杂的，"二战"时期东南亚不少地区饱受日军蹂躏，华侨经济惨遭洗劫，这使得华侨经济收益能力严重下降，与此同时，东南亚各政府为恢复本地经济，实行限制侨汇的政策，这也直接导致侨汇的减少。

第五，中外汇率的变化。中外汇率的变化对侨汇增减的影响，有时十分明显，有时又十分微妙。如上所述，1937 年抗日战争全面爆发后，国民政府便开始大量印发纸币以应军需，到 1939 年 12 月，法币发行量达 42.9 亿元，是 1937 年 6 月的 3.04 倍，1945 年 8 月法币发行量达 5 569 亿元，是 1937 年 6 月的 394.84 倍。[②] 通货膨胀造成国币贬值，在国币贬值的条件下，同等数量的外币可兑换更多国币，故 1939—1945 年国币侨汇的猛增主要归因于国币对外贬值。1946 年后国民政府变本加厉，1946 年 12 月法币发行量达 37 261 亿元，是 1937 年 6 月的 2 641.8 倍，1947 年 12 月法币发行量达 331 885 亿元，是 1937 年 6 月的 23 537 倍，到 1948 年 7 月法币制度废除前，法币发行量已达 3 747 632 亿元，是 1937 年 6 月的 265 788.79 倍。相应地，外汇黑市价也从 1946 年 1 月的 1 459 元兑 1 美元跌至 1948 年 8 月的 11 088 000 元兑 1 美元。[③] 故 1947 年、1948 年 1—4 月，汕头侨汇高达 1 000 亿 ~ 1 550 亿元，很明显是国币对外贬值的缘故。据估计，1946 年全国侨汇尚达 1.3 亿美元，到 1947 年已降为 8 000 万美元，而 1948 年仅为 6 600 万美元。[④]

鉴于在 1935 年前中国采用银本位，中外汇率的变化对侨汇的影响便比较微妙，这需要对当时的银价及中外汇率有充分的把握，并通过精确的统计分析才能洞悉。为进一步了解包括银本位时期中外汇率的变化对侨汇增减的影响，笔者搜集了 1926—1941 年中国货币的对外汇率，并以 1926 年为基数算出各年对外汇率指数，以及汕头侨汇分别按国币和外币计算的指数变化，见表 3 - 6。

---

① 吴承禧：《厦门的华侨汇款与金融组织》，《社会科学杂志》1931 年第 8 卷第 2 期，第 193 - 252 页。
② 吴冈：《旧中国通货膨胀史料》，上海：上海人民出版社，1958 年，第 92 - 96 页。
③ 吴冈：《旧中国通货膨胀史料》，上海：上海人民出版社，1958 年，第 92 - 96、145 - 146 页。
④ 林金枝：《近代华侨投资国内企业史研究》，福州：福建人民出版社，1983 年，第 1 - 56 页。

表 3 – 6 1926—1941 年汕头侨汇指数（1926 年 = 100）

年份	类别			
	汕头侨汇国币数/千元	按国币计算指数	对外汇率指数 *	按外币计算指数 **
1926	71 610	100.0	100.0	100.0
1927	34 720	48.5	88.9	43.1
1928	54 380	75.9	93.2	70.7
1929	60 760	84.8	85.0	72.1
1930	100 000	139.6	58.8	82.1
1931	90 000	125.7	45.1	56.7
1932	75 000	104.7	55.2	57.8
1933	70 000	97.8	58.3	57.0
1934	50 000	69.8	67.6	47.2
1935	40 000	55.9	72.2	40.3
1936	43 048	60.1	59.7	35.9
1937	62 000	86.6	59.2	51.3
1938	80 509	112.4	46.9	52.7
1939	158 772	221.7	27.4	60.8
1940	166 076	231.9	15.7	36.4
1941	30 500	42.6	13.9	5.9

资料来源：《上海对外汇率与标金市价及纽约银价指数》，中国经济统计研究所：《经济统计月志》1941 年第 8 卷第 9 期，第 219 页。

注：* 侨汇对外汇率指数应由中国对英、法、荷、泰四属的外汇指数加权综合而得，但由于缺乏对泰国外汇指数，故此处对外汇率指数暂且以上海对外汇率总指数算。

** 按外币计算指数方法如下：按国币计算指数 × 对外汇率指数/100 = 按外币计算指数。

如表 3 – 6 所示，1929 年后银价暴落，对外汇率指数从 1929 年的 85.0 跌到 1930 年的 58.8，再跌到 1931 年的 45.1。银价的暴落导致侨汇猛增，1930 年汕头侨汇按外币计算指数比 1929 年升了 10，而按国币算指数升得更多，达 54.8；1931 年侨汇按外币计算指数比 1929 年虽跌了 15.4，但按国币计算指数反而升了 40.9。由此可见，银价下跌会导致侨汇增多，虽然华侨在国外寄出的外币少了，但其国内侨眷所收到的国币反而大增，如果华侨在国外寄出的外币增多，那么其国内侨眷所收到的国币则增加得更多，这也解释了为何 1929 年世界经济不景气对侨汇的影响要迟至 1931 年后。

1932 年银价开始回升，1931—1932 年，汕头侨汇按外币计算指数增加 1.1，但按国币计算指数反而跌了 21。此后银价继续回升，1932—1935 年，对外汇率指数从 55.2 增至 72.2，汕头侨汇按外币计算指数跌了 17.5，而按国币计算则跌得更多，达 48.8。由此可见，1931 年后银价回升会导致侨汇的减少，不但华侨在国外寄出的外币减少，而且国内侨眷收到的国币侨汇减少得更甚。当然，1932—1935 年侨汇的减少也是受世界经济不景气的影响。表 3–6 也反映了 1937 年后法币贬值、国币侨汇增多的情况，在 1937—1939 年，受法币贬值的影响，汕头侨汇按外币计算指数升了 9.4，按国币计算指数升了 135.1，在 1939—1940 年，汕头侨汇按外币计算指数跌了 24.3，而按国币计算指数反升了 10.2。

综上所述，1911—1948 年汕头侨汇的变化很大，在 1935 年 11 月实行法币制度前，侨汇的国币数可低至 1918 年的 1 638.8 万元，又可高至 1930 年的 1 亿元，变动率达 5 倍。实行法币制度后，侨汇国币数可低至 1941 年的 3 050 万元，又可高至 1948 年的 1 550.66 亿元，变动率竟达 5 083 倍。虽未能统计全中国采用银本位时侨汇折合外币的数量，但就 1926—1941 年侨汇按外币计算指数看，从 1926 年的 100 跌到 1936 年的 35.9，变动率达 64.1%。影响侨汇变动的因素很多，华侨在海外的经济收益能力、国内外的经济环境、华侨人口规模、国内外的政治环境、侨汇通路、侨汇政策和中外汇率的变化等都会影响到侨汇的变动。

二、批信的变化及其原因

上节详细讨论了批信按月的周期变化，以下将从长时段来探讨批信的变化，为此，笔者制作了 1934—1949 年汕头批信数量的历年变化，见表 3–7。

表 3–7 1934—1949 年汕头批信指数（1934 年 = 100）

年份	批信数	指数
1934	2 205 528	100.0
1937	2 200 000	99.7
1938	2 335 805	105.9
1939	1 584 691	71.9
1940	1 777 266	80.6
1941	1 276 832	57.9

(续上表)

年份	批信数	指数
1947	1 637 607	74.3
1948	1 988 763	90.2
1949	1 415 364	64.2

资料来源：（1）1934 年数据参见谢雪影：《潮梅现象》，汕头：汕头时事通讯社，1935 年，第 41－42 页，"汕头市侨批业月营批信封数及批银数目"统计得月营批信封数平均 183 794 封，全年共 2 205 528 封。

（2）1937 年数据参见姚曾荫：《广东省的华侨汇款》，上海：商务印书馆，1943 年，第 38 页。

整体看来，批信变动的幅度不如侨汇大。1934、1937 和 1938 年批信都在 220 万至 230 万封，1939 年始批信数量下降，1939—1941 年批信数量年平均仅为 155 万封左右，1947 年批信数量有所回升，但也仅为 164 万封左右，1948 年批信数量大增，接近 200 万封，几乎与日本侵占前的水平相当，不过 1949 年后批信数量又下滑到 142 万封左右。从指数上看，批信指数从 1938 年最高的 105.9 下跌到 1941 年的 57.9，跌幅也仅 45%，与侨汇按外币计算指数的跌幅达 64.1% 还是相差很远，尽管我们所比较的基数并不一样。这说明批信的变动与侨汇不完全一致，侨汇多不一定意味着批信多，侨汇少也不一定导致批信少，两者间并没有必然的因果关系，简言之，在侨批互动的问题上，存在着侨汇与批信的双重变动。那么影响批信数量变化的因素又是什么呢？

首先，国内外政局对批信有至关重要的影响。例如，1938 年日本侵略者逼近华南，海外华人对其国内亲人更加牵挂，故 1938 年批信数比往年略增。1939—1941 年，珠江三角洲、汕头、潮州、澄海等地区相继失陷，侨批的正常汇路受阻，再加上国民政府及东南亚各政府对侨批的统制，批信数量大减。另外，批信数量大减还跟汕头沦陷后侨批数据失却有关。例如，1939 年 7 月至 9 月，来自东南亚大部分地区的批信数据失却，1941 年 1 月至 9 月，暹罗批信数据完全空白。1941 年 12 月，太平洋战争爆发后，原先的侨汇通路中断，东南亚大部分地区也相继失陷，虽然国统区侨汇业者仍然努力开辟新通路，而日伪政府也努力恢复侨汇，但从整体而言，已几乎不起什么作用了。

其次，在保证汇路畅通的情况下，海外华人的人口规模及与家乡的纽带关系起决定性作用，这就涉及批信的根本性质问题。批信是海外华人与家乡亲属进行信息互换和情感交流的媒介，是海外华人与家乡亲属作为一个整体家庭生存下去的重要纽带。在正常通汇的情况下，海外华人无论收益多少都要定期寄批以维持家庭的联络需要，一般来说，海外华人每一两个月便寄批一次，这也可从相关的批信及人口的数据证明。以英属马来亚为例，1938 年来自英属马来亚的批信共919 144 件，我们按照 1931—1947 年马来亚潮人人口总增长 74.3% 的比例以年均算，得出 1938 年的潮人人口为 276 918 人。我们假设寄批者为 15 岁以上的男性，再算出这部分潮人人口的数量。在 1931 年，马来亚潮人人口中的男性为 142 025 人，占潮人人口的 68%，1931 年马来亚华人中 15 岁以上的共 1 275 371 人，占华人总人口的 75%，[1] 按照此比例，1938 年马来亚 15 岁以上的潮人男性共 141 228 人。以此数与批信总数相除，便得平均每人每年寄批 6.5 件，也即平均 1.8 个月便寄批一件。

由于在外谋生的海外华人都要定期往家乡寄批，那么批信的数量便取决于海外华人的人口规模，人口规模大，批信数量则多，两者成正比关系。在人口相对稳定的情况下，批信的数量便大致稳定。1931—1947 年，马来亚潮人人口虽然增长了 74.3%，但相对于政治、经济等外部因素，呈相对稳定的状态，这便可解释为什么在侨汇变化万千的情况下，1934 年、1937—1938 年、1948 年的批信数量仍保持稳定。

最后，海外华人与家乡纽带关系的强弱也与批信的数量成正比。海外华人与家乡纽带关系的强弱取决于核心家庭的离聚程度，由海外华人与其妻儿组成的核心家庭越离散于东南亚与华南两地，则纽带关系越强，寄回侨批越多；反之，海外华人与其妻儿越重聚，则他与家乡的纽带关系越弱，寄回侨批越少。"二战"后英殖民政府限制男性移民却鼓励女性、孩童移民的政策使不少分居两地的核心家庭得以重聚，从而直接削弱了海外华人与家乡的纽带关系，这便成为"二战"后侨批数量明显减少的重要原因。

三、侨批的二重变动

其实，侨信的理论也适用于侨汇，侨汇与侨信是联结海外华人与其家乡亲属纽带关系的两面，侨信的性质是感情交流，而侨汇的性质在于经济支持，因此，

---

① Vlieland, C. A., *British Malaya: A Report on the 1931 Census and on Certain Problems of Vital Statistics*, London: Crown Agents for the Colonies, 1932, pp. 180, 241.

无论受外界任何因素的影响，侨汇都应足以维持侨乡家属生活的基本需要，从这个角度看，侨汇又应该具有相对稳定性。那么，侨汇的变动性与稳定性有何辩证关系呢？这就要对侨汇作进一步剖析。笔者认为，从海外寄回侨乡的赡家性侨汇可分为两种：一是用以维持侨眷基本生活的维持性侨汇；二是用以改善侨眷生活的改善性侨汇。维持性侨汇受外界环境影响不大，具有相对稳定性，而改善性侨汇则要视乎外界环境的利害关系而上下波动。当然，在侨汇总量上我们难以区分出哪部分是维持性侨汇、哪部分是改善性侨汇，不过仔细观察侨汇的变化，我们还是可以发现它们的存在。

根据表 3－4，20 世纪 30—40 年代的汕头侨汇除 1941 年外都在 4 000 万元以上，这便是这段时期侨汇变动的底线，也可能就是维持性侨汇的底线，以下我们根据当时侨乡的生活水平作进一步推定。据陈达调查，1934 年 10 月至 1935 年 9 月粤东华侨社区丙区（潮汕地区）华侨家庭平均每月所得的南洋汇款为国币 53.9 元，占家庭总收入的 81.4%，而附近非华侨社区家庭的收入平均每月仅为国币 19.25 元，[①] 虽然后者比前者贫穷得多，但也足以维持家庭的生存需要。1934 年潮汕地区收入的批信共 2 205 528 件，假设每件批信都附寄 19.25 元，那么一年共 42 456 414 元，此数字与前述的 4 000 万元很接近。事实上，在全年的批信总量中，有相当一部分仅作通信问候之用，因此，将 4 000 万元视为维持性侨汇的底线还是比较可靠，而 4 000 万元以上的部分便可视为改善性侨汇。可见，无论侨汇如何受外界因素的影响而波动，在保证维持性侨汇的底线上始终不变，易变的是在其之上用以改善家庭生活的改善性侨汇。

综上所述，侨批的变动具有二重性：一是侨汇的变动，二是侨信的变动。侨信满足了海外华人与家乡侨眷间维持家庭基本联系的通信需要，具有相对的稳定性。侨汇的变动则不可一概而论，它可分为维持性侨汇与改善性侨汇两种，前者的功能与侨信类似，维持了家庭经济生活，因而具有一定的稳定性，后者则很容易受外界因素的影响而出现大幅度波动。侨批互动中海外华人及其家乡亲属为维持家庭生活的基本需要而相互不断地进行物质与感情上的交流，构成了华南与东南亚华人社会互动关系中的坚韧纽带，在这种纽带基础上，海外华人与家乡亲属的社会经济交流又受该区域乃至世界政治、经济等因素的影响而驿动不定，正是不动与驿动的双重演绎，构成了华南与东南亚互动关系的重要机制。

---

① 陈达：《南洋华侨与闽粤社会》，上海：商务印书馆，1938 年，第 97 页。

第三节　全面抗战前后侨批互动的区域变化

一、侨批互动的区域变化

在东南亚潮人与家乡的侨批互动中，也存在着区域的差异，来自泰国（暹罗）、（英属）马来亚、印度尼西亚（荷属东印度）和越南（印支殖民地）①等地区的侨批数量有很大差别，并随着历史的发展而发生结构性的变化，侨批互动中的这种区域变动是探讨其整体节律变化的重要内容。由于资料所限，本节将重点考察全面抗战前后侨批互动的区域变动及其背后的政治社会条件所引起的华人社会结构的变化。

1938—1941 年及 1948—1949 年东南亚各地区和香港与汕头间的批信与回批往来的按月统计是考察全面抗战前后侨批互动区域变化的有力证据，根据这些具体的材料，笔者制作了 1938—1941 年、1948—1949 年汕头批信的区域来源比较图表，见表 3 – 8、图 3 – 4。从表 3 – 8 中，我们可以比较清楚地看到全面抗战前后东南亚各地区和香港与汕头的侨批往来的差异及发展变化。其中，泰国与马来亚的侨批占比最大，两者合起来几乎占侨批总额的 80%，其余香港、越南及印度尼西亚等地的侨批总额加起来仅占 20% 左右。

不过各地区间的侨批比重也因时而异：1938—1941 年马来亚侨批平均每年722 648 件，在各地区中首屈一指，占 41.4%；其次为泰国，年均 661 408 件，占 37.9%；排第三位的是香港，年均 156 409 件，占 9.0%；排第四位的是越南，年均 138 096 件，占 7.9%；最后是印度尼西亚，年均仅 65 088 件，占 3.7%。此比例在 1948—1949 年发生了变化：泰国侨批从太平洋战争前的第二位跃居第一位，年侨批量达 914 190 件，占侨批总量的 47.9%；马来亚的侨批则退居第二位，年侨批量下降至 601 355 件，占 31.5%；香港侨批虽仍居第三位，但年侨批

---

① 文献档案中印支殖民地的侨批数量没有区分越南、老挝和柬埔寨，但由于越南侨批占印支殖民地的主体并为时人所关注，为讨论方便，行文中以越南代指印支殖民地。

量却剧增至326 874件，占侨批总量的17.1%，比太平洋战争前升了8.1%；"二战"后越南的侨批活动由于遭到当局的禁止而转入地下，无从统计；印度尼西亚的侨批量比较稳定，保持在6万多件，占3.5%，在各地区的侨批中仍比例最低。

表3-8　1938—1941年、1948—1949年汕头批信的区域来源比较

单位：件

年份	区域					
	泰国（暹罗）	英属马来亚	香港	印支殖民地	荷属东印度	合计
1938	942 847	919 144	115 742	284 010	74 062	2 335 805
1939	618 960	641 241	89 398	189 548	45 544	1 584 691
1940	679 824	774 577	217 782	31 274	73 809	1 777 266
1941	404 000	555 630	202 712	47 553	66 937	1 276 832
平均	661 408	722 648	156 409	138 096	65 088	1 743 649
占比	37.9%	41.4%	9.0%	7.9%	3.7%	100%
1948—1949*	914 190	601 355	326 874	—	67 199	1 909 618
占比	47.9%	31.5%	17.1%	—	3.5%	100%

注：*指1948年7月—1949年6月。

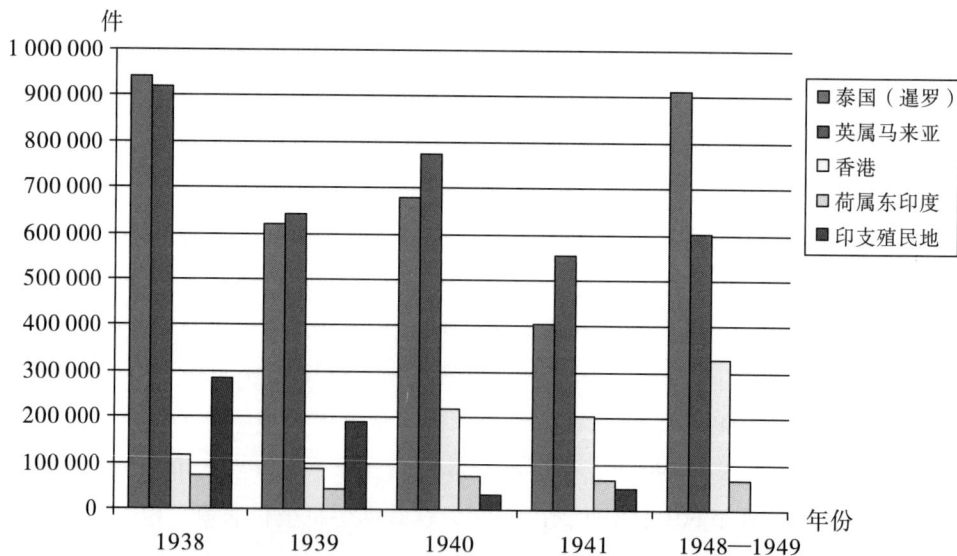

图3-4　1938—1941年、1948—1949年汕头批信的区域来源比较

不过 1938—1941 年各地侨批的年均额并不能完全代表日本侵占前侨批状况，因为 1938 年后中国华南的广大地区开始迅速沦陷，东南亚的战事也一触即发，各种政治社会条件包括侨批网络在内也发生了变化。事实上，1938—1941 年短短几年中，东南亚与华南的侨批互动无论是在整体上还是在区域上都在经历重大的转变，而且有一些变化甚至奠定了抗战胜利后的基础。比较能代表日本侵占前的侨批状况的是 1938 年，虽然是年 10 月，广州等中国重要城市已陷入敌手，但是珠江三角洲其他城市、潮汕等地区仍未沦陷，故是年的侨批活动还比较正常，侨批总量达 2 335 805 件，比 1934 年的 2 205 528 件及 1937 年的 2 200 000 件略见增多，增多的原因可能是战事使海外华人对国内亲友的关心更为热切，但大体来说，可以代表日本侵占前的水平。从 1938 年各地的侨批比重来看，泰国所占的比例最大，为 40.4%；马来亚的侨批量与泰国不相上下，全年侨批量仅低 23 703 件，占 39.4%，位居第二；位居第三的是越南，侨批量占 12.2%；最后是香港和印度尼西亚，分别占 5.0% 和 3.2%。由于汕头 1939 年 7 月被日军占领，1939 年 7—10 月的侨批数据普遍缺失，导致该年的侨批总量直线下降，甚至低于 1940 年的侨批总量，要对该年侨批的区域变化进行讨论未免不够客观，不过 1940 年后侨批区域结构的转变恐怕便发轫于 1939 年。

1940 年后侨批区域结构的大转变主要表现于如下两点：第一，马来亚的侨批量开始超过泰国，跃居第一位，而泰国则退居第二位；第二，香港的侨批量比原来几乎翻了一倍，跃居第三位，取代了之前越南的位置，而越南侨批量则突然下降至原来的 1/5 以下，甚至比不上印度尼西亚的侨批量，而后者则保持在六七万件。1941 年的侨批量从总体上看比 1940 年逊色，但从区域结构上看则大致不变。从"二战"后的发展态势来看，泰国的侨批量开始恢复日本侵占前的水平，并再居榜首之位；而马来亚的侨批量却扭转下落，退居第二位；香港的侨批量则保持迅猛的发展态势，与日本侵占前比较几乎翻了 2 倍，其在各区域的侨批比重也从 1938 年的 5.0% 上升为 17.1%；印度尼西亚的侨批量仍然很稳定；变化最明显的是越南侨批，其在 1940—1941 年呈现大幅下降的趋势，"二战"后竟遭当局禁止而消失在官方的统计中。

二、人口结构、移民政策与侨批政策对区域变化的影响

对全面抗战前后东南亚及香港的侨批互动所表现的繁复变化应作如何解

释呢？

首先，侨批互动的区域结构与潮人人口的区域结构相契合。无论是日本侵占前还是抗战胜利后，泰国与马来亚两地的总侨批量都占总体的79%以上，事实上，在这两地的海外潮人也占大多数。据20世纪30年代日本人的调查，1934年泰国潮人人口达150万，占泰国华人总人口的60%；马来亚潮人共286 663人，占当地华人总人口的12%；印度尼西亚潮人人口共15万，占华人总人口的10%。又据越南统计年鉴，1936—1937年越南华人共32.6万，而潮人人口约占30%，计97 800人。在香港，1931年的总人口为849 751人，潮人人口一般估计占1/6，计141 625人，见表3-9。从人口来说，泰国、马来亚两地的潮人便几乎占82%，而印度尼西亚、越南及中国香港的潮人仅占18%左右。

表3-9　20世纪30年代东南亚及香港潮人人口统计

类别	区域				
	泰国（暹罗）*	英属马来亚*	荷属东印度*	越南	香港
潮人人口	1 500 000	286 663	150 000	97 800	141 625
华人总人口	2 500 000	2 388 857	1 500 000	326 000 **	849 751 ****
潮人人口占比	60%	12%	10%	30% ***	1/6 *****

注：* 调查年份为1934年，资料来自杨建成主编：《三十年代南洋华侨侨汇投资调查报告书》，台北：中华学术院南洋研究所，1983年，第12-14页。

** 调查年份为1936—1937年，资料来自杨建成主编：《法属中南半岛之华侨》，台北：中华学术院南洋研究所，1986年，第40页。

*** 资料来自华侨志编纂委员会编：《华侨志·越南》，1958年，第51页，转引自蔡志祥：《汕头开埠与海外潮人身份认同的建构：以越南西贡堤岸市的义安会馆为例》，李志贤主编：《海外潮人的移民经验》，新加坡：新加坡潮州八邑会馆、八方文化企业公司，2003年，第502-520页。

**** 调查年份为1931年，资料来自姚奇木、陈兆一：《香港华侨概况》，台北：正中书局，1991年，第84页。

***** 资料来潮人网，http://www.chaorenwang.com/corpa/corpacon.asp? recno=18。

当然，上述人口数据不完全准确，除马来亚的人口数据来源于当局严密的人口普查外，其他地区的人口数据均为约略统计，至于泰国潮人人口的数据，更由统计上对土生华人与中国籍华人的混淆而造成极大的差异。例如1919、1929、1937和1947年泰国户口普查所公布的数据便与上述数据迥然不同，如以占60%

算潮人人口，分别为约 15.6 万、26.7 万、31.4 万和 28.6 万人，见表 3-10。

表 3-10 1919—1947 年泰国户口普查华侨人口

单位：人

类别	1919 年	1929 年	1937 年	1947 年
泰国华侨人口	260 194	445 274	524 062	476 588
泰国潮人人口	156 116	267 164	314 437	285 953

资料来源：［美］史坚纳著，陈铭史译：《1918 至 1955 年泰国华侨人口分析》，钟锡金：《泰华文化演变沧桑史》，亚罗士打：赤土书局，1990 年；江白潮：《二十世纪泰国华侨人口初探》，泰中学会：《泰中学刊》，1994 年，第 83—110 页。

注：潮州人口按照华侨总人口的 60% 计算。

泰国历次普查所公布的华侨人口数据历来受到不少学者的质疑，不过从该普查中的"华侨"主要指代中国籍的华人（即出生自中国的新移民）这点来看，亦应大致不差，而这部分人也是与中国进行侨批互动的主体，因此对本书的研究有重要意义。对照表 3-5 及表 3-10，我们可以看到泰国潮人人口与马来亚潮人人口数量其实相差不远，这便可解释为何太平洋战争前夕泰国侨批与马来亚侨批占比不相上下了。

其次，侨批互动的区域变化反映了各区域潮人人口尤其是新移民的更替变动，而人口的变动又与该地区的移民政策息息相关。让我们先考察"二战"后马来亚的侨批变化，马来亚的侨批从 1938 年的 919 144 件下降到 601 355 件，侨批的区域占比也相应地从 39.4% 下降到 31.5%，其原因是什么呢？"二战"后马来亚的潮人人口与该地的华人总人口都保持着不断增长的势头，从 1931 年的 209 004 人增长到 1947 年的 364 232 人，增长幅度达 74%。不过对"二战"后马来亚华人人口的进一步考察却发现，马来亚华人人口的增长主要为自然增长，而非移民，实际上，中国移民的数量反而出现下降的趋势。

华人人口结构的这种变化归根结底是马来亚政府的移民政策所致：1929 年经济危机爆发后，马来亚大量工人失业，为解决经济危机带来的严重后果，英殖民政府采取的重要措施之一便是限制新移民的进入。1930 年颁布《移民限制法令》（Immigration Restriction Ordinance），规定从 1930 年 8 月 1 日起进入马来亚的男性新移民每月限额为 6 016 人，很明显，此法令主要限制华人进入。1931 年 1—9 月华人男性新移民的限额减为每月 5 238 人，1931 年 10 月—1932 年 7 月减为每月 2 500 人，1932 年 8—12 月再减为每月 1 000 人。1933 年 4 月 1 日，英殖民政府颁布《外侨法令》(Aliens Ordinance) 以取代《移民限制法令》，移民政策开始有所松动。1933 年 1 月—1934 年 4 月，华人男性新移民的限额仍为每月 1 000 人，但 1934 年 5—6 月则上升至每月 2 000 人，7 月升至每月 3 000 人，1934 年 8 月—1937 年 1 月升至每月 4 000 人，1937 年 2 月起提高到每月 5 000 人，4 月起再提高到每月 6 000 人。不过由于锡和橡胶价格下跌，1938 年 1 月，英殖民政府又将华人男性新移民的限额减少到每月 3 000 人。此后马来亚经济进一步恶化，自 1938 年 4 月 1 日起，英殖民政府再将华人男性新移民的限额减为每月 500 人，直至 1941 年底日本入侵马来亚。①

1945 年 8 月马来亚光复后，英殖民政府继续援引 1938 年前的《外侨法令》，严厉管制外侨的移入，到 1953 年，政府更通过《移民法令》(Immigration Ordinance)，规定只有在马来亚定居者的眷属、具有专门技术及对当地工商业发展能作出贡献者才能移居马来亚，其余的人则被拒于门外。②

不过上述《移民限制法令》和《外侨法令》针对的主要是华人男性，而对华人女性的移入并不加以限制，直至 1938 年 5 月 1 日起，才对华人女性新移民实行限制，限额为每月 500 人。③ 这就造成 20 世纪 30 年代马来亚华人女性的迅速增加，男女比例越来越接近。1911 年马来亚华人男女比例为 1 000∶311，1921 年缩小为 1 000∶430，1931 年再缩小为 1 000∶535，而 1947 年的男女比例进一步缩小为 1 000∶817。④ 男女比例的缩小增加了华人内部通婚的概率，也进一步导致土生华人人口的增加。因此，在"二战"后新移民严重受限的时期，华人人口的增长便主要基于自然增长，而中国出生的新移民人口由于老化及离境等原因不断减少，这便可解释为何"二战"后马来亚的华人人口不断增加，而侨批的数量反倒越来越少。

相较之下，"二战"后泰国有利的移民政策及经济环境继续吸引着大批潮人前来，据泰国海关的统计，1946、1947 年到达泰国的华侨分别为 8.6 万和 8.38

---

① 范若兰：《移民、性别与华人社会：马来亚华人妇女研究（1929—1941）》，北京：中国华侨出版社，2005 年，第 72 - 74 页。

② ［马来西亚］林水檺、何启良、何国忠等编：《马来西亚华人史新编》（第一册），吉隆坡：马来西亚中华大会堂总会，1998 年，第 140 页。

③ 范若兰：《移民、性别与华人社会：马来亚华人妇女研究（1929—1941）》，北京：中国华侨出版社，2005 年，第 73 页。

④ 郁树锟：《南洋年鉴》，新加坡：南洋报社有限公司，1951 年，乙：第 21 页；丙：第 28 - 29 页。

万人次，创 1931 年后的最高纪录。① 而据帕塞尔研究，1946 年后汕头出现了移民泰国的高潮，当时泰内政部部长称，汕头方面有 4 万到 5 万华人等待进入泰国，6 月间一个报告会提到，在汕头发生抢购船票现象，因为谣传政府即将提高移民税。② 又据汕头海关统计，1946 年共有 48 228 人从汕头口岸移往东南亚各国，1947 年 1—6 月共有 30 501 人，1948 年 1—11 月共有 57 628 人。③ 资料的相互对证显示，"二战"后从汕头出境的十多万人中大部分是移民泰国的。

然而我们知道，泰国进入 20 世纪以来便不断掀起排华运动，1910 年泰王拉玛六世所著《东方的犹太人》便把华人比作犹太人，提出东方的"黄祸论"，从而奠定了排华的舆论基础。1932 年军事政变后实行的军人统治一步步把排华运动付诸实施，1938 年 12 月銮披汶·颂堪（Luang Pibul Songkram）上台后排华运动愈演愈烈，1942 年銮披汶政府投降日本后，华人的处境更是严峻，经过自由泰政府时期的短暂喘息，排华运动在 1947 年 11 月军人重新执政后再度被推向高潮。那么，在排华运动的背景下为什么还出现潮人的移民高潮呢？

据查，在泰国的排华措施中，其实并没有对华人的出入境进行严格的限制乃至禁止。1927 年实行的第一份《移民条例》主要禁止患某种疾病（特别是砂眼）、没有种痘和个性很坏、可能制造混乱事件或可能危害公共治安与泰国安全的人入境，这对一般移民甚少有实际的影响。此后该条例不断修改，1928 年规定居留证费自四铢增至十铢，1931 年升为三十铢，1932 年又升至一百铢，1938 年再升至二百铢，并须有人担保，高额的居留证费一度造成移民人数的急遽下降。"二战"后二百铢的居留证费仍然生效，但战时的通货膨胀使得这二百铢的价值相当于 1938 年前的二十铢，于是战后又出现了移民的高潮。鉴于大批华人的移入，泰国政府遂于 1947 年 5 月首先实施限额措施，规定每年中国人入境的限额为一万人，不过这个数字相对于马来亚的移民政策来说，已经非常宽容。直至 1949 年初泰国政府将中国移民限额减为二百人，以及 1950 年实行的外侨登记条例对华人入境予以严格的限制和管理，并征收居留证费一千铢，华人的大规模移民始告结束。④ 其实，泰国的排华运动主要是针对华文教育，虽然也实施行业保留的政策，但从总体来说，对华人的谋生不至于构成威胁，在新移民不断增长

---

① ［美］史坚纳著，陈铭史译：《1918 至 1955 年泰国华侨人口分析》，钟锡金：《泰华文化演变沧桑史》，亚罗士打：赤土书局，1990 年，第 76 - 114 页。

② ［英］帕塞尔著，郭湘章译：《东南亚之华侨》，台北：正中书局，1967 年，第 261 页。

③ 《汕头市志》编纂委员会编：《汕头市志》（第四册），北京：新华出版社，1999 年，第 542 - 548 页。

④ ［美］史坚纳著，陈铭史译：《1918 至 1955 年泰国华侨人口分析》，钟锡金：《泰华文化演变沧桑史》，亚罗士打：赤土书局，1990 年。

的情况下，"二战"后泰国侨批很快恢复到 1938 年前的水平。

再次，政府当局的侨批政策及相关侨批网络的变化对侨批互动的区域变化也有影响。受政府当局的侨批政策影响最明显的莫过于全面抗战前后的越南侨批。1938—1939 年越南侨批量的比例在各地区中名列第三，自 1940 年后即不断下滑，乃至"二战"后竟从有变无。我们对越南当局所实行的侨批政策不甚了解，不过相关资料显示，"二战"后越南的侨批活动遭到当局的禁止，并流入地下，地下批局的寄批方式是："由侨胞以破碎废弃纸屑，书写收款人姓名住地及银项数额交水客带运至汕，再由地下批局扣佣代发，侨眷收到银项由地下批局备就之极薄纸片写明收到银项或附述数字，仍由水客带回安南，该帮水客及地下批局行迹诡秘，缉获为难。"① 因是之故，"二战"后越南的侨批数据便无法见诸官方的统计文件中。

由于泰国侨批和马来亚侨批是潮人侨批的主要部分，马来亚的侨批政策及其对侨批互动的影响将在第四、第五章中有详细的论述，以下将简述泰国的侨批政策及其影响。② 泰国政府很早就关注侨批业，1908 年即成立第八邮政局（亦称为华人邮政局）专门处理侨批的打包和邮递服务。不过在 1942 年前泰国政府对侨批业基本上是采取放任自流的政策，侨批业的经营几乎不受限制，在这种自由政策下，侨批业蓬勃发展，不少侨批局甚至发展成银行，例如广顺利批局—广顺利银行（Kwan Soon Lee）、陈炳春批局—陈炳春银行（Tan Peng Shun）、陈生利批局（Nguan Seng Lee）（后改为陈元利批局）—黉利栈银行（Wang Lee Bank）、成顺利批局（Seng Soon Lee）和顺福成批局—顺福成银行（Soon Hok Seng）。针对蓬勃发展的侨批业，泰国政府唯一实行的限制措施是 1937 年颁发的《商业银行条例》（The Commercial Bank Act），该条例对银行业严加管理，以致除黉利栈银行和陈炳春银行以外大部分由批局演变的银行不得不改回原来批局的面貌。

1942 年 7 月泰国政府颁布《货币兑换管制条例》（The Currency Exchange Control Act）后，批局的金融兑换业务被纳入新成立的国家银行（National Bank of Thailand）的控制之下。根据新颁条例，不再允许批局经营外币兑换，如要获得外汇，必须向获准经营外汇的银行或公司购买，并向财政部申请执照，正式登记

---

① 广东省档案馆藏广东省邮政管理局档案，全宗号 29，目录号 2，案卷号 382，第 104 - 107 页，《邮务视察员黄伯长呈关于安南、新加坡批信局情形》，1948 年 11 月 4 日。
② 下文有关泰国的侨批政策的资料主要源自 Tantasuralerk, Suchada, *Poeykwan*: *The Remittance among Overseas Chinese in Thailand*, Bangkok: Chulalongkorn University Printing House, 1992。中文名称的翻译主要参考汪郁帕著，钦炳泉、周瑞芬译：《泰国批馆形式及其发展史》，（曼谷）《中华日报》，1990 年 2 月 14 日—4 月 25 日；修朝：《泰国侨批的沿革》，（曼谷）《亚洲日报》，2002 年 10 月 11 日、19 日。

为"购汇代理"（Money Buying Agent）。不过这时泰国政府对侨批的政策主要表现在金融的控制上，对侨批的寄递并无限制。1948 年泰国取消了外汇管理的大部分条例，于是侨批业务又迅速发展。1949 年中华人民共和国成立以后，泰国政府执行反共政策并开始控制侨汇，与此同时，1947 年底军事政变后上台的军人集团也开始涉足经济行业，并试图借助侨汇业进行资本垄断，于是 20 世纪 50 年代的侨批业逐渐被少数利益集团控制。1950 年获准经营外汇的唯一公司是陈弼臣（Chin Soponpanich）属下的亚洲信托有限公司（Asia Trust Company Limited）。1953 年，王慕能（Leon Buasuwan）属下的大城银行（Sri Ayuthaya Bank Limited）成为另一家获准经营外汇的机构。

在外汇买卖被垄断的同时，批局的经营权也突然受垄断，并不断经历着重组与再重组的命运。1953 年 1 月，泰国财政部通过国家银行限令，仅允许存留 3 家批局（购汇代理），也即永顺利（Yong Soon Lee）、永和利（Yong Hua Lee）和永兴利（Yong Heng Lee），3 家批局均须向亚洲信托有限公司购汇。不久有 17 家批局向财政部呈请经营侨批业务，均遭否决，并令所有批局自我重组成 3 家。经过重组的 3 家公司为马灿峰（Chin Assakul）属下的马信公司（Mia Sin Company Limited）、王慕能属下的能信公司（Leng Sin Company Limited）和陈弼臣属下的臣信公司（Chin Sin Company Limited），此 3 家公司仍须向亚洲信托有限公司购汇。后来这 3 家公司联营成为一家公司——联合信托有限公司（Union Credit Company Limited），成为唯一一家合法经营的购汇代理，其辖下共有 61 家批局，并于 1955 年 7 月获得经营许可证。

后来由于被广大华侨民众投诉，1956 年泰国财政部与国家银行遂召集陈弼臣及中华总商会主席张兰臣（Sahat Mahakun）等有关人员商讨解决办法，接着中华总商会再召集泰国所有华社共同讨论。当时的批局共有 64 家，计潮州人 42 家、海南人 17 家、客家人 3 家、广府人 1 家及福建人 1 家，最后经泰国银信局公会主席陈培南（Puay-nam Sae-Tang）和张兰臣等人研究决定：按照华人的方言群体重组成 11 家领头批局，潮州方言得 7 家，其余 4 方言各得 1 家，这 11 家领头批局须向亚洲信托有限公司、大城银行和京华银行（Metropolitan Bank）购汇。此 11 家领头批局的名称分别为：群力信局、崇峻信局、大业信局、孚中信局、盛中信局、伟通信局、宏大信局、辉侨信局、建立信局、济通信局、公宜信局。紧接着泰华农民银行（Thai Farmers Bank Limited）和农业银行（Agricultural Bank Limited）也申请设立他纳信有限公司（Thanasin Company Limited，后改成 Thanasub Company Limited），成为第 12 家领头批局，可向泰华农民银行及农业银行购汇。1957 年公宜信局因违反国家银行的章则而被废除，后来重组成福建信局，盛中、辉侨和孚中也在 1960 年被废除，结果只存 9 家领头批局及 35 家属下批局。

20 世纪 50 年代泰国政府通过对侨批业的垄断和限制最终控制了泰国与中国间的侨批互动，1955 年后泰国侨批额直线下降：1955 年泰国侨批额共 2.54 亿铢，1956 年降至 1.99 亿铢，1957 年降至 1.91 亿铢，1958 年再降至 9 390 万铢，1959 年仅为 1 130 万铢，1960 年为 6 760 万铢，1961 年为 549 万铢，1962 年为 362 万铢。[①] 1981 年泰国财政部以批局所经办的侨汇太少为由取消了批局的营业执照，至此，泰国侨批局终于寿终正寝。

最后，侨批的区域变动实际上是由众多因素共同作用的结果。但是，由于个人能力所限，笔者难以对全面抗战前后侨批区域变动的所有现象作出有力的解释。例如，1938—1939 年越南侨批的总量尚达 19 万～28 万件，在侨批总量中占 12%，名列第三，为何在 1940—1941 年陡然下降至原来的 1/5 以下？这同越南动荡的政治环境有关系吗？抑或由于越南当局在此期间也开始实行限制侨批经营的政策，还是因为此期间越南华人的人口结构发生了变化？与此同时，香港的区域侨批地位得到极大的提升，年侨批量几乎比原来翻了一倍，并从第四位跃居第三位。"二战"后香港的侨批地位得到进一步提升，侨批量比例增至 17.1%。究竟是什么因素导致香港侨批地位的变化呢？是否由于 1939 年潮汕沦陷后，有大批潮州人逃至香港，并且在 1945 年后又出现了第二次迁港高潮？香港侨批地位的提升是否说明香港在侨批网络中的中转地位提升了，东南亚不少侨批经香港转入内地？另外，越南侨批地位的下降与香港侨批地位的上升是否有一定的因果关系？例如，是否有为数不少的越南侨批经香港转入内地？或实际上，两地的潮人人口发生了转移，从越南迁至香港？如此种种问题希望以后能得到解答。

本节主要分析了各区域潮人人口（尤其是新移民）以及其背后的移民政策在影响侨批互动的区域结构及变化节律中的关键作用，例如，全面抗战前后泰国、马来亚、香港、越南和印度尼西亚等地的侨批量在总体的比例组成中，前二者几乎占八成，而后三者仅占不到三成，便主要是由潮州人口的区域结构决定；"二战"后马来亚侨批量严重下降，以致总体侨批量的严重下降，也是由英属马来亚政府所厉行的限制移民的政策所致。当然，侨批互动的区域变化也同政府当局的侨批政策有关，最严重的莫过于"二战"后越南政府禁止侨批活动的政策

---

① ［泰］洪林：《泰国侨批与银信局刍议》，泰中学会：《泰中学刊》，2004 年，第 59 – 69 页。

而导致越南侨批的从有至无；相反，20 世纪 50 年代之前，泰国政府对侨批政策的宽容便有力地支持着泰国侨批互动的稳定发展。最后，国际政治、经济环境对侨批互动的区域变化乃至整体的节律变化都有决定性影响，最明显的表现便是第二次世界大战的爆发导致华南与东南亚地区的侨批互动不断削弱乃至一度中断。

第四节　结语

本章主要从宏观的、量化的角度探讨了东南亚华人社会与潮汕侨乡间通过侨批经营网络而进行的广泛的侨批互动。通过对东南亚各区域与华南间的侨批互动在 1938—1941 年、1948—1949 年的短时段及 1911—1949 年的长时段变化进行同时考察，揭示出侨批互动中的节律变化。

首先，短时段的考察表明，侨批互动存在季节性的周期变化，其中潮汕地区的传统文化节庆起着决定性作用，每逢年节，东南亚侨批便周期性地涌入潮汕地区，从中我们看到了侨乡在吸引侨批及决定其流入方式中所扮演的积极、主动的角色，从而打破了以往侨乡－海外华人研究中侨乡社会处于被动者地位的印象。

其次，长时段的考察表明，侨批互动又与海外华人的经济收益能力、人口规模、国内外政治经济环境、中外汇率、海外华人与家乡的联系纽带等因素具有一定的因果关系。因此可以说，中国和东南亚的政治、经济、社会等各种因素很容易通过侨批的互动由此及彼地相互影响，而在其中，侨批互动既起着纽带的作用，又成为反映两地社会互动的晴雨表。

再次，通过侨汇与侨信的双向考察，本章揭示出侨批互动中的二重变动——侨汇与侨信的变动、维持性侨汇与改善性侨汇的变动，它们分别体现了侨批互动稳定性与驿动性并存的双重特征，同时也表明了海外华人与侨乡社会互动关系的双重机制。

最后，侨批互动的节律变化也体现在各区域侨批结构的变动上。各区域侨批互动的节律变化有时会导致整体侨批互动的节律变化，在全面抗战前后，香港和东南亚各区域与中国内地的侨批互动的节律变化有时是一致的，但有时也有较大的差异，而背后同样反映了东南亚各地区潮人人口的结构、移民政策、侨批政策和国际政治、经济环境等因素对侨批互动所造成的某种必然影响。

　　综上所述，在侨批经营网络基础上所进行的侨批互动同时受中国、东南亚政治、经济和文化乃至世界局势的影响，这些因素通过侨批的互动而由此及彼或由彼及此地使华南与东南亚华人社会相互影响、声息相通，从而更紧密地联结成一体。关于侨批互动在华南与东南亚华人社会日常生活中的具体影响，将在第六章作详细的阐述。

第四章

侨批网络的制度化与跨国侨批
社团网络的建构（1911—1937）

前两章详细讨论了侨批经营网络的结构及其功能，但是侨批网络的运作毕竟是在一定的国家制度下进行，并时常受到国家和社会政策等因素的影响，因此侨批网络的有效运作不能仅仅依靠侨批局间的松散联系，而是需要团结一致，逐渐实现制度化。所谓制度化，用亨廷顿的话说，"制度化是组织和程序获取价值观和稳定性的一种进程"[①]。制度化的过程包含几个方面：确立共同的价值观念、制定规范和建立机构，规范的建立和实施需要由机构来保证，所以制度化过程也是组织机构建立和健全的过程。[②] 在这里，侨批网络的制度化是指侨批网络的构成单位为维护侨批网络的有效运转，制定某种规范并逐渐遵从这种规范进行程序化运作的过程，侨批社团的成立是侨批网络制度化的重要体现。侨批网络的制度化对侨批网络内部的整合与协调，以及对外的维护有着重要意义。[③]

本章把侨批经营网络置于近代中国与东南亚不同的国家制度下，考察侨批经营网络如何受到不同国家政策的影响，而这些政策因素又如何发动广大华人社团参与侨批经营网络的维护，并在与各地政府的持续角力中形成深具向心力和团结精神的侨批社团网络。具体要探讨的问题如下：①侨批网络的制度化如何形成？②1911—1937 年中国和东南亚经历了近代化建设的进程，金融和邮政体系渐趋完善并被纳入国家垄断的范围，而侨批经营则涉及邮政利益和外汇制度，那么，国家政策对侨批经营有何影响？③侨批网络通过什么机制来维护自身的安全？在侨批网络的自我维护过程中，侨批社团网络如何逐步建构起来？④跨国侨批社团网络的建构对跨国华人社会的形成有何重要意义？

---

① ［美］塞缪尔·P. 亨廷顿著，王冠华、刘为等译：《变化社会中的政治秩序》，北京：生活·读书·新知三联书店，1989 年，第 12 页。

② 中国大百科全书总编辑委员会《社会学》编辑委员会：《中国大百科全书·社会学》，北京：中国大百科全书出版社，1991 年，第 477 页。

③ 关于华人商业网络制度化的研究参见刘宏：《新加坡中华总商会与亚洲华商网络的制度化》，《历史研究》2000 年第 1 期。

第一节　侨批社团组织的成立
与侨批网络的制度化

一、汕头侨批公会的成立及制度化功能

侨批网络的制度化最早出现在侨乡地区的收发网络上。据《潮州志》记载，汕头早在清光绪中期已成立南侨批业公所，始后名称迭有变改，1919 年改称汕头华侨批业公所，1926 年又改为汕头华侨批业公会，1931 年再改为汕头市侨批业同业公会（本书简称为汕头侨批公会）。[①] 而在海外，最早成立的侨批社团组织则是 1929 年成立的新加坡潮侨汇兑公会。国内的侨批网络较早出现制度化的原因主要在于分发批款所面临的安全问题，由于大多数侨眷居于乡村僻处，"批局既须按址送交批款，而携备巨额现金出入山谷野径，难免盗贼之虞，有需集合同业力量以维护，故清光绪中汕头已有南侨批业公所成立"。除了汕头设有侨批社团组织外，下属县份也有侨批社团组织，例如 1931 年揭阳华侨批业公会成立，潮阳则因解款关系，抗战中设有潮阳县侨批业公会，不过汕头侨批公会在潮汕地区侨批网络中始终担当总枢纽的角色。[②]

那么，汕头侨批公会的组织及功能如何？在此我们有必要介绍侨批公会的章程。《汕头市侨批业同业公会章程》共有五章：第一章"总则"中明确规定了其宗旨，即"本公会以联络同业感情、保障公会、侨胞银信，及增进同业之公共利益、矫正营业之弊为宗旨"。第二章"会员"中详细规定了会员的资格，即"以商号为单位，凡在汕头市区域内经营外洋各港银信之商号，均得依照入会手续，加入本公会为会员"，又对会员的权利和义务有详细的规定："一、有被压迫、受不法侵害时，经查确后，有请求本会保障及援助之权利；二、遇有利益冲突、债务纠纷时，有请求本会调解处断之权利；三、有恪守章程、决议案、缴纳应征各费及介绍会员入会之义务。"第三章详细规定了会务的进行和会费的缴纳，其

---

① 饶宗颐：《潮州志・实业志・商业・侨批业》，汕头：汕头艺文印务局，1949 年，第 74 页。
② 饶宗颐：《潮州志・实业志・商业・侨批业》，汕头：汕头艺文印务局，1949 年，第 74 页。

中会务的进行规定："本公会一切会务概取公开制度，由全体会员共同负责办理，每月轮流一会员为值月司事。"第四章则对保护银信有明确的规定，它在该章程中占有很大的分量，详见下文。第五章是简单的附则。

第四章　保护银信之规定

第十二条　本公会会员以及各地会员代理分局等遣派批伙带银往各处分送，如中途遇盗，附近乡村或过往行人能尽力保护者，有左列各项规定之奖赏：

（一）当场拿获正贼并将被劫批银夺回者，由事主……仅夺回批银者不在此例，由本公会视察情形酌议赏给。

（二）当场拿获正贼经送官讯实判罪后，每获贼一名，由本公会将赏花红银国币二百元。

第十三条　本公会会员及各地会员代理分局等分送批银，如有中途遇盗，附近乡人或过往行人因尽力救护之故，致被盗伤害或死亡时，得受本公会左列各项之抚恤：

（一）当场被贼伤中要害毙命者，每一名由本公会给其家属恤金国币五百元。

（二）当场受重伤者，由本公会给予医药费国币五十元，倘伤属轻微，则就情形酌给，如因重伤致成废疾者，经验实，给予恤金国币二百元。

第十四条　本公会会员及各地会员代理分局等之批伙于分送批银时，中途遇盗致受死伤或受掳掠者，得受本公会左列各项之抚恤，但不在办公时间者不在此例。

（一）批伙被盗，伤中要害毙命者，由本会给予恤金国币六百元。

（二）批伙被盗，伤害无论重轻，概由本会负医药费，以医治痊愈为度，因伤致成废疾者，由本公会给予恤金国币……

（三）批伙被盗房去，本公会不负赎回之责，未因被房而致死亡或伤害时，经查确后得照本条一项二项办理之。

（四）批伙之恤金概由其家属收领。

第十五条　本公会会员及各地会员代理分局等派伙携款往各地分送，如有遇险，附近乡人不为有效之救护者，有左列各项之惩戒：

（一）在该乡村界内发生抢劫，即请官厅就该乡村究问，责令缉匪赔赃。

（二）同在一乡村界内，前劫案尚未解决，续又发生劫案而再不为有效救护时，除请官厅严办外，并通知外洋批局停止收寄该乡批银以示惩戒。

第十六条　本公会各会员运银入内地交分局或代理分送，无论在船在路，如有遇险，其一切奖恤及惩戒等办法，概与前列批银出发分送各规定同样办理。①

由上可见，20世纪30年代汕头侨批公会是一个制度化组织，它有明确的宗旨及一整套活动规范，章程第四章对保护银信的详细规定也具体说明了该公会成立的主要原因及职能。在侨批网络的运转中，侨批的分发是其中的关键环节。但是在当时盗贼频仍的潮汕社会，分发侨批的安全难以由单家批局独立承担，为此有团结同业的力量来共同保护侨批安全的必要，也正是在此问题上直接促进了侨批网络的制度化。侨批公会所制定的保护银信安全的规定，既包括对拿获盗贼者的奖赏，也包括对批伙或乡人因保护银信安全而受伤害时的抚恤，还包括批伙遇险而乡民不救护时的惩戒。通过奖励、抚恤和惩戒三者结合的机制，侨批公会充分调动了侨乡社会的集体力量，从而使潮汕地区侨批分发的安全得到更有效的保障。

1946年汕头侨批公会章程有较大的修改，其中主要的改动就是在组织上实行理事制："本公会由会员大会用双记名连举法选举理事九人，候补理事□人，监事三人，候补监事一人，以得票最多者为当选，次多者为候补，当选理事互选常务理事三人，并就当选常务中选任一人为理事长，当选监事互选常务监事一人。"② 相对于原来的"轮流值月制"，理事制使公会在组织管理功能上更趋稳定和有效。1946年的章程没有包含"保护银信之规定"，但是公会向乡民张贴了保护银信的奖恤告示，表示重申旧例，并将奖恤数额提高，这表明保护银信的机制已内化到汕头侨批公会的职能中，并推之于广大侨乡社会。

保护银信公告

我潮地狭人稠，谋生以南洋各港为尾闾，故居民口食，多赖华侨批款赡给，批款诚大众之共同生机也。故地方辽阔，批伙分送，只身携带巨款，出入于穷乡僻壤之间，非赖所到乡村，尽力保护，何足以策安全，而维持此多数人寄托生活之业务，是以向例批款遇劫，附近乡村皆应立即救护，否则应受究追处分，数十年来，相沿弗替，仅因战事影响，批款阻隔多年，且无价高贵，从前所定奖赏恤

---

①　汕头市档案馆藏伪汕头市商会档案，全宗号12，目录号9，案卷号270，《1945至1948年关于侨批业同业公会组织章程名册各商号批伙名册》，第23–31页。（原文无标点）

②　汕头市档案馆藏伪汕头市侨务局档案，全宗号12，目录号7，案卷号50，《有关侨批业同业公会会员名册和第一届当选职员名册及办理侨批事务等材料》，第23–28页。（原文无标点，引文中"□"字符为原件辨认不清处，以下同）。

金数额太低，值兹批汇重通，本会为维护侨汇起见，特将奖恤数额酌量提增，并将旧例重行申明，愿吾各地乡村父老昆弟积极注意，随时认真保护，使批款分发，畅达无虞，有厚望焉。

计开奖恤办法如左：

一、批款出发分送，遇有盗匪抢劫，无论附近乡民过往行人，以及警兵团队，能立即尽力救护者，本会有下列之奖恤，（甲）每获盗一名，经送官讯实治罪后，奖给花红国币十万元。（乙）获盗而夺回已被劫去之批款者，照夺回数额，提出十分之二为奖赏。（丙）仅夺回批款而无获盗者，则照情形酌量给奖。（丁）被盗伤害毙命者，给恤金国币二十万元。（戊）被盗重伤者，给医药费国币五万元，为伤属轻微，则就情形酌给。（己）伤后医治致残废者，给恤金国币十万元。

二、批款出发分送，遇有盗匪抢劫，附近乡村不行尽力救护，即由本会呈请官厅，就该乡村究追，治其庇众之咎，若在追究而未破获期间，该乡再有劫批事件发生，又仍旧不予救获，则除加紧究处外，并通知外洋批局停止收寄该乡批款，以至劫案皆行破获为止。

三、批局在各地解运款项，以备分发批款之用，无论在路在水，或乘搭公用舟车，遇有盗劫发生，所有救护人等，对于奖赏抚恤各事项，概照第一条所定办法发给。

四、出发分送批款及押解批款之批伙，被盗抢劫而致死伤者，照第一条救护人之抚恤办法，发给恤金医药等费，至被盗虏去，本会不负赎回之责，若因被掳而致死伤时，经查实后，亦得援照前例，予以抚恤。

民三十五年六月一日①

下面以战时曾绍为分发侨批案为例，说明汕头侨批公会对维护侨批分发安全所起的作用。1943 年 10 月，光益批局批伙曾绍为分发潮安凤郭乡郭童闲批款时，因有名无址，未能找到当事人，后有自称郭童闲亲戚者持有原寄人郭绍立旧批到领，解迄完毕后，却有郭童闲派人收领，光益批局为安顿侨眷起见，先行付款，至于批信，则因战时特定环境暂付阙如。然郭童闲因领不到批信，将曾绍为引报乡团队拘禁，"至被捆于石柱十余小时不给饮食，至晚方着寻店保领出。该乡长郭春城尚作令五日内务要寻到该妇交还原批"。汕头侨批公会接到光益批局申诉

---

① 汕头市档案馆藏伪汕头市商会档案，全宗号 12，目录号 9，案卷号 412，《1946—1949 年关于侨批业同业公会会员批款被劫、冒领，修订批信事务处理处意见与国外同业联系业务等问题的文书》，第 9 页。

后，从中斡旋，于 12 月 9 日"将经过情形、现在侨汇办法及批局愿将汇款填付请该乡长为之保证领收，并协缉骗取批款之老妇，备函送请"。再派曾绍为带函于该乡长，不料该乡长再行辱打，并将曾绍为解送警察所禁押。乡长不但不对批款盗领行为尽力追查，反而严重威胁发批人员的行为事关重大，汕头侨批公会便呈报外交部侨务局请求对该乡长予以惩戒，并向侨务局指出："查批款之分送交收，应彼此维持信用，倘可任收款人鬼蜮弄巧，则批款安能无店保而遂行交付，故向偶有贪狡骗收，则乡长副或绅者等无不力予究戒，良以批款为侨眷养赡所需，苟破坏此善良风俗，批款不能分送，则关系至属重大。先本案情形深有嫌疑，该凤郭乡长不予寻缉而向批伙捆辱。倘该乡人故意效尤，则批伙谁敢再到该乡分送批款，影响侨批寄递，至深至巨。且属会与该乡公所同为和平旗帜下之法人，应互相尊重、保持公宜。"①

由此可见，侨批公会保护侨批分发的安全不仅在于集合所有侨批局的力量进行金钱上的奖赏、抚恤或惩戒，还在于其对外的集体交涉力。在侨批分发的安全问题上常常涉及乡公所等外部机构，侨批公会的集体力量使它更好地代表了其属下会员来进行对外交涉，也使它更有效地借助侨务局等机构的力量来维护收发网络的安全。

为维护侨批分发的安全、有效，汕头侨批公会在潮汕地区也建立了一定的网络关系，例如抗战胜利后揭阳县华侨批业公会曾致函汕头侨批公会，指出"汕市各轮船公司，自联航以来，乘客必先购票，始准登船，因时间关系，乘客惟求捷足先登，紊乱拥挤，良莠不齐，护带批款伙伴，身负重责，既不能鸽定等候，致误时间不及乘搭，随众争先，殊觉疏失堪虞，不便至大，经开会议决，函乞转请援照□□公司办法，凡有佩戴会章之批伙，准先登船，方行购票，以作慎重，而维汇款批款安全"。对于此问题，汕头侨批公会认为亟须解决，于是致函汕头市电船业同业公会，希望后者能协力解决："查批款关系大多侨眷养赡，凡属交通机构，历予例外优待，以维护此多数人，凡佩戴公会证章之批伙，准先登船方行购票。"②

除了在地方社会建立一定的网络关系之外，汕头侨批公会更重要的功能是与东南亚各地区的侨批社团组织建立起稳定的跨国网络关系。例如，为维护侨批分

①　汕头市档案馆藏伪汕头市侨务局档案，全宗号 12，目录号 7，案卷号 41，《有关处理侨批业商号领取批信申请书及处理日常事务等材料，1943》，第 76—79 页。

②　汕头市档案馆藏伪汕头市侨务局档案，全宗号 12，目录号 7，案卷号 49，《有关检查侨批暂行规则和处理侨批事务等材料，1942—1943》，第 26 页。

发的安全，汕头侨批公会与外洋批局曾达成一定的共识，"凡有盗劫损失，历来概由外洋批局负担"①。

二、侨批社团组织的多层网络

1937 年前海外正式成立的侨批社团组织不多，只有 1929 年成立的新加坡潮侨汇兑公会。该会倡创于 1925 年间，其宗旨为"联络同业感情，促进同业发展，沟通侨汇"。倡起人为万益成信局股东经理杨杞岩，后得公发祥汇兑局股东陈子由力助，于 1929 年 4 月 29 日获准注册，始宣告成立。新加坡潮侨汇兑公会的会员以商号为单位，成员包括万益成、再和成、有信庄、致成批局、森峰栈、光荣昌、光裕兴、永德盛、智发盛、孔明斋、茂兴利、光德栈、李富利、元兴、华兴、有成、郑绵发、普通庄、公发祥等十九家。② 1940 年前新加坡设立的侨批社团组织还有新加坡闽侨汇兑公会（原名为闽南汇兑公会）和新加坡琼侨汇兑公会（1939 年 3 月 9 日），③ 至于暹罗华侨银信局公会、槟城银信业公会、雪兰莪中华汇业公会、马六甲中华汇业公会及南洋中华汇业总会等则大多是在"二战"后成立的。

不过，在东南亚地区的侨批公会④广泛成立之前，不少侨批局或其掌管者都加入了当地的商会，例如森峰栈、孔明斋等多家批局的创立者黄松亭及生怡丰汇信兑局的创办人王邦杰（1856—1930）便最早参与新加坡中华总商会（原名为新加坡中华商务总会）的创立，他们分别任协理和议员，其中王邦杰自 1906 年至 1917 年历任中华总商会董事。⑤ 又如，执掌新加坡森峰栈、致成号、致合峰号等多家批局的黄仙舟自 1911 年至 1923 年也一直加入中华总商会并担任粤帮会董。另外，创立万顺昌汇兑庄的陈若愚（1866—1939）也是在 1913 年至 1917 年

---

① 汕头市档案馆藏伪汕头市侨务局档案，全宗号 12，目录号 7，案卷号 49，第 46 页。

② 《新加坡潮州八邑会馆四十周年纪念暨庆祝新加坡开埠一百五十周年特刊》，新加坡：新加坡潮州八邑会馆，1969 年，第 225 页。

③ 新加坡国家档案馆藏新加坡中华总商会会议记录，1929 年 12 月 2 日，Vol. Ⅷ – Minutes of the 17th Committee Meeting，Singapore Chinese Chamber of Commerce，Microfilm No：007；吴华：《新加坡华族会馆志》（第三册），新加坡：南洋学会，1977 年，第 170 页。

④ 由于侨批社团组织大多称为"公会"，故本书以"侨批公会"指称侨批社团组织。

⑤ 潘醒农编著：《马来亚潮侨通鉴》，新加坡：南岛出版社，1950 年，第 160 页；［新加坡］柯木林：《新华历史人物列传》，新加坡：教育出版私营有限公司，1995 年，第 4 页；《新加坡中华总商会七十五周年纪念特刊》，新加坡：新加坡中华总商会，1981 年，第 236 – 239 页。

加入中华总商会，担任粤帮会董。[1]

可以说，在侨批公会正式成立以前，当地商会便成为代表其属下侨批局利益的制度化机构，这种情况到侨批公会建立后也仍然没变，大多数侨批公会或其会员还是以团体会员或商号会员等身份加入当地商会。例如，新加坡潮侨汇兑公会、闽侨汇兑公会和琼侨汇兑公会自其创立后便加入新加坡中华总商会为团体会员，至于以商号会员或个人会员的身份加入中华总商会的侨批局或其代表则更多。[2] 同样，汕头侨批公会自创立后也一直是汕头市商会的成员之一。可见，侨批经营网络通过制度化的机制可以形成以侨批公会为中心的社团网络，而侨批公会又通过其制度化机制进入以商会为中心的更高层次的社团网络，从而形成侨批网络的扩大。以下几节将以具体的历史事实来分别探讨以侨批公会和商会为中心的不同层次的侨批社团网络的形成，及其在维护侨批网络的安全与有效运转中的作用。

第二节　总包制度的交涉与侨批社团网络的形成

侨批局经营侨批，向以收费低廉、服务快捷见称。侨批局能做到这点，其中之一就要归功于它采用的总包制度。总包制度是相对于逐封寄信而言的另一种邮寄方式，即侨批局在南洋收集批信后，按一定的顺序打包，然后以总包的方式交由当地邮局寄递，邮局按批包重量征费，回批从中国寄回东南亚亦同。批包按重量征费的办法较普通邮寄大大便宜，例如中国寄往东南亚的回批收费是"每重二十公分合平信一封邮费（大约回批每百封仅邮费五角）"[3]，因此，总包制度最大限度地降低了侨批的邮费。另外，采用总包制度，侨批在寄递时不易遗失，而且侨批或回批在封包时已作一定的编排，有助于提高接收批局收批和分批的工作效率，使侨批收发更为安全快捷。可见，总包制度是侨批有效运作的关键之一，

---

① 潘醒农编著：《马来亚潮侨通鉴》，新加坡：南岛出版社，1950 年，第 137、160 页；《新加坡中华总商会七十五周年纪念特刊》，新加坡：新加坡中华总商会，1981 年，第 237－239 页。

② 参见《新加坡中华总商会第廿九届至第卅二届报告书（1956—1964）》，新加坡：新加坡中华总商会，1964 年。

③ 饶宗颐：《潮州志·实业志·商业·侨批业》，汕头：汕头艺文印务局，1949 年，第 74 页。

不过随着中国和东南亚国家逐渐加强对邮政利益的垄断，总包制度首先成为它们与侨批网络冲突的焦点。本节将分别探讨英属马来亚政府与荷属东印度政府对侨批总包制度的政策及侨批网络相应的维护机制。

一、新加坡中华总商会与英属马来亚侨批总包制度的维护

英属马来亚侨批总包制度问题最初出现在新加坡。1926年10月8日，新加坡邮政局发出通告表示：应中华民国要求，自1927年1月1日起取消总包制度，侨批信件须纳足邮资，逐封邮寄。总包制度的取消自然对侨批业甚至整个华人社会造成莫大的打击，由于当时新加坡尚未成立任何侨批业组织，所以新加坡中华总商会便成为直接代表侨批业的主要机构。新加坡邮政局取消总包制度的消息一公布，新加坡中华总商会便连续召开了两次会议商讨对策。这两次会议决定公举侨批局代表六人与邮政总办磋商，请求宽限三个月，但未受批准。新加坡中华总商会认为此次事件对侨社关系重大，于是向属下会员及社会各界散发特别传单，介绍此次事件的来龙去脉，强调取消总包制度对侨社的利害关系，并向侨社各界召集会议以商讨对策。

新加坡中华总商会（特别传单）

兹据华侨各信局函称，接到英邮布告，内开：现据中华民国邮政当局函请三洲府邮政局，停止接受信包，谓与世界各大国所承认邮政总会之规条相抵触，故此后凡各信件寄往中国者，皆须分开邮寄，每封重量每英两纳邮费一角二仙，准定一九二七年一月一日实行各等。因用特函请总商会定期召集各商团，征集众意，磋商办法等情。本总商会以此事关系侨胞之寄回祖国银信者至为重大，爰定本月六号拜六下午二时，敬请各商团举派代表一二人，会同各信局代表与本会董共同讨论妥善办法，以便进行为盼。

民国十五年十一月五号新加坡中华总商会公启[1]

---

[1] 新加坡国家档案馆藏新加坡中华总商会会议记录，1926年11月6日，Vol. Ⅴ – Minutes of the 13th and 14th Committee Meetings，Singapore Chinese Chamber of Commerce，Microfilm No：007。（原文无标点）

1926 年 11 月 6 日会议准时召开，各界商团、侨批局代表及新加坡中华总商会会董共 46 人参加，会长林义顺任会议主席。会议中，会董陈开国表示："此事关系苦力侨民以赡其家，必须力争到底。"随后郑则仕、林两岩、黄琼瑶均表赞成，然后各代表一致决议，马上电函呈请北京交通部、农商部、侨务院转电闽粤邮政局及新加坡邮政收回成议，同时拟具请愿书，请新加坡辅政司、华民政务司、邮政局准予展期至 1927 年 4 月 1 日始实行，以磋商两全办法。① 除了以电函方式呈请中国相关部门外，新加坡中华总商会还派代表李受仁亲自到北京接洽。据潮侨汇兑公会会长周镇豪回忆，在此次争取活动中，副会长李伟南还曾函托当时任华北大学校长的潮州人代表吴贯因向中国当局陈情，吴贯因于是协同北京潮州会馆及全国商会联合会副会长王文治向北京政府据理力争。② 到 1927 年 3 月，原定废止总包制度的实施期限将到，新加坡中华总商会尚未获交通部复函，为策万全，再次向中国驻新加坡总领事请求协助，总领事对华侨的争取行动甚表同情，便将此事上呈外交部转咨交通部。最后，各界的争取行动终于获得中国政府的同情，同意将废止信包办法予以无限展期，同时与东南亚各国邮政协议取消原议。由于新加坡当局没有函复，而取消总包制度的实施期限愈趋紧迫，新加坡各侨批局便联名函请中华总商会开会商议办法。应各侨批局要求，新加坡中华总商会再次向属会会员及社会各界散发传单，征集会议以资对策。

新加坡中华总商会（第十六届职员会）（第二次传单）

谨订三月十一号即二月初八日拜五下午三时，敬请诸君到会与各信局代表妥商下列事由，幸勿吝玉为盼。

一接本坡各信局联名盖印金称信包限期将满（原限阳历四月一号实行），经总领事于三日电京请命，接奉交通部覆电，照录如左：新加坡许总领事鉴：三日电悉，查此事本部叠接旅外各处商会来呈，历陈困难情形，早经予以容纳，饬令邮政总局从速酌议妥商办法。据该总局复称，已于一月三十一日电至香港、马来联邦、暹罗、南洋群岛各国邮政，持议废止信包办法，予以无限定之展期，窃望各国邮政或不坚执反对等语到部，除饬该总局妥速进行，得有各国邮政复音，即行报部外，特先电覆，希查照。交通部于三月七日按以上京电云云，是交通部已准无限定之展期，因未得本坡邮政之复音，不知能否照准。恳请总商会从速开

---

① 新加坡国家档案馆藏新加坡中华总商会会议记录，1926 年 11 月 6 日，Vol. V – Minutes of the 13th and 14th Committee Meetings, Singapore Chinese Chamber of Commerce, Microfilm No：007。

② 周镇豪：《民信局史实略记》，南洋中华汇业总会：《南洋中华汇业总会年刊》（第一集），1947 年。

会，再向此间邮政请愿，维持现状各等语。本总商会据此合，再传单邀请诸君，到会妥筹办法，以便进行，而慰侨望，此布。

民国十六年三月九日　刊发①

1927年3月11日，新加坡中华总商会召开第十六届第二次职员会议，参加者有会董19名及信局代表13人，由会长薛武院任会议主席。会议决定由会长薛武院、副会长李伟南、特别会董林义顺、会董李光前组成代表团谒见新加坡华民政务司，后终获当局同意，新加坡保留总包制度的争取活动遂获圆满解决。②

由上可知，新加坡侨批业在1926—1927年还没成立侨批公会时，便通过联名函请新加坡中华总商会的方式来增强侨批业的集体力量，以其制度化的机制来获得新加坡华人社会最高领导机构的支持。在整个争取保留总包制度的活动中，新加坡中华总商会一直担任最高领导者的角色，它积极向外界宣传总包制度案的事态发展，并召集会议来磋商解决办法。

新加坡中华总商会积极谋求解决总包制度问题，一方面是因为总包制度是维持侨批业廉价服务的关键，能使整个华人社会直接受益；另一方面是因为侨批业在中华总商会中较具影响力。1926—1927年新加坡中华总商会董事会的成员中有不少经营侨批业的，例如副会长李伟南便是以经营侨批业、银行业起家，他创办的侨批局包括再和成伟记和万益成汇兑信局，1929年4月，李伟南任中华总商会第十七届董事会会长，此后他历任中华总商会特别会董。③ 会董郑则仕则以创办酒厂发家，同时兼营侨批业，他和兄弟分别在新加坡、马六甲和吉隆坡创办的郑绵发号、郑绵元号和东亚号既组成了酒厂业网络，也组成了侨批业网络。在这段时期担任新加坡中华总商会会董的还有光荣昌汇兑信局的陈秋槎（1892—1942），1931年后任新加坡中华总商会会董的还有有信庄股东黄芹生（1881—1957）、李秉衡（1884—1967）等。④ 他们对推动和参与中华总商会维护总包制度有着不可忽视的作用。

---

① 新加坡国家档案馆藏新加坡中华总商会会议记录，1927年3月11日，Vol. Ⅵ – Minutes of the 15th, 16th and 17th Committee Meetings, Singapore Chinese Chamber of Commerce, Microfilm No：007。（原文无标点）

② 新加坡国家档案馆藏新加坡中华总商会会议记录，1927年3月11日，Vol. Ⅵ – Minutes of the 15th, 16th and 17th Committee Meetings, Singapore Chinese Chamber of Commerce, Microfilm No：007。

③ 潘醒农编著：《马来亚潮侨通鉴》，新加坡：南岛出版社，1950年，第84页；《新加坡中华总商会七十五周年纪念特刊》，新加坡：新加坡中华总商会，1981年，第240 – 244页。

④ 潘醒农编著：《马来亚潮侨通鉴》，新加坡：南岛出版社，1950年，第86、161页；《新加坡中华总商会七十五周年纪念特刊》，新加坡：新加坡中华总商会，1981年，第240 – 243页。

综上所述，通过网络的制度化，新加坡中华总商会成为新加坡侨批网络的重要组织。在参与维护总包制度的过程中，新加坡中华总商会需要同时与中国政府及新加坡殖民政府的相关部门交涉，在与两国相关部门进行交涉的过程中，采取了各项不同的机制。在中国政府方面：①通过电报和信函的方式呈请中国政府；②亲自派人到北京洽谈；③联合北京潮州会馆及全国商会联合会等团体来提高交涉能力；④利用中国驻新加坡总领事－外交部的途径转达交通部。在新加坡本地，则通过派代表谒见华民政务司的方式谋求解决。新加坡中华总商会利用自身的影响力及各项活动机制，使其维护侨批总包制度的行动取得成功。

二、荷属东印度侨批总包制度的维护与侨批社团网络的形成

南京国民政府成立后，侨批总包制度的问题再起风波。1928 年 10 月 1 日，汕头邮局宣布，以后荷属东印度的批信不得和英属马来亚的批信一起总包付邮，必须逐封加贴邮费。[①] 汕头邮局所颁布的新章禁止长久以来荷印回批总包付邮经新加坡转寄的做法，无疑对荷印侨批业将造成严重的打击。于是汕头侨批公会立即发动其跨国网络的力量来设法挽救，经汕头侨批公会通知，新加坡潮帮批局马上向中华总商会求助。1928 年 10 月 20 日，新加坡中华总商会发电给南京国民政府交通部，阐明荷印侨批合英属侨批寄邮的各种理由，请求照准总包办法，电文照录如下：

南京国民政府交通部钧鉴：据潮梅侨商信局接函电，知汕邮不准荷属银信合英属银信包寄，须照每封来往加费，否则处罚，殊不知荷属有接近英属之分歧，小岛无直通华海之邮船，其华侨寄回银信，必以本坡信局为妥便，英邮亦准合包计费，已成惯例，今汕邮独逞私智，谓荷邮实行照封计费，万难变更，实则华荷两邮直接函件无可通融，故不必论，若荷属华侨之由英属寄信者，英邮既一律看待，荷邮实无禁止之可能，且未有抗议反对者，独我国邮局不准照旧通融，似近苛刻，合亟恳请格外施恩，准予通饬闽粤各邮局查照信包无限展期之办法，以恤

---

① 中国第二历史档案馆藏民国档案，全宗号 751，目录号 5，案卷号 624，《新加坡华侨信局关于闽粤邮局欲行废止信包制度的呈文，1929 年 4 月》。

商难……①

两天后，新加坡中华总商会代表陈嘉庚、林义顺又电呈南京国民政府交通部，再次说明华侨寄批者多为劳工，故逐封贴邮将给他们增加严重的负担，且逐封寄恐造遗失，请交通部恢复前例。②

面对新加坡中华总商会及爱国侨领的多次呈电，南京国民政府交通部不得不谨慎处理，马上下令邮政总局查明核办，邮政总局又相应下令闽粤邮局详查核办。③ 邮政总局这次查办总包制度的态度是相当认真的，它曾先后三次派人到闽粤邮区作实地调查，并与当地侨批业界举行会议。第一次派汕头邮局邮务员波莱蒂（Poletti），第二次派亨利（Henry），但这两次都没有结果，于是再派汕头邮局邮务长乐思（G. M. Rosses）到汕头与厦门调查，并再与当地的侨批公会进行会谈磋商。以下是1929年1月28日乐思邀请汕头华侨批业公会参加会议的公函：

径复者：现准大函，备悉一切，现敝副邮务长深恐贵会误会政府及邮局意思，故未即贲临，须知政府及邮局并非蓄意用禁压手段向批局施行，盖批局既为外界所需求，在邮局方面欲设法增进寄递批信良好办法，用特函请贵会选派代表莅局磋商进行方法，并非关于禁压问题有所协商。在邮政总局意见，务虚尽力协助贵会办理汇兑华侨款项及收条事项，缘贵会及星洲商会曾具理由迭次呈报交通部及邮政总局核办，该呈系对于批信请求迅行办妥及增进寄递问题。现敝副邮务长奉邮政总局命令，饬与贵会晤商并征询意见，故敢请贵会仍派代表于本月廿九日上午十点钟莅局磋商一切问题，倘以时间迫促，或另订日期，亦无不可。相应函复查照，务请如约莅局，共同会商，以策进行为荷，此致汕头华侨批业公会。④

由于在1928年8月，南京国民政府全国交通会议曾决定取缔民信局，而侨批局亦属民信局之列，所以乐思此次的调查还包括向侨批业界了解实行取缔民信

---

① 广东省档案馆藏广东省邮政管理局档案，全宗号29，目录号2，案卷号486，《邮政总局、广东、汕头等邮局关于查缉民信等单位私带信函及取缔未经挂号之民业信局活动等事项的来往文书和各地设立的民局名称表1928—1930》，第67－68页。（原文无标点）

② 广东省档案馆藏广东省邮政管理局档案，全宗号29，目录号2，案卷号486，第65页。

③ 广东省档案馆藏广东省邮政管理局档案，全宗号29，目录号2，案卷号486，第69页。

④ 广东省档案馆藏广东省邮政管理局档案，全宗号29，目录号2，案卷号486，第128－130页。（原文无标点）

局的可行性。经过一个月的调查，乐思在 1929 年 2 月 19 日向邮政总局呈达了一份详细的报告，其中谈到与侨批公会的谈判。他指出，在 1 月 29 日的会议中，侨批公会有 7 名代表参加，他们主要提出荷属东印度的侨批总包制度问题，并表示要向南京国民政府呈请恢复邮包制度。乐思指出，此次与侨批公会谈判目的为"传达政府垄断邮政的观念"，并邀请批局合作，以达到"华侨、批局和邮政互惠互利的效果"，他还指出，在与侨批公会的谈判中，"政府的主要目标是垄断邮政的原则得到承认和接受；邮局的目的是结束邮件走私和增加邮资；批局的最大目标是恢复他们失去的总包优惠制度"。最后他指出，"这次会议表明公会只想获得，不愿付出……结果仅仅显示公会对抗、拒不合作，甚而挑战邮政权威的态度"。[①]

由上可知，在 1928—1929 年，国民政府已决定取缔民信局，将邮政利益收归国有。但迫于国内团体及海外华侨团体的压力，此项政策不得不展缓实行，同时对闽粤侨批业作详细调查，听取侨批业界的意见。这表明，侨批网络的力量对国民政府政策的推行有一定的牵制作用，正是由于这个原因，汕头侨批公会在与政府的谈判中仍占一定的有利地位。侨批网络之所以能在受国家政策干涉时进行自我维护，一方面是因为它建立了一套较为有效的制度化的运转机制；另一方面是因为它代表了广大华侨的利益，各华侨团体的齐声呼吁对国家政策的实施造成较大的压力，迫使后者不得不作出一定的让步。

在写给邮政总局的报告中，乐思深刻指出了侨批局的性质、侨批局置于华人社会的地位以及侨批网络的力量："首先，必须明白批局基本上是银行家，从金钱上支持着中国与南洋间的贸易活动；其次，正是苦力移民的活动使批局的存在成为可能。"最后，他认为，"批局不但是银行家、金融家和邮政处，而且从实际上，也是劳工的招收者，从这个意义上，批局一直是中国人与东南亚国家联系的有机组成部分，所以显而易见，即使是处理看似纯粹的邮政问题，也必然会陷入超乎邮政之外的网络中"，"虽然批局内部各自为政，但是他们的利益却构成了批业整体利益的一部分，甚至乎银行业等，对他们现状的任何损害将马上牵涉到各界的利益。这也解释了批局和其他团体在为华侨谋福利的不同请愿中所显示的巨大焦虑，因为他们代表了使他们藉以生存的大众"，"由此可见，正是其中巨大的既得利益（large vested interests），使批局的运作跟整个国家与南洋的经济

---

① 广东省档案馆藏广东省邮政管理局档案，全宗号 29，目录号 2，案卷号 486，第 114 - 126 页，"Report of findings and recommendations in connection with investigation of Pichu and Minchu situation at Swatow and Amoy"。

金融交流密切相关，批局的信件寄递活动在这个金融图景中看上去只是一个小地方，却是整个运作体系的构成部分"。①

乐思对侨批局性质的认识可谓一针见血，侨批业与邮政业、金融业、商业及华侨的利益相互嵌陷，息息相关；更重要的是，侨批业是沟通海外华侨与国内侨眷关系的重要桥梁，因此，从本质上说，它代表了广大海外华侨及侨乡社会的利益，对它的任何触动，将引起华侨社会与侨乡社会的公愤，而华侨利益对国民政府政策的影响仍然举足轻重，侨批网络正是借此利害关系与国民政府进行交涉。

出于实际的考虑，乐思对国民政府及邮政局该采取的立场提出自己的看法——政府制定了取缔信局的法律，这项法律可以立即实行，但是不可以用于那些经营南洋华侨汇款的机构。"如果这一步实行了，但目前又没有满意的替代机构，那么华侨将不能汇款。这当然是非常不合符逻辑的，也是不礼貌的，将会给海外华侨带来不必要的冒犯和麻烦。"他再次强调了政府垄断邮政的必要，但同时也指出"目前与批局的关系需要改善，需要制订出建立一个可以逐渐取代批局的寄递活动的运作体系的计划"。最后他总结了这次在闽粤的调查："这件事情表明了巨大的既得利益团体维持优惠待遇的立场，而无视政府的特权。这些利益团体的存在和影响可以从我以上所述的机构、汕头批局的态度、海外的声请和当前新加坡商会的利益看出。"他向政府提出以下建议：①不应放弃其作为批局与其争取恢复总包制度的仲裁者的支配性地位。②应该对批局采取强硬态度。汕头批局与厦门批局的态度"反映了他们都自以为是的立场，而这些主要基于他们的财富、人员的影响力和他们在中外商业关系的联系纽带，相对而言，中国政府所设立的某些邮政机构则是微不足道的"。③如有可能，尽量恢复总包优惠制度，但收费也要合理，按照每封信来计，允许邮政局开包检查。④必须限制经营侨信的批局的数量，恢复批局的注册领照制度。②

汕头侨批公会经过与乐思的谈判，获知国民政府垄断邮政利益的决心，于是联合东南亚的侨批网络开展各项争取活动。首先，新加坡潮州侨批局总团体及各批局联名向新加坡中华总商会寻求协助，不久后新加坡中华总商会便代新加坡侨批局向国民政府交通部请求维持总包制度，全文转录如下：

---

① 广东省档案馆藏广东省邮政管理局档案，全宗号29，目录号2，案卷号486，第 114 – 126 页，"Report of findings and recommendations in connection with investigation of Pichu and Minchu situation at Swatow and Amoy"。

② 广东省档案馆藏广东省邮政管理局档案，全宗号29，目录号2，案卷号486，第 114 – 126 页，"Report of findings and recommendations in connection with investigation of Pichu and Minchu situation at Swatow and Amoy"。

新加坡中华总商会，呈为汕头邮局欲行废止信包制度，推翻前无限展期成案，侨民极感困难，详述理由五则，金请代达下情，恳准饬汕邮局维持旧例，以安民生，仰祈钧鉴事，按据本坡潮州银信局总团体及各字号信局二十家盖章领衔函投内开，窃闽粤侨民谋生南洋，所得汗资，均借信局函汇，而信局则列号汇包邮付内地代理处，饬伴按址分发，并收回覆信汇包寄回原信局，交还寄批人，历行有年，久称便利，讵民国十五年十月八日，本坡邮政局发出通告，谓据吾国邮政当局之请求，因信包制度，与万国邮局公约抵触，自明年（即十六年）一月一日起，停止接收信包，凡寄批信须逐封，邮局不得汇为一包，每信收邮费一角二仙等因，自宣布后，群情骇骇，金以侨民大多苦力之辈，邮费往时由叻寄华，每封仅收三仙，今若骤增三倍，则一信往返，为费不少，实难负担，至批信汇包来往，实为杜遗失起见，历行无弊，每月侨民寄信，为数甚巨，若必分开寄邮，则手续既属繁冗，转递亦觉困难，不特往来迟滞，甚或有遗失之虞，内地代理，凭信交银，倘有遗失，无从凭交，势必致侨民家属，衣食不继，倚闾盼望，情何以堪，苛法病民，孰甚于此，故当时即请贵会代求中外当道，准予保存惯例，幸荷中外当道，俯念侨艰，对于废止信包，允许无限展期，免予取缔在案，去年国内统一，实行训政，方期与民更始，苛例从此永不复生，不料汕头邮局复颁新章，不准荷属批信合英属批信来往总包付邮，并定荷属批信须独封加贴邮费，又转付诏安信件到汕，经邮局拆包查验盖戳后，另再贴转诏安邮费，否则均加处罚，似此苛章，妨碍侨胞生计至巨，盖荷批逐件计费，侨民殊苦负担，诏安同属本国版图，批信到汕，由代理领发，似不宜歧视，再征邮费，至荷属小岛纷繁，接近英属，从无直通华海邮舶，所有来往批信，必转星坡，在英邮既准合包，计费一律看待，即荷属亦不加禁制提出反对，是我国邮局亦不能以荷华两邮直接无可通融而论，且总包制度，原杜遗失，外国邮局，尚有体恤优待，讵在本国，讵可立法自缚而无通融乎，此中委屈，业蒙中华总商会据情电京，请求保存惯例在案，近阅上海总商会致汕商会函，谓奉交通部批示，邮政总局已饬新汕邮长乐思光就闽粤邮区实地调查具报，以便统筹办法等语，同人接此尚以为政府当能俯念侨艰，而有以便吾侨也，乃旋接汕批业公会寄来汕邮局引言一纸，知汕邮局大有推翻前交通部所许废止批包无限展期之成案，披读之余，不胜惊骇，且声明邮递系政府专利，无非谓华侨来往银信，非寄邮局不可，惟目前形势有所困难，窃以信局为辅邮政所不及，而总包制度，实属万难废除，兹将缘由再为贵会详陈：

（一）华侨多属劳动界，每次所寄信款，不过零星少数，所有寄款及邮费，多由信局先行垫出，所贴甚微，倘为邮局办理，当然责令独封贴寄，增收邮费，则既须即付现款，又骤增数倍之邮资，有时或须负担单双保险等费，何能胜任，势必至于不能汇寄，或少寄，而令家属起无穷之恐慌。

（二）华侨劳动界，大多不识汉文，更少晓英文，若照邮例，则所汇信款，必须亲自签字，且须将各项字样誊写，不特多增一切负担，或因困难而生误，以致消息不通，且数千百万侨胞家属，皆仰给华侨每月所寄之款为口赡，负担过重，有时势必少寄，消息断绝，势有必致立见断炊之虞。

（三）我国内地水陆交通，诸多不便，邮局之设立，大都在繁盛市镇间，稍僻远乡村，即为邮差所不到之地，且每一乡村，相距数里至数十里，或一村仅有银信一封，或数封，既非少数邮差所能遍为送达，而照邮局规章，信到而款不到，亦未能即收得其回信，而接信之人必须再历若干路程，执原信与图章到邮局领款，徒耗川资，若所寄仅二三元之数，将不足以抵往返之费，遑望其所得此款，又无亲戚可以付托者，其困难更不堪言状。

（四）内地乡村多无门牌号数可以查问，只有乡名里名及地方土名而已，乡村大同小异类似者甚多，写信者既难于详写，在邮差交信者自难于照递。况华侨向来书信称呼至为简单，大抵信面多写交父母收妻子收或叔伯婶姆收等字样，并无详细名称，此等信函，非根据寄信者之人名，无从递送，在批局所用递信之人，每属土人，尚易于查问，若普通邮差，必至难于分别，势将因人面生疏，而有种种无从投交及误交缓交之弊。

（五）查国际邮政互换包裹协定第二十一条第一节，内开订立章程之国，得维持其原有协约，或订立新约，及保持或另缔结严格之联邮，以便核减邮费，及扩充邮务，本章程概不干涉等语，是批信总包制，虽与万国邮政会议协定规条有所抵触，然依照上项条文，实尚得有变通维持之余地。

以上所陈，俱是实在情形，国家立法，旨在利民，革命成功，华侨不无微劳，今所求便于我侨者，仅此批包问题，若竟未蒙政府之体恤，揆之情理，似有未平，因思贵会为侨民喉舌，故在陈请迅予代呈南京交通部，饬汕邮局收回原议，沿用旧例，以维侨艰，倘当局未有明了侨民对于寄批之特别情形，则贵会前任总理林君义顺，早晚将到京参加孙总理奉安大殿，则当局亦可就近询问，以明侨民之非无病呻吟也，等情过会，查民信包制度，自民国十六年四月间，获蒙钧部批准无限展期明令之后，此案已告一结束，讵至去年十一月，汕头邮局忽颁新章，从事挑剔，扣留荷属银信，不准与英属银信总包，侨民方在呼吁请求之中，乃汕头邮局均置诸不恤，变本加厉，大有推翻成案之意，当此统一训政时期，国为民国，民为国民，民生国计，互相维系，凡有举废，最宜兼筹并顾，若借口国计可裕，而轻视民生之艰，未免遗憾滋多矣，所有困难情形，经详文列举五则之中，理合据情具呈，恳请钧部俯赐察核，体恤侨艰，饬行汕头局准照无限定之展期，沿用英荷总包封旧制度以安民生，而慰侨望，迫切待命之至，谨呈南京国民政府交通部。正副会长签押 ①

1929 年 4 月 24 日，中华民国驻英全权公使施肇基正好经由新加坡赴欧出席万国邮政会议，于是新加坡侨批局代表陈子由、杨杞岩、蔡又波等人再次联名呈请，并通过新加坡总领事唐榴转呈施肇基。②

经过汕头侨批公会、新加坡潮州侨批局团体及新加坡中华总商会等机构的联合争取，1929 年 4 月 23 日，交通部最终同意恢复总包制度，并批复新加坡中华总商会："至民信局欲将荷属信件，附于英属总包邮寄，若英属荷属邮政不加反对，我国邮局尚可通融办理，业已令饬邮政总局转饬汕头邮局遵照，惟来呈请求将总包办法无限展期……民信局既不应永久存在，则总包办法，亦无无限展期之必要。"③ 1929 年 5 月 11 日，国民政府侨务委员会也致函汕头侨批公会，准予维持总包制度，并请其转函告知南洋坤甸中华总商会、汕头华侨批业公会、汕头华侨联合会执委会、潮州旅京同乡会执行委员会，从函中我们可以详细了解此案交涉的经过，现摘录如下：

据此查阅国际总包交换办法，前于十七年八月间，准荷属东印第斯邮政来函，内称交换总包为荷属东印第斯国法律所不许，贵方对于此次规定有无抗议理由等语，经职局核议，实无理由可强其通融，业已呈奉钧部指令照准停止办理，并函复荷属邮政查照各在案。若再要求恢复，势不能径以书面提出，以后我国派赴邮政特议大会之代表在伦敦与彼国代表口头接洽，若有头绪再行正式提商。惟民业信局将于民国十九年内完全废止，业经十七年全国交通会议大会议决，并奉钧部核准在案，纵使订立协商，其适用时间亦复甚暂，民局既在取缔之列，则总包办法似无恢复必要，但在民信局未实行废止以前，对于荷属信件合英属信件总包付邮及寄往荷属信件由新加坡转驳封寄，勿加限制各节，倘荷属英属邮政不加反对，我国邮政自可不必过问，当转饬汕头邮局对于此项总包，不问其内容如何，均予收寄。至汕头转付诏安信件，免予逐封加费一节，如系民信局自行分送

---

① 《反对我国邮政局废止民信总包之来件（二）》，《星洲日报》，1929 年 5 月 17 日。
② 中国第二历史档案馆藏民国档案，全宗号 751，目录号 5，案卷号 624。
③ 《反对我国邮政局废止民信总包之来件（三）》，《星洲日报》，1929 年 5 月 18 日。

者，当然无须加费，如系海外寄交汕头民信局，复由民信局重新交由邮局代为递送者，则应缴纳国内资费，可无疑义，理合，将本案核拟之解决办法，备文送请奉核等情。

……此项请求，已经邮政总局核议以为，倘荷属英属邮政不加反对，我国邮政自可不必过问，是以商民之情隐及国际约章确能兼顾，其他所拟亦合邮政则例，尚属可行。至于该商民等所请将总包办法无限展期一节，则核与万国邮约不符，自难照准。本部整理邮政，对于国内情形，固宜体察，而国际约规，亦须尊重，民信局之存在，已为各国邮政通例所不容，本部为体恤该业商民起见，曾定分期取缔办法，使该业商民等得有改业之准备，更可于分期之期内从容计划，使海外侨胞之通讯汇兑不因民信局之废止而生不便，所以谋民众之福利而尽本部之职责，除令邮政总局对于分期取缔民信局及便利侨胞各办法从速妥议呈候核夺，并将上述现拟办法令饬汕头邮局遵照外，相应备函复请贵会查照为荷等由，一并相应函达，查照。①

依照上函可知，参与维护荷印总包制度争取活动的除了汕头侨批公会、新加坡潮州侨批局团体及新加坡中华总商会外，还包括南洋坤甸中华总商会、汕头华侨联合会、潮州旅京同乡会等民间团体，它们通过参与对侨批网络的维护而共同缔结成不同层次的侨批社团网络。其中汕头侨批公会、新加坡潮州侨批局团体（后成立新加坡潮侨汇兑公会）等构成了最基本的侨批公会网络，侨批公会网络再通过制度化机制进入以新加坡中华总商会为中心的更高层次的华人社团网络。侨批网络的扩大提高了其对外的集体交涉能力，从而维护了侨批网络的正常运转。1936 年荷印总包制度再次受汕头邮局反对时，侨批网络与国家政府交涉的机制也大致类似：首先是汕头侨批公会通知新加坡潮侨汇兑公会，后者将事情提交新加坡中华总商会解决，中华总商会再致函国民政府交通部，后者再自上而下地令广东邮政管理局和汕头邮局详查核办。②

---

① 广东省档案馆藏广东省邮政管理局档案，全宗号 29，目录号 2，案卷号 375，第 72 - 76 页。（原文无标点）

② 广东省档案馆藏广东省邮政管理局档案，全宗号 29，目录号 2，案卷号 375，第 67 - 71、77 - 82 页。

第三节　侨批局存亡的斗争
与侨批社团网络的扩大

一、"新加坡华侨请愿保留民信局全体大会"的发起

荷印总包制度交涉的结果是得到国民政府交通部的批准，可通融办理，但"民信局既不应永久存在，则总包办法，亦无无限展期之必要"，这意味着侨批网络在维护荷印总包问题上只是暂时取得成功，仍面临着侨批局将被废止这个生死攸关的问题，于是侨批网络便掀起了保留民信局的斗争。

新加坡华侨保留民信局的活动最早发轫于 1929 年 5 月 16 日至 18 日《星洲日报》所刊登庄笃鼎的《反对我国邮政局废止民信总包之来件》，该文包括庄笃鼎致编辑部就交通部将取缔民信局一事痛陈利害的文章，并附新加坡中华总商会呈交通部文及 1929 年 4 月 23 日交通部回复中华总商会的批文。在庄笃鼎的来文中，他指出了民信局的存在对海外华侨寄递银信的必要性。

总商会最近接交通部批覆，仍以民信应在取缔之列，称该部去岁召集全国交通会议，曾经大会议决通过等语，观乎此，则民信局之废止，确将实行，无法再予维挽回，所差者时间之迟早问题而已，然思与其实行之后，交相咨磋，何若于未实行之前，再图补救，譬如垂死之人，寸丝未断，而医者应亦不忍袖手旁观，坐以待毙乎，夫民信局之存废，于我华侨诚有密切关系，尤其是劳动界，益为重大紧要，交通部执政诸公，未尝南来实地调查，或者谓海外华侨，半多富商巨贾，庸讵知终日逐逐，胼手胝足，奔走于炎威酷热之下，以谋血汗之资，百分之中，占有九十八分者，□何人乎，非我同侨之劳动界乎，而此大多数之同侨，月寄银信，赡养其家，又非赖诸民信局以为转递乎，设或改由邮局，其能有此便利否，吾知其必不能也，且不特不能，甚或反生种种困难，而遗失与夫误投之弊，恐终难免，若日邮费问题所关，而当地居留政府，尚许因循旧例，特别优

待，岂吾政府欺于本国国民反欲严于取缔，加以苛待，有是理欤，况所差者，亦仅此闽粤两省之外洋民信总包耳，如谓不为废止，未能符于万国之邮约，然吾侨之驻在地政府，则未闻有因此而制止，而我交通部乃援引以为借口，是诚大惑不解，鄙意认为兹事重大，故将所有呈文批文夹送一份，敢希贵报划出篇幅，用大号字粒，尽日刊载，并乞先生发抒宏论，扩大宣传，唤醒侨众，同加注意，感觉此事与各个人均有切身之关系，非仅民信局已耳，若能得集合群策群力，发起全体华侨大会，恳请驻星总领事，与夫侨界中负有资望者，分别领衔代为呼吁，与国民政府主席，及南京侨务委员会，俾将成案得与推翻，以免重苦吾侨。

庄笃鼎的文章强调了侨批局存在的两条重要理由：一是侨批局是海外华侨汇款赡养家乡侨眷的重要渠道；二是邮局不能取代侨批局为华侨寄递银信的功能。在 20 世纪 20 年代，侨批局的网络已经广泛分布于东南亚以及华南侨乡的各乡镇，各地的侨批局通过层层的网络关系，服务范围几乎覆盖东南亚华人社会与侨乡社会的每个角落。而中国邮局发展到 1940 年，在潮汕侨乡地区，通邮的乡镇比例仅有 11.7%，不通邮的乡镇占比高达 88.3%。因此，如果侨批局遭取缔，中国邮局根本不能胜任在海外华人社会与侨乡社会中传递银信的角色。

由此可见，侨批局的存亡不仅是侨批局自身的问题，更关系到广大华侨的切身利益，是广大华侨能否与家乡保持信款联系的问题。因此，国民政府意图取缔侨批局的行为，自然会在广大海外华人社会中造成牵一发而动全身的后果。在新马华人社会中，新加坡中华总商会是最高领导机构，它很快对此事做出反应。1929 年 7 月初，新加坡中华总商会发布《关于交部废止民信局，请开大会之宣言》，向广大华人社会发起全侨大会，征求同侨之公意，以期挽救侨批局的生存。[①]

关于交部废止民信局，请开大会之宣言

窃以民信局之开设，为便利我侨侨汇寄银信之起见，其历史由来已久，与国内民信局，本系通联一气，有若唇齿辅车，互相维系者，然函件往复，素称快捷，国内贫苦之家，月赖外资接续寄养，安闲度活，而免断炊之叹者，无非此民信局以为间接传递耳，今我交通部，竟有决定明年将国内民信局，严格取缔，一律废止，而改由邮汇寄之决议，夫民局存，我海外侨侨汇寄如故，毫无所苦，若

---

① 《总商会将召集全侨大会——讨论关于民信总包事》，《星洲日报》，1929 年 7 月 4 日；《总商会召集全侨大会再志——讨论民信总包事》，《星洲日报》，1929 年 7 月 6 日。

民局废，势非由邮不能置达，而寄信与回信，双方均必深感不便，试就种种情形分别而言之……交通部以信包制度，违反国际邮约，此则本无可讳然，而当地居留政府，乃竟表示优待好意，宽而不较，即前之北平交部，亦以通融办法，作为无限之展期。而今交部则以民局不应永久存在，亦无无限展期之必要，推翻前案未许通融，审是则民局废止，势在必行，然改由邮之递寄，苟无以上之种种困难，则虽积数十年之习惯，亦应废除于一旦，吾侨侨民，讵可置辩，但试为设身处地，审慎考虑，此后数十万苦力之星侨，对于汇项，能无因感不便，而为之递减乎，而平昔无量数贫寒之家，全赖此外资月寄赡养者，一时失其接济，其景象为何如乎，闽粤两省，十七年中所受兵灾、匪灾、旱灾、水灾种种之惨状，民间之疾苦固已书不胜书，然尚不至于家有断炊之叹，野有饿殍之夫者，亦幸有此外资源源而来，未有间断，而民信局能为互相竞捷之传递故耳。查民十四政府之公布海外汇项，约达八千万元之谱，此与国内金融关系何等巨大，同人以分属同胞，休戚与共，对此交部废止民信局之决议，未敢默然坐视，以为海外侨情，理应据以代远，但兹事情重大，非合群策群力一致呼吁，恐难动听，而冀当局收回其成命，故特决定本月十三日，星期六下午二时，假座于中华总商会集议，务期邦人君子，届时早临，发抒伟论，共策进行，无数侨侨实利赖之，谨此宣言。[1]

新加坡中华总商会发动广大华人社会挽救侨批局的号召引起广泛的反响，例如香山会馆等社团便表示："主张应以全侨公意，函达交部王部长，谓如英荷两国政府，于南洋各埠未实行废止此项总包时，及自己国内各处村乡，未曾普遍设立邮分局时，概仍应维持旧有民信总包之办法，不得遽尔废止，以顺侨情。"[2]

1929 年 7 月 13 日，新加坡中华总商会领导的全侨大会准时召开，林义顺被推为临时主席。会中，他提出两种办法："其一请国府对此免于废止，仍事保留；其二则请国府垂念侨民汇寄领款赡家之艰难，及每年此种汇款，汇合输回国之巨大，请其设法保留，将废止事，展作无期之缓办。"番禺会馆代表及王声世、林金殿、黄芹生等人先后发言附议，最后"因一致公决，以全侨公意，发电联请国府，将民信局保留，作无期之展缓"，并将本会定名为"新加坡华侨请愿保留民信局全体大会"（以下简称"保留民信局全侨大会"），推举林义顺（主席）、李伟南、薛武院、林金殿、王琼瑶（应为黄琼瑶）、洪镜湖、王声世、杨杞岩、李玉阶、高醴泉、黄有渊、刘登鼎、黄芹生、杨缵文、林衍桥、何配天、庄笃鼎等

① 《关于交部废止民信局，请开大会之宣言》，《星洲日报》，1929 年 7 月 8 日。
② 《总商会召集大会之应声》，《星洲日报》，1929 年 7 月 12 日。

十七人为临时组织委员会，公举驻沪代表陈楚楠为请愿代表，亲自跟南京国民政府交涉。保留民信局全侨大会成立后即致电国民政府各部门：

> 南京国民政府蒋主席，中央党部，谭胡戴于王诸院长，交通部，侨务委员会鉴：民信局为侨民家属生命所寄，关系匪轻，交部若令废止，危害万分，元日星侨在中华总商会开全体大会，侨众拥挤，群情忧愤，公举陈楚楠为请愿代表，万恳准决予保留无限展期，以救民命，而慰侨望，新加坡华侨请愿保留民信局全体大会主席林义顺叩寒①

1929 年 9 月，国民政府文官处、立法院和中央侨务委员会都有复函，表示转饬交通部核办，② 但是直至 10 月，保留民信局全侨大会还没接到交通部回文，于是林义顺、杨杞岩、洪镜湖、黄琼瑶、何配天、黄芹生、庄笃鼎、李玉阶、林衍桥等人组成的临时执委会再次在 10 月 13 日假中华总商会召开会议，并决定重行电请交通部："……万恳照准，批覆电示，并电知新加坡、吉隆坡，英邮政督办，照准保留。"③ 1929 年 10 月 16 日，保留民信局全侨大会的全体努力终于收到一定的成效，新加坡中华总商会接到交通部的复电："寒电悉，执事前次呈请将废止民信局之议缓办，业奉中央核准照办。"④

全侨大会的发起在近代东南亚华人史中是罕见的，只有遇到 1937 年全面抗日救亡运动等重大事件时才会出现，而国民政府欲废止民信局的举措却可以在华人社会引发如此广泛的反响，这说明侨批业已经深深地嵌入海外华人社会中，成为其重要的组成部分。

在维护侨批局的生存斗争中，我们看到了华人社团在建构跨国华人社会中的重要作用。首先，跨国侨批经营网络的存在，从民间金融信息的层面上联结了海外华人社会与华南侨乡社会。然而这一发自民间的社会经济网络却遭受中央政府意欲取缔的压力，这时华人社团便成为代表民间社会网络与中央政府直接对话的组织结构。一般而言，海外华人社团还存在各种血缘、地缘、业缘组织，而在各种华人社团中，中华总商会是公认的最高领导机构。在维护侨批网络的事件中，

---

① 《总商会开全侨大会之经过》，《星洲日报》，1929 年 7 月 15 日。
② 《国民政府关于民信局之覆函》，《星洲日报》，1929 年 9 月 11 日；《侨委会致保留民局大会函》，《星洲日报》，1929 年 9 月 19 日。
③ 《保留民信局之再开会议》，《星洲日报》，1929 年 10 月 15 日。
④ 《民信局有保留之望》，《星洲日报》，1929 年 10 月 17 日。

新加坡中华总商会再次担任起海外华人社会最高领导的角色，发动广大华人社团参与，共同反对国民政府取缔侨批局的企图，形成影响国民政府政策制定的强大的海外压力集团。海外华人社团的跨界行动，有效地改变了国民政府取缔侨批局的决策，从而维护了跨国侨批网络的运作及跨国华人社会的持续。

二、"新加坡各团体请愿减轻民信邮费侨民大会"的发起

"新加坡各团体请愿减轻民信邮费侨民大会"的发起是因为新加坡华民政务司通知增加侨批邮费。该通知要求自 1930 年 4 月 1 日后侨批要逐封贴邮一角二分，可谓一波未平一波又起。为此，新加坡保留民信局全侨大会又召开大会，公举新加坡议政局华侨议员陈祀恩及执委会代表李伟南、薛武院和陈源泉共四人作为代表，于 1930 年 1 月 20 日向新加坡代督请愿，谓民信局 4 月 1 日起每封贴邮一角二分，令华侨担累殊巨，并将请愿转呈新加坡总督。以下摘录全侨大会呈新加坡总督的请愿书：

敝代表等为民信局总包事，向贵督谨陈如下……月前我国政府示意，将总包之制度取销，引起本坡华侨之呼号，遂有全侨大会之召集，并组织委员会，向国府请愿，最后已得政府同意，总包之办法，可以仍旧照行，近日本坡华民政务属来函，称从三月一日（原文有误，应为四月一日）起，邮政总包之费，或将增至一角二分，举此推算，每封之费，已增三巴仙有多矣，至若本坡总包之邮费增加，中国内地势必随之而增，每封之费，自四占（邮费三占及送银封回覆信费用一占）增至二角三占（本坡邮费一角二占，中国邮费一角，批局费用一占），所增者将五百巴仙矣，设使汇款之数目巨大，此尚无甚关系，今所汇之款，不过二三元，则其影响必甚巨，劳动界所受之痛苦，贵督谅能想象得之矣，敝代表等请求邮局对于总包之邮费照旧，如政府视为有增加必要者，务求减至最低之限度，敝代表等谨向贵督陈其理由二端如下：第一层，批局总包之办法，每信直接省去邮局方面巨量之时间及工作……第二层，敝代表等，求贵督对于劳工界贫苦之情形，加以体恤，批局之存在，实为此种人而设也，倘若以前寄二元纳费四占者，强其所难而纳费二角三占，敝代表等以为所索之值，未免过苛，劳工每月入息有限，锱铢者悉血汗之代价，尤求贵督特别开恩，无使苦力工人受难言之痛也，尚有一层，敝代表等，均非营批局之商家，不过代劳动界请愿，并无切身厉害存乎

其间也，敝代表等有□贵督请愿并此致谢。①

据新加坡邮政总监意见，增加邮费问题，乃国民政府交通部的要求。于是，保留民信局全侨大会交涉的重点便从新加坡当局转向国民政府当局，向国民政府请愿邮费减轻办法——在国内每封贴五分，在海外每封贴六分，但未获后者的批复。② 1930年2月14日，马来亚四州府宪报又明确公布了新办法的实行：由1930年3月31日以后，从四州府内各邮局寄往中国内地之信包，其信包内之每一函件，如重量不过一安士（约合中国七钱半）者，征收邮费一角二占，其余每增加一安士，或不及一安士，加收邮费六仙。③ 鉴于各种请愿无果且事态严重，新加坡中华总商会及保留民信局全侨大会再向各华侨团体发起全侨大会。

1930年2月23日召开的全侨大会较1929年的保留民信局全侨大会规模更大，出席者包括《新国民日报》代表周宗启，安南郊商务局代表郭明通、洪半呆、曾子闻，暹郊商务局代表卢寄梧、余功良，牙科公会代表冼□文，安溪会馆代表白锡志，香山会馆代表林熠，星洲汽车运输公局代表□木豆、黄琼瑶，潮侨汇兑公会代表杨杞岩，广利银行代表莫光桀，东安会馆代表林福，古城会馆代表刘愿可，永春会馆代表王声世，番禺会馆代表何配天，厚福堂代表林芳，索赂公局代表许树堃，群记行船馆代表冯家□，昙花镜影代表李景彰、许宝顺、房汝英，福州会馆代表郭永铨，福建理发公会代表陈发松、蔡米细，潮阳会馆代表林步青、陈德芳，驳船公局代表林金殿，布商公局代表劳芹生、周炳□，福建磁商研究所代表陆永利，荥阳会馆代表张慕商，中华女校代表张春史，温州会馆代表何文波，惠州会馆代表李瑞茹，同寿行代表陈泰，《星洲日报》及儒学研究所代表李榕卿，藤商公会代表陈居俊，公输行代表何启、杨缵文、庄笃明、许樵杰、梁心纯，□声励进社代表陈舜武，《南洋商报》代表陈舜雨、张绍宗，《总汇新报》代表邱焕文等63个团体的百余名代表。④

会议公举林金殿为主席，林金殿首先介绍了政府增加邮费的具体情况及开会的目的：“略谓今日，蒙本坡各社团推派代表，踊跃参加本会，足征各社团之关心侨情，及有联络团结之精神……乃欲讨论侨界及劳动节中之切身问题……故今

---

① 《保留民信局全侨大会执委会公举陈议员祀恩代表向坡督请愿——因邮费增加事》，《新国民日报》，1930年1月24日。

② 《请愿减轻民信邮费侨民大会开会详情（一）》，《新国民日报》，1930年2月24日。

③ 《增邮展期之呼吁》，《星洲日报》，1930年3月18日。

④ 《请愿减轻民信邮费侨民大会开会详情（一）》，《新国民日报》，1930年2月24日。

日开会之目的，即愿使在座诸君，共同讨论向政府请愿减轻民信局邮费，使个个劳动界之寄家信，得以减轻邮费之负担。惟关于此点，前此本坡请愿保留民信局大会，虽有关心及之，但政府方面，或将以为此系少数人之意见，似未能代表大多数之劳动界及平民，故尚需考虑，一时未能实现。今者各团体都有特派代表参加此会，足见请愿减轻民信局邮费之负担，已为侨界中心理一致之趋向也。"接着，保留民信局全侨大会执委代表庄笃鼎报告交涉经过情形，然后陈源泉、林金殿、庄笃鼎、王声世、杨缵文、冯家骏、白锡志、林步青、林芳等相继发表意见，最后作如下决议：①公决减轻民信邮费问题，应向政府请愿。电请国民政府及交通部展期增加邮费，展期为四个月。②该会定名为"新加坡各团体请愿减轻民信邮费侨民大会"（以下简称"减轻民信邮费侨民大会"）。③应推举七人为代表团，公举罗承德、李金赐、黄芹生、林金殿、庄笃鼎、汤湘霖、王声世等七人。④凡有加入该会之社团，均须发电向国民政府及交通部交涉。会议还公推国民政府侨务委员会委员吕渭生为请愿代表。①

会后，减轻民信邮费侨民大会及各华人社团积极向国民政府请愿。1930年2月26日、3月2日及3月10日，减轻民信邮费侨民大会先后电呈国民政府。1930年3月6日至10日，南顺、番禺、东安、宁阳、冈州、肇庆、三水、惠州、香山等九会馆及新加坡欧美什货食品商务局、酒商公局和麻坡侨胞又纷纷致电国民政府。② 新加坡华人社团的呼吁很快得到国内团体的声援，例如上海华侨联合会暨上海全国商会联合会也代海外华侨向国民政府请愿。1930年3月12日，减轻民信邮费侨民大会举行第二次会议，最后决定："再电国府及外部交部敦促速示办法，另电本会驻京请愿代表吕渭生君，力向国府敦促轸念侨艰，抚顺侨情。"③ 与此同时，新加坡高州会馆、华侨牙科公会、广肇帮客栈行也相继致电国民政府中央党部蒋主席、行政院、交通部和侨务委员会，恳请减轻邮费。④ 除了致电国民政府外，减轻民信邮费侨民大会同时与新加坡当局进行交涉，1930年3月4日，代表团林金殿、罗承德、李金赐、王声世、庄笃鼎、汤湘霖、黄芹生等再致函海峡殖民地总督及总司令金文泰爵士，谋求协助。⑤

---

① 《请愿减轻民信邮费侨民大会开会详情（一）》，《新国民日报》，1930年2月24日；《请愿减轻民信邮费侨民大会开会详情（二）》，《新国民日报》，1930年2月25日。

② 《民信减邮运动：各团体纷电南京》，《星洲日报》，1930年3月8日；《侨民大会昨日再呈国府，各团体呈电亦尚在纷纷》，《星洲日报》，1930年3月11日。

③ 《昨日再开侨民大会，议决分电外部、交部、申报、侨委会等》，《星洲日报》，1930年3月13日。

④ 《民信减邮运动》，《星洲日报》，1930年3月14日。

⑤ 《增邮展期之呼吁》，《星洲日报》，1930年3月18日。

到 1930 年 3 月 20 日，增邮办法实施的时间越趋紧迫，由于减轻民信邮费侨民大会还没收到国民政府的任何答复，便呈电国民政府，对其"护侨政策"大加驳斥："英政府谓系我国政府主张，决于四月一日实行云云，伏思侨工远适异域，自营生活，政府未能尽保护之责，愿欲假手于彼族，而使同胞感受经济之痛苦，增加意外之负担，此等自杀政策，贻笑友邦义顺愚憨，窃不知其何所取也，第恐政府未必有是举，而邮局妄知大体，自作聪明，藉词更张，陷上凌下耳，诸公仰体总理顾念民生之至意，保护华侨之政策，务乞鼎力挽回，以纾侨困。"① 同样，厦门侨务委员会也声援侨民大会，跟国民政府据理力争："查侨民出国，系逼于匪藉为避难，非喜泛海，其在外洋，又因我国国力不张，备受压迫，故所谓华侨者，除极少数资本家外，尽属苦力，我政府自当格外矜悯，以柔远人，乃复增加邮费，以重负担，于情于理，均属未妥，况增加邮费，在政府所得无多，在侨民损失不少，非蒙钧座体恤侨艰，饬令交通部收回成命，恢复成例。"②

到 1930 年 3 月底，轰轰烈烈的争取减轻民信邮费全侨运动终于获得成功。1930 年 3 月 21 日，新加坡政府宪报说明："自 3 月 31 日起，所有由海峡殖民地民信局发往中国之信件，每封重量一英两以内者，仅须邮费六仙而已。1924 年 4 月 30 日宪报所载，宪示 840 号，及 1930 年 2 月 7 日宪报载，宪示 236 号，概行注销。"③ 1930 年 4 月 4 日，中华总商会及减轻民信邮费侨民大会也接国民政府交通部电："为俯顺侨情起见，应予设法变通，嗣后由民局递寄南洋英属各地信件，应按每封每重二十格兰姆，收费五分，以示体恤，除饬邮政总局外，与英邮切实协商。"④

在民信邮费事件中，虽然我们还不能确定提高邮资是英殖民政府的初衷还是国民政府的"幕后指使"，但是我们还是看到，在跨国的场景下，政府政策的实行不再是简单的自上而下的过程，而是多国政府与跨国社会之间多重互动、不断协商的过程。首先，在增加邮费的问题上，国民政府与新加坡殖民政府需要达成一定的合作关系。在争取减轻邮费运动中，新加坡各华人社团与上海华侨联合会、厦门侨务委员会等国内社团组织组成庞大的跨国华人社团网络，他们同时与新加坡殖民当局及国民政府进行多重交涉，在多重交涉与协商过程中，两地政府与跨国华人社团最终达成一定的调解，最后，经过调整的民信邮费政策才能在新

---

① 《交通部倡增邮费，京市强拆民房，侨情愤激之一斑》，《星洲日报》，1930 年 3 月 22 日。
② 《民信增邮展期，吾侨哀呼之果结》，《星洲日报》，1930 年 3 月 28 日。
③ 《民信增费展期吾侨呼吁结果》，《星洲日报》，1930 年 4 月 1 日。
④ 《民信减邮已得结果，侨报呼声幸未白费》，《星洲日报》，1930 年 4 月 4 日。

马华人社会中贯彻下来。

其实，国民政府增加民信邮费的政策与取缔侨批局政策是一脉相承的，取缔侨批局的政策由于海外华人社会的反对而缓办了，国民政府便退而求其次，在承认现状的基础上，尽可能利用侨批局的运作来增加财政收入。同样，"新加坡各团体请愿减轻民信邮费侨民大会"也是"新加坡华侨请愿保留民信局全体大会"的延续，而且组织规模和代表性都较后者有显著的发展。舆论机构、教育机构、文化机构以及各宗乡会馆、各行各业的公会组织都加入其中，可谓名副其实的全体华社大会。虽然各社团的利益与侨批局的利益不直接挂钩，正如保留民信局全侨大会呈新加坡总督的请愿书中讲，"敝代表等均非营批局之商家，并无切身利害存乎其间也"，但是由于侨批局所经营的正是在华人社会与家乡间传递金融、信息的业务，与每个华侨家庭的生活息息相关，因而牵动了全侨社会。

从另一方面看，国民政府对侨批业的干涉又为海外华人社会的团结创造了一个活动的平台。在这个平台上，各华人社团通过共同参与侨批业的对外交涉与华社利益的维护，进一步加强了彼此的团结精神和集体感，而这种集体感又与侨乡社会的命运紧密连接在一起，从这个意义上，两次侨民大会对海外华人社会与侨乡社会建构具有内聚性的跨国华人社会发挥着重要作用。

第四节　侨批局的成功保留与合法地位的确立

一、郑成顺利振记挂号案

自 1928 年 8 月南京国民政府召开全国交通会议决定取缔民信局以来，海外华人社会争取保留民信局运动就一直与国内的保留民信局运动遥相呼应，共同构成保留民信局运动的一部分。但是由于侨批局经营的特殊性，海外华人社会的保留民信局运动与国内的保留民信局运动的进程有所不同，效果也迥然有别。本节将以郑成顺利振记挂号案来论述跨国侨批社团网络与国家政府的持续交涉及侨批局地位的最终确立。

1928 年 8 月国民政府全国交通会议决定，"所有各处民信局，应于民国十九年内一律取消"，不久后便开始制定相应的政策措施。1929 年 2 月交通部邮政总局规定，所有民信局限于本年内挂号，已挂号者，最迟至民国十九年年终停闭。① 后经各民信局、商业团体的据理力争，邮政总局不得不宽予期限，并于1930 年 9 月拟定民信局暂行挂号领照办法五条，其中规定挂号期限以该年年底为止。② 再经民间社会的争取，1931 年初，邮政总局再"将挂号期限展至二十年年底为止，俾各民局不致因与其声请致遭驳斥，以示体恤维持之至意"③。与此同时，1930 年邮政总局为应付外邮起见，曾拟将民信局改为特种邮寄代办所，后由于汕头侨批公会的反对，并通过华侨联合会和全国商联会的争取，1930 年 6 月21 日邮政总局在致华侨联合会、全国商联会的函中，作了妥协的解决办法："查此项国外营业之民局总包办法，原因英属吉隆坡邮政再三要求取缔，故拟将各该民局名称改为特种邮寄代办所，以资应付，现在英属邮政既不坚持原议，总包及邮票贴包外各办法均已照旧，则所有民局批业名称与其挂号等手续似亦可仍照旧章办理，当即转呈核示在案。兹奉交通部指令第二六六六号内开，准如所拟办理等因，概汕头批业应即准照旧章，其已挂号者速向邮局换领执照，其未挂号者速即向邮局请求挂号领照，以便一律享受总包利益。"④ 1930 年 7 月 2 日，汕头商会将此函转达汕头侨批公会。⑤ 至此，汕头侨批公会以为取消改名特种邮寄代办所之事已解决，侨批局仍可照旧挂号领照直至 1931 年底为止。

但是当 1931 年郑成顺利振记向汕头一等邮局申请挂号时却遭到驳斥，理由是："民局挂号领照系以十九年底以前始业之民局为限等因，查该号系本年新行设立，所请挂号一节核与规定不符，未便照准。"汕头侨批公会认为此事关系重大，便向汕头一等邮局指出："查批局系专汇寄华侨银信，关系重大，非民信局之收带普通信函所可同日而语。十九年间邮局发起取缔民局，对于批局拟加以特种邮寄代办所之规则，其中限制十九年以后不准新创批局，当时南洋各地华侨及国内汕厦等处侨商，以批局之专为海外侨胞汇寄银信，凡于穷乡僻壤未设邮政交通不便之处，莫不按址投递，实助邮政之所不及，睹此情形，虽数百年后华侨银

① 广东省档案馆藏广东省邮政管理局档案，全宗号 29，目录号 2，案卷号 485，《关于取缔民信局"巡城马"以低邮资政策带运邮件的公函 1904—1920》，第 138 – 145 页。

② 广东省档案馆藏广东省邮政管理局档案，全宗号 29，目录号 2，案卷号 674，《关于属局提出改善处理华侨汇票办法、办理华侨汇票事务计划等建议的文书材料》，第 239 页。

③ 广东省档案馆藏广东省邮政管理局档案，全宗号 29，目录号 2，案卷号 373，《广东邮局关于调查设立民信局、批信局登记执照办发国际函件等问题的来往文书 1931》，第 119 – 122 页。

④ 广东省档案馆藏广东省邮政管理局档案，全宗号 29，目录号 2，案卷号 486，第 214 页。

⑤ 广东省档案馆藏广东省邮政管理局档案，全宗号 29，目录号 2，案卷号 373，第 64 – 67 页。

信非藉批局不能汇寄。今若与普通民局一同取消，不准新创，则现有之批局，未必能维持，至于如久远而不变迁，没有转业收盘之事，则批局日渐减少，以此推之，则我数百万海外侨胞终有不能汇寄银信之一日。关系至为重大，于是群起力争组织保留民局大会于新加坡，向中央呼吁，业蒙交通部及邮政总局抚恤侨艰，准予收回成命，照旧办理在案。"它又引据 1930 年 7 月 2 日汕头商会转达华侨联合会、全国商联会函，指出："此案除批局需向邮局领照外，其余章则完全取销，一切照旧办理。又查各批局所领执照，其章程亦无此项限制，今广东管理局又谓民局挂号领照系以十九年以前始业之民局为限，似与邮政总局核定成案不符，得毋误会，为此相应函达贵局查照，务希迅将情形转呈邮政总局鉴核，准予依照成案，允许该号领照营业。"①

汕头一等邮局接函后相应呈达广东邮政管理局及交通部邮政总局，1931 年 10 月 20 日邮政总局终于有所答复，但仍坚持汕头一等邮局的原议："邮政为国营事业，只因海外侨胞寄递银信及各民局生计关系，对于民局特予通融办理，饬其按照旧章挂号领照，而挂号限制既奉部令核准在前，自应遵照办理，所有本年新开各局既与定案抵触，实有未便照准之窒碍情形，仰即转饬汕头邮局函复该汕头批业同业公会。"② 为此汕头侨批公会再致函侨务委员会求助，指出："博得此区区取销限制之代价令邮局任意推翻成案，其关系之巨，岂仅成顺利振记一号不得营业，即我海外侨胞收来之寄款实有莫大之危险。且取消限制之明文尚在，出尔反尔，威信何存？于是据理提出交涉，但此后数月未获邮政当局予以一言之可否，敝会深恐力厉言轻，一旦所言不能动听，则贻误华侨之大，岂可胜言。素仰钧会爱护华侨靡所不至，□岁交涉，功绩彪炳在目，对于邮局此举，当不忍放弃前老而再乐为华侨请命，伏之将情转请邮政总局，务为顾全威信，收成案维持，迅准成顺利振记号领照营业，以后不予限制，则不特敝会蒙惠，则海外千万华侨亦沐戴高厚。"③ 与此同时，汕头侨批公会仍继续与政府直接交涉，以下是 1931 年 11 月 26 日汕头侨批公会致汕头一等邮局的呈文：

……邮政总局谓挂号期限准予展期至二十年底为止，但应以十九年以前始业之民局为限，取消其章程而引用其苛例，未免前后参差，既与当时侨民吁请之精神相反，尤与核准取销之命令背驰，观乎此，则当时之俯顺侨情准予取销系属诈

① 广东省档案馆藏广东省邮政管理局档案，全宗号 29，目录号 2，案卷号 373，第 64 – 67 页。
② 广东省档案馆藏广东省邮政管理局档案，全宗号 29，目录号 2，案卷号 373，第 119 – 122 页。
③ 广东省档案馆藏广东省邮政管理局档案，全宗号 29，目录号 2，案卷号 373，第 133 页。

骗商民之假面具，此种不教而诛之政策，政府何忍出此？由查十九年六月间邮政总局致全国商联会及华侨联合会公函，函内叙明该汕头批业应即遵照旧章，其已挂号者速向邮局领照，其未挂号者速向邮局请求挂号，以便一律享受总包利益。观此公函，并无限制，所谓遵照旧章，即系遵照旧时章程挂号领照而已，若论旧章，并无何项限制，彼时部令既明明指定遵照旧章，乃今竟添入新例，政府言出法随，何以朝令夕改？且彼英政府尚因华侨有特殊情形而许华侨开创批局，不复坚持吉隆坡邮政提议之要求，乃本国政府之待我侨民何无通融余地，岂我之待我反不若人之待我乎？再该成顺利振记号总局创于暹罗，已历数十载，其在本国民局旧时系创设于澄海县属之樟林乡，所有往来银信，概托汕市批局代为转递，此系实在情形，暹罗中华商会可资查访，久年簿据亦可考查。本年因内地地方不靖，故该号迁移于汕市，现若不准其领照，该号汕暹批局一时停业，一切数项皆不能收回，必致倾家荡产。我交通部长为总理信徒，凤本总理爱护侨胞之旨，宁忍将华侨数十年创立老店坐令限制停业、倾家荡产而不能予以通融乎？况现在国难方殷，战祸迫于眉睫，滨海之区方赖华侨接济，若先断华侨汇寄之路，其如救国之前途何为此，相应函请贵局查照……①

虽然汕头侨批公会、新加坡中华总商会及"新加坡华侨请愿保留民信局全体大会""新加坡各团体请愿减轻民信邮费侨民大会"等团体在前述的保留总包制度、民信局等事件上取得一定成功，但是要真正落实起来却颇费周折。直至1932年5月7日，新加坡中华总商会终于接到国民政府交通部批文，"准予郑成顺利振记信局挂号领照已令广东管理局转饬知办理"，并将此函转达新加坡潮侨汇兑公会。② 可见，在郑成顺利振记挂号案中，由汕头侨批公会、新加坡潮侨汇兑公会、新加坡中华总商会等形成的侨批社团网络又在与国家政府的交涉中发挥积极作用。

二、《批信事务处理办法》的制定与侨批局的合法化

1933年12月8日，交通部邮政总局向各一等邮局发下通饬，按照民信局业

---

① 广东省档案馆藏广东省邮政管理局档案，全宗号29，目录号2，案卷号373，第17-20页。（原文无标点）

② 新加坡国家档案馆藏新加坡中华总商会会议记录，1932年6月25日，Vol. Ⅷ – Minutes of the 18th Committee Meeting, Singapore Chinese Chamber of Commerce, Microfilm No：007。

务的性质将民信局与侨批局区别开来："（一）专营国内普通信件者，定名为民信局，不准兼收批信。（二）而专营国外侨民银信，及收寄侨民家属回批者，定名为批信局，不准收寄普通信件。"交通部又传令："凡民信局应即严令逐渐停止营业，至二十三年底为止，其批信局姑准通融补发执照，期限准延至二十三年年终，不得再请展延，但其营业，仍须从严限制，余准如拟办理。"① 可见，由于侨批经营服务于华侨的性质及跨国侨批社团网络的有效争取，侨批局得以免于与国内民信局一样遭受取缔，侨批局挂号领照的时间也得以延长至 1934 年底。

此后，侨批网络与国民政府间还出现过香港批信案的交涉。1934 年 2 月，汕头侨批公会会员嘉隆批局报称："邮政总局令开查香港地方不在批信局营业范围之内……嗣后只准该号经营国外批信，不得收寄香港批信，倘查有收寄香港批信情事，即以走私论，照章处罚。"于是汕头侨批公会向汕头一等邮局力陈香港批信不能废止之理由，并请求批准香港批信照常通寄："查香港一方我华人侨居者人数至多，若批信不准收寄，则劳动侨界所得汗资，将何以寄回赡养家属，此其一也；香港系英国属地，与新加坡等处同一性质，他处华侨既得寄批信以养家，香港独言其不可，不特有歧视香港华侨，仰揆之法理，亦未得平，此其二也；汕头批局业香港批者，共有十余号之多，此项批局多经总局发给执照，准予营业，现若不准收寄批信，令其歇业，在总局方面固有失政府威信，在批局方面损失尤不堪言，此其三也。"② 与此同时，旅港潮州八邑商会也极力向邮政总局电呈交涉。

在侨批局经营合法化的背景下，香港批信案的解决较为顺利，1934 年 3 月 19 日，邮政总局即向交通部上呈香港批信案的来龙去脉及解决办法："惟近年来或有利用香港邮政收费较低，将寄往国外他处之批信，封入包封内，送由香港寄递，以图省费。为严密办理起见，故曾令饬广东管理局予以取缔。奉令前因，该旅港潮州八邑商会代电及汕头市侨批业同业公会函所称各节，尚属不无相当理由。……惟拟饬令将所收寄往香港之批信，一律按照计费清单第八项（每封每重二十公分收费五分），逐封缴纳邮费后，仍准封作总包寄递，不得掺入寄往国外他处之批信，所有邮票粘贴总包封面，与寄往南洋群岛、马来联邦等处之批信同样办理，以防发生弊端。"邮政总局的建议很快得到交通部的批准，并令广东邮

---

① 广东省档案馆藏广东省邮政管理局档案，全宗号 29，目录号 2，案卷号 487，《省政府、邮政总局、广东邮局关于取缔各地未挂号领照之民信局及私运邮件等事项的训令来往文书和各地未挂号领照民信局调查表 1933—1936》，第 13 - 14 页。

② 广东省档案馆藏广东省邮政管理局档案，全宗号 29，目录号 2，案卷号 375，第 54 - 56 页。

政管理局遵照实行。①

1935 年 12 月邮政总局制定的《批信事务处理办法》最终奠定了邮局与侨批局的关系，即侨批局在邮局的统一管理之下享有合法地位。此办法具体规定了侨批局每年向邮局填其声请书的手续，回批邮件寄往荷属、英属、香港等地的邮资，批信在中国内地的转寄，侨批局的领批手续以及对侨批局逃避邮资的处罚等等，参见附录三。另外，此办法对防止侨批局的继续发展也有明确的规定："批信局之分号如有增设或闭遏情事，得检同旧执照附缴手续费五元，随时声请分别添注或注销；批信局停业时，应将原领执照缴由该管邮局转呈注销，不得私自转让或顶替。"②

侨批局的成功保留与合法地位的确立是由多方面因素共同决定的。其中最直接的原因就是海外华人社团与国民政府及新加坡当局的持续交涉，正是海外华人社团所发动起来的广泛的跨国网络及华人社会的集体力量，使国民政府在海外华人社会的压力面前让步。不过最根本的原因还是侨批局自身的功能和性质——侨批局的主要功能是在海外华人社会与侨乡社会间寄递银信。银信的寄递，一方面从微观上保证了海外华人与侨乡家庭的正常联系，正是由于侨批局服务于华人社会的性质，才激发了整个华人社会的参与；另一方面又从宏观上为国民政府带来巨额的侨汇收入，巨额的侨汇收入甚至足以影响中国贸易的收支平衡，正因如此，国民政府在试图取缔侨批局时不得不从整个国家的金融发展考虑。由于以上原因，在侨批局留存的问题中，国民政府不但面对来自华人社会跨国网络的力量，也面对华人社会跨国金融的力量。正是侨批局的跨国性，使它免于同国内民信局一样遭受取缔的命运。

第五节　结　语

本章论述 1911—1937 年中国及英殖民政府对侨批业的政策及侨批网络如何在与国家政府的持续角力中形成扩大的侨批社团网络，并最后成功维护自身的利益。1911—1937 年，中国正处于国家近代化建设的进程中，政治、经济、军事

① 广东省档案馆藏广东省邮政管理局档案，全宗号 29，目录号 2，案卷号 375，第 58-63 页。
② 广东省档案馆藏广东省邮政管理局档案，全宗号 29，目录号 2，案卷号 375，第 103-115 页。

等方面都在建立一整套自上而下的中央集权体系，其中便包括对邮政和金融业实行国有垄断，由于侨批经营涉及邮政和金融利益，因此对侨批业的打击限制便在所难免。在此期间，中国政府对侨批业的政策主要是试图取消侨批总包制度乃至取缔侨批局。与此同时，侨批业在维护内部的协调稳定和有效运转以及对外的交涉中也逐渐形成了网络的制度化。侨批网络的制度化表现首先是侨批公会的建立，继而是侨批公会网络的形成，侨批公会网络再通过其制度化机制进入以中华总商会为中心的更高层次的华人社团网络。

从根本性质来看，侨批公会网络也属于华人社团网络，因此侨批网络与华人社团网络有一定的重叠性，而重叠的部分便是本书所称的侨批社团网络。由此可见，侨批社团网络是个具有伸缩性的单位，在一般情况下，它是由侨批公会网络组成的，但当国民政府对侨批业实行越来越多的限制措施乃至要取消侨批局时，终于触动了侨乡社会及海外华人社会的根本利益，从而激发了广大海内外华人社团对侨批业的维护群情，这时侨批社团网络便不再局限于狭小的侨批公会网络而开始扩大，甚至可能扩展至整个华人社团网络，扩大的侨批社团网络便能够以"全侨公意"的身份迫使国民政府在限制侨批业的问题上作出让步，从而成功地维护了侨批业的平稳发展。

侨批网络的制度化与扩大机制对跨国华人商业网络的研究既有普遍意义，也有特殊意义。首先，在近代中国与海外华人社会，除侨批业以外的大多数行业都建立了自己的同业公会。同侨批公会一样，其他同业公会的成立也是该同业网络制度化进程的表现，它在同业网络的内部维护与外部联系中起着领导核心的作用，并以团体会员的方式加入当地的总商会，形成一个以总商会为最高统帅的纵向的各行各业的同业网络。同样，各地同业公会因同业网络的内部需求而结成横向的同业公会网络，当同业网络遇到重大的对外交涉事件时，同业公会可分别通过纵向与横向的两个渠道寻求总商会与跨国同业网络的帮助，从而建立起由各地同业公会和各地总商会共同组成的多层次的跨国商业网络，通过同业社团网络的扩大来增强其集体交涉力。在此运作模式中，新加坡中华总商会起着领导核心的作用，作为东南亚华人社会的最高领导，它的行动决策往往关系着交涉事件的成败得失。总的来说，侨批网络的运作模式对研究跨国华人商业网络有重要的启示意义。

其次，侨批网络的制度化与扩大机制又有其特殊意义。从"新加坡华侨请愿保留民信局全体大会"到"新加坡各团体请愿减轻民信邮费侨民大会"，侨批网络可以从局限于一隅的行业网络而扩大至整个东南亚华人社会与侨乡社会，这是历史上一般的同业网络难以达到的。这充分说明了侨批网络内嵌于海外华人社会与侨乡社会有机体的性质及其与后者生死攸关的利害关系，对侨批网络的破坏意味着对整个海外华人社会与侨乡社会都构成威胁，因而激发整个华人社会与侨乡社会对侨批网络维护运动的共同参与。同时，侨批网络维护运动又恰恰为广大海外华人社会与侨乡社会重塑自己的身份认同提供了活动的舞台，各华人社团和个体在参与一系列维护侨批网络的活动时，共谋策略，共同行动，从而形成了与侨批网络同呼吸共命运的集体感和团结精神。由于他们维护侨批网络的实质就是维护海外华人社会与侨乡社会的互动机制，因而他们所重塑的集体认同便应当是"海外华人 - 侨乡社会"这个整体，亦即本书所称的"跨国华人社会"。

新加坡保留民信局全侨大会与减轻民信邮费侨民大会的发起与争取运动，也反映了一个正在形成的国家集权政府与一个初具规模的跨国华人社会的冲突。一方面，国家集权政府试图在全国范围内推行国有化运动，进行邮政、金融垄断；另一方面，在跨国的社会场景下，一国的事物又往往超越民族国家的边界，使其政策的推行遇到跨国社会力量的牵制。这时国家政府与华人移民间的关系不再是单纯的垂直统治的关系，而是演变为多国政府的垂直统治与横向的跨国网络相互交叉的多重复杂关系，因而国家政策的制定与推行也演变成政府与跨国社会相互交涉与协商的过程。

本章我们讨论跨国华人社会组织单位的一端——跨国华人社团，它在跨国华人社会的建立与维护中起着重要作用，第六章将详细探讨跨国华人社会最基本的组织单位——跨国华人家庭。

第五章　制度化与市场化：侨批网络之

逆境生存（1937—1949）

本章继续探讨 1937—1945 年的全面抗战时期及 1946—1949 年的抗战胜利后各地不同政权对侨批业实行的不同政策措施，以及侨批网络如何在严峻的政治经济形势下生存下来并发展演变。本章讨论的中心问题是：日本侵占前侨批网络所建立的运作机制在全面抗战时期及抗战胜利后发生什么变化？它对这两个时期侨批网络的生存与维护发挥了什么作用？

第一节　裂变中的延续：战争状态下之侨批网络

1937 年 7 月 7 日日本发动全面侵华战争后，中国大片国土迅速沦陷。1937 年 12 月南京失守，以蒋介石为首的国民政府被迫迁都重庆，1938 年 10 月，广州、武汉也相继失守，抗日战争进入相持阶段。广州沦陷后，广东省政府临时迁入粤北山区继续与日军抗衡，到 1939 年 6 月，珠江三角洲、琼州、汕头、潮州、澄海等侨乡地区也先后沦陷。1940 年 3 月，汪精卫在南京建立汪伪政权。在东南亚，1941 年 12 月 7 日日本政府发动太平洋战争后，以迅雷不及掩耳之势迅速占领东南亚等地。1941 年 12 月 25 日，香港被占领；1942 年 2 月 15 日，马来亚半岛和新加坡相继沦陷；到 1942 年 5 月，荷属东印度、缅甸和菲律宾也被占领，至于泰国与法属印支联邦，则由于与日本缔结同盟条约而免遭沦陷。日本对中国及东南亚的占领严重破坏了中国与东南亚间长久建立的侨批经营网络，那么，在战争状态下，华南侨乡与东南亚之间的侨批流通能否维持？国民政府与日伪政府分别对侨汇的经营实行怎样的政策？侨批网络在不同政权的统治下又发生了什么变化？本节将分别从国民政府统治下的国统区与日伪政权统治下的沦陷区来探讨上述问题。

一、国统区：侨批网络与政权的配合

（一）国民政府的侨汇政策

抗日战争全面爆发后，国民政府对各项进口物资和军备的需求激增，对外汇的需求也随之剧增，这时长期作为国家外汇收入主要来源的侨汇便更加具有战略地位，为此，国民政府对侨汇予以高度重视，制定了各项政策措施来增加侨汇的收入，加强对侨汇的管理。

首先，国民政府对侨汇的管理服从于其外汇统制政策。1938 年 3 月，国民政府财政部颁布了《外汇请核办法》和《购买外汇请核规则》，规定外汇的收入与售出由中央银行集中管理。1939 年 7 月颁布的《进口物品申请购买外汇规则》和《出口货物结汇领取汇价差额办法》进一步完善了外汇统制的办法。与此同时，为加强全国金融管理，国民政府还成立中央银行、中国银行、交通银行、农民银行联合办事总处（简称"四联总处"），发挥巩固法币信用、管理外汇、健全金融机构和调剂各地金融的功能。1942 年 5 月，国民政府又将中央信托局、邮政储金汇业局划入四联总处，称"四行二局"，成为国民政府战时金融事业的最高领导机构。在外汇统制条例及四联总处的监控下，四行二局所经收侨汇概应售与中央银行，由中央银行集中办理侨汇。①

其次，统一侨汇经营，加强侨汇吸收能力。为便利侨胞汇款，财政部要求中央银行、中国银行、广东省银行、福建省银行、邮政储金汇业局及广东省和福建省的侨汇业广泛建立侨汇金融网。1939 年 1 月，财政部颁发《吸收侨汇合作原则》和《银行在国外设立分行吸收侨汇统一办法》，详细规定了吸收侨汇的具体办法：①吸收侨汇，应由中国银行与邮汇局合作。中国银行在海外如设有分支行或委托银行的，优先承揽侨汇，如果没有，则由邮汇局委托其他银行办理。在国内，尽量利用邮汇机构代介侨汇。②凡已与中国银行及邮汇局合作办理侨汇的银行，如果绩效较好，则鼓励其继续合作办理，以免侨汇流入外商银行。③邮汇局吸收的侨汇，应通过中国银行转售中央银行。② 由于广东省和福建省是两个主要的侨汇收入地，所以广东省银行和福建省银行是转解侨汇的重要机构，财政部要求中国银行与之订立合作关系，以此加强政府的侨汇网络。

再次，积极联络海外华侨与侨批局将侨汇交汇国家银行。例如 1941 年 3 月，财政部致电中国银行总管理处，要求该行在海外广设分支行处或广为委托代理处，密切联系侨胞，由国家银行及其委托银行办理侨汇。③ 当国民政府发现敌伪

---

① 中国银行行史编辑委员会：《中国银行行史（1912—1949）》，北京：中国金融出版社，1995 年，第 552 – 553 页。

② 中国第二历史档案馆、中国人民银行江苏省分行、江苏省金融志编委会合编：《中华民国金融法规选编》，北京：档案出版社，1992 年，第 1003 – 1004 页。

③ 中国银行总行、中国第二历史档案馆：《中国银行行史资料汇编》，北京：档案出版社，1991 年，第 1341 页。

企图利用侨批局吸收侨汇后，要求中国银行及邮政储金汇业局加强与各侨批局联系，并以优厚条件来加强侨汇吸收力度，以抵制日伪政权的抢夺。[①]

最后，解决沦陷区的侨汇问题。财政部通令银钱业公会及海外团体执行《侨胞汇款沦陷区办法》，要求汇款交由国营银行及其委托银行汇寄，或者购买当地外币汇票或港币汇票寄香港中行、交行或香港邮汇局办事处，然后转汇国内。对于沦陷区内侨批局，则设法使其从沦陷区迁出，从而可以将侨汇兑为国内汇票供沦陷区侨眷使用。[②]

（二）侨批网络与政府的配合

在战争的特殊环境下，由于侨批网络不能按正常的秩序进行运营，而国民政府又推出抗战时期的侨汇政策，在抗日救亡主旋律的影响下，民间侨批网络便谋求与政府政策的积极配合。当时海外侨界大都意识到通过国家银行汇款的重要性，例如宁阳会馆就向华侨宣传："此次抗战为整个民族生死之关头……诸同乡如能出其积蓄报效国家，购备军械，既无异于躬履疆场之民族英雄……军械之需要愈增，金融之危机愈剧，我海外同胞辛勤节俭所得之资如能悉由中国银行汇回故乡于私人利益与由外国银行汇回无异，而政府即可藉以收巩固金融之功效，是侨胞汇款之功亦略与捐款助战相等。"[③] 事实上，当上海与香港等金融中心沦陷后，通过国家银行来汇款也是除依靠日本银行之外的唯一可行的方式，正如1942年2月侨务委员会指出，日本侵占前大部分侨汇是由港沪各地黑市汇返，"今港、沪沦于敌手，外汇黑市无形摧残，以后侨汇端赖政府银行经营，故其数量，必大为增加"[④]。

据统计，1942年汕头段领执照的 86 家侨批局中，有 23 家已迁入国统区继续营业，以配合国民政府的侨汇政策。[⑤] 太平洋战争爆发后，原有的香港汇路被迫中断，为救侨眷于水火，侨批业者便积极探索侨批新通路，到 1942 年初，和祥庄经理陈植芳、玉合批局经理张良春和澄记批局经理佘武等，终于开辟出"东兴

---

① 中国银行总行、中国第二历史档案馆：《中国银行行史资料汇编》，北京：档案出版社，1991 年，第 1349 页。

② 中国银行行史编辑委员会：《中国银行行史（1912—1949）》，北京：中国金融出版社，1995 年，第 551 - 552 页。

③ 广东省档案馆藏广东省银行档案，全宗号 41，目录号 3，案卷号 2224，《应付华侨汇兑事项1937》，其中《宁阳会馆列位同乡先生公鉴》。

④ 中国银行总行、中国第二历史档案馆：《中国银行行史资料汇编》，北京：档案出版社，1991 年，第 1345 页。

⑤ 汕头市档案馆藏伪汕头市侨务局档案，全宗号 12；目录号 7，案卷号 41，第 76 - 79 页。

汇路"。东兴当时是广东省防城县（今广西壮族自治区防城港市）的城镇，属国统区，与越南的芒街市隔岸相望，所谓"东兴汇路"，是以海防与河内两座城市为侨汇中转站，东南亚批局将在东南亚各国收到的侨批辗转交到海防或河内的中转站，再经由芒街市秘密运到东兴的代理处，然后将侨汇和批信分别交由广东省银行东兴办事处和东兴邮局汇交潮汕各地批局。①

侨批从东兴到汕头有两条秘密通道：一条是从东兴至钦州，过合浦，入遂溪，过湛江，入高州，经信宜、云浮、四会、清远、从化、河源、紫金、揭阳，转入汕头；另一条是从东兴至钦州、南宁，转入韶关，再入兴宁转揭阳，然后再潜入汕头。② 这两条秘密通道最后都是经揭阳转达汕头，因此，揭阳在战时侨汇通路上占有重要位置，当时信用卓著的魏启峰批局代转了近70%的侨批，成为潮汕侨批网络的中心枢纽。③ 由于道途遥远，盗匪四起，广东省银行运送批款时除了亲自武装押运外，还请准各侨批局批款员工穿着军装，荷枪实弹进行解款，并委托汕头侨批公会主席许自让（万兴昌批局经理）充当队长。④ 由此可见战时侨批网络与国家银行、邮汇局在沟通侨汇问题上的紧密合作。作为汕头侨批公会主席，许自让曾详述了"东兴汇路"中侨批局与国家银行、邮局合作的情况：

自敌伪势力伸张南洋后，泰国亦完全受其控制，敌伪对我国侨批遂有沦陷区、安全区之分。属沦陷区者照常可来，而属安全区者敌借经济封锁之名严厉禁绝经汕进口，取缔苛毒。现泰国华侨设法改由越南转东兴、麻章、赤坎等地，入国所有批款仅抄自目录暗带至东兴、麻章等地国内邮局发寄内地邮局分发，而回批只向侨眷取一收条寄回泰征信而已，无直寄泰国邮局以避免倭敌稽核摧残，惟收条寄回泰国亦只可邮寄至东兴、麻章等地由各联号设法转入泰国……（1943年2月22日）⑤

"东兴汇路"的开辟，激发了东南亚侨汇的活跃，由于马来亚、荷属东印度

① 陈植芳：《潮汕侨眷的生命线——记抗战后期开辟的东兴汇路》，中国人民政治协商会议广东省汕头市委员会文史资料委员会编：《汕头文史》（第10辑），1991年。
② 邹金盛：《潮帮批信局》，香港：艺苑出版社，2001年，第68页。
③ 陈植芳：《漫谈潮汕民间侨汇业》，中国人民政治协商会议广东省汕头市委员会学习文史委员会编：《汕头文史》（第13辑），1995年。
④ 《汕头金融志》编纂小组编：《汕头金融志》，1987年，第134页。
⑤ 广东省档案馆藏广东省邮政管理局档案，全宗号29，目录号2，案卷号380，《邮政总局、广东邮局关于批信事务处理办法训令、指令来往文书（附：广东邮区批信局详情表）1949》。

等地都被日本占领，所以经"东兴汇路"的侨汇主要来自印支半岛上的越南、老挝、柬埔寨和泰国。经侨批业者的努力，印支半岛上的侨汇通路形成分别以西贡、堤岸、金边、老挝和曼谷为中心的西堤线、金边线、老挝线和曼谷线。西堤线包括边和、加定、洛宁、藩朗、芽在、平定、新州、广义、岘港、朱笃、芹苴、美荻、茶荣、薄寮、金瓯、蓄臻、龙川等；金边线包括磅湛、磅同、暹粒、马德望、蓿蒙、菩萨、磅清扬、茶胶、波罗勉、贡吓、桔井、上丁等；老挝线包括万象、塔曲、素旺、百细等；曼谷线包括巴真、亚栏、大城、戈叻、乌汶、廊开、莫肯、清迈、北大年、宋卡、合艾等。侨批在西贡、堤岸、金边、老挝和曼谷汇集后再秘密转运到东兴。到 1944 年，东兴除了原有的广东省银行外，还新增光裕银行、农民银行、华侨联合银行等，足见其时侨汇之盛。①

表 5－1　1937—1945 年广东省银行的侨汇经营

单位：元

年份	法币	美元
1937	3 763 107	1 254 369
1938	33 961 000	11 320 333
1939	30 522 778	10 174 259
1940	83 223 551	27 741 184
1941	78 710 563	6 844 397
1942	141 542 247	7 077 112
1943	408 575 087	20 428 754
1944	683 901 240	34 195 062
1945	1 000 134 027	50 006 701

资料来源：广东省档案馆藏广东省银行档案，全宗号 41，目录号 3，案卷号 520，《关于省行、地方银行会议材料、业务概况、经济建设与侨资、侨汇、农贸、押汇、债款清理等文书1947—1948》，第 113－122 页，《广东省银行办理侨汇经过与展望》。

注：1937—1940 年美元数字按照 1：3 换算；1942—1945 年美元数字按照 1：20 换算；1941 年美元数字按照 1940 年和 1942 年的平均值，即 1：11.5 算。

在战时，由于广东省银行是收解广东省侨汇最重要的机构，以下我们将以广

① 陈植芳：《潮汕侨眷的生命线——记抗战后期开辟的东兴汇路》，中国人民政治协商会议广东省汕头市委员会文史资料委员会编：《汕头文史》（第 10 辑），1991 年。

东省银行所收解的侨汇来说明战时国统区侨汇经营的状况。从表 5 – 1 中我们可看到，全面抗战期间，官方侨汇机构所经营法币侨汇数不断上升，折合美元数除了在 1941 年和 1942 年曾有过回落外，总体上呈不断上升之势。

由上可见，在全面抗战时期，国民政府实行了各项吸引侨汇、积极争取侨批局的政策，而各侨批局在汕头市侨批业公会的领导下，也因战时的交通阻塞、社会混乱和抗日救国的热忱等而主动配合国民政府的政策，积极将侨批交由国家机构通汇。国民政府与侨批网络间富有成效的合作关系可从"东兴汇路"的建立和维持上充分表现出来，从中我们可看到——此前侨批网络所建立的运作机制在全面抗战的环境下仍然发挥重要作用，从而在一定程度上使潮汕侨批在战时的艰苦环境下得以维系。

二、沦陷区：侨批网络的裂变与延续

（一）日伪政府的侨汇政策

对日本政府而言，侨汇同样具有战略意义，它不但关系到其统治下的潮汕侨乡及东南亚华人社会的长治久安，更重要的是，它是支援军事侵略的重要财政来源，可以说是另一种形式的经济战。1940 年，日伪政府在汕头召集侨批业座谈会，明确指出："现在战争端赖财政，与民众农村经济力量，以协助友邦日本为大东亚民族争自由平等解放。故我汪主席主张，我国民众，应与日本同甘共苦之昭示，侨汇为战争时经济力量，即为我国民众生活，应协助友邦成功，即我国自己速成功也。"日本特务机关长又指出，"侨批一事，与和平工作暨各方面关系密切，对于经济上，华侨地区与目前现象非常重大，因此关系国家"，"至潮汕区域内言之，各县长、汕头市长，对此侨务事务，均有相当责任，惟海外与国内连络关系，侨务办事处需要与当地政府紧密联系，而市长、县长须要联络办事处互相推进此事务"。①

为加紧对侨汇的掠夺，日伪政府仿效日本侵占前国民政府政策迅速建立了一套侨务、侨汇的管理秩序。1940 年，汕头市伪市长周之帧在汕头成立了伪侨务

---

① 汕头档案馆藏伪汕头侨务局档案，全宗号 12，目录号 7，案卷号 13，转引自张慧梅：《战争状态下之金融与传统人文网络——1939—1947 年潮汕与东南亚间侨汇流通研究》，潮汕历史文化研究中心、韩山师范学院编：《潮学研究》（第 11 辑），汕头：汕头大学出版社，2004 年。

委员会，自任伪委员长，专门负责各项华侨事务，其中最重要的任务之一就是恢复侨汇经营秩序。为此，伪侨务委员会又仿效日本侵占前的侨批业机构，将沦陷区的侨批局组织起来，成立伪汕头侨批公会，其隶属于伪汕头侨务委员会的管理之下。① 从以下侨批业公会会章中，我们可看出，伪汕头侨批公会主要服务于日伪政府统治的需要。

侨批业公会结成要领

一、皇军为谋岭东民众之生业更生及生活安定计，由安洋及其他各地之华侨汇款，开办侨批业务，核准汕头市侨批业组成同业公会（以下简称"公会"），并同时尽量援助促成之。

二、关于复兴侨批业对于潮汕之地方民业之复兴及救济，民众极为关切，故加盟之公会，首须要关心促成能达成所期之目的，并应体会皇军之真诚，须以诚心诚意协助东亚新秩序之建设。

三、以台湾银行及横滨正金银行结成为侨批业者之指导机关（以下简称"机关"），对于侨批业公会业务之运用，极力与以协力之援助，并指导之。

四、侨批业公会虽属于汕头善后委员会（以下简称"委员会"）监督下，本当受政务部之指定机关之指导而行动。

五、准予以内地交通及通信，惟不能有支障皇军作战上及治安上一切言动；倘万一有检出如斯证实者，当按军律严重处治，决不宽贷。关于一切书信要受皇军检查，倘有加盟公会员而违反所负之责任，亦以前条执行处罚之。

……（第六至十五条略）

十六、公会应极力防遏公会会员送侨批，并须研究防遏之方法，至与各方面华侨保有充分连络，明瞭皇军真意，以彻底达成所期同业公会结成之目的。②

为愚弄广大侨众，日本特务机关还别有用心地在侨批封上作广告宣传，要求批信及回批在交寄邮局时必须逐封加盖日伪宣传部之宣传戳记，如："与日本协力，各地华侨之汇款，可以安抵家乡。""协力大东亚战争，可以复兴南洋侨胞之实力。""摆脱渝府靠外的势力，才免作英美殖民化。""协力东亚新秩序，毋

---

① 《华侨汇款注意》，《民锋半月刊》1940年第3期；《我国遍设金融网，汇款交中交华侨或省立银行任何沦陷区内均可担保递到》，《现代华侨》1940年第7期。

② 中国银行总行、中国第二历史档案馆：《中国银行行史资料汇编》，北京：档案出版社，1991年，第1350页。

再受渝府敲诈。""支持渝蒋的华侨银信，何能安抵家乡。""南洋华侨之协力，即成各人振兴自己家乡之力量。""大家的故乡，和平与安乐，是值得告慰的。""打倒美英之压力，恢复华侨之自由。"① 日伪政府愚弄侨众真可谓无孔不入。

1942 年，随着日本对东南亚的相继占领和统治，相关侨批政策也逐渐推出。同年，为恢复新加坡侨汇，日伪政府制定了《关于办理昭南岛华侨汇款协议书》，对经营新加坡侨批的具体批局、批局领发侨批的手续、侨批分发的范围等方面均有详细规定。具体包括：①"外交部侨务局"驻汕办事处（以下简称"伪侨务处"）指定伪汕头侨批公会（以下简称"伪公会"）为潮汕地区办理新加坡及其他南洋日本占领地域的侨汇机构，其中光益等 11 家曾办理新加坡侨批的侨批局仍然负责新加坡侨汇。②台湾银行汕头支行（以下简称"台银"）代此 11 家侨批局在新加坡的联号联络斡旋，以便恢复侨批业务。③在侨汇未恢复正常期间，要求这 11 家侨批局免费派发批款，而伪侨务处也豁免其检查证明费。④台银于侨汇抵达时将目录送交伪侨务处检查，至新加坡侨汇正式复业后，由 11 家批局将批信目录送交伪侨务处检查。⑤伪侨务处依照目录检查后，对"非和平地区"的批信概予没收，而款项则由台银退回原寄人。⑥凡向台银领取侨汇之批局或侨眷，应先向伪侨务处申请领款证明书，台银对照符合后发给款项。⑦在代理期间，伪公会向台银领收汇款时，送交收据除由该公会理事长盖章外，应由 11 家批局连同盖章，直到新加坡侨汇完全复业以后，除由伪侨务处领取证明书外，可由一批局单独盖章领款。②

1942 年底，日伪政府又在粤东报上公布《侨务会驻汕办事处制定检查侨批暂行规则》，详细规定侨批局收领侨批的手续，并重申侨批经营是以"和平区域"为限："各批业商号办理侨批，应以和平区域内为限，至于办理方法，各商号于侨批寄抵汕头市时，应向侨务处填具申请书，以凭核发领取批信证明书，向邮局领取批信，将批信原包送侨务处检查验盖，然后交各商号领回发送，如属非和平区侨批，除批款仍由各该商号负责退回外，批信则概行扣留，至于批款若干，经侨务处检查核计后，发给领取批款证明书，各商号方地凭证向银行领取批款。"③ 经日伪当局的审核，在汕头准许营业的批局共 33 家，其中有 22 家负责经

① 广东省档案馆藏广东省邮政管理局档案，全宗号 29，目录号 2，案卷号 375，第 25－31 页。
② 汕头市档案馆藏伪汕头市侨务局档案，全宗号 12，目录号 7，案卷号 49，第 32－34 页。
③ 《粤东报》，1942 年 11 月 6 日，转引自广东省档案馆藏广东省邮政管理局档案，全宗号 29，目录号 2，案卷号 369，《汕头邮区辖下批信局一览表及有关声请换领执照事项、侨批局办理华侨汇票情形等来往文书 1942—1944》，第 37 页。

营来自泰国的侨批，11 家负责来自新加坡及荷属东印度的侨批，4 家负责香港侨批，详见表 5 - 2。

表 5 - 2 日伪政府时期合法侨批局名单

经营范围	侨批局
泰国	泰成昌、黄潮兴、陈悦记、广顺利、理元、马合丰、马德发、马源丰、普通、同发利、万兴昌、许福成、协成兴、成顺利、荣丰利、振盛兴、义发、陈炳春、振丰盛、万丰发、和合祥、成昌利（共 22 家）
新加坡及荷属东印度	李华利、光益裕、有信、光益、洪万丰、永安、普通、裕大、致盛、荣成利、陈炳春（共 11 家）
香港	荣大、致盛、亿丰、陈炳春（共 4 家）

资料来源：广东省档案馆藏广东省邮政管理局档案，全宗号 29，目录号 2，案卷号 369，第 35 页。

日伪政府积极沟通侨汇的政策措施使中国沦陷区与东南亚间的侨汇流通迅速恢复，最早恢复的是泰国侨汇，太平洋战争爆发后的数月内即恢复。泰国侨汇主要是由各批局直接办理，他们在收集侨批后，将侨款交由日系银行汇集来汕，批信则由邮局运递。"在汕各批局由邮局领出批信，即送交汕头侨务局听候检查，认为可以投递者，仍交由各批信局派口携带银币按址投递，否则将其批信及汇款退回汇款人。"越南侨汇也于 1943 年 1 月恢复，初时规定由中南公司专办，汇款由台湾银行汇来，批信经由日本公使馆寄交汕头日本领事馆，再转交中南公司的汕头分行，由于此办法与邮政法及侨批经营的有关规定相悖，后经由日本和汪伪政权监督机关协商决定，"中南公司汕头分行之业务由外交部侨务局驻汕头办事处所指定之中国人批局代理"。至于新马及荷属东印度侨汇，在 1943 年 6 月开始通汇，第一次寄出侨批 181 封，侨汇合中储券五万六千七百余元，由台湾银行经办到汕，到 1943 年底前共有五批侨汇抵汕。[①] 在日伪统治下，中国与东南亚间的侨汇流通虽未能恢复到日本侵占前状态，但在一定程度上使两地间的侨批往来延续了下去。

---

① 广东省档案馆藏广东省邮政管理局档案，全宗号 29，目录号 2，案卷号 369，第 29 - 34 页；汕头市档案馆藏伪汕头市侨务局档案，全宗号 12，目录号 7，案卷号 41，第 104 - 105、111 - 115 页。

（二）伪汕头侨批公会与侨批网络

在中国沦陷区的侨批网络中，黄照煌领导的伪汕头侨批公会起着重要作用。作为日伪政府一手培植的机构，伪汕头侨批公会显然服务于日伪政权。根据1942年6月29日所规定的会务概况表，伪汕头侨批公会的"经常会务"为："团结同业一致行动筹护批款分送安全，一面调查会员每次批款到汕数量及每日汇入银数，分别报告汕头特务机关，以使外汇统制之紧密，并逐期请由汕头市政府转请特务机关发给各批伙通行证，使批款得告便利分发而维持华侨家属之生活。"① 作为侨批网络的领导机构，伪汕头侨批公会在日伪政府与侨批网络中发挥上传下达的作用，并在可能的范围内发挥其集体交涉的能力，尽量维护其属下侨批网络的权益。

伪汕头侨批公会既执行日伪政府政策又尽力维护侨批局利益的双重性质，可从其执行日伪政府禁止"非和平地区"的侨批政策中反映出来。1942年，日伪政府实行禁止"非和平地区"侨批政策后，伪汕头侨批公会便按政策行事，致电泰国批局不要寄及"非和平地区"批信。不过，由于泰国华侨和批局可能对国内区域划分不甚明了，或有取巧之意，结果出现夹寄"非和平地区"批信现象，以致汕头侨批局受政府责难。为此，伪汕头侨批公会向伪汕头侨务委员会提出，"批包中苟有发见抵触检查条例之批信，属会员等希属收受人，居于被动地位，当无代负责任之理，且政府方面尚可照会寄发地之政府，就寄发人提出究问，自不必使收受人蒙受责非耳"②。又如1943年3月10日，伪汕头侨务委员会发现许福成、荣丰利等5家批局有取巧之批信，除了扣留其批信外，还要进行取缔，以杜效尤。于是，伪汕头侨批公会立即召开联席会议进行讨论，指出：泰国同业寄出"非和平地区"批信仍在获悉该政策之前，"寄发在先，收电在后，泰国同业未明情形，矜原之处，应请从宽处办"。会议决定："由本会电至泰公会，通知泰同业以后认真单纯收受和平区批信，万不能再有取巧作弊等情事，否则由政府将寄发人严厉究办，至此次电费罚由该五号代本会负担，在自三月十五号起由泰寄出之批包如发觉有以上取巧情事，即将该号开除会员名籍，呈请官厅究办之。"③

---

① 汕头市档案馆藏伪汕头市侨务局档案，全宗号12，目录号7，案卷号12，《有关现有职员花名册、本局筹备情况和人事任免、人员调动情况、侨批同业公会职员名册及公会章程等材料1934—1947》，第20页。

② 汕头市档案馆藏伪汕头市侨务局档案，全宗号12，目录号7，案卷号49，第24－25页。

③ 汕头市档案馆藏伪汕头市侨务局档案，全宗号12，目录号7，案卷号64，《有关出入国侨民调查和处理侨批纠纷案件等材料1943》，第144－145页。

由于侨批网络的有效性以及日伪政府对侨批网络的依赖，伪汕头侨批公会常常为改善侨批经营、维护侨批局和侨属的利益而跟日伪政府作进一步的交涉。例如，自1941年11月实行侨批检查以来，侨批局向银行支领批款，须先向伪侨务处申领证明书，但办理侨批分发的必要消费，如批脚的膳食费、路费，回批的邮费、电信费等，大约每分发批款一百元需花费十元以上，此项费用已经泰国当局许可汇出，但由于没有证明书，未能支领，以致"数月来一切批费均由汕头批局代垫支付，负累甚苦"。有鉴于此，1942年4月19日，伪汕头侨批公会理事长黄照煌呈函给伪汕头侨务委员会，请准发给附加批费（十分之一）证明书，以收领此笔款项。①

又如，1943年初新加坡侨汇恢复时，日伪政府曾规定：侨批局分发侨批，每百元可扣分送费三元。后又规定：每封侨批须纳邮费二元。由于华侨汇款不多，负担加重，而侨批局也入不敷出，于是伪汕头侨批公会向伪汕头侨务委员会指出："此项扣除办法与批局营业习惯不符，批局向例系全部以额计费，寄额多者略收其利润，而以赔补寄额少者之贫侨，取君子囊多益寡之义。"同时向伪侨务委员会拟具变通办法："仍照业批惯例，而效越南汇款分送办法，以侨汇一元即分发储券五元，其余无论任何费用，概由批局负担，既免使贫侨重担邮费，而批局亦免长期赔累。"②

由上可见，日伪政府出于战争需要，对侨汇十分重视，并迅速在其占领区内恢复侨汇经营新秩序，其最明显的举措便是在汕头占领区强迫当地的侨批局共同组成伪汕头侨批公会，这使原先的汕头侨批公会由一裂变为二，而原来只具有一个中心的汕头侨批网络也一分为二，尽管这种分界并不壁垒分明。以伪汕头侨批公会为领导中心的汕头侨批网络服务于日伪政府的需要，许多政策措施都是重新开始，这和日本侵占前侨批网络的运营有极大的不同，但伪汕头侨批公会继承了此前汕头侨批公会的许多特性。首先，它在汕头侨批网络的制度化中扮演着领导中心的角色；其次，与日本侵占前的汕头侨批公会一样，它在政府机构与侨批网络中起着上传下达的作用，一方面传达并督促其属下会员执行政府的政策，另一方面又代其属下会员向政府反映有关改善意见，甚至在可能的范围内发挥集体交涉力，以维护侨批网络的利益和有效运转。由此可见，以伪汕头侨批公会为中心的侨批网络在许多方面传承与延续了日本侵占前侨批网络的运转机制。

---

① 汕头市档案馆藏伪汕头市侨务局档案，全宗号12，目录号7，案卷号49，第29页。
② 汕头市档案馆藏伪汕头市侨务局档案，全宗号12，目录号7，案卷号41，第90页。

三、小结

本节比较论述了全面抗战时期国统区与沦陷区不同的侨汇政策及侨批网络的变化，由于侨汇是重要的财政资源，对国民政府及日伪政府的战争和社会统治均至关重要，所以两者都竞相推行吸收侨汇、拉拢既存侨批网络的政策。日本的侵略与政权的更迭导致原先统一的侨批网络裂变为两个分别服从于国民政府与日伪政府的侨批网络，原先的汕头侨批公会也一分为二。在战时交通阻塞、社会混乱、军事统治主导的特殊环境下，无论是单家侨批局还是整个民间侨批网络都难以独立实现侨批的全程流通，故这时期的侨批网络都主动或被动地服从于其所属政权的侨汇政策。尽管从侨汇政策、侨批网络的分化及侨批网络配合政府政策等方面来看，侨批网络的运转都表现出与日本侵占前不同的巨大裂变，但是我们仍然可从这剧变中看到侨批网络传承与延续的因素。其中最显著的一点就是：虽然伪汕头侨批公会是由日伪政府一手创立的，但其运作的诸多功能特性及其置于侨批网络中的地位都与日本侵占前侨批网络无异，而日伪政府复制伪仙头侨批公会的行为本身又是因循侨批网络以侨批公会为领导核心的制度化运作机制的表现。侨批网络在不同制度情境下所表现出的适应性说明了其内在运转机制的有效性和顽强的生命力，也说明了其沟通近代华南-东南亚华人社会互动关系中不可或缺的动脉作用。

第二节　"二战"后南洋中华汇业总会的成立与区域侨批网络的进一步制度化

1945年9月"二战"结束后，东南亚久蛰的侨批业开始复活，但是在战后的政治经济环境下，侨批业的复业遇到了种种困难：1945年9月刚登陆的英军在新马的统治还未完全恢复，中国与新马间的邮政服务也未恢复，而侨批局在日本侵占前所领营业执照早已过期。在这种环境下，非但某家批局拙于应付，就算基于帮派组成的侨批公会也难以独当一面。正是在这种特殊的内外环境下，东南亚的侨批网络出现了进一步制度化的趋势，其表现主要是整合地方乃至区域侨批网络的制度化机构的成立。例如，1946 年 3 月，南洋中华汇业总会由新加坡闽侨汇兑公会、潮侨汇兑公会和琼侨汇兑公会等联合成立；1946 年 6 月，雪兰莪中华汇业公会在吉隆坡成立，负责人为陈世飞、杨晴川等；1947 年 3 月，槟城银信业公会成立，其中潮帮的承福兴、洪万丰、潮利亨等当选为第一届理事；① 1947 年 5 月，中断四年的暹罗华侨银信局公会经重组后成立，成昌利批局负责人萧卓珊任第一届主席；1948 年 1 月，马六甲中华汇业公会成立，主席为周卿昌。② 本节将以南洋中华汇业总会为中心讨论"二战"后东南亚与中国侨批网络的整合以及中国、东南亚政府对侨批业的政策、影响与侨批网络应变求存的机制。

一、新马侨汇的复业与南洋中华汇业总会的成立

南洋中华汇业总会的前身是 1945 年 10 月 31 日成立的"新加坡各帮汇兑公会联席会议"（以下简称"联席会议"），其目的就是力促新加坡及中国政府早日恢复侨汇。在联席会议成立前，新加坡闽侨汇兑公会主席林树彦曾向新加坡军政当局请求颁发侨批经营执照，恢复侨汇。军政当局曾应允："原则上照办，唯须待此地对外汇率（尤其中国）规定后，方可发给。"③ 于是联席会议公推林树彦、余功良和韩鸿丰作为闽、潮、琼三帮汇兑公会的代表，与政府各界进行交涉。由于中华总商会一直在维护华侨利益上起重要作用，于是联席会议各代表便通过访晤和呈函的方式，托中华总商会同新加坡当局及中国政府代为沟通。中华总商会也以事情重大，马上致电重庆侨务委员会，恳其速转中国政府向英政府交涉：

> 星州收复，今已二月，汇率未定，侨汇无从，侨眷生活无以维持，职会一再催促当地政府，则以未得伦敦命令为词，迫得再电恳钧会，速请政府向英政府交涉，迅将汇率解决，俾侨众得以早日汇款接济家属，实感德便。④

联席会议各代表也积极晋谒新加坡政府当局，请求开放侨汇。1945 年 11 月 19 日，当局回复："凡战前领有执照之本公会各会员商号，现时得开始接收，但

---

① 《槟华汇兑业成立公会》，《南侨日报》，1947 年 3 月 8 日。
② 《暹京华侨银信局公所吁请豁免侨批邮资》，《星洲日报》，1947 年 6 月 2 日。
③ 《汇兑同业请政府通达侨汇》，《星洲总汇合刊》，1945 年 11 月 1 日。
④ 《全马华侨急切期望迅定汇率沟通侨汇》，《南洋商报》，1945 年 11 月 7 日。

不论任何方面，均应静候英国政府命令到达，始得将此项汇款寄出。"① 1945 年 11 月 20 日，联席会议召开第二次会议，商讨复业办法，同时决定自 11 月 22 日起全体收汇，汇价依照华侨银行民信部收汇办法。②

1945 年 11 月 24 日英军政府发出通告，详细规定了申请营业执照的具体办法，并颁发"汇兑民信四项法令"，如有下列违规，执照将被取消：

（1）在营业地点之门外，除悬吊商号招牌而外，并须书明"英军政部"许可执业之中英文，及日日之汇兑行情；

（2）汇水行情须与当日银行行情相同；

（3）每人不得汇寄超过一百元之坡币；

（4）所存交银行或邮政局之款，须于登记册上盖该行或邮局之图章，俾随时呈联当局查验。③

联席会议得令后，便着手代各帮汇兑公会会员托请汇丰银行和渣打银行向政府当局申请营业执照，至 1945 年 12 月 10 日，通过联席会议申请执照的会员共103 家：闽帮 45 家，琼帮 35 家，潮帮 23 家。④

在联席会议的基础上，新加坡各帮侨批业进一步推动侨批网络的整合，决定联合组织中华汇业总会。1945 年 12 月 24 日，汇业总会第一次筹备会议召开，林树彦被推选为临时主席。由于侨批局收汇后暂未能寄出，所以这时期筹备会议的主要工作便是代同业封存邮包，暂寄存于邮政总局，同时与邮政总局及外汇统制官交涉，恳请将所存邮包暂行寄出。⑤

1946 年 3 月 5 日，上海中央银行终于宣布中国对外汇率，规定美金 1 元兑法币 2 040 元。由于中国对外汇率已确定，新加坡政府遂宣布，从 1946 年 3 月 18 日起正式通汇，但必须依下列条件进行：

（1）所有汇款须由银行或指定信局汇寄；

（2）对于任何一家庭，每月最高汇款为马来亚币四十五元；

（3）对于一家庭，仅能容一人汇款；

（4）此项汇款必须系用以维持家庭而非作别用。⑥

---

① 《新加坡各帮汇兑公会联席会议启事》，《星洲总汇合刊》，1945 年 11 月 22 日。

② 《闽琼潮汇兑商明日起接受侨汇》，《星洲总汇合刊》，1945 年 11 月 21 日。

③ 《英军政府通告汇兑民信四项法令》，《南洋商报》，1945 年 12 月 4 日。

④ 南洋中华汇业总会：《南洋中华汇业总会年刊》（第一集），1947 年，第 61 页。

⑤ 南洋中华汇业总会：《南洋中华汇业总会年刊》（第一集），1947 年，第 61 页。

⑥ ［新加坡］柯木林：《新加坡侨汇与民信业研究》，［新加坡］柯木林、吴振强编：《新加坡华族史论集》，新加坡：南洋大学毕业生协会，1972 年。

正当新加坡政府宣布通汇之际，筹备已久的南洋中华汇业总会（以下简称"汇业总会"）也于 1946 年 3 月 17 日正式成立。① 汇业总会是一个具有明确章则的高度制度化机构，根据 1945 年 12 月制订的章程（参考附录四），汇业总会的宗旨是："联络同业感情，巩固各帮汇业机能；促进汇业进展，活泼金融运用；建设及履行汇业应兴应革事宜，必要时可集结同业力量创造其他经济机构。"在第二章"任务"中规定："本会为普遍图谋侨胞之福利与团结同业之精神，成立之后应负下列使命：一、指导全南洋各埠组织分会与本会密切连系；二、广征外埠会员；三、交换祖国南洋汇业情报。"该会会员分团体会员、商号会员和外埠会员三种，实行董事制，董事会由会员大会产生，执行一切议决案分部办理。该会的常年活动是举行会议：每周年由会长召开会员全体大会报告全年工作及进行选举事宜，董事会每月须召开定期会议一次，讨论会中事务。② 汇业总会的会员主要由闽侨汇兑公会、潮侨汇兑公会和琼侨汇兑公会的团体会员组成，它们分别包括64、49 和 34 家商号，另外还有新加坡 10 家商号会员及来自岑株巴辖、居銮、小笨珍、马六甲、安顺和槟城等 7 家外埠会员，可见汇业总会是在新加坡侨批业中具有广泛代表性的最高领导机构。汇业总会的第一届正副会长分别由林树彦、韩鸿丰和周振豪担任，其中周振豪是潮帮再和成伟记批局代表，他也荣任第二届副会长，另外潮帮公发祥批局代表曾广沂和汇通批局代表曾子闻也获选为第二届董事。③

汇业总会刚成立，便积极推动新加坡侨批业的复业和中马侨汇的沟通。虽然马来亚军政府已宣布开放中马侨汇，但在外汇统制法令下，寄汇手续复杂而烦琐，许多侨批局对此不甚明了，于是汇业总会便派代表前往财政司处请求改善办法。1946 年 4 月 6 日，汇业总会与外汇统制官终于商定寄汇办法：①汇款办法：应将所收侨信，填具家用汇款报告表，交银行代向外汇统制官核准。②封批办法：总包封时，应向银行取出经外汇统制官批准之证明书，交邮政局作证明，方可自行寄出。④ 为进一步落实侨批业的恢复，1946 年 4 月 16 日，汇业总会再次召开临时会员大会，决定以后"凡政府所颁法令应译成中文，印送各会员，而本会议决案，亦应随时印送，以资切实遵守"，同时还议决设立询问处，以便会员

---

① 《中华汇业总会成立》，《民报》，1946 年 3 月 18 日。
② 南洋中华汇业总会：《南洋中华汇业总会年刊》（第二集），"会务报告"，1948 年，第 37 – 38 页。
③ 南洋中华汇业总会：《南洋中华汇业总会年刊》（第一集），"本会第一二届职员表"，1947 年。
④ 南洋中华汇业总会：《南洋中华汇业总会年刊》（第一集），1947 年，第 83 页。

随时询问，并印制家用信款申请格式纸，以便各信局一律通用。① 自此之后，中马侨批业逐渐步入正轨。

由上可见，从联席会议到筹备会议，再到正式成立，南洋中华汇业总会的发展一直与新马侨批业复业的内外环境有关：一方面，侨批业面临强大的国家制度的影响，它既包括英殖民政府的外汇政策，也包括中国政府对侨汇的态度；另一方面，侨批业内部帮派林立、各自为政的局面不利于其自身的团结和对外的集体交涉，因此急需一个代表其集体利益的最高机构加以调和协商。汇业总会的成立将原先分别以闽、潮、琼汇兑公会为中心的相互平行的侨批网络构建成为一个以汇业总会为中心的具有多层次的系统网络，从而进一步促进了新马侨批网络的制度化。从汇业总会争取侨批业复业的过程中，我们不难看出：汇业总会在发挥侨批网络的集体力量与中华总商会及英殖民当局、中国政府交涉时富有成效，同时它也通过开会、致函及发出通告等方式来传达侨批政策的动态，在很大程度上维护了侨批网络的有效运转。

二、区域侨批网络的进一步加强与整合

南洋中华汇业总会成立后，不但致力于新加坡侨批网络的加强和整合，同时还大力促进新加坡侨批网络与马来亚乃至泰国、中国侨批网络间的沟通联系，推动该区域侨批网络的发展。

（一）新加坡侨批网络

南洋中华汇业总会对新加坡侨批网络的加强与整合主要表现于巩固与维护新加坡以闽、潮、琼侨批网络为基础的侨批网络运作的正常秩序，促进各帮侨批网络间的团结合作。汇业总会主要通过会内讨论、与各帮汇兑公会进行函件来往、发出通告及对外交涉等机制来实现这一功能。

例如 1946 年侨汇业刚复业期间，有不少侨批局会员因接受汇款超过新加坡币 45 元之限额而受到外汇统制官的警告——如有再犯者，将取消其营业执照。于是汇业总会一边印发传单警告各违规会员，一边向外汇统制官解释，恳请宽容

---

① 南洋中华汇业总会：《南洋中华汇业总会年刊》（第一集），1947 年，第 84 页。

处理，同时汇业总会还将此事列为开会议程，详加讨论。① 又如1947年3月12日，外汇统制官来函称，有不少银信局屡将所收银信故意稽延时日汇出，于是便知照汇业总会："凡关于银信汇寄事，统须于每周内申请寄出，否则其营业执照有被吊销之虞。"为此汇业总会于3月18日发出第十一号通告，知照属下会员遵守命令。② 1947年4月，在侨批局一年一度换领礼申（license）之际，新加坡政府传出礼申将被割减的可能，于是汇业总会向新加坡政府当局大力疏通，最终使各会员换取礼申均获成功。③ 汇业总会通过在新加坡侨批网络与新加坡政府间进行上传下达的活动，在很大程度上加强了新加坡侨批业在合法秩序下生存的能力。

协调各帮侨批网络间的利益也是汇业总会的重要功能，例如1947年1月，琼侨汇兑公会以马来亚各埠闽、广、潮等帮汇兑同业大事贬价竞收琼属民信，造成恶性竞争为由，致函汇业总会："恳请总会转达闽广潮各帮汇兑同业，以后接收琼属民信，请依敝会所定汇价申算，如由敝帮任何一家驳转，则照同业回扣成例，予以最惠之待遇，以度竞争，而维同业。"汇业总会经董事会讨论后认为，此一办法不仅可以杜绝竞争，亦符合总会维持全体会员利益之主旨，于是向各会员发出通告，决议施行此办法。④

除了协调各帮侨批网络间的利益外，实际上，由于新加坡各帮侨批网络与中国本土的侨批网络联系更紧密，因此，汇业总会也更多进行跨区域侨批网络的对话和交流，而这些跨区域的对话和行动常常又反过来加强了新加坡侨批网络的发展。

（二）马来亚侨批网络

南洋中华汇业总会对马来亚侨批网络的加强与整合主要表现在：与雪兰莪中华汇业公会、槟城银信业公会和马六甲中华汇业公会建立联系，并在众多侨汇问题上互通信息，以达到侨批网络对内和对外的一致行动。马来亚侨批网络的整合可以集中反映在对日本侵占前未清侨汇问题的处理上。

1941年12月太平洋战争爆发后，有不少侨批局经收的侨批因战事而未寄出，有的虽已通过银行或其他机构汇出，但由于交通断绝而未送交国内侨眷。"二

---

① 南洋中华汇业总会：《南洋中华汇业总会年刊》（第一集），1947年，第61–62、85–86页。
② 南洋中华汇业总会：《南洋中华汇业总会年刊》（第一集），1947年，第88页。
③ 《汇业总会常年大会赞同建筑会所》，《南洋商报》，1948年3月7日。
④ 南洋中华汇业总会：《南洋中华汇业总会年刊》（第一集），1947年，第87页。

战"后中国出现的通货膨胀造成汇率与日本侵占前有天渊之别，1946 年 2 月中国银行对于日本侵占前积压侨汇实行补给二十四倍解付，这又造成官方侨汇与民间侨汇之间的差别，如此种种，导致日本侵占前积压侨汇纠纷繁复。对此问题，汇业总会予以高度重视，1946 年 4 月 22 日特召开董事会议，决议对日本侵占前未清理侨汇，限期四个月内清理。[①] 为求统一办法，雪兰莪中华汇业公会与汇业总会具函联络沟通。[②] 为进一步解决情形复杂的侨汇纠纷，1946 年 6 月 6 日，汇业总会再次召开董事会议研讨解决方案，结果认为此问题关系各方，非单方面所可决定，即有所决定，对方亦不一定接受，且又恐有欠公允，于是派出五个代表，分谒中国驻新加坡总领事、新加坡侨领陈嘉庚及中华总商会，请示处理办法；同时又将讨论意见分函雪兰莪中华汇业公会、槟城银信业公会，并请后者"如有关于此项善法，尚祈勿吝示知，以资联络一致"[③]。

在侨批业各界的催促下，1946 年 8 月 10 日，中国驻吉隆坡领事馆召集辖内四州府（雪兰莪、森美兰、霹雳、彭亨）的中华商会、各属会馆、同乡会、银行及汇兑庄号于吉隆坡中华大会堂开会，商讨解决办法，其中雪兰莪中华汇业公会推举泉丰、南丰、中南行、侨通行、顺裕公司、中和商行、潮昌兴记等七商号作为代表出席会议。[④] 经过热烈的讨论，该会最后决议出四项办法：①在马来亚四州府，各当地未被占领前收汇，而未经汇出之款，应如数退还汇款人，或照现时汇率重汇；②在马来亚四州府，各当地未被占领前收汇，而在光复后汇出之款，应照汇出时之汇率申算国币，交付国内收款人；③在马来亚四州府，各当地未被占领前收汇，仍存在国内银行之款，应请我国政府增加津贴二十四倍交付收款人；④战后在外汇未开放前收汇，而在外汇开放后始汇出之款，应照汇出时之汇率计算。[⑤]

不过，对于以上四项办法，雪兰莪中华汇业公会仍认为有引起重大纠纷之可能，因而有作阐释之必要，便于 8 月 12 日再拟具《说明办法》。例如针对办法一的说明如下："汇款在 1941 年 12 月 6 日以前收汇者，一律当作汇出结算。12 月 8 日以后，所收汇者，其经汇出之款，须有汇出单据及邮局盖戳为凭，否则，当未汇出论，应将原款如数退还汇款人。倘经汇出，而在国内尚未交款者，应根据

---

① 南洋中华汇业总会：《南洋中华汇业总会年刊》（第一集），1947 年，第 84 页。

② 南洋中华汇业总会：《南洋中华汇业总会年刊》（第一集），1947 年，第 63 - 65 页。

③ 《清理战前侨汇，汇业公会决派五代表晋谒伍总领请示办法》，《星洲日报》，1946 年 6 月 7 日；南洋中华汇业总会：《南洋中华汇业总会年刊》（第一集），1947 年，第 64 - 65 页。

④ 《驻隆领事馆定期再讨论侨汇》，《南洋商报》，1946 年 8 月 8 日。

⑤ 南洋中华汇业总会：《南洋中华汇业总会年刊》（第一集），1947 年，第 67 页。

领事馆议决第三条由经汇人补贴国币二十四倍，仍由汇款人重汇国内照交，如汇款人欲领回，亦得由经汇人按照汇款数目，补贴国币二十四倍，以现时市价折算，领出马来亚币。"又针对办法三，详加说明如下："在国内银行之款，无论存在政府银行或商营银行及未分发民信之款额，应列报本会呈请领事馆转请中央政府补贴二十四倍，此项补贴之款，在政府未核准以前，先由经汇人垫付。"①通过对收汇的日期和退汇、补贴的条件详加说明和界定，中国驻吉隆坡领事馆及雪兰莪中华汇业公会拟具的《解决战前汇款办法》更具可实施性。参照《解决战前汇款办法》，南洋中华汇业总会也于 8 月 23 日通过了《解决战前侨汇办法》，并呈送中国驻新加坡总领事及雪兰莪中华汇业公会、槟城银信业公会，以作参考。②

由上可见，南洋中华汇业总会与雪兰莪中华汇业公会、槟城银信业公会在解决日本侵占前侨汇问题上互通声气，共同探讨妥善的解决办法，最终达成了一致，客观上促进了马来亚侨批网络的内部整合。在其他问题上，汇业总会与马来亚各地的汇业公会也常精诚合作，以求马来亚侨批业内部的统一性。例如 1947 年 4 月，马来亚邮政总局宣布取消由香港空邮转内地五角邮资之信件，经长期争取均告无效后，1948 年 1—2 月，汇业总会与马六甲中华汇业公会、雪兰莪中华汇业公会决定采用共同提高邮资办法。③ 1948 年 5 月，新马两地的外汇统制官颁布施行民信业新条例，汇业总会与槟城银信业公会、雪兰莪中华汇业公会等再度携手合作，共商维护大计。④

（三）中国 – 东南亚侨批网络

南洋中华汇业总会对中国 – 东南亚侨批网络的加强与整合主要表现在其与厦门市银信业公会、汕头市侨批业同业公会、琼州市侨批业团体及暹罗华侨银信局公会等密切联系，并致力于解决本区域侨批网络所出现的问题，这些问题有些来自侨批网络内部，有些则来自外部环境对侨批网络的影响。以下关于厦门市银信业公会拟增侨批批工费、厦门市信差因公殉职请求援助的问题，便来自侨批网络内部。

1947 年 3 月 14 日，汇业总会接到厦门市银信业公会快邮，以厦门市物价腾

① 南洋中华汇业总会：《南洋中华汇业总会年刊》（第一集），1947 年，第 67 – 68 页。
② 南洋中华汇业总会：《南洋中华汇业总会年刊》（第一集），1947 年，第 71、73、86 页。
③ 南洋中华汇业总会：《南洋中华汇业总会年刊》（第二集），"会务报告"，1948 年，第 20 – 21 页。
④ 南洋中华汇业总会：《南洋中华汇业总会年刊》（第二集），"会务报告"，1948 年，第 29 页。

贵为由，拟增加批工费百分之二，即从原来每百元国币抽百分之四提高到抽百分之六。因事关侨胞利益，汇业总会特开会讨论，最后决定回绝厦门市银信业公会的要求，原因有二：第一，国内通货膨胀，华侨汇款所汇国币也随之高涨，故所抽取批工费亦随之而增，足以抵消物价飞涨引起的损失；第二，殖民政府的侨汇政策已加重本坡侨批局负担。① 厦门市银信业公会遭汇业总会回绝后，经详细讨论，仍认为"批工工资如无增加，本会同业终无法继续营业，前途堪虑，原议实无可予以变更"②。直到 1948 年 3 月，厦门市银信业公会与汇业总会仍然就增加批工费问题交涉。③ 尽管如此，厦门侨批网络与新加坡侨批网络始终紧密依存，从中我们可以看到东南亚侨批网络在与华南侨批网络的整合中所存在的微妙关系。而 1948 年 4 月汇业总会应厦门市银信职业工会的呼吁，为因公殉职的信差魏文汉进行捐恤，从中我们又看到中国 – 东南亚侨批网络内部整合的和谐一致性。④

汕头市中央银行擅改汇率和汕头市大钞逃港案则反映出汇业总会在处理侨批网络与外部环境关系、与国家政府机构交涉上的重要地位。1947 年 3 月，新加坡潮侨汇兑公会接汕头市侨批业同业公会函电，称汕头央行及其代理各银行近来对于买受港币侨汇，常因现币不足，拒绝侨批业之请求，或裁减请求汇额，对政府规定港币对国币汇率的 2 450 元独改为 2 205 元，以致侨汇受累。由于汇业总会是新加坡汇兑业的领导机构，潮侨汇兑公会便致函汇业总会请求协助解决。汇业总会接函后便召开董事会议提出讨论，决议电请国民政府财政部及中央银行对于汕头央行擅改港汇行为予以制止，并着其备足大量现币以应侨汇。⑤ 1947 年 4 月，经国民政府财政部及中央银行的交涉，汕头央行终于将港汇牌价恢复至 2 450 元的原价。⑥

汕头市大钞逃港案发生于 1948 年 2 月，投机商人将大钞偷运香港牟利，导致汕头市大钞奇缺，小钞低跌，而此时侨眷拒收小钞，侨汇须贴水找换大钞分发，以致加重华侨负担。为此，汕头市侨批业同业公会及暹罗华侨银信局公会相继致函汇业总会请求声援，汇业总会接电后即向各帮汇兑公会征求意见，决议恳请中国驻新加坡领事馆代电广东省财政厅厅长及汕头市市长严禁此种逃风之害。

① 《厦门市银信业公会拟增侨汇批工费用》，《中南日报》，1947 年 3 月 18 日。
② 《厦汇业拟增批工，汇业总会将开会解决》，《公报》，1947 年 5 月 7 日。
③ 《星洲闽侨汇兑公会反对增加送批费》，《中兴日报》，1948 年 3 月 10 日。
④ 《厦市银信工会会员因公殉职，呼吁同业捐恤》，《中兴日报》，1948 年 4 月 12 日。
⑤ 南洋中华汇业总会：《南洋中华汇业总会年刊》（第一集），1947 年，第 82 页。
⑥ 南洋中华汇业总会：《南洋中华汇业总会年刊》（第二集），"会务报告"，1948 年，第 4 – 5 页。

汕头市政府接电后即电请广东省第五区行政督查专员公署转饬各县切实查禁，并责成各县区乡保甲晓谕侨眷不得拒收小额法币，同时函请国家银行及税局尽量收兑小钞，并请潮海关严缉大钞逃港。到 1948 年 3 月大钞逃港之风已渐平息。①

由上可见，南洋中华汇业总会对于中国－东南亚侨批网络的整合与维护起着重要作用。作为东南亚侨批网络的最高领导机构，汇业总会可以代表东南亚的侨批网络来处理中国－东南亚侨批网络的内部事务，当华南侨批网络受到中国国家政策等外部因素影响时，还可作为海外侨社的代表跟中国政府有关部门交涉，从而增强华南侨批网络的对外交涉力，同时又反过来进一步维护中国－东南亚侨批网络的稳定发展。

三、变动的侨批政策与侨批网络的维护

"二战"后，无论是中国还是东南亚的政治经济都处于风云激荡的变化中，而侨批业不但事关国家的地方收入，更重要的是牵涉国家的外汇政策，因此各国政府对侨批政策往往有特殊的考量，从而导致侨批政策的不稳定，这时如何应付变动的侨批政策并维护侨批网络的正常运转便成为南洋中华汇业总会的重要任务，以下分别从中国和新马的侨批政策与侨批网络来作进一步阐述。

（一）"二战"后中国的侨批政策与侨批网络

"二战"后中国的侨批政策对侨批网络影响最大的主要是 1946 年 12 月 13 日邮政总局出台的《修订批信事务处理办法》（以下简称《修订办法》）。《修订办法》的制定和实施可追溯到 1946 年 7 月，当时福建邮政管理局忽然通令厦门各侨批局：所有批信及回文须由邮局寄递，否则以走私论。如此一来，侨批局便无法直接投递和收集批信及回批，而且逐封贴邮资必加重侨胞负担。为此，1946 年 8 月 2 日，厦门市银信业公会便致电英属马来亚各华侨商会、南洋中华汇业总会及各帮汇兑公会请求声援，敦促福建邮政管理局收回成命。汇业总会接电后即致电交通部部长，恳求维持原状，而慰侨情。但 1946 年 10 月，交通部却回电表明："查邮政国营为政府最高原则，统一邮权，乃本部既定方针。批信局为民营

---

① 南洋中华汇业总会：《南洋中华汇业总会年刊》（第二集），"会务报告"，1948 年，第 23 - 24、26 页。

信局之一种，原在应行取缔之列。前以内地邮局，尚未普遍设立，暂准通融自运，现在邮局既已普及内地，自应依章处理。"① 1946 年 11 月，汕头市侨批业同业公会也收到邮政总局训令："凡由批信局总号寄往分号之批信，及分号寄往总号之回批，均应纳足邮资，交由邮局寄递，批信局不得私自带送，以杜流弊。"②

相对于 1935 年 12 月的《批信事务处理办法》，《修订办法》主要增加了以下四条：

第十条　批信局就当地邮政局所投递界以内自行派人带送批信及回批。

第十一条　往来批信局总分号间之批信及回批，不在当地邮政局所投递界以内者，概应纳费交邮寄递，批信局不得擅自派人带送。

第十二条　如送达批信之地方，批信局并未设立分号者，应将该项批信纳费交邮寄往该地邮局作为存局，候领邮件由批信局派人前往具领后自行就地投送，其收取之回批亦应纳费交由该地邮局寄回总号，不得自带。

第十三条　寄往未设分号地方之批信，如有必要，批信局得按件贴纳国内邮资，交由邮局查验，盖销邮票并加盖"国内户寄邮资已纳足特准批信局专人带送"等字样之戳记后，准予发还自带回批，自行携回总号者亦同。③

按照《修订办法》，侨批局便无法自由投递批信及收集回批，而且逐封贴邮资势必加重侨胞负担，为此厦门市银信业公会和汕头市侨批业同业公会马上开展多方拯救行动。1946 年 12 月 30 日，厦门市银信业公会致电交通部部长，指出新增条例对侨批业的层层束缚，请求自由带送批信、回批。④ 1947 年 4 月 23 日，汕头市侨批业同业公会充分发挥其网络的优势，致函新加坡潮侨汇兑公会及暹罗华侨民信局公会，请求声援，指出《修订办法》如果实行，"不但汕中困难特甚，而加重华侨邮费负担，可非通常增加邮资可比，乃系批信邮例之一大变更，此而不整，恐批业前途有不堪设想之危险"⑤。新加坡潮侨汇兑公会便进一步致函汇业总会请求协助，作为马来亚和泰国侨批网络的最高机构，汇业总会和暹罗

① 南洋中华汇业总会：《南洋中华汇业总会年刊》（第一集），1947 年，第 68－73 页。
② 广东省档案馆藏汕头邮局档案，全宗号 86，目录号 1，案卷号 723，《经济部汕头检验分局有关协复检验进口商品，国防部第二厅有关中美特种技术合作所、汕头气象站改隶为国防部第二厅气象总站汕头气象站及汕头市侨批业调查表 1946》，第 55－57 页。
③ 广东省档案馆藏广东省邮政厅管理局档案，全宗号 29，目录号 2，案卷号 375，第 118－132 页。
④ 广东省档案馆藏广东省邮政厅管理局档案，全宗号 29，目录号 2，案卷号 375，第 138－144 页。
⑤ 汕头市档案馆藏伪汕头市侨务局档案，全宗号 12，目录号 7，案卷号 41，第 47 页。

华侨民信局公会马上开展与交通部邮政总局的交涉行动。汇业总会会长林树彦还专程到闽粤侨眷区域调查侨批情形，与闽粤侨批界交换意见，并亲自到邮政总局进行商讨。[1]

迫于国内外侨批网络的压力，邮政总局不得不谨慎行事，派邮政代表童维善、洪荪祥到闽粤两地进行视察，并与汕、厦当地批业公会商讨解决办法，最后作出了一定让步："所有进口批信，除去当地投递者外，其菲律宾等处寄来者按件收国内邮资单程费，南洋马来亚等处寄来者，按件收双程费，并逐件加盖'国内互寄邮资已纳足特准批信局专人带送'之戳记……"[2] 1947 年 12 月，交通部邮政总局最终对《修订办法》作出修正：批信与回批改为按件预缴来回邮资，交还批局自带，原十、十一、十二、十三等予以废止。[3] 中国和东南亚各地侨批公会长达一年的交涉行动终于取得一定成效。

（二）"二战"后新马的侨批政策与侨批网络

"二战"后英殖民政府对侨批业的限制层出不穷，东南亚侨批网络面临极大考验。1946 年 10 月 14 日，新加坡政府外汇统制局发出通告："关于汇款与侨眷之事，由本月十六日起，凡申请侨眷款项，有涉及金镑区域之货币者，须由金镑区域之银行汇往中国之银行，始可获得批准，凡汇款予中国之商行及私人者，均在禁止之列。"在此通告的影响之下，新加坡以及全马之侨批局将不能自由汇款到香港，再在香港兑换国币，发予侨眷。[4] 对此限制，汇业总会即于 1946 年 10 月 22 日召开全体董事会议，商讨应对办法，大会指出新条例对现有的侨批经营主要造成以下两点困难：①积压延误。指定侨汇须交中国四行，由中国四行转交指定之信局联号进行分发，在传递上多一重手续，在时间上至少拖延两个星期。②汇费增高。四行对侨批局指交国内某一信局之代转费，或称手续费，每万元国币欲取百分之十五之费用，对侨胞来说，增加额外负担。基于上述原因，大会推举林树彦、韩鸿丰、周振豪为代表，与英殖民政府及中国当局进行交涉。[5]

从 10 月 23 日到 25 日，汇业总会先后谒见中国海外部副部长戴愧生、中国驻新加坡领事、新加坡华民政务司、外汇统制官等。一方面通过海外部戴愧生及

---

① 南洋中华汇业总会：《南洋中华汇业总会年刊》（第二集），"会务报告"，1948 年，第 8 - 12 页；广东省档案馆藏广东省邮政管理局档案，全宗号 29，目录号 2，案卷号 375，第 35 - 42 页。
② 广东省档案馆藏广东省邮政管理局档案，全宗号 29，目录号 2，案卷号 375，第 35 - 42 页。
③ 广东省档案馆藏广东省邮政管理局档案，全宗号 29，目录号 2，案卷号 375，第 2 - 5 页。
④ 《侨汇新法令》，《中南日报》，1946 年 10 月 19 日。
⑤ 《外汇新法令，吾侨汇兑界派代表请当局展缓施行》，《中南日报》，1946 年 10 月 23 日。

中国驻新加坡领事致电国民政府财政部、中央侨务委员会，恳请对于经由香港的中国四行转解侨汇增费百分之十五的做法予以取消，并转请英殖民政府维持原状；另一方面请求英殖民政府当局收回成命，或展缓施行。① 同时，汇业总会也请求中华总商会向中国及英殖民政府当局力争取消原议。② 经各方机构的据理力争，1947 年 1 月 3 日，外汇统制官终于收回成命，并通告银行界："1946 年 10 月 14 日通告之办法，即行注销，以后关于家用汇款事宜，在金镑汇款区域之内，如系属于中国方面之来往账，无论为个人或系商号，概可自由移动。"③ 由此可见，以汇业总会为中心的侨批网络再次为维护自身利益而在与政府当局的交涉中取得成功。

1947 年 4 月，侨批业又受到马来亚邮政总监新行制度的约束，该制度一方面降低寄往中国香港及内地的空邮价格，即寄往香港的普通邮件每半盎司从五角减至二角半，至内地者则由一元五角减至一元；另一方面对侨批局以前寄往中国之侨信，由航空寄港，再以船转运的做法予以禁止。如此一来，原先可以五角寄往中国之侨信，便要升至一元，反增侨民费用。为维持侨批经营的低成本操作，汇业总会召开董事会议，商讨办法。1947 年 4 月 8 日，汇业总会致函马来亚邮政总监，请求寄往中国之侨信，仍准经港转递，但马来亚邮政总监明确回绝了汇业总会的请求。④ 1947 年 5 月 7 日，汇业总会再次呈函请求，但马来亚邮政总监仍以"碍难照准"字样再度拒绝。⑤ 此后汇业总会向英殖民政府争取减低邮资的努力均告无效。1947 年底到 1948 年初，汇业总会及雪兰莪中华汇业公会、马六甲中华汇业公会终于决定统一提高邮资，寄往中国内地航空邮资双程费用增至新加坡币二元。⑥ 1948 年 4 月，马来亚邮政总监出于某种考虑，对寄往中国内地的航空邮资稍作降低，由原来的一元降至七角半。为降低侨胞费用，汇业总会即开会决定：寄往中国内地航空邮资双程费用由二元减至一元五角。⑦ 从汇业总会与邮政

---

① 《政府改订侨汇新办法，侨胞血汗将受损失》，《中南日报》，1946 年 10 月 24 日；《外汇统制官对三代表称新法令决欲实施》，《中南日报》，1946 年 10 月 25 日；《汇业界三代表昨谒李商会长》，《中南日报》，1946 年 10 月 26 日。

② 《总商会会董议决，授权会长负责交涉》，《中南日报》，1946 年 10 月 31 日。

③ 《侨汇可自由兑换》，《公报》，1947 年 1 月 7 日。

④ 《汇业总会函呈邮政总监仍准侨信由港转驳》，《中南日报》，1947 年 4 月 10 日；《民信减价空运办法，邮政总局表示不能接受》，《中南日报》，1947 年 4 月 30 日。

⑤ 《邮政总局对汇业总会要求改善侨批寄法，函覆碍难照准》，《中兴日报》，1947 年 5 月 16 日。

⑥ 《中华汇业总会决定增收民信邮资》，《南侨日报》，1948 年 2 月 20 日。

⑦ 《邮局减邮资后民信局收邮资问题》，《中兴日报》，1948 年 4 月 28 日；《汇业总会议决民信邮费减收》，《星洲日报》，1948 年 5 月 13 日。

总局交涉邮资案中，我们可看到侨批网络相对于强大的国家政府具有的脆弱性。

1948 年，英殖民政府对侨批业作出更严格的限制。1948 年 5 月，马来亚邮政总局发出命令：以后所有领到礼申之银信局，不得委托未有礼申之商号代理银信之收汇，此命令一律禁止新加坡及他埠之代理者；接受侨信之地址必须在该信局之礼申上写明，且接受后须由邮局直接寄往中国，不得间接由邮局或托人带交其他在马来亚之信局或联号代为寄往中国，若有违反上述之规定者，随时可能被邮政总局吊销其执照。[①] 针对此苛刻条例，5 月 26 日，汇业总会召开董事会议进行商讨，会议决定由各会员暂时遵守新条例，并同时请各帮公会开会讨论，研究具体应对办法，同时致函槟城银信业公会和雪兰莪中华汇业公会，相互交换意见。[②] 1948 年 6 月 17 日，汇业总会再召开董事会议，决议向当局呈函，指出新条例所导致的以下五大困难，并要求新马邮政局准予依旧将所收银信寄往设有统制官地方之银信局转寄中国：①银信局所收信件，均有附寄家用汇款；②向银行购汇中国币或要将汇款寄出，均须先经外汇统制官核准；③统制机关，全马仅新加坡、吉隆坡、槟城三处设立，银行未遍设全马，小地均付阙如；④各小地方既无统制官可申请外汇，且无银行之设，故欲直接寄中国附有汇款之信件，不能由各小地方直寄中国；⑤各小地方侨民籍贯复杂，寄款目的地迥异，每一省县银信不多，故须寄到大商埠托同业集中代为申请外汇，贴足邮费，寄往中国。[③] 最后邮政总局认为理由充足，采纳了汇业总会的建议。这项强制银信直寄中国的法令，遂得合理解决。[④]

1948 年 10 月，英殖民政府对侨批经营实行了更严苛的政策，外汇统制官在《宪报》上又颁布了民信局新条例，对营业执照做了限制，规定执照分为 A、B 两种：A 种执照必须交纳保证金一万元（执照费每年为二百五十元），可直接将所收银信汇寄中国；B 种执照交纳保证金两千元（执照费每年一百元），只能将所收银信交由领有 A 种执照者或银行，代为汇寄中国。银行如获外汇统制官之准许，亦可对上述保证金代为担保。所有汇款限于七日内汇出。凡违反上述条例者，将被取消执照，严重者将被控告及科处三年监禁，或罚款不超过一万元，或两者兼施。[⑤]

此条例如若实行，将对侨批业造成前所未有的限制和束缚，为此汇业总会多

① 《邮政总局禁止银信局委普通代理》，《中兴日报》，1948 年 5 月 12 日。

② 《中华汇业总会将请邮局修改条规》，《南侨日报》，1948 年 5 月 28 日。

③ 南洋中华汇业总会：《南洋中华汇业总会年刊》（第二集），"转载新闻"，1948 年，第 30 页。

④ ［新加坡］柯木林：《新加坡侨汇与民信业研究》，［新加坡］柯木林、吴振强编：《新加坡华族史论集》，新加坡：南洋大学毕业生协会，1972 年。

⑤ 《外汇统制官昨正式颁布民信局新条例》，《星洲日报》，1948 年 10 月 2 日。

次召开会议，推派代表晋谒外汇统制官，请求减少保证金或延缓施行，然而均告无效。① 与此同时，雪兰莪中华汇业公会及槟城银信业公会也纷纷召开董事会议，决议向英殖民政府当局请愿，就保证金问题通融办理，采用现金以外之任何信用担保，或展缓施行。② 然而多次的交涉终未成功，为此汇业总会及雪兰莪中华汇业公会、槟城银信业公会等汇业组织决定召开泛马同业联席会议，继续与政府作进一步交涉。③ 与此同时，为解决保证金问题，侨批业内部也积极筹备"中华汇业股份有限公司"，由各会员出半数保证金，余者通过银行作担保。④ 不过该公司的参加者大多数为闽帮批局，其余少数为琼帮和广帮成员，至于潮帮批局则始终未加入，而是另外通过银行作担保。⑤ 可见，保证金问题的交涉最后是侨批网络通过调整自身来适应政府的政策，面对日渐严苛的政策，侨批网络内部不得不根据自身的利益而作出不同的应对。

（三）小结

从 1946—1949 年，无论是中国政府还是英殖民政府，都对侨批业实行了相对日本侵占前来说更严格的限制政策，这些政策大致来说可分为两方面：一方面是从邮政业上对侨批业的经营作限制，以达到增加邮政收入的目的；另一方面是从外汇制度上严加束缚，试图将侨批业纳入自身的金融外汇管理下。不过这些政策措施也并非铁板一块，在侨批网络的争取下，我们能看到两者之间不断协商，在此过程中，我们再次看到了由闽粤内地、新加坡、马来亚与泰国各地的侨批公会及南洋中华汇业总会所构成的多层次跨国侨批网络的自我维护机制。

当某一地区的侨批网络受到国家制度的影响时，可以通过侨批网络的横向联系而得到海外侨批网络的支持，通过侨批网络的多层纵向结构，限于帮派内部的问题又可以通过自下而上或自上而下的渠道解决。南洋中华汇业总会正是在这样的多层次的跨国侨批网络中扮演着重要角色，作为侨批业的最高领导机构，它的成立首先完善了新马地区侨批网络的结构，建立起以侨批公会－南洋中华汇业总

① 《外汇统制官昨正式颁布民信局新条例》，《星洲日报》，1948 年 10 月 2 日。
② 《雪中华汇业公会董事会议》，《星洲日报》，1948 年 10 月 4 日；《民信局须缴纳保证金，槟银信业公会表反对》，《星洲日报》，1948 年 10 月 16 日。
③ 《雪华汇业界响应槟方建议，召开泛马同业联席会》，《星洲日报》，1948 年 10 月 19 日。
④ 《汇兑同业积极进行组二百万元大公司》，《星洲日报》，1948 年 10 月 18 日；［新加坡］柯木林：《新加坡侨汇与民信业研究》，［新加坡］柯木林、吴振强编：《新加坡华族史论集》，新加坡：南洋大学毕业生协会，1972 年。
⑤ 新加坡国家档案馆口述历史中心，Accession No. 147，"林树彦访谈报告"，第 225 页。

会－中华总商会为中心的多层次跨国侨批网络，从而进一步推动了侨批网络的制度化运作。而且，通过一系列协调与维护新马及华南地区各级侨批网络的行动，中国与东南亚间的侨批网络得到进一步的加强与整合，同时，侨批网络内部的集体感和团结精神再一次获得洗礼，从而加强了其跨国的身份认同。在以南洋中华汇业总会为中心的侨批网络与国家机构不断交涉的过程中，我们既看到了侨批网络自我维护机制的有效性，也看到了其在强大的国家机器面前所显示的脆弱与无能。当强大的国家机器毫不退让地推行其侨批政策时，侨批网络内部便不得不进行自我调适以求自保，甚而因为不同的利益关系而出现分化。

第三节　抗战胜利后中国"侨汇逃避"问题与侨批网络的市场化

在抗战胜利后的中国，就侨批网络与国家关系的问题上，出现了这时期特有的现象，就是"侨汇逃避"。什么是"侨汇逃避"？引用时人的话，"侨汇的逃避，有两种解释：一种是原欲汇回国内投资或作为其他用途的侨汇，因各种关系改变初衷，依然放存于国外；另一种是从原侨居地汇出，而逃避于香港的侨款。前者是避而不逃，后者则已逃且避。现在通常所说的侨汇逃避，是指后者而言"①。上文比较清楚地解释了当时所称的"侨汇逃避"。不过还有两点需指出：首先，"侨汇逃避"并不等同于侨汇逃港，"逃港"只是"逃避"的一个主要方式；其次，所谓"侨汇逃避"的说法是对特定的使用者而言，即对官方而言。因此，更准确地说，"侨汇逃避"是指侨汇作为外汇，在其流通过程中并不经过官方侨汇经营机构，而是通过其他渠道，以致侨汇收入没有成为政府的外汇收入。究竟"侨汇逃避"问题是怎样形成的？原因是什么？在"侨汇逃避"问题中，侨批网络发生什么变化？它与国家政府的关系又出现什么转变？

一、"侨汇逃避"问题的出现

1945 年 9 月抗日战争胜利后，国民政府面临的最重要的任务就是进行战后重

---

① 伍凌羽：《今后的侨汇问题》，《广东省银行月刊》1947 年第 3 卷第 8 期。

建，于是便在海内外迅速重建侨汇机构，以解决战时侨汇积压问题以及处理大量战后新到侨汇。但是当旧积侨汇逐渐解迄完毕，各官方侨汇机构很快注意到新到侨汇之大量减少，于是暴露出"侨汇逃避"问题的严重性。较早注意到"侨汇逃避"问题的官方侨汇机构是位于四邑侨乡的中国银行新昌支行，该行在1946年的年度报告中详细描述了"侨汇逃避"问题的出现及其严重性："本年下期侨汇牌价与黑市差价逐渐演成远距离以致美属各地侨汇大部逃港，本行侨汇日见减少，大有今非昔比之感……本年一月份因复员未久，旧积侨汇仍多，同人日以继夜积极清理，故是月份所解付侨汇达二万笔，计国币二十亿元，创全年各月份之最高纪录。迨至四月旧积渐清，收付侨汇之数日逐减少，直至五月间财部改定外汇牌价后侨胞汇款略为踊跃，但每笔数额亦比前稍大，本行复于此时举办美金及英镑之原币汇款，因此六月份解付侨汇数字复增，侨汇业务大有蓬勃之势。惟不及数月即为外汇黑市影响以致侨汇大量逃港，经本行汇来者已逐渐成为寥寥之数，侨汇业务至此又陷于萎靡不振难以进展状态。"①

抗战胜利后"侨汇逃避"问题的出现并不是地区性的，也不只发生于个别官方侨汇机构，而是席卷全国，几乎所有官方侨汇机构都不能幸免。例如1947年8月，中国银行汕头支行便向中国银行广州分行指出这一问题的严重性："因牌价过低，侨汇逃避殆尽，汕支行仅解交1 213百万元，梅处亦不过1 089百万元。"② 除中国银行外，广东省银行和广东省邮政局等官方侨汇机构也同样遭遇"侨汇逃避"问题的重创。1947年，广东省银行新加坡支行便在致总行的函件中指出："星行汇款以国币计11月最多，12月上半月平均计稍弱微，若以坡币计，则10月、11月、12月减退甚多，港币汇款10月、11月与9月相较，亦相差一倍。"究其原因，主要是"黑市严重，汇兑庄、水客每国币万元仅收坡币四五元，各银行牌价值坡币7元3角"。③ 1948年11月8日，广东省银行泰国支行也致函总行："我国改制后，职行对于吸收全国侨汇亦曾一度达到相当繁盛，惟自黑市价日就低落，而职行牌价依然，汇客因为黑市价廉，骛趋殆尽，职行侨汇业

---

① 广东省档案馆藏中国银行广州分行档案，全宗号43，目录号1，案卷号1492，《粤行字去函1947》，第72－82页，《昶处三十五年度业务报告》。

② 广东省档案馆藏中国银行广州分行档案，全宗号43，目录号2，案卷号1205，《有关业务、事务问题与辖内往来函件1947》，第23－26页，《汕头中国银行致王振芳经理》，1947年8月22日。

③ 广东省档案馆藏广东省银行档案，全宗号41，目录号3，案卷号2225，《改善侨汇办法1947》，其中《星行向总行函报侨汇近况》。

务几全陷于停顿者。"① 对于广东省邮政局而言，它在海外吸收侨汇的主要办法是广泛建立代理机构，但是在 1948 年的"侨汇逃避"高峰时期，广东省邮政局的海外代理店，如巴达维亚华侨银行、澳门信行公司、曼谷马丽丰金行、仰光华侨银行、香港华侨银行等，都先后停止向它收汇侨汇，以致广东省邮政局的侨汇收入陡然下降，不可遏制。②

如果对官方侨汇机构所经收侨汇作一统计，我们便可对抗战胜利后的"侨汇逃避"问题有更深刻的认识。由于中国银行在官方侨汇经营机构中占有最重要地位，它所经收侨汇在官方侨汇收入中占的比例最大，以下我们将以中国银行所解付广东省侨汇的情况来透视"侨汇逃避"问题的严重性。表 5 - 3 详细统计了 1946—1948 年中国银行解付广东省侨汇的法币数及折合美元数。

表 5 - 3　1946—1948 年中国银行解付广东省侨汇统计

月份	法币侨汇/百万元				折合美元/万元			
	1946 年	1947 年	1948 年	1949 年	1946 年	1947 年	1948 年	1949 年
1	4 991	2 686	8 408	2 109 *	998	83	7	11.0
2	2 234	2 900	9 286	1 185 *	447	52	7	8.4
3	1 658	5 123	9 723	15 803 *	332	44	5	2.1
4	1 494	12 052	10 106	97 690 *	299	104	3	1.1
5	4 296	13 785	4 679		226	119	2	
6	5 935	6 732	6 156		312	58	0.4	
7	7 010	2 649	22 600		369	22	0.7	
8	5 203	3 694	8 *		274	9	2	
9	3 965	11 254			122	27		
10	5 203	15 802			160	29		
11	5 862	13 243			180	21		
12	4 732	8 043	1 490 *		146	10	24.8	
共计	52 583	97 963	70 958 **	116 787	3 865	578	25.1	22.6

资料来源：1946 年 1—12 月，1947 年 1—6 月，根据广东省档案馆藏外国银行及对外银行档案，全宗号 71，目录号 1，案卷号 26，《中国银行来往函件 1946—1949》，第 167 页，《广州

---

① 广东省档案馆藏广东省银行档案，全宗号 41，目录号 3，案卷号 283，《暹行筹设侨汇机构问题的文电 1947》，第 80 页，《广东省银行暹罗支行快邮代电》，1948 年 11 月 8 日。

② 广东省档案馆藏广东省邮政管理局档案，全宗号 29，目录号 2，案卷号 747，《关于经由广州开发转汇内地的华侨汇款每周况及每月报告表 1947—1949》。

中国银行解付粤省侨汇统计表》。

1947年7月—1948年7月，根据散见于广东省档案馆藏中国银行广州分行档案，全宗号43，目录号2，案卷号894之一，《粤辖字通函1946—1947》，第263页；全宗号43，目录号2，案卷号1091，《太处1948年下期粤辖字通函》，第265页；全宗号43，目录号2，案卷号1104，《太处1947年三月一日至十一月卅日辖字通函》，第312页；全宗号43，目录号1，案卷号201，《机关来去函1946》；全宗号43，目录号1，案卷号1075，《总处业字去函、押透合约、签订特约、仓库合约、放款清单及报告表、代兑侨眷汇票、业务增减比较表、存金等1948》，第261页；全宗号43，目录号1，案卷号1076，《总处业字去函、押透合约、签订特约、仓库合约、放款清单及报告表、代兑侨眷汇票、业务增减比较表、存金等1948》，第261页；全宗号43，目录号1，案卷号1077，《总处业字去函、押透合约、签订特约、仓库合约、放款清单及报告表、代兑侨眷汇票、业务增减比较表、存金等1948》；全宗号43，目录号1，案卷号1079，《总处业字去函、押透合约、签订特约、仓库合约、放款清单及报告表、代兑侨眷汇票、业务增减比较表、存金等1948》；全宗号43，目录号1，案卷号1444，《粤行业、侨、书、外、会字去函1949》，各卷内《粤行及辖内各行处解付侨汇表》。其中法币侨汇折合美元数为笔者根据当时汇率统计而成。

注：＊为金圆券，＊＊1948年1—7月的统计。

根据表5-3，从1946年至1948年币制改革前，中国银行所解付的广东省侨汇法币数有所上升，但这种上升之势其实是恶性通货膨胀带来的，实际上，如折合美元算，中国银行所解付广东省侨汇每年不断下滑，1946年解付侨汇总数是3 865万美元，到1947年仅剩578万美元，为1946年的15.0%，1948年1月至7月只有25.1万美元，为1947年同期的5.2%。

既然官方侨汇机构的侨汇收入越来越少，那么大部分侨汇逃避于何处，又如何逃避呢？对于南洋侨汇而言，由于大部分侨汇是作为赡家性批款汇入闽粤侨乡，而侨批的经营长期掌握在民营侨批局手里，自然，侨批局是侨汇逃避于官方侨汇机构以外的主要方式。对于侨批局这"侨汇逃避"的一大漏洞与官方侨汇机构间此消彼长的关系，广东省银行经理刘佐人曾有过生动的论述："去年（指1946年）一年，一月到三月，侨汇数额下跌，四月改牌价为2 020，突增至86亿，但五月到七月又下跌，八月两改牌价为3 350，回增到83亿，九月到十二月又下跌，至去年年底只36亿，到今年一月仅16亿，为侨汇史中最黑暗的一页。但相反的，五月到七月与九月到十二月，却为批信局的'旺月'，尤为今年的一月，为最光明的一月，今年二月，中国银行的侨汇只140亿，批信局有500亿，三月份中国银行有170亿，批信局有800亿，汇率调整愈慢，国币的币值下跌愈大，走向批信局的侨汇愈多。"①

具体在潮汕地区，官方侨汇收入与民间侨批局的侨汇收入相比确有天壤之别。1947年汕头入口批信款额达87 800百万元，而同年中国银行解付潮汕侨汇只有9 453百万元，汕头邮局经办侨票款额亦只有3 583百万元，两者相加仅为批款总数的14.8%。在1948年1—4月，汕头入口批信款额共133 300百万元，而同期汕头邮局经办侨票款额仅8 318百万元，中国银行解付潮汕侨汇也只有13 448百万元，两者相加仅为前者的16.3%。② 由此可见，官方侨汇机构的侨汇收入约为侨批局经收侨汇的十分之一二。

在此，笔者尝试对1946年至1948年官方侨汇机构的侨汇收入及"侨汇逃避"的规模作一个全面的统计。根据中国银行闽粤两行估计，琼侨汇每月为30万美元，东江侨汇为80万美元，四邑侨汇为500万美元，总数共610万美元。③虽然广东侨汇每年每月的数额不尽相同，但由于这些侨汇大部分是作赡家之用，所以它是相对稳定的，我们暂且假设它是一个恒量，用它减去官方侨汇机构的侨汇收入，就得出"侨汇逃避"的数额。从表5－4中我们看到，1946年广东"侨汇逃避"数达4 500.5万美元，占总数的61.5%；到1947年增至5 939.1万美元，占总数的81.1%；到1948年币制改革前，"侨汇逃避"数几乎占99%。

表5－4　1946—1948年广东"侨汇逃避"统计

单位：万美元

月份	1946 年			1947 年			1948 年		
	官方侨汇收入	逃避额	逃避额/总额	官方侨汇收入	逃避额	逃避额/总额	官方侨汇收入	逃避额	逃避额/总额
1	27.2	582.8	95.5%	97.4	512.6	84.0%	15	595	97.5%
2	206.2	403.8	66.2%	137.2	472.8	77.5%	15	595	97.5%
3	202.5	407.5	66.8%	163.6	446.4	73.2%	10.7	599.3	98.2%
4	379.2	230.8	37.8%	159	451	73.9%	6.4	603.6	99.0%
5	326.3	283.7	46.5%	106.3	503.7	82.6%	4.3	605.7	99.3%

① 刘佐人：《批信局侨汇业务的研究》，见刘佐人：《金融与侨汇综论》，广州：广东省银行，1947年。

② 中国银行解付梅汕侨汇，根据广东省档案馆藏中国银行广州分行档案，全宗号43，目录号2，案卷号894之二，第263页；全宗号43，目录号1，案卷号1075，第261页；全宗号43，目录号2，案卷号1104，第312页，各卷内《粤行及辖内各行处解付侨汇表》统计而成。汕头入口批信款额及汕头邮局经办侨票款额，参见广东省档案馆藏广东省邮政管理局档案，全宗号29，目录号2，案卷号382，第346－249页。

③ 广东省档案馆藏中国银行广州分行档案，全宗号43，目录号2，案卷号1207，《有关农业机械股份有限公司分厂计划及有关事务问题其他杂类文件1948》，其中《闽粤两行对于加强吸收侨汇之建议》，1947年9月15日。

（续上表）

月份	1946 年			1947 年			1948 年		
	官方侨汇收入	逃避额	逃避额/总额	官方侨汇收入	逃避额	逃避额/总额	官方侨汇收入	逃避额	逃避额/总额
6	280.7	329.3	54.0%	76.2	533.8	87.5%	0.9	609.1	99.9%
7	237.1	372.9	61.1%	53.4	556.6	91.2%	1.5	608.5	99.8%
8	315.1	294.9	48.3%	179.3	430.7	70.6%			
9	240.9	369.1	60.5%	61.6	548.4	89.9%			
10	234.1	375.9	61.6%	62.8	547.2	89.7%			
11	180.9	429.1	70.3%	213.1	396.9	65.1%			
12	189.3	420.7	69.0%	71	539	88.4%			
共计	2 819.5	4 500.5	61.5%	1 380.9	5 939.1	81.1%	53.8	4 216.2	98.7%

资料来源：1946—1947 年官方侨汇收入参考袁丁、陈丽园：《1946—49 年广东侨汇逃避问题》，《华侨华人历史研究》2001 年第 3 期；1948 年官方侨汇收入根据表5－3中国银行侨汇收入占官方侨汇收入总数的7/15 算。

注："侨汇逃避"额为估计侨汇总数 610 万美元减去官方侨汇收入。

二、"侨汇逃避"问题的原因与政府应对措施

究竟"侨汇逃避"问题是怎样发生的呢？根本原因是什么？在上文的讨论中，时人曾多次指出，"侨汇逃避"主要是由于官方牌价过低和黑市飞涨，那么国民政府是否采取了相应的补救措施呢？

在分析"侨汇逃避"的根本原因之前，我们必须明了抗战胜利后国民政府的货币政策和金融市场。1945 年 9 月抗日战争胜利后，国民政府的财政已濒临崩溃，为继续发动战争，国民政府保持巨额的军费支出，以致财政入不敷出。为弥补财政赤字，国民政府大量印发纸币。自 1947 年以后，国民政府的财政赤字几乎全部由发行新钞来弥补。纸币的滥发造成恶性通货膨胀，到 1948 年 8 月币制改革时，法币的发行额已达 6 636 946 亿元，是 1946 年 1 月的 578 倍、全面抗战前夕（1937 年 6 月）的 506 637 倍。滥发纸币的恶果是物价狂涨，这时期物价飞涨的速度甚至超过通货的发行速度。1948 年 7 月的上海物价是 1946 年 1 月的

1 795倍，是全面抗战前夕的2 877 000倍。① 1948年8月19日以后实行的金圆券制度也被证明是法币制度的变相延续，这时期恶性通货膨胀更是变本加厉地发展。金圆券刚发行80天，原定20亿元的发行额即已宣告满额，到1949年4月，金圆券的发行额已达51 612.4亿元，是1948年8月的9 488倍。物价的上涨更是有过之而无不及，1949年4月的上海物价是1948年8月的112 491倍。② 在通货膨胀的压力下，人们纷纷抢购货物或购买黄金外汇以保值，全国出现了"工不如商，商不如囤，囤不如金，金不如汇"的局面。

同时，国民政府在外汇上又实行非常保守的政策，虽然通货是以美元为本位，但是外汇汇率的调整远远落后于通货的发行速度。与此同时，国民政府对外汇又实行全面紧缩的政策，以至那些需要外汇的进口商、资金逃亡者和投机者等无法通过合法的途径从中央银行取得外汇，于是他们便以高价向自由市场购买，外汇黑市应运而生。由于侨汇属于外汇，它在外汇黑市上自然炙手可热，这时侨汇兑付价与黑市价间的差距便决定了华侨、侨眷及侨汇经营者采取何种汇入方式。

在1946年3月4日国民政府实行外汇开放政策之前，美元兑法币的汇率是1：20，为弥补恶性通货膨胀所带来的损失，国民政府对1945年7月16日以后汇出的新侨汇实行加给24倍补助金办法，即每美元折合法币500元。③ 尽管如此，侨汇兑付率与黑市汇率仍然相差很大，根据1946年1月21日中国银行广州分行的一份报告，当时海外侨胞已从报纸上获悉，广州美汇黑市价已达法币1 180元，如通过港币套算，则达1 200元，上海黑市价更高至1 370元，这使侨汇界意识到当时形势的严峻——倘若侨胞"相率经美国银行汇款香港转往广东内地，是无异造成香港操纵华南金融之时机，而对于政府平衡国际金融收支反有所不利"④。

为弥补侨汇兑付价与黑市价的差距，国民政府曾对外汇牌价作过多次调整：第一次是在1946年3月，将美元牌价提高至2 020元；第二次是在1946年8月

① 吴冈：《旧中国通货膨胀史料》，上海：上海人民出版社，1958年，第94–96页；张公权著，杨志信摘译：《中国通货膨胀史（1937—1949年）》，北京：文史资料出版社，1986年，第242–243页。

② 吴冈：《旧中国通货膨胀史料》，上海：上海人民出版社，1958年，第122–123页；张公权著，杨志信摘译：《中国通货膨胀史（1937—1949年）》，北京：文史资料出版社，1986年，第243页。

③ 广东省档案馆藏中国银行广州分行档案，全宗号43，目录号2，案卷号47，《广东省银行粤行来去函1946》，第64–76页，张镜辉：《复员后之四邑侨汇》，1946年8月。

④ 广东省档案馆藏中国银行广州分行档案，全宗号43，目录号2，案卷号140，《广东省银行1937年□行来往函》，第123页。

19 日，将美元牌价从 2 020 元提高至 3 350 元；第三次是在 1947 年 2 月 16 日，又将美元牌价从 3 350 元提高至 12 000 元。外汇牌价的每次提高都曾一度使侨汇兑付价接近甚至超过黑市价，但这种理想效果往往非常短暂，外汇黑市价不久之后便扶摇直上，令官方牌价望尘莫及。有鉴于外汇牌价调整机制的僵化，国民政府于 1947 年 8 月 18 日成立外汇平衡基金会，由该会根据外汇市价另订基准价，逐日挂牌。不过国民政府这项补救措施终归是掩人耳目的手法，从表 5-5 中可知，1947 年 8 月后的基准价远远无法追随黑市汇价。当然，如果基准价能追随黑市汇价，那将意味着基准价提高的速度赶得上通货膨胀的速度了。

表 5-5　侨汇兑付价与黑市价比较

时间	侨汇兑付价/ （法币/美元）	黑市价/ （法币/美元）	侨汇兑付价/ 黑市价
1946 年 1 月	500	1 459	34.3%
1946 年 2 月	500	2 072	24.1%
1946 年 3 月	2 020	2 022	99.9%
1946 年 4 月	2 020	2 098	96.3%
1946 年 5 月	2 020	2 319	87.1%
1946 年 6 月	2 020	2 578	78.4%
1946 年 7 月	2 020	2 519	80.2%
1946 年 8 月	2 685	2 909	92.3%
1946 年 9 月	3 350	3 579	93.6%
1946 年 10 月	3 350	4 223	79.3%
1946 年 11 月	3 350	4 532	73.9%
1946 年 12 月	3 350	5 910	56.7%
平均			74.7%
1947 年 1 月	3 350	6 765	49.5%
1947 年 2 月	7 315	12 657	57.8%
1947 年 3 月	12 000	14 040	85.5%
1947 年 4 月	12 000	16 250	73.8%
1947 年 5 月	12 000	27 204	44.1%
1947 年 6 月	12 000	32 826	36.6%
1947 年 7 月	12 000	43 640	27.5%
1947 年 8 月	38 638	42 280	91.4%
1947 年 9 月	41 635	50 519	82.4%

（续上表）

时间	侨汇兑付价/ （法币/美元）	黑市价/ （法币/美元）	侨汇兑付价/ 黑市价
1947 年 10 月	53 658	81 058	66.2%
1947 年 11 月	62 771	109 375	57.4%
1947 年 12 月	77 308	149 615	51.7%
平均			60.3%
1948 年 1 月	108 625	178 917	60.7%
1948 年 2 月	138 630	213 250	65.0%
1948 年 3 月	210 307	441 154	47.7%
1948 年 4 月	318 385	661 154	48.2%
1948 年 5 月	399 000	1 166 923	34.2%
1948 年 6 月	1 374 455 *	2 252 917	61.0%
1948 年 7 月	3 540 250	6 430 769	55.1%
1948 年 8 月 19 日	7 145 333	11 088 000	64.4%
平均			54.5%
1948 年 8 月 **	4	4	100.0%
1948 年 9 月	4	4	100.0%
1948 年 10 月	4	12	33.3%
1948 年 11 月	33 ***	39	84.6%
1948 年 12 月	60	76	78.9%
1949 年 1 月	192	289	66.4%
1949 年 2 月	1 412 ****	1 854	76.2%
1949 年 3 月	7 582	8 897	85.2%
1949 年 4 月	205 000	734 873	27.9%
平均			72.5%

资料来源：侨汇兑付价根据《中央银行月报》（1946—1949）；外汇黑市价根据吴冈：《旧中国通货膨胀史料》，上海：上海人民出版社，1958 年，第 145 – 146 页。

注：*1948 年 5 月 31 日以后补给出口外汇证明书贴水。

**1948 年 8 月 19 日以后货币单位为金圆券。

***1948 年 11 月以后按照外汇移转证价格。

****1949 年 2 月以后按照当时出口结汇价估算。

除了不时调整外汇牌价（或基准价）与外汇黑市价的距离外，国民政府还实行了其他措施来弥补侨汇的损失。首先，实行原币侨汇。原币侨汇是指侨汇以外币汇回国内，在解付时以付款日的外汇牌价折合法币或金圆券交付收款人。原币侨汇主要有英镑侨汇和美元侨汇两种，其他外币如新加坡币、印尼盾、缅甸卢比等需先折合英镑或美元再汇回。[1] 原币侨汇办法在实行初期受到侨胞的欢迎，但是在 1947 年 8 月 18 日前，国民政府对外汇牌价的调整只有三次，侨汇牌价在大多时候是一样的，而且常与黑市价越拉越远，所以原币侨汇也只是一个诱人的幌子，并未能给侨眷带来实际利益。1947 年 8 月 18 日国民政府订立外汇基准价后，原币侨汇的实行开始有实际意义，但是基准价与黑市价间的差距最终使原币侨汇办法的影响力十分有限。

其次，实行港币汇款。港币汇款即外币侨汇折合港币汇回国内，再以国内港币侨汇牌价折合法币或金圆券交汇收款人。实行港币汇款是国民政府为解决外汇法定汇率与黑市汇率间的差距而采取的最灵活的变通措施。由于"此项港币汇款由该行与当地行市不相上下之价折付国币，依照普通习惯，香港各银行付款之港币汇票（即俗称港垬），在银号买入时须较港钞市价为低，且须扣付佣金，现该行折合国币之行市有时反可较市面之港垬市价为高"，因此官方侨汇机构对港币汇款都寄予厚望，认为"此项办法实行后可望将逃港之侨汇逐渐挽回"。[2] 由于在 1947 年 2 月 16 日金融紧急措施之前，中央银行对港汇没有订立官价，因此中央银行广州分行在港币侨汇的汇率上可与黑市汇率一争先后，这使港币汇款成为维护华侨经济利益、吸引侨汇的理想办法，并为纽约、仰光、新加坡等地中国银行所采用。[3] 可惜好景不长，金融紧急措施的实行使港币汇款备受打击，与此同时，中央银行对港币订立官价，港币汇款依照黑市价兑付法币已不可能，1947 年 8 月以后，港币的基准价更常低于黑市价，因此港币汇款自 1947 年 2 月实行金融紧急措施后便一蹶不振。

最后，为弥补侨汇兑付价与黑市价间的差距，国民政府分别在 1948 年 5 月 31 日至 8 月 18 日和 1948 年 11 月 23 日至 1949 年 5 月期间实行加给外汇结汇证

---

① 广东省档案馆藏中国银行广州分行档案，全宗号 43，目录号 1，案卷号 201，《机关来去函 1946》，第 114－115 页，《广州中国银行改进侨汇，增办各种原币汇款，设立专股办理侨务事项》；全宗号 43，目录号 2，案卷号 1091，第 3－4 页，《原币侨汇介付办法》，1948 年 11 月 26 日。

② 广东省档案馆藏中国银行广州分行档案，全宗号 43，目录号 1，案卷号 201，第 114－115 页，《广州中国银行改进侨汇》；广东省档案馆藏中国银行广州分行档案，全宗号 43，目录号 1，案卷号 759，《加处及仰处来往函（有关侨汇调度等）1947》，第 66－67 页，《仰行致粤行关于拟做港币侨汇复函》，1947 年 1 月 24 日。

③ 广东省档案馆藏中国银行广州分行档案，全宗号 43，目录号 2，案卷号 894 之一，其中《港币侨汇折合国币转账办法》，1947 年 1 月 6 日；广东省档案馆藏中国银行广州分行档案，全宗号 43，目录号 1，案卷号 753，《星行来去函 1947》，第 85－86 页，《粤行致星行关于揽收港币侨汇》，1947 年 1 月 28 日。

明书贴水和外汇移转证制度。加给外汇结汇证明书贴水曾一度使侨汇兑付率接近甚至超过黑市汇率。例如，在1948年7月27日，中国银行台山支行提到："各侨眷前以牌价过低，多存观望，自加给结汇证明书贴水后，与黑市相差不远，颇多愿意收领。"同年8月9日又称："近来美金侨汇因加给结汇证明书贴水日逐提高，最近每元折付国币牌价比黑市价超过百余万元之巨……前以牌价过低持观望未领者亦纷纷来提取，而库存空缺。"① 尽管如此，侨汇兑付率在加给外汇结汇证明书贴水和采用外汇移转证价格后，总体而言还是与同期黑市价相差许多。

表5-5是笔者结合24倍补助金制度、加给外汇结汇证明书贴水和外汇移转证制度，对1946年1月至1949年4月国民政府所实行的侨汇兑付价与黑市价的差距所作的全面统计。从表5-5中我们看到，侨汇兑付率绝大多数时候远远低于黑市汇率，最低时仅为黑市汇率的24.1%，平均亦仅为69%，换句话说，如果侨胞将侨汇交由官方侨汇机构经办，那么平均损失将高达31%。利之所在，民之所趋，侨胞当然设法通过黑市将侨汇汇入国内，而逃避于官方侨汇系统以外。

关于"侨汇逃避"问题的根本原因，国民政府当局并非一无所悉。1947年初，中国银行广州分行曾针对"侨汇逃避"问题提出解决拟案："照本行过去办理侨汇经验，每遇外汇牌价低于香港行市时，侨汇即多逃避，惟牌价有关国策，不容随时更改。"于是提议恢复以前侨汇补助金办法，将外汇牌价与香港国币行市之差额作为侨汇补助金，"并请定为每个月及于市面情形有所变动时调整一次"②。可是中央银行对此办法并未予以重视，它以为，提高官定汇率，侨汇就会有所改善，所以"另订补助办法一节，谅无必要"③。不过在财政部的压力下，为改善侨汇、解决"侨汇逃避"问题，中央银行总裁张嘉璈特别组设侨汇小组委员会，聘请香港交通银行钟秉锋、中国银行郑铁如、浙江银行叶渊、广州中信局麦佐衡、广东省银行刘佐人、广州市银行陈玉潜等为委员。1947年3月，该委员会在香港召开会议，会议指出：侨汇逃港主要与金融比率有关，即黑市汇率高于外汇牌价。可惜该委员会在其所拟的解决办法中，却逃避官定汇率问题，仅提出三项办法：①加强侨汇机构；②简化侨汇手续；③请国外各当地政府放宽汇款

① 广东省档案馆藏中国银行广州分行档案，全宗号43，目录号1，案卷号955，《邑处粤辖人、会调、嵩、书来函1948》，第138、143页。

② 广东省档案馆藏中国银行广州分行档案，全宗号43，目录号2，案卷号1207，第68-70页，《关于解决侨汇逃避问题的拟案》，1947年初。

③ 广东省档案馆藏中国银行广州分行档案，全宗号43，目录号1，案卷号614，《国外部来函1947》，第55页，《台山中国银行电呈关于美金原币侨汇另订补助办法及回复》，1947年3月4日。

尺度。①

由此可见，国民政府也清楚地认识到：不公平的侨汇兑付率是造成"侨汇逃避"问题的根本原因。不过，国民政府的货币政策、财政政策从本质上说是掠夺性的，从这个层面看，国民政府根本不愿给予公平的侨汇兑付率。因此，尽管国民政府属下各部门试图解决"侨汇逃避"问题，但该问题从一开始便注定是国民政府无法解决的悖论。

三、从限制取缔到合作利用

虽然"侨汇逃避"问题的症结在于官方侨汇兑付率，但国民政府当局又清楚地认识到，侨批局是"侨汇逃避"的一大漏洞，既然国民政府不愿在侨汇兑付率上作出根本让步，那么，要解决"侨汇逃避"问题，就要大力对付侨批局，这便引发了侨批网络与国民政府间新一轮的紧张关系。

当时官方侨汇界广泛存在着要限制和取缔侨批局的意见。例如，1947年7月中国银行赤坎支行致函中国银行经理王振公，提出："潮汕各地侨汇均落于侨批局之手，如能在各该地设立机构，并请政府协助饬令批局停业，严禁其经营业务，似此南洋一带侨汇当能归银行。"② 同年，广东省银行在调查琼州侨汇的报告中也建议："请政府取缔民信局，因为民信局将侨汇逃入香港或变为货物或变为游资，于国家侨眷殊为不利，琼侨汇十分七系经香港转琼。"③ 邮政局中也有许多反对侨批局的意见，例如邮政局香港分局陈君颐便在一份商业案的报告中指出："我邮政局负责办理侨汇，对外洋及香港之批信局及汇兑局，虽无法过问，但不能坐视而不理……故对内地批信局应……先设法予以制裁，逐渐减低其性能，嗣而相机予以消灭，对于香港之批信局及汇兑局，应设法导入我邮政怀抱……然落叶归根寝假必尽疏入我邮政之手……"④ 1948年5月，全国经委会会

---

① 《粤侨导报》1947年第10-12期，第29-30页。

② 广东省档案馆藏中国银行广州分行档案，全宗号43，目录号2，案卷号1205，第36-38页，《赤坎中国银行致振公有关侨汇现状》，1947年7月12日。

③ 广东省档案馆藏广东省银行档案，全宗号41，目录号3，案卷号2225，第20-38页，李家仲：《琼崖侨汇调查报告书》，1947年5月23日。

④ 广东省档案馆藏广东省邮政管理局档案，全宗号29，目录号2，案卷号731，《香港储汇分局付经理张继锡与科级人员借其职权营和舞弊案调查经过及有关人员职务调动等事项的文书材料及储汇局驻局通讯处关于战前存放本港各银行款项及结束后账务处理经过等事项的公函1946—1947》，第81-97页，《陈君颐呈控张副经理兼营商业案》。

员简贯三赴美考察回国后，也提出限制侨批局的意见："中央政府似应与南洋及各地政府交涉限制侨批局业务，以免大量侨汇经由民信局逃避走私。"①

尽管许多官方侨汇行局对侨批局深恶痛绝，欲先灭之而后快，但是政府要真正取缔侨批局，面临许多实际困难。

第一，侨批局难以根绝。正如邮政局香港分局的张继锡案报告中所指出的："国内批信局照章应向邮局声请登记，受有相当限制，遇必要时我政府方面尚可予以制裁，惟外洋及香港之批信局，我国无权处置，纵可由我政府与各当地商洽取缔，但亦决其无法肃清。"② 侨批局的经营有其隐秘性和顽强的生命力，即使它被政府取缔，也会设法通过其他渠道继续营业，以致无法根绝，这点可以从安南的情况得以证明。在1948年安南侨批局被禁止经营后，一般水客及地下侨批局应运而生，他们设法通过极为秘密的方式逃避政府的监督，其寄批方式是："由侨胞以破碎废弃纸屑，书写收款人姓名住地及银项数额交水客带运至汕，再由地下批局扣佣代发，侨眷收到银项由地下批局备就之极薄纸片写明收到银项或附述数字，仍由水客带回安南，该帮水客及地下批局行迹诡秘，缉获为难。"③

汕头邮局长期负责处理与侨批局的关系，对侨批局之难以根绝深有体会，因此，在取缔侨批局的问题上发出不同声音："自批信事务处理办法修订后，限制批信局不得再添设分号，南洋侨批因之流入地下批局或走私之手者不少，实际难收取缔及淘汰之效果，若不变更办理……自无法将新设分号侨批交邮寄递，各批局为竞争营业，势必铤而走险，运用机智设法私运……为使侨批及回批悉归正轨……应放宽限制。"④

第二，侨批局的地位无法取代。侨批局是建立在血缘、地缘关系上凭民间传统信用制经营的组织，它们的服务以"迅速、简便、可靠"著称，并长期在东南亚侨胞与其家乡亲属之间担任经济纽带的角色，因此，它们在侨汇业务上的地位根深蒂固。即使在20世纪二三十年代后，国民政府利用现代的金融机构参与了这项侨汇业务，但无论是在汇率的有利性还是在服务的广泛性和方便快捷程度

---

① 广东省档案馆藏中国银行广州分行档案，全宗号43，目录号1，案卷号1489，《粤银行来函1948》，第165－167页，《37年5月8日总处函示以准四联总处转全国经委会代电关于扣送简委员贯三赴美参考回国后所送报告其中建议改善侨汇各点》。
② 广东省档案馆藏广东省邮政管理局档案，全宗号29，目录号2，案卷号731，第81－97页，《陈君颐呈控张副经理兼营商业案》。
③ 广东省档案馆藏广东省邮政管理局档案，全宗号29，目录号2，案卷号382，第104－107页，《邮务视察员黄伯长呈关于安南、新加坡批信局情形》，1948年11月4日。
④ 广东省档案馆藏广东省邮政管理局档案，全宗号29，目录号2，案卷号382，第184－185页，《汕头一等邮局呈广东邮政管理局转送汕头批业公会函请准各批信局添设国外分号呈祈》，1948年9月22日。

上，官方侨汇机构都无法与侨批局相比。对此，中国银行的两位经理有深刻的认识："查南洋批信局历史悠久，情形特殊，年来环境变迁虽多，不特未受影响，反日见增加，自有其生存之因素，盖组织简单，服务便利，与顾客直接往来，无营业时间之限制，有旧式商店之便利，汇款人多属同乡或亲戚，易受侨胞信托，每笔汇款必附带家信，连同送交收款人，索取回信作收据，甚至亲友通信亦以此种方式为之，足征批信局为侨胞所需，因寄信而兼理侨汇，其便利可知，事势所趋。"①

第三，侨批局的经营关乎邮政局的切实利益。自从侨批局被纳入邮政局的管理系统后，它便成为邮政局重要的收入来源，据统计，汕头邮局的收入中，有70%来自批信的出入口。② 有鉴于此，邮政局在取缔侨批局的讨论中意见最为保守。汕头邮局一位官员表达了限制乃至取缔侨批局的严重后果，他说，侨批局商号业务历史悠久，信用卓著，假如不准侨批局添设国外分号，他们也会设法走私，"退一步说，如各商号不得不停业，侨胞将款交由国家银行汇寄，而银行若采用其他收据方式，亦将无回批交邮寄递，邮局收入将受重大损失"③。

基于上述理由，侨批局不能被取缔，但是对侨批局实施任何限制措施都会得到官方侨汇界的支持。例如，1948 年 10 月 1 日新加坡所公布的《民信局须再申请领取执照》，规定凡侨批局均须分甲乙丙等缴纳保证金，民信局之印花税亦大大提高。对此限制侨批局的新条例，中国银行新加坡分行便乐于表示："此新章如能切实施行，并与我国及香港现行统制管理方法相配合，则马来亚侨汇当可渐循正轨。"④

既然侨批局不能被取缔，这就为侨批网络与国民政府当局的对话创造了有利空间。众所周知，侨批局之所以成为"侨汇逃避"的一大漏洞，归根到底在于侨批局在经营侨汇业务时，不将华侨汇款交给官营行局汇拨，而是通过外商银行或其他黑市途径，致使大批侨汇在国民政府外汇管理体制外循环，最终导致国民政府失去对其十分重要的外汇收入。如果官方侨汇行局考虑到侨批经营网络的广

① 广东省档案馆藏中国银行广州分行档案，全宗号 43，目录号 2，案卷号 1207，第 12－15 页，吕越祥、王振芳：《闽粤两行对于加强吸收侨汇之建议》，1947 年 9 月 15 日。

② 广东省档案馆藏汕头邮局档案，全宗号 86，目录号 1，案卷号 593，《汕头一等邮局、广东邮局关于批信、侨批业务和批信事务处理办法，汕头各批局及其马来亚各分号中英文名称及地址清单 1948》，第 59 页，《邮务视察员关于马来亚入口批信夹带批信拟具取缔办法》，1948 年 4 月 15 日。

③ 广东省档案馆藏汕头邮局档案，全宗号 86，目录号 1，案卷号 593，第 188－190 页，《李子义致其兄汕头邮局局长李子华函件》，1948 年 10 月 15 日。

④ 广东省档案馆藏中国银行广州分行档案，全宗号 43，目录号 2，案卷号 1091，第 11 页，《中国银行新加坡分行致国外部关于新加坡限制民信局新条例》，1948 年 10 月 5 日。

泛性及其不可替代性，积极采取措施，充分利用侨批网络，与其建立合作关系，将不但可以弥补官方行局的不足，而且可以将其所收侨汇导入政府管理体制，从而解决"侨汇逃避"问题。因此当时汇业界不少人认为："国家银行不但不应和批局竞争，政府更不应该取缔批局，反应扶掖批局，运用批局，问题应该是使批局成为银行的代理店，主要的理由，就是批局和侨胞向来是有特殊的关系，特别是乡土关系，对于侨汇在乡村的送递，和对于收款人的辨认，都具有银行办理不及的地方。"①

1947 年 9 月，中国银行的两位经理吕越祥、王振芳在其《闽粤两行对于加强吸收侨汇之建议》中，也表达了利用侨批局的意见："（中国银行）只可设法与之（侨批局）联络，使其逐渐就范，不能用高压手段取缔致激起华侨及侨眷之反感……如能利用此类范围较小之批信局取得联系，在可能范围内予与便利及通融，必要时或许其短期之透支，借资縻羁笼络，并可诱导其将外汇售与我行，使其有助于国策，对于吸收侨汇当大有裨益。"②

实际上，侨批网络在收汇地和解付地这两个环节上与官方行局建立了互惠互利的代理关系。例如，汕头宏通批局与新加坡、槟榔屿、吉隆坡、怡保、芙蓉等地的中国银行建立代理关系，接收侨汇；③ 而三盛、阜成丰等批局也同中国银行海南分行建立了代理关系，解付海南侨汇。④ 广东省银行也积极与侨批局建立代理关系，其国内的分支行下有不少代理店是侨批局，如海口支行属下的代理店便是"信用甚佳"的永和丰批局。⑤ 在收汇地，侨批局是广东省银行侨汇收入的重要来源，是"大顾客"。⑥ 对于邮政局而言，它与侨批网络间的合作关系早在1935 年的《批信事务处理办法》便确立下来，从而确保了邮政局的巨额邮政收入，在此不必赘言。

尽管官方行局试图积极与侨批局建立合作关系，但是官方行局各种制度性缺

① 陈葆灵：《侨汇萎缩和侨汇逃避》，《广东省银行月刊》，1947 年第 3 卷第 7、8 期，第 25－26 页。

② 广东省档案馆藏中国银行广州分行档案，全宗号 43，目录号 2，案卷号 1207，第 12－15 页，吕越祥、王振芳：《闽粤两行对于加强吸收侨汇之建议》，1947 年 9 月 15 日。

③ 广东省档案馆藏广东省邮政管理局档案，全宗号 29，目录号 2，案卷号 382。

④ 广东省档案馆藏中国银行广州分行档案，全宗号 43，目录号 2，案卷号 1142，《王振芳经理 1947》，第 229－230 页，《马廷端、郭诚植、陈伯夏、陈剑明、黎各邹致王振芳经理有关琼处侨汇调拨事宜》，1947 年 6 月 7 日；广东省档案馆藏中国银行广州分行档案，全宗号 43，目录号 1，案卷号 1330，《星行及所属来去函 1949》，第 6－8 页，《托琼处介款项目》，1949 年 1 月 19 日。

⑤ 广东省档案馆藏广东省银行广州分行档案，全宗号 41，目录号 3，案卷号 2225，第 20－38 页，李家仲：《琼崖侨汇调查报告书》，1947 年 5 月 23 日。

⑥ 广东省档案馆藏广东省银行档案，全宗号 41，目录号 3，案卷号 275 之四，《星行筹设及复业文电 1939—1948》，第 367－368 页，《快邮代电》，1946 年 4 月 26 日。

陷不可避免地导致两者的合作关系走向破裂。这主要是因为官方行局无论如何都无法按照黑市价给予侨批局有利的汇率，侨批局多半是在政府提高侨汇汇率并有利于侨批局的时候，才通过官方行局汇拨款项，所以这种合作往往是短暂和不稳定的，侨批局绝大多时候是通过其他渠道汇拨款项。

此外，官方行局存在的其他缺点往往也令侨批局望而却步。其中最严重的是交款误期，这使与之合作的侨批局极为不满。例如 1946 年 4 月 13 日至 18 日，潮帮侨批局通过广东省银行新加坡分行汇回汕头分行数千万元，居然耗时十多天都未能交款，结果潮帮侨批局"来行质问，并要求赔偿利息"，"甚至电嘱以后不可由我行汇款等语，因之汕头大批款即时减少，信誉似已受相当影响"。[1] 交款误期是当时官方行局的通病，1947 年 10 月，广东省银行泰国分行便"每因汕行交款误期备受顾客责难及追贴利息"[2]。1949 年 2 月，中国银行新加坡分行委托海口支行解付阜成丰侨批局的 11 笔原币汇款，也是"付款行到期无款可交"，令汇款人蒙受损失。[3] 在 1946—1949 年侨批局竞争相当激烈、侨汇经营极具冒险性的时期，汇款时间的快慢几乎是成功与否的最重要因素，因此，官方行局解款误期严重影响了侨批局对其的信赖度，令侨批局另觅他途。

四、合作破裂与侨批网络的市场化

由于官方行局无法成功地将侨批局的侨汇导入合法的流通系统，国民政府为解决"侨汇逃避"问题，只能对侨批局的非法经营进行严厉的打击，国民政府与侨批网络间长期建立的和平共处、互惠互利的合作关系最终走向破裂，甚至产生公开的冲突。

为查禁侨批局的外汇黑市活动，国民政府首先从法律上把外汇黑市活动列为非法活动，因是之故，抗战胜利后国民政府对金融业的规定甚为苛刻。1946 年 3

---

① 广东省档案馆藏广东省银行档案，全宗号 41，目录号 3，案卷号 275 之四，其中《星行特急行长均鉴关于星行侨汇事务近况及存在的问题》，1946 年 4 月 26 日；广东省档案馆藏广东省银行档案，全宗号 41，目录号 3，案卷号 2216，《改善侨汇办法及处理手续卷 1946》，第 70 - 81 页，《星行业务情形》，1946 年 5 月 23 日。

② 广东省档案馆藏广东省银行档案，全宗号 41，目录号 3，案卷号 2230，《侨汇限额 1947》，第 12 页，《广东省银行暹罗支行致总行关于接做汕汇事》，1947 年 10 月 2 日。

③ 广东省档案馆藏中国银行广州分行档案，全宗号 43，目录号 1，案卷号 1394，《琼处粤辖、库、侨、尚、外、会、书字来函 1949》，第 102 - 102 页，《琼处为陈复代星行解付原币侨汇 11 笔情形》，1949 年 2 月 19 日。

月外汇开放后，国民政府准许特定的银行商号经营外汇业务；但是随着形势的变化，1947 年 2 月，国民政府开始实行金融紧急措施，禁止外国币券在中国本土流通；[①] 1947 年 12 月 29 日，国民政府成立金管局，负责查禁所有非法金融活动；1948 年 7 月，广东省政府重申普通公司不得擅自私营银行业务；[②] 1948 年 8 月 19 日，国民政府实行币制改革，禁止国民持有外汇，此禁令维持两个月后被取消，但私营银行业务和外汇业务仍遭禁止。根据以上管制政策，侨批局进行的非法金融活动主要有两方面：一是非法经营外汇黑市交易，二是涉足私营银行业务。这两者成为国民政府打击侨批局的主要方面。

为对侨批黑市进行有力打击，国民政府不但利用国内的政府部门严加取缔，还利用其海外党部的力量深入东南亚各侨批寄出地，试图将海内外的侨汇黑市一网打尽。根据当时的报章披露，1948 年 9 月国民政府中央银行开始对黑市采取强行取缔办法，并派人到泰国黑市大本营——位于首都曼谷的三聘街一带调查，"将各私营黑汇的商号列名寄交汕市国行，转请金融管理局严厉取缔，即购买黑汇商号，亦请银行加紧注意，希望通过汕头警察力量，达到侨汇永归国行的目的"[③]。在打击侨批黑市商号的行动中，国民党驻泰国支部起着重要作用。1948 年 10 月 18 日，它将在曼谷调查的参与金圆券黑市的商号名单函寄广东省政府以联合取缔。[④] 但饶有趣味的是，汕头市政府连同汕头市金管局对此进行调查的结果却是：国民党驻泰国支部所列黑市商号中，陈炳春、信大并无经营黑市，集成昌为新设商号，也无经营黑市，只有振泰丰号（协成兴号）有经营黑市嫌疑，而所列永顺利，则查无此号。[⑤] 那么究竟是国民党驻泰国支部捕风捉影，还是侨批局商号逃避得法，抑或是汕头地方查禁不力？在此我们不得而知。不过据当时国民党驻泰国支部致广东省政府的函件，存在汕头地方查禁不力的可能："闻汕号在改币初期检查严密，因而奸商无所施计，现则汕方检查人员受贿者多，故能

① 参见《经济紧急措施方案，国民政府训令，1947 年 2 月 17 日》，中央银行经济研究处编：《金融法规大全》，上海：商务印书馆，1947 年，第 125 - 127 页。

② 广东省档案馆藏广东省财政厅档案，全宗号 4，目录号 2，案卷号 23，《关于禁止非法白银外运及买卖金银外币的规章办法来往文书 1948—1949》，第 102 页，《广东省政府代电以公司商号不得私擅兼营银行业务》，1948 年 7 月。

③ 广东省档案馆藏广东省银行档案，全宗号 41，目录号 3，案卷号 2218，《侨汇卷 1947》，第 230 页，《侨汇又告搬家，中行调查黑市商号》，1948 年 9 月 28 日。

④ 广东省档案馆藏广东省财政厅档案，全宗号 4，目录号 5，案卷号 36，《省政府关于金圆券、金银外币处理致省参议会等文书材料 1948—1949》，第 51 - 52 页，《中国国民党驻暹罗支部致广东省政府关于暹批局经营黑市》，1948 年 10 月 18 日。

⑤ 广东省档案馆藏广东省财政厅档案，全宗号 4，目录号 5，案卷号 36，第 43 页，《汕头市政府关于暹京商号及汕头联号私运批信秘密汇兑一案办理情形》。

畅行无阻，稳坐黑市，为所欲为。"① 由此可见，国民政府严厉打击侨批局非法金融活动的收效不大，同时说明了侨批网络的广泛性和侨批经营手段的灵活性、隐秘性。

侨批局经营黑市、逃避政府监控的手法很多。首先，它可以通过各种手段来隐匿批款，与侨胞达成秘密协议，不在批信上叙明批款。例如从 1948 年 10 月 30 日起，曼谷华丰泰等侨批局在批封及批信内数项标明不同，写在信封上的批款数目远远低于信封内的实际数目，"发批款时照信内原寄款数分发，以避免汕头当局发现时勒令具结批面数目以公价结汇之损失，彼等乃得以稳坐黑市耳获利"。又如曼谷马金丰批局"以登记方式用红纸分填收款人姓名地址款数，然后寄往汕联号派人按地址分发批款，倘寄信人须附有信件则声明信封内不得叙明有寄款情事……倘寄款人故意在信内标明寄款，如被汕当局发觉者，则此引起之损失寄款人应共同负责"。② 同时，侨批局也可以用记账的方式匿藏批款，据查，1948 年 11 月，汕头周生利号"似有隐匿批信不登帐簿，逃避外汇嫌疑"，而汕头泰成昌号则"用废纸记帐，经搜查并无正式帐簿，似应严饬纠正"。③

其次，侨批局可以通过公汇的方式来掩盖黑汇。1948 年 9 月 28 日广东省银行泰国支行在致总行的函件中指出："查各批局套黑汇办法，系一面向中行或职行转汇一小额汇款，藉公汇名义以作护符，掩套大量黑汇，在解付地概作公汇交收。"④ 当被查出通由国家银行汇入款项不足以抵销所分发的批款时，这些侨批局便声称："未汇批款系由汕方批局先行垫发，经电对方批局速予补汇来汕。"⑤

最后，侨批局套汇的方式也很多。据广东省银行调查，泰国批局因正式外汇购买困难，"便与当地出口货商人买汇（即暹出口商将货物运抵中国卖出后，将款存于中国交中国批局联号，由暹批局将款交与当地出口商）；或与中国进口商联系，将暹币交其在暹购货，由其将国币交与中国批局联号，汇率依黑市；或将暹罗之款汇香港，在汕卖出港汇，以套取款项，倘该款尚未抵汕，则在汕市场以厚息向商号行庄借款，或抛卖在汕存货，故每次侨批抵达后，银根必紧"⑥。国

① 广东省档案馆藏广东省财政厅档案，全宗号 4，目录号 5，案卷号 36，第 43 页，《汕头市政府关于暹京商号及汕头联号私运批信秘密汇兑一案办理情形》。

② 汕头市档案馆藏伪汕头市政府档案，全宗号 12，目录号 7，案卷号 126，《关于改善侨汇华侨投资国内侨批商号走私等文书 1948—1949》，第 91—92 页。

③ 汕头市档案馆藏伪汕头市政府档案，全宗号 12，目录号 7，案卷号 126，第 81 页。

④ 广东省档案馆藏广东省银行档案，全宗号 41，目录号 3，案卷号 2218，第 231 页。

⑤ 汕头市档案馆藏伪汕头市政府档案，全宗号 12，目录号 7，案卷号 126，第 81 页。

⑥ 广东省档案馆藏广东省银行档案，全宗号 41，目录号 3，案卷号 2225，第 45-55 页，《饶处陈威东作：改善本行侨汇之刍议》。

民党驻泰国支部也调查出类似的套汇方式："由曼谷本号函汕头联号或有关商号以提货为名（货名即系其秘密取款暗码），按照货款若干照付，如汕头无现款，则嘱就中食息先行分发，使汕银根吃紧，而此间金圆券又跌，则在此收现款，假数月后汇水益跌时，汇还汕方联号付偿，以得厚利……此办法有直接嘱汕方联号办理，有间接转由香港再转汕号。"①

由上可见，虽然国民政府试图通过行政打击的做法来取缔侨汇黑市，但是由于侨批经营网络的隐秘性和经营手法的多样性，以及官方行政机关的腐败等原因，国民政府的行政打击最终收效不大。用当时一位汇业界人士的话说，"国行这种不愿意更改牌价，迷信'力量'的作风，能不能达到预期的目的呢？有三点值得注意的事实：第一，汕头到底不比上海，金融管理局力量不怎样大；第二，金圆券不比国币，交收远较便利；第三，目前商人大多狡兔三窟，每一店号大多有一两个花名，要抓是困难的事，所以国行调查归调查，黑市商人还是经营如故"②。

五、小结

综上所述，"侨汇逃避"问题的根本原因在于侨汇兑付率不同，尽管国民政府也试图采取一些措施来改善官方汇率与市场汇率的差距，但由于汇率问题事关国策，这使国民政府最终无法在汇率问题上做出根本性让步，结果令官方汇率离市场汇率越来越远，民间侨汇大部分通过市场汇入，而不经由官方侨汇系统进入国家外汇管理体制，从而形成对国民政府来说最为困扰的"侨汇逃避"问题。

在"侨汇逃避"问题中，侨批网络是"侨汇逃避"的重要渠道，为解决"侨汇逃避"问题，国民政府便对侨批网络展开攻势，侨批网络与国家政府间长期形成的对话机制开始出现变化。侨批经营网络独特的优势和其不可替代的地位，在初期尚为它与国家政府间的对话与合作提供基础，但是官方汇率的僵化及公营侨汇系统的弊端最终破坏了两者间可能的合作关系。国民政府后来启用的行政控制和暴力统治终于激化了两者间的对抗关系，"侨汇逃避"问题越演越烈，

---

① 广东省档案馆藏广东省财政厅档案，全宗号4，目录号5，案卷号36，第51－52页，《中国国民党驻暹罗支部致广东省政府关于暹批局经营黑市》，1948年10月18日。

② 广东省档案馆藏广东省银行档案，全宗号41，目录号3，案卷号2218，第230页，《侨汇又告搬家，中行调查黑市商号》，1948年9月28日。

乃至侨汇全部逃避于官方系统之外。"侨汇逃避"的结果表明：在侨批网络与国家机器的角力中，侨批网络不但有条件拒绝与国家机器的不平等对话，而且以其特有的经营秘密性和灵活性逃避了国家机器的暴力控制。关于侨批网络与国家的关系变化，可借用刘宏的观点作解释："商业网络从本质上来看是市场驱动的，它与国家之间平稳的相互作用在很大程度上取决于后者的经济推动力。"①

在"侨汇逃避"问题中，侨批网络长期所形成的以侨批公会等机构为中心的制度化功能也发生了变化。侨批网络的制度化，一方面在于协调与规范侨批网络内部的发展；另一方面在于提高侨批网络对外的集体交涉力，维护它与国家政府间的平稳关系。但是在"侨汇逃避"问题中，国民政府在汇率问题上一意孤行，甚至动用国家暴力机器来打击侨批网络，这时侨批网络的制度化机构由于无法通过合法的途径来缓和两者间的对抗关系，以维护侨批网络的发展，结果导致其自身功能的弱化。与此同时，官方汇率与市场汇率的强烈反差也导致了外汇市场的膨胀，市场导向在影响侨批网络的行为中越来越起决定性作用，于是制度化组织的规范作用便逐渐退居次位。因此，在侨批网络与国家政府相互对抗及市场规律主导的抗战胜利后时期，中国的侨批网络逐渐从制度化走向非制度化，并向市场化转变。

第四节　结语

本章论述了抗战时、抗战胜利后不同时期和不同地区的国家政权对侨批网络的影响及侨批网络所出现的相应变化。简言之，在抗战时期，由于日本的侵略，中国内地的侨批网络以国统区和沦陷区为界分裂为两个，分别效忠于国民政府与日伪政府，在战争的特殊时期，这两个侨批网络都表现出与国家政权的紧密配合，也在可能的范围内与国家政权展开交涉，以维护侨批网络的有效运转。虽然这时期的侨批网络在自身的分化及与国家政权的关系等方面表现出巨大的裂变，但是在包括日伪政府一手扶植的以伪汕头侨批公会为中心的侨批网络的行为在内的一系列裂变中，我们又看到侨批网络运转机制的延续性，从而显示出侨批网络

① 刘宏：《战后新加坡华人社会的嬗变：本土情怀·区域网络·全球视野》，厦门：厦门大学出版社，2003年，第166页。

195

的运转机制对不同国家制度情境的适应力和顽强的生命力。

"二战"后中国与东南亚政府都对侨批业实行了比日本侵占前更严格的限制政策，它们对侨批业不同程度的干涉又导致侨批网络在中国和东南亚不同的发展道路。在新马地区，英殖民政府基本上是在承认侨批业合法地位的基础上对其营业条件加以束缚，这导致侨批网络寻求内部的进一步整合，从而以更有利的条件与国家相关部门进行协商，以维护自身权益免受侵害。以南洋中华汇业总会为中心的侨批网络与国家机构不断交涉，这些富有成效的协商推动东南亚地区的侨批网络逐渐走向更高层次的制度化。在中国，国民政府所实行的毁灭性的货币政策及不公平的侨汇兑付率从根本上背弃了侨批运作的市场法则，自然，侨批网络无法屈从于不公平的国家管制，于是形成这时期特有的"侨汇逃避"问题。由于侨批网络与国家政府的矛盾无法通过制度化机构的协商来解决，便必然导致两者关系的疏离。这时由于侨批公会等制度化机构无法利用其集体交涉力来维护侨批网络的利益和有效运转，结果导致其自身功能的弱化，市场规律开始决定侨批网络的运转，并促成后者逐渐从制度化向市场化演进。

本章及第四章的论述都表明，对侨批网络的研究不能离开当时的国家制度情境，国家政策时常影响侨批网络，并决定其发展模式。一方面，民间侨批网络与国家侨汇机构分属于不同的社会层面，它们分别在基层社会与上层建筑中发挥优势，无法相互取代，这构成了它们相互合作的基础。因此，当侨批网络受到国家政策的外部影响时会走向制度化，并通过建构以侨批公会—南洋中华汇业总会—中华总商会为中心的多层次的跨国社团网络，利用其纵向的组织结构和横向的跨国网络关系来增强其集体交涉力，以维护侨批网络自身的平稳发展。另一方面，过于强硬且不合理的国家政策又会导致侨批网络的非制度化，这时侨批网络由于不能通过制度化的组织机构来维护自身的权益而转入地下，充分利用其广泛的民间网络和灵活的手法逃避政府管制，从而有效地维护了东南亚与华南侨乡间正常的侨批互动关系。可见，侨批网络具有灵活的自我调适性，可以应不同时期的国家政策来加强其制度化功能或受市场驱动而走向市场化。

第六章

侨批互动与跨国华人家庭的建立：

以澄海县山边乡陈氏为例

第一节　引言

在华南与东南亚华人社会的多重互动中，侨批占有重要的地位。作为侨汇，侨批体现了海外华人与家乡之间的经济联系；作为侨信，侨批则更丰富地反映了华人移民的家庭生活及海外华人与侨乡间的社会、文化等方面的互动关系。因此，侨批是从移民本位去观照海外华人社会史及海外华人社会与华南侨乡互动关系的重要视窗。前几章已分析了侨批经营网络的建构、中国和东南亚政府的侨批政策和侨批社团网络的维护机制、侨汇与侨信数据的长时段历史考察，本章将从微观的、具体家庭的个案来呈现移民家庭如何通过侨批来进行家庭信息、金融、物资和文化的交流，从而维持家庭的整体性。

本章要研究的是一家两代具有海外移民经验并与国内家庭保持密切联系的跨国家庭——来自澄海县山边乡（今汕头市澄海区上华镇山边村）的陈遗恩家族。① 陈遗恩、陈应传父子自 20 世纪 10 年代以来大部分时间生活在马来亚柔佛州的麻坡地区，汕头市的潮汕历史文化研究中心收藏了陈遗恩父子自 10 年代至 70 年代寄回家中的近两百封侨批，本章主要利用该中心所保存的陈遗恩家族在 1949 年前的近一百封侨批资料，② 再结合对此家族历史的田野考察，以期展示民国时期海外移民与家乡亲属间长期进行的社会经济文化互动，由此呈现出掩盖在民族国家理论框架下的跨国、跨区域的社会交流。

澄海县（今澄海区）位于广东省东部韩江三角洲的下游，汕头位于澄海县南部，直至 1921 年才脱离澄海县建立市制，所以汕头市与澄海县长期以来形成港口城市与腹地间唇齿相依的关系。陈遗恩的家乡所在地——山边乡，位于澄海城西北六公里处，离汕头市约十二公里，因坐落于烟墩山脚下，故取名山边。山边乡在明清时期属于澄海县（海阳县）中外莆都，在民国时期的大部分时间内属于澄海县第二区（上中区）第 13 乡，1945 年重新划为澄海县第一区的图

---

① 本章在成文过程中，承蒙陈景熙教授协助查证资料，以及陈遗恩的后人陈润鑫先生讲述其家族的历史，在此一并致谢！

② 1945 年前陈遗恩等人的侨批主要采用阴历，1945 年后陈应传的侨批常是阳历和阴历并用，以阳历为主。故本章所引用侨批文书的时间，在 1945 年前采用阴历，1945 年之后采用阳历。

（濠）山（边）乡，1946 年从图山乡中独立出来，成为澄海县上中乡辖下的山边村，1949 年中华人民共和国成立后，山边村在大部分时间内被划为上华区（镇）的一部分。[①] 山边村村民现以陈、林、唐三大姓氏为主，其中陈姓居多，山边村陈氏与毗邻的斗（岛）门村陈氏同属明朝初年入赘此地的祖先的后代，所以两村长期有着紧密的关系，1953 年至 1987 年两村一直为上华镇属下的同一个基层行政单位。[②] 上华镇是澄海的著名侨乡，据 1987 年统计，该镇的海外华侨华人与港澳同胞共 121 560 人，是居乡人口的 1.5 倍，在海外华侨和华人中，到泰国的最多，其次是新加坡、马来西亚。[③]

陈遗恩家族所移居的柔佛州是马来半岛最南端的一个州，首府是新山（Johor Bahru），与新加坡只有一水之隔，1914 年并入马来属邦（Unfederated Malaya States）。柔佛州的开发与甘蜜的种植密不可分。19 世纪中期，柔佛州的统治者恰值新加坡的甘蜜种植进入极限之际，积极推行港主制度，[④] 鼓励华人引植甘蜜，当时从事甘蜜种植者主要是潮州人，于是潮州人随着港主制度的推行大量进入柔佛州。到 19 世纪 80 年代，柔佛州的甘蜜业达到鼎盛期，而当时柔佛州的港主也大部分是潮州人，其中包括著名的侨领陈开顺、陈旭年和林亚相等。到 1911 年，柔佛州的潮州人口有 19 355 人，是柔佛州华人方言群中的最大帮。[⑤] 不过 20 世纪以来，甘蜜业逐渐走向没落，橡胶业很快取而代之，成为柔佛州的主要财富产业。到 20 世纪 50 年代，柔佛州橡胶的种植面积居马来亚各州的首位。橡胶的种植者以福建人为主，于是福建人随着橡胶业的兴起大量来到柔佛州。1917 年港主制度的废除加速了柔佛州潮州帮与福建帮的兴衰更替。到 20 世纪二三十年

---

① 山边村，在笔者研究的时期，陈遗恩家族的侨批地址，主要写的是澄海（邑）山边乡。山边村的行政区沿革可参见饶宗颐：《潮州志·沿革志·澄海县·澄海乡镇表》，汕头：汕头艺文印务局，1949 年；澄海县地方志编纂委员会编：《澄海县志》，广州：广东人民出版社，1992 年，第 78－91 页；陈景熙：《己卯年（1999）广东澄海市山边村游神考察报告》，《华南研究资料中心通讯》2000 年第 18 期。

② 关于岛门村的论著，可参见陈礼颂：《一九四九前潮州宗族村落社区的研究》，上海：上海古籍出版社，1995 年；陈春声：《从家书到公共文献——从陈子昭书札看潮州商人与家乡的联系》，李志贤主编：《海外潮人的移民经验》，新加坡：新加坡潮州八邑会馆、八方文化企业公司，2003 年。

③ 澄海县地方志编纂委员会编：《澄海县志》，广州：广东人民出版社，1992 年，第 98、155 页。

④ 港主制度是柔佛州的统治者为鼓励华人开荒广泛种植甘蜜和胡椒而实行的制度。当一位华人种植者在一条河流边上开荒时，他便可向统治者申请一份叫港契（Surat Sungai）的准证，在该准证里，统治者授予他从一条河的某一支流到另一支流之间的一大片土地的保有权，由于支流流入主流的地方便是一个"港"，因此开港者也称为"港主"（Tuan Sungai）。

⑤ 关于甘蜜业与柔佛州的开发，可参考［马来西亚］郑良树：《论潮州人在柔佛的开垦和拓殖》，［马来西亚］郑良树主编：《潮州学国际研讨会论文集》（下册），广州：暨南大学出版社，1994 年；［马来西亚］安焕然：《论潮人在马来西亚柔佛麻坡的开拓》，《汕头大学学报（人文社会科学版）》2002 年第 2 期。

代，柔佛州的潮州人口占比降至第二、三位，① 不过与其他州相较，柔佛州的潮州人口直至三四十年代，在马来亚各州中仍属数量最多。②

麻坡是柔佛州的著名商埠，位于柔佛州的西北部，西临马六甲海峡，北接马六甲州，南面与新加坡遥相呼应，境内麻河贯穿其中，海陆交通发达，是柔佛州内继新山后的第二大城市。麻坡在 1887 年开埠，③ 其历史发展与柔佛州大致同步，在港主时代，麻坡的开发者主要是潮州人，不过自 20 世纪初福建人在麻坡开发了柔佛州最早的橡胶园后，福建帮的势力在麻坡迅速崛起。在 1914 年，麻坡的橡胶商中潮州人还占主要地位，④ 但到 1920 年前后，福建人的数量便跃居第一位。与此同时，麻坡城镇的兴起也与橡胶业密不可分，1911 年人口才 5 000 人，到 1921 年则上升至 13 300 人，成为同期马来亚人口发展最快的市镇之一。⑤ 陈遗恩约生于 1891 年，大约在 1913 年底至 1914 年初来到麻坡，正好赶上了橡胶业兴旺带来的移民潮，而当时麻坡正处于潮州帮与福建帮的势力交替变动的时期。

陈遗恩跨国家庭只是从澄海乡村移居到马来亚一个新兴市镇并来往于两地的普通家庭，但其在整个民国时期即使经历了第二次世界大战的浩劫仍然生存了下来。究竟东南亚华人如何通过侨批来与国内侨眷保持联系？跨国华人家庭能长期维系的动力是什么？它如何影响华南社会的结构模式？中国与东南亚地区的政治经济社会环境对跨国华人家庭的生活造成什么影响？跨国华人家庭有何应对措施？跨国华人家庭的生活模式如何通过代际关系得以传承？海外移民的经验对侨乡家庭有何影响？在长期的互动关系中，我们如何诠释侨乡与海外移民间的关系？本章希望通过研究陈遗恩家庭这个典型的个案，在一定程度上折射出近代跨国华人社会的面貌。

---

① ［马来西亚］郑良树：《论潮州人在柔佛的开垦和拓殖》，［马来西亚］郑良树主编：《潮州学国际研讨会论文集》（下册），广州：暨南大学出版社，1994 年。

② 潘醒农编著：《马来亚潮侨通鉴》，新加坡：南岛出版社，1950 年，第 38 页。

③ ［马来西亚］安焕然：《论潮人在马来西亚柔佛麻坡的开拓》，《汕头大学学报（人文社会科学版）》2002 年第 2 期。

④ 许云樵等编：《星马通鉴》，新加坡：世界书局，1959 年，第 54 - 56 页。

⑤ 李亦园：《一个移殖的市镇：马来亚华人市镇生活的调查研究》，台北："中央研究院"民族研究所，1970 年，第 64 - 65 页。

第二节　跨国华人家庭独特的社会动力

华人移民跟早期欧洲人移民美洲或黑奴移民美洲不同，他们不是举家迁移，对他们而言，出洋是谋生的一种方式，是家庭经过多方权衡而采取的家庭策略，因此，出洋者大多为家庭的成年男性，而女性成员则留在家乡，于是在移居地和移出地逐渐形成了特征明显的男性社会和女性社会。本节将通过陈遗恩家族的侨批文书来呈现一个两性分离的移民社会互动的内在动力——家庭繁衍。

一、跨国旅行与两性分离

对于大多数人来讲，移民是由于经济困难而迫不得已的选择。经济的困难使个人的跨国旅行不可能经常实现，但是近代遍布于东南亚与中国华南沿海的侨批局却为侨批提供了廉价的"旅行"服务，这使侨批联系成为东南亚华侨华人与家乡联系的主要方式。同大多数移民家庭一样，陈遗恩家庭的跨国联系也主要是通过侨批的方式，附录五是笔者所搜集到的陈遗恩家族自20世纪10年代到40年代的侨批信件的来往情况。根据附录五，陈遗恩在10年代寄回家里的侨批不多，几乎每年只有一件，可能由于年代久远，大部分的侨批已散落，也可能由于陈遗恩初到南洋，经济基础尚不扎实，故寄回家里的侨批也少。20年代后，由于陈遗恩在马来亚已建立起相对稳定的商业基础，这时期无论是侨批的密度还是款项的数额都明显增加，每年有两三件侨批，同时还增加了不少与商业友人间的商业文书。1946年后的侨批主要来自儿子陈应传，出于抗战胜利后特殊的经济社会环境，他与家乡的侨批联系异常频繁，甚至每个月多达两三件。

从有关陈遗恩的早期信件中，我们发现，在陈遗恩出洋初期，陈遗恩家族和其家乡已有不少族人来到新马一带，其中包括陈遗恩的两位胞兄弟炳恩、岱恩及以兄弟相称的许尊士、三顺发等，在20世纪20年代，陈氏三兄弟的儿子应谕、应传、应先和应捷也相继来到马来亚，亲密的乡族关系使他们在海外建立起一定的社会商业网络关系。基本上，炳恩、岱恩和遗恩在经济上是互相提携、相互帮助的，他们一直来往于新加坡、柔佛新山和麻坡，并在自己与友人共创的南通宝号、南盛（通记）宝号和德昌号工作。兄弟间的互助关系往往还延伸到血缘关系上更疏远的亲族友人，在以下两封李作霖委托安添仁兄和遗恩胞弟为少峰叔找工作的信中，我们可以看到海外华人社会中乡族间的互助关系。

> 兹有少峰叔由麻顺游敝埠，今买车抵呀，① 见字之日倘店中有缺可赁，伏兄台筹为照顾，不然苟如邻边之店有业可作，祈烦相为，如无各连近埠头可图营谋，就中待携完为看弟旧友设法是荷，祈望勿付弟之托是幸是幸。（1924 年 4 月 18 日李作霖致安添）
>
> 兹少峰叔由麻顺途游之吉坡，是晚买车抵呀到日，吾弟祈扫地恭迎，倘店中有业可赁，就中在店帮辅，苟如无缺可作，邻边诸店代为托寻，不然如有各港口可作少生理，就中完为照顾，则愚之幸也。（1924 年 4 月 18 日李作霖致遗恩）

在男性于海外华人社会中形成一定的社会网络的同时，在其家乡也形成明显以女性居多的侨乡社会。从附录五中我们看到，陈遗恩在 1921 年前寄回家里的侨批，信封上大都是写着寄给"陈宅祖慈大人"，信中称呼为"祖慈、姅两位大人"。按照潮州人的习俗，侨批一般都是寄给家里的年长者，由此我们看到，1921 年前陈遗恩家里的最长者（亦即家长）是祖慈和祖姅两位大人，祖慈是陈遗恩的祖母，祖姅为老祖姅的简称，是陈遗恩的曾叔祖母，比祖慈高一辈。② 由此可见，在家乡，陈遗恩家庭的掌管者都是女性。也许陈遗恩的祖慈在 1921 年前后去世，在之后寄回家里的侨批中，陈遗恩在信中只称呼"祖姅大人"，直至 1939 年我们仍然看到陈遗恩和其儿子陈应传的家批主要都是寄给"祖姅大人"的。估计"祖姅大人"在 1939 年前后去世，所以陈应传在 1939 年后的侨批都是寄给"家双亲大人"的，由于陈遗恩大部分时间都在南洋，所以"家双亲大人"其实是指陈应传的两位母亲——嫡庶娘亲。

除了收批人外，从侨批的具体分法中也可看到陈遗恩家乡亲属中女性为主的现象，具体可见以下两封侨批：

---

① "呀"是"嗒呀"的简称，是过去潮州人对柔佛新山的别称。参见《南洋埠名》，*Journal of the Straits Branch of the Royal Asiatic Society*，February 1905，p. 200。

② 有关潮州人的亲属称谓可参见陈礼颂：《一九四九前潮州宗族村落社区的研究》，上海：上海古籍出版社，1995 年，第 73 - 85 页。

昨读来谕详悉一切。兹寄大银二十五元正，至祈查收。内抹二元交大妗收用，又抹二元交二妗收用，又二元交钦生妗收用，又二元若兰姨收用，又二元交南洋收用，又二元程洋冈老妗收用，余存家中之需。（1928年12月9日陈遗恩致祖婶）

兹奉大银三十元，至祈查收。内抹出二元交大妗收用，又抹二元交二妗收用，又抹二元交寸顺妹收用，又抹二元理顺妹收用，又抹二元若兰姨收用，又抹二元程洋冈老妗收用，又抹二元南洋老妈收用，余存家用。（1929年12月10日陈遗恩致祖婶）

在以上两封信中，陈遗恩提到的亲属主要是作为女性的"妗""姨""妹"和"老妈"（指曾祖母），而与之对应的男性"舅""姨丈""兄弟"和"祖父"则缺席，可见在陈遗恩所提到的亲属的家庭中，女性当家很普遍。至于男性成员，他们不是移民海外便可能是不在世了。陈应传寄回家里的侨批也反映了类似的情况，陈应传馈赠批银的亲属也主要是作为女性的"母亲"、"姑"、"姆"、"妗"、妹（璇卿）和妻（润鑫母）等。

年关已届，想各物又再高贵可知也，兹先奉上国币一百五十万元，信到祈收。其中抹出六万元奉蛟头外祖为茶仪，六万元横陇老姑，六万元下坑二伯母，六万元东林头我岳，六万元与璇卿，幸各分发为祷，余者作为家用。家中如庶母等候，下信续寄，请庶母勿见怪为要。现下粟价若干，其示知，余容后禀，专此。（1948年1月15日陈应传致嫡庶母亲）

兹再寄奉金圆券一千四百元再夹叻币十元，祈检收用，兑换多少，并指示知。其中抹出金券奉送下列各位为新年买槟榔之用，计横陇老姑、蛟头外祖（若外祖不在家，则送二妗）、下坑二姆、东林头我岳、北陇璇卿、福生叔，每位各送六十金券。家中庶母则奉送叻币二元，润鑫母子叻币二元，余者大人收之。乡中近来偏派方面如何，顺祈示知。（1949年1月10日陈应传致嫡庶母亲）

从陈遗恩的家庭中，我们看到侨乡社会与海外华人社会出现较为明显的两性分离的现象。华人男性为生计而移民海外，由于南洋与家乡之间路程遥远，旅费昂贵，到南洋谋生的普通百姓不能时常返乡探亲，那么他们如何处理家庭的繁衍问题呢？对陈遗恩家族侨批的深入解读表明，为保证家庭的传宗接代，华侨百姓的每次归国都紧系着人生或家庭大事。例如，陈遗恩自1913年底至1914年初到马来亚后，大约回国四次。第一次是1915年初，以下是陈遗恩再次出洋后寄回家的第一封侨批：

> 祖慈、婶两位大人膝下：敬禀者，自汕十八下午扬帆至廿五日抵岸，一路水陆平安，两位大人不用挂念。兹有丰轮回塘，乘便附上一信外并寄上洋银十元，至日查收家中之用也，余无别禀。愚孙遗恩（1915年10月27日）

陈遗恩第一次回家逗留的时间较长，也正在这一段时间里，他为传宗接代作了充分的准备，因为翌年他的长子陈应传便出生。陈遗恩第二次回家是在1921年，估计这次回去跟其祖慈（祖母）的去世有关。第三次是从1925年底至1926年10月，由于这时他的经济较为宽裕，所以回去的时间长达十个月以上，有很多的侨批、信件是这段时间里他的胞兄弟李作霖和其他商业伙伴寄给他的。第四次可确定的是1932年，不过暂时没有资料说明此次回去的特殊意义。

在时空的阻隔下，移民社会的活动似乎遵循一定的模式。跟父亲陈遗恩一样，陈应传的归梓也跟人生大事有关。陈应传约生于1916年，大约在1927年初（即12岁）到马来亚上初中。到了1935年，他已20岁，年届弱冠，这时在澄海当家的"祖婶大人"已开始为陈应传筹订婚事，催促他早日回国成亲。1935年9月2日，陈遗恩在写给祖婶的侨批中，也表赞同：

> 所云应传亲事定就，自当命他回国完娶。但不知斯亲何乡何家之女，示知。余自连年受到不景影响，损失难计。刻下生理另行与人合作，改号五裕，以开张二月，此顺为告知。如若孙妇等，候诸调理妥善，当之同命彼归家就是，祈大人切免为挂。兹便寄上片函外付大洋十元，至祈查收家用，外地平安，余无别禀。

在此之后的1936年、1937年便不见陈应传寄回家里的侨批，可见这段时间他已回家"完娶"了。1938年2月26日陈应传回麻坡后写给家里一封"回头批"，从信中得知，陈应传是在2月14日搭海利轮离开汕头，20日到新加坡，由于"香汕天花症流行"，要在新加坡滞留六天，26日才抵达麻坡。根据这封侨批，陈应传此次回家不但成了亲，而且也延续了香火，因为他在信中问及"润鑫小儿头上之胎毒未知痊愈否？"

可见，"归家—结婚—生子"是移民家庭进行自我延续而实行的策略措施，是海外华人社会与侨乡社会互动关系不可缺少的环节，也是东南亚–华南跨国华人社会进行自我生产、继替的基本要素。不过并不是所有移民家庭都可以幸运地依循此模式延续香火，在此我们注意到陈遗恩的身份问题。根据附录五，除了陈遗恩在写给家乡澄邑山边乡陈宅祖婶大人的侨批中自称为陈遗恩外，还有不少的侨批和信件是其他人写给陈遗恩的，不过这里的"陈遗恩"姓"李"，其家乡也从"澄邑山边乡"变成"澄邑下坑乡（或龙坑乡）"，① 陈遗恩的胞兄弟炳恩和岱恩其实姓李，那么究竟陈遗恩与李遗恩是否同为一人？澄邑山边乡陈宅与下坑乡李家之间是什么关系？

二、侨乡社会独特的继嗣问题

依据对围绕陈遗恩的数十封侨批文本的考证，以及笔者在山边村对陈遗恩后代所作的调查访问，我们饶有趣味地发现陈遗恩特殊但在潮汕侨乡又具典型意义的身份问题。原来，陈遗恩原姓李，是澄邑下坑乡人，李炳恩和李岱恩即是其胞兄弟，山边乡陈宅是陈遗恩过继后的家，原是陈遗恩的外祖父家，其外祖父曾移居泰国，并在泰国去世，无嗣，故由外孙陈遗恩继嗣，这属于潮汕侨乡的"外孙嗣外祖"现象。另外，在潮汕侨乡还普遍存在着"外甥嗣母舅"的现象。一般来说，在"外甥嗣母舅"的问题上，继子并不改变对原来亲属的称谓，例如亲生父母仍然称为"父母"，过继后的"父母"仍然称为"舅父""舅母"。从这样的家庭关系看，陈遗恩在侨批中提到的"南洋""南洋老妈"，便是其在下坑乡的曾祖母，② 同样，陈应传在1948年、1949年的侨批中提到的"二伯母"（二姆）可能即为父亲之胞兄弟李炳恩或李岱恩的妻子。

分析至此，我们对陈遗恩的家世及其所反映的潮汕侨乡特殊的社会现象能有较清楚的认识，作为一个有着长久移民海外历史的地区，潮汕社会也随着移民的进程逐渐向两性分离的社会结构转型，两性的分离终于造成侨乡社会独特的继嗣问题。由于夫妻长期不能团聚，他们生育子女的机会也较其他地区低，而在中国传统的宗法制度下，血脉相传的观念尤为突出，所谓"不孝有三，无后为大"。在家族制度下，儿子的多少还事关经济地位、家族强弱等现实问题，因此对于缺少子嗣的家庭来说，收养或过继儿子是延续香火、维持家族势力的主要替代方

---

① 龙坑乡是下坑乡的别称，参见谭健吾、蚁永森编：《澄海县地名志》，澄海：澄海县人民政府测绘地名办公室，1987年，第102页。

② 下坑明清时属澄海县苏湾都莲阳村，莲阳在本地口语中称为"南洋"或"南阳"。

法。在侨乡社会，这种现象尤为普遍，我们在翻阅 1949 年前出版的侨刊或潮汕侨批等文献时，常常看到很多关于收养螟蛉子的讨论。笔者 2001 年在广府地区的四邑侨乡作田野考察时，还切身体验到侨乡社会的这种独特的社会文化。例如笔者曾访问过台山市广海镇的刘先生，他的父亲及往上追溯到高祖父的四代人都是移民古巴的华侨，然而发人深思的是，包括刘先生自己到曾祖父的四代单子都是通过收养而来的螟蛉子。

由于移民的目的地不同，潮汕地区的子嗣问题相对于四邑地区而言似乎较轻。在陈遗恩的个案中，其外祖父缺少子嗣，但幸运的是陈遗恩的亲生父母有三个儿子，因此便把幼子遗恩过继给外祖父当子嗣。从习惯上来讲，遗恩过继到陈家后应改姓陈，而不是姓李，可我们在侨批中仍然看到有部分人称呼陈遗恩为李遗恩，家址也是过继前的老家，这又如何解释呢？这是由于陈遗恩过继时已经成人，所以原下坑乡的亲友还习惯地称他为"李遗恩"，其中包括陈遗恩的胞兄弟李炳恩和李岱恩（李作霖估计是李岱恩的别称）。实际上，亲族间的过继关系不但没有削弱或断绝血缘上的亲属关系，反而通过"亲上加亲"的方式使彼此间的关系网络进一步强化，从上文可知，不但过继后的陈遗恩对亲生家庭负有一定的赡养责任，就连其儿子陈应传也与之保持密切关系。

值得一提的是，"外甥嗣母舅"在潮汕社会是个很普遍的现象，它甚至比过继侄子更为一般人采用，这似乎跟明清以来男性中心的家族宗法制度相违背。据潮州学者陈景熙讲，在潮汕地区，外甥的地位跟亲生儿子相当，那么它跟"外甥嗣母舅"的问题有何关联？这是否反映了华南沿海地区女性地位较高这种古老的遗风？这些问题值得我们作进一步探究。

三、小结

综上所述，近代海外华人迫于生计而移民海外，这决定了移民者大部分是成年男性，而留在家乡的便主要是"老、弱、妇、孺"，特殊的移民社会结构决定了其独特的繁衍问题。大多数移民家庭都试图遵循"归家—结婚—生子"的模式进行家庭繁衍，但是对某些移民家庭来讲，遵循此模式并未成功地为他们延续香火，于是出现了移民社会独特的家庭传承方式——"外孙嗣外祖"或"外甥嗣母舅"，独特的家庭繁衍方式构成了移民社会特殊的文化。

实际上，如果对海外华人社会与侨乡社会作更理性的观察，我们可以发现，跨国华人社会两性分离的现象与其说是出于经济原因而迫不得已的下策，倒不如说是家庭经过理性选择后实行两性分工合作的策略，家庭成员的两地分居则是此策略下要作出的牺牲。如果从这个视角来考察，我们将发现跨国华人社会内部运作的更深刻的机制。首先，这种策略性分居也跟中国传统的家族制度有关，即祖宗的香火一定要延续下去，在这种制度下，即使夫妇双方有移居海外的意愿，家族长辈也要设法把其中一方留在家乡，以维系着与海外华人的关系。例如在陈遗恩家庭的例子里，虽然妻子曾随夫移居麻坡多年，但是祖婶要求其回乡侍奉长辈，那么陈遗恩这个小家庭便不得不听命于家乡的长辈，"候诸调理妥善，当之同命彼归家就是"①。其次，这种分工合作也有特殊意义。从陈遗恩家族的个案，我们看到生儿育女的工作主要是在侨乡进行，孩子一旦成年就要加入"下南洋"的队伍，使海外华人社会得到充实，孩子在家乡成长的经验又使他们移民南洋后仍然缅怀故土、承担对原生家庭的责任。正是这种向海外谋生计的策略及两地分居的家庭结构形成了海外华人与家乡互动的动力，使得跨国华人社会持续发展，生机勃勃。

第三节　跨国华人家庭的家计维系

由于出洋是华人为谋生计而采取的家庭策略，因此家计既是华人出洋的原因，也是其奋斗的最终依归，作为海外华人与家乡沟通互动的主要方式，侨批联系无不体现着"家计"这一永恒的主题。本节将通过对陈遗恩家族侨批的深入解读，探讨跨国华人家庭如何进行经济转移，实现家计的维系。海外华人如何在侨批中表达他们对家计的关怀？其背后反映了怎样的社会文化观念？国内侨眷对此有何反应？在近代中国与东南亚地区的政治经济环境下，是什么因素影响着跨国华人家庭的生计问题？跨国华人家庭又如何顺之、逆之？

---

① 　参见陈遗恩在 1935 年 9 月 2 日写给家里的侨批。

一、太平洋战争爆发前陈氏家族的家计维系

就笔者所见，陈遗恩最早的家批是 1914 年闰 5 月 8 日寄出，附英银八元，由于所寄银项不敷家用，遭到祖母的责怪，为此陈遗恩特地作了一番解释：

> 是天接来家示一函，内云多买物事，余寻无知心之人回梓，况由住喏呀坡连近乡亲并无同居人，候孙儿出叻坡询问岂有友人欲回家乡，自当立即寄上应用。令言每月银款寄少，不亏费用，望祖母大人勿看乡井别人为要，愚孙下叻不过数月之余，薪金若多，寄回家中若多，祈知筹想，勿以遗出该项。兹便寄英银八元，至月查收家中之费，余无别禀。（1914 年 5 月 8 日陈遗恩致祖慈、祖姊）

由上可见，由于这时期陈遗恩刚到马来亚不久，还在他人店里当雇工，经济上尚不宽裕，所以几个月来寄回家里的批款只有几块钱。从以下批信可知，到是年底，陈遗恩的经济还没好转，面临新春之际，家批也只能按月续寄而未能提前支出。

> 是天接来家谕一函，内嘱愚回家，本当如命，耐赁人生意，不能自由，新春灯泡一事，孙亦以知，候时至，该项自当缴上应用，两位大人不用介意。兹便奉上信局一函，外并寄去大银十元，至日查收家中之费。（1914 年 10 月 29 日陈遗恩致祖慈、祖姊）

基于经济上的原因，陈遗恩在20世纪10年代每次寄出的批款都不多，除了1916 年 10 月和 1917 年 10 月的两封侨批是二十元外，其他都是十元左右。不过多年的努力也为陈遗恩的事业奠定了基础，至迟到 1921 年，陈遗恩及其兄弟已先后在新加坡和麻坡创立南通号和德昌号。南通号经营大米等生意，而且在 1921 年 "内外生理暂有进步"[1]。那么德昌号是怎样的商号呢？据 30 年代的一份商业指南，德昌号是杂货店，设在麻坡砂香街十号，[2] 不过迟至 1921 年，德昌号以经营树胶为主。

---

[1] 参见 1921 年 7 月 20 日陈遗恩收到的批信。
[2] 《马来亚英汉商业指南》，新加坡：20 世纪 30 年代，具体年份不详，第 420 页。

从 1903 年柔佛政府强迫种植树胶以来，树胶的价格就一直处于较好的势头，例如英殖民政府在 1916 年的年度报告中即指出："伦敦市场上树胶的价格可能有百分之百的变动，但是总是好的。"① 不过这种情况到 1921 年却出现很大变化，树胶的普遍种植导致生产过剩，其价格亦随之惨跌，英殖民政府在 1922 年的年度报告中指出："树胶的价格在全年中都维持在每磅 26 分到 38 分间的低价……1921 年在以后的岁月中将可铭记为工业史上最惨痛的年份。"② 低迷的行市自然对陈遗恩的家族经济造成一定的打击，1921 年陈遗恩回乡期间，他收到的批款额曾一度只有五六元。以下李岱恩及友人寄给陈遗恩的批信详细反映了这时经济颓废的情形：

德昌生理素时亦不过平常，刻下树市亦系疲疲，有起者一二元而已，生理甚属冷淡，是亦无奈与何乎。今再去一函外并洋银五元，到日收用可也。（1921 年 8 月 8 日李岱恩致遗恩）

询及行情一事，如今一败梯地，刻下上柂跌存二十余元，但俺前办之货为次者，除十元，祈为知之。未卜行情何日方能反活，刻下各州府干杰甚是冷落，为商场此居多受亏耳，因此市情略告见草，伏祈知之。（1921 年 8 月 8 日顺发致遗恩）

无论在商场上如何起落，海外华人都要同心协力，以维家计。1921 年 11 月 29 日，李炳恩致岱恩的信表达了他们关怀家计的共同信念。

岱恩胞弟如见，启者，缘刻下愚兄明玉柴厂卖□□□赁，刻与友人合创干果杂货生理一间，字号两洽，在新城门达，叻内地方开张，与启贤兄店相离不远，是以通知。缘因生理初创，获利未定，致现然家信薄寄。惟思吾弟在叻颇有微利，平获家信宜当厚寄，须□同心协力，以顾家计，庶免家中之拮据者矣。至于遗恩小弟现住山巴，与俺亲侄若来，免佣工，幸免介耳，余容日后叙。③

---

①　Jarman，Robert L.，*Annual Reports of the Straits Settlements*，*1855 – 1941*，Volume 7（1915 – 1921），London：Archive Editions Limited，1998，p.119.

②　Jarman，Robert L.，*Annual Reports of the Straits Settlements*，*1855 – 1941*，Volume 7（1915 – 1921），London：Archive Editions Limited，1998，p.575.

③　引文中"□"字符为侨批原件字迹模糊、难以辨认之处，以下同。

为挽救树胶危机，英殖民政府于 1923 年实行限制生产，各州树胶需凭"固本"（coupon）出口，实行限制生产后，树胶的价格开始回升。[①] 到 1925 年前后，树胶的价格也到达顶峰，成了树胶业的"黄金时期"。当时英殖民政府的年度报告详细记录了这一商业奇观，"1925 年 7 月树胶的价格达到每磅 1.79 元，是数年来的最高价"，"到 12 月，树胶的价格甚至涨到每磅 1.82 元，创 1912 年来最高的历史纪录"，1925 年 12 月后树胶的价格逐渐走下坡，"不过全年树胶的平均价格仍然足以使各物业保持良好秩序，并给物主和持股人带来可观利润"。[②]

在树胶业的黄金时期，以经营树胶为主的陈遗恩的家族经济自然从中受惠不浅。以德昌号为例，经济的好转使它有多余的资金参与潮州人的社会活动，并在麻坡潮州人社会中发挥一定影响。1922 年麻坡潮州人倡建韩江公冢时，德昌号即慷慨捐资五十元；[③] 此外它还热心于华教，在 1926 年麻坡中华学校（中化学校前身）筹建校舍时，德昌号也捐资五十元。[④] 反映在侨批上，这时期陈遗恩寄回家里的批款也明显增加，大多有二三十元。在 1925 年底至 1926 年 10 月期间，陈遗恩正好回乡，他与海外商号间的联系主要是通过侨批进行，所以这段时间也留下不少的侨批来往文书。通过这些侨批文书，我们可以翔实了解到当时陈遗恩在海外的商业及与国内经济来往的情况，以下是这些文书的几则抄录：

梶市现行 120 元左右，如此价格各行生理亦颇不恶。（1926 年 2 月 16 日郑柏生致陈遗恩）

兹是天寄批局带去吉函外并洋银 20 元，到日查收，以助日用也。上月所寄之批回信刻未收到，定在于途，可知也。现月起来梶市跌存 89 元，羔本 40 出元，就行情，上月番人挂砂月生理甚好，现月之初尚未见如何，候后信再陈。客岁花红分 1 679.1 元，旧年辛金支出 1 291 元。（1926 年 3 月 3 日李作霖致陈遗恩）

银项如若不足，望祈掷晓，当自汇上，免介。内言梶市炸降，此乃商战之常。今日再跌，刻叻烟花市行 93 元，生花 88 元，各蒙梶业之家输亏血本颇巨，

---

① 许云樵等编：《星马通鉴》，新加坡：世界书局，1959 年，第 54－56 页。

② Jarman, Robert L., *Annual Reports of the Straits Settlements*, *1855－1941*, Volume 8（1922－1926），London：Archive Editions Limited, 1998, pp. 410, 543, 645.

③ 1922 年韩山亭纪念石碑，参见麻坡潮州会馆：《柔佛州麻坡潮州会馆五十八周年纪念特刊》，1996 年，第 93 页。

④ 中化金禧纪念特刊编委会：《中化半世纪：中化中小学五十周年纪念特刊》，麻坡：麻坡中化中小学董事会，1962 年，第 18 页。

不幸之中还有幸也，逢此连月间系番人挂砂作正，不然一失全空。日前曾告，弟与人合创枳业九八生理，算来亦稍有利，皆伏仁兄福星高照，若勿逢此光景，定获奇利无二。（1926 年 3 月 12 日许尊士致陈遗恩）

近来生理冷淡，因枳市碍上，未能转活，尚且逢此番人作正，枳字未□，想昨晚枳字□，其市决能可望高升。刻逢轮便呈上大龙银二百元，至时查收以应家中之用。贵郊本月要尊士货四千六百元，来款三千余，事在月初先达，料必早收可知。（1926 年 3 月 25 日许尊士致陈遗恩）

有寄柏生哥带去白丝笠衫二条，至日查收，其余别物无可寄去也。但我家内未知岂有欲鞋袜及别件家用之物否，倘有欲用鞋者，寸度写来，方可买耳，我弟如有欠用何物，亦便写来，俾可寄去。兹寄批局带去寸笺外并洋银十元，到日查收以助日用也。数时枳价又跌，市情淡些，未卜后市如何，后信再陈。（1926 年 4 月 12 日李作霖致陈遗恩）

但榴莲一味幸喜是年不尝染手，所作数家概是亏本……明大移居隆成店底，不尝作店前，闻他作出水欲兼汕头货，每份欲冲本五百元，目下俺无项可增，欲候台回叻再行主意。尊士兄买婶之事，昨天有信告知，委他与台接洽，已省笔耳。枳市上三十七元，中三十二三元，本三十八元，限制无放，闻市无炸，此斯羔本割少，祈安知之……本初八夜麻中火烧店十三间，在福生相连之枋壁店无存，上至蓝胜丰止，下至双昌打白铁止。夜间闻火实是惊骇耳。（1926 年 6 月 9 日德昌郭子永致陈遗恩）

此次福盛号前次被火烧一事，上信经有提及，毋庸多赘耳。但刻被烧之号为欲另整生理起见，寻无铺位，今三顺发一派上四间，福盛号欲与乘买，倘若被彼过手，那时或欲讨铺，或欲食茶金一二千元，此一藉亦须提防，但三顺发生理亦非裕厚□□□□逢此亏耗，亦系一方难也。刻在行情冷淡，生理嘱在难筹，三顺发上月与叻明大来往，办有一万九千一十元，是月至今汇还三千九百一十元而已，□明大常常推讨银项甚急，况子如筹理财政与文田两人各一心事，不同财政调度，势有拮据之象。吾弟见字之日至切收什回麻，或筹之处方可与文田两人维持，方无一失之虞耳。此为大局为要，至切买舟勿延，乃幸乃祷。兹便寄去洋银二元，到日查收。（1926 年 6 月 16 日李作霖致陈遗恩）

由于陈遗恩的家族生意主要是树胶，[①] 因此上述侨批文书几乎每封都提及树

---

① 除此之外还兼营榴莲和番人挂砂等。挂砂，又作挂沙，马来语 Kuasa，表示委托、代理之意，参见［荷］包乐史、吴凤斌校注：《公案簿》（第一辑），厦门：厦门大学出版社，2002 年，第 376 页。

211

胶（又称"树椶"）的价格，文中提到的"烟花"（smoked sheet）、"生花"（un-smoked sheet）是树胶的品种名称，至于"羔本"则是华人对"coupon"的译称。根据上述材料，陈遗恩回乡期间，树胶价格的起落很大，从 1926 年 2 月 16 日的 120 元（每担）跌到 3 月 3 日的 89 元，再到 6 月 9 日的 37 元，以至同行好友都在侨批中慨叹"各蒙椶业之家输亏血本颇巨"，"生理冷淡"。

不过从长时段来看，陈遗恩的家族生意则在这段树胶业的"黄金时期"中显得雄厚，他每月的生意额高达四五千元，又根据 6 月 16 日的侨批，三顺发号似乎也归其所有，在麻坡大火后如若租让与人，还可坐食一二千元的租金。正在这样的好景期，商业好友许尊士与友人合创了"椶业九八生理"，而且"算来亦稍有利"。在侨批里，许尊士还给陈遗恩寄去二百元巨款作为家用，李作霖也慷慨地要为弟弟寄去各种生活用品。不过同时我们也注意到，这段时间里陈遗恩还收到郑柏生、蔡辉秋、吴喜赐和翁松山等人的少额侨批，这些侨批款项少的原因主要是他们既非陈遗恩的家属，也非其商号的负责人，所以他们对陈遗恩家庭不须承担经济责任，寄批只是他们通信联络时合乎潮汕礼俗的表现。

1926 年 6 月以后，陈遗恩的商业在财政上开始出现问题，甚至为此而"理讼公庭"，[①] 由于此案，陈遗恩不得已回到麻坡。尽管如此，陈遗恩在商业上所受打击仍未显现。根据以下两封侨批，1926 年底陈遗恩回麻坡后还应家里的需求买了不少昂贵的金银首饰，1927 年 2 月又给家里汇去高额巨款，其中一部分是借予他人使用，而其他是还买公田之款。

兹接来函阅悉一切，但药水刻无人回塘可寄，如应先与欲开正回家，祈知之。但言买等物，刻以买便金髻揎一枝，二十五元半，金耳把一枝，九元半，金髻桥一枝，二十二元半，祖婶金耳钩一双，小女藤手镯一双，一十二元半，各件刻概买便，候开正我兄侄回家带去。但各物到日祈知，受口秘悉，免致盗贼之虞，祈为知之。（1926 年 11 月 28 日陈遗恩致妻子）

刻奉上一函，外付大银十元，至祈查收家中之用。但昨天有汇大银五百元交汕头裕安李德乾代为受领，内计三十元借来惜之用，又一百元欲借应梨之用，余存三百七十元欲还公田之款。见草有用之日祈叫李大意往汕携收，此为告知，切勿扬言为要。（1927 年 2 月 17 日陈遗恩致祖婶）

---

① 参见 1926 年 6 月 16 日和 9 月 5 日致陈遗恩的侨批。

基于上述材料，我们可以推知 1925—1926 年是陈遗恩家族生意的鼎盛期，正是在这段商业鼎盛期，陈遗恩得以资助他的孩子陈应传、陈璇卿等前来马来亚受教育。

经过 1925—1926 年的高峰期后，树胶的价格开始持续下降。1928 年树胶出口配额制度的取消加速了价格的滑落。1929 年又遇上世界经济大萧条，这一年树胶的价格不断下跌，从第一季的每磅 38 分跌到 11 月的 25 分。进入 1930 年，树胶的价格竟然跌到历史的最低纪录，平均为每磅 19 分。在世界经济危机的影响下，1931 年树胶的价格再跌到每磅 10 分左右，英殖民政府的年度报告表明，"这个价格比许多物主的生产价还低"①。尽管如此，树胶价格的下跌没有停止，"到了一九三二年，柔佛生片，每担已惨跌至四五元大关，这是柔佛胶价最黑暗的时期"②。由于树胶是陈遗恩家族经济的命脉，树胶价格的下落就像晴雨表一样标示着陈遗恩家族经济的滑坡，这时期的侨批有不少反映了这种状况。

兹便寄上大银二十元，至祈查收家中之用。但刻枢价大跌，每担兑二十八元，市势艰苦，塘中目下境况如何，祈顺示知，余事后禀。（1928 年 3 月 4 日陈遗恩致祖婶）

刻下叻中各业苦况实难形容，大人嘱孙等回家，则候来春于□当命前往就是，祈大人免挂之耳。（1931 年 11 月 24 日陈遗恩致祖婶）

陈遗恩的经济困难也反映在这时期批款的数量上，根据附录五，除了偶尔有二三十元的批款外，其余都是十多元。持续的不景气到了 1935 年使陈遗恩的经济几乎陷入破产的境地。在 1935 年 9 月 2 日致祖婶的信中，他表示："余自连年受到不景影响，损失难计。刻下生理另行与人合作，改号五裕。"也许正由于这种困境，陈应传在 1934 年从麻坡中华学校初中毕业后就不能升学，③ 转而工作，开始承担家计。从附录中我们可发现，自 1933 年到 1939 年，陈遗恩和陈应传父子都有寄家批，而 1940 年后的家批几乎全都出自陈应传之手，由此我们可以推断陈应传这时已经成为家庭经济的主要承担人。

---

① Jarman, Robert L., *Annual Reports of the Straits Settlements, 1855 – 1941*, Volume 9 (1927 – 1931), London: Archive Editions Limited, 1998, pp. 375, 497, 630, 667.

② 许云樵等编：《星马通鉴》，新加坡：世界书局，1959 年，第 58 页。

③ 《中学历届毕业生名录》，参见中化金禧纪念特刊编委会：《中化半世纪：中化中小学五十周年纪念特刊》，麻坡：麻坡中化中小学董事会，1962 年，第 75 页。

上文详细分析了 20 世纪 10 年代到 30 年代陈遗恩家族在马来亚经济起落的情况，及反映在侨批文书上的经济变化对其家庭生计的影响，由此我们看到，侨批来往中始终贯穿着"家计"的主题。除了直接表达南洋或家庭的经济情况外，陈遗恩家族的侨批也反映了对中国时政、家乡自然灾害的关切。例如，1917 年潮汕地区发生了粤军与闽军间的军阀战争，亦即民间所称的"南北两军大战"，陈遗恩便在 1917 年 10 月 23 日的家批中询问："另者现年潮汕南北两军大战，潮中人民有碍甚多，未卜是否，祈赐乃荷。"1918 年潮汕地区出现水患，陈遗恩也在该年 6 月 1 日的家批中询问："兹入年塘中洪水甚大，倘俺近连之堤，未卜有碍。"1922 年潮汕地区出现数十年一遇的"八二风灾"，陈遗恩便在 7 月 27 日致其祖妣："及屋吹塌一事，余乘友人来书，据云无碍，但其中如何破碍，祈切示知为荷。"1927 年南京国民政府成立后，陈遗恩在 1928 年 9 月 21 日的家批中发表了对时政的看法："荷政军饷事，在刻全国统一，军政收缩，训政开示，厘金什税暨免，何有军饷可言，此条必系贪官污吏者为。目今实行民权，如有此等腐化，应当打倒。"这也说明中国、家乡所发生的事件对生活在海外的华人具有莫大的影响。

通过对日本侵占前陈遗恩家庭侨批联系的分析，我们发现，"家计"的主题一直贯穿着陈遗恩家庭的侨批联系，正是出于对"家计"的关怀，移居马来亚的陈遗恩等人与国内家庭保持连续不断的侨批联系。陈遗恩家庭的侨批联系直接受马来亚经济环境的影响。陈遗恩从事树胶业，因此树胶业的兴衰直接影响着他的经济收入。从 20 世纪 10—30 年代，马来亚的树胶业经历了勃兴—繁荣—萧条这几个时期，所以陈遗恩的经济收入也相应地经历从创业到发家，再到破产的过程。经济收入的波动直接反映在侨批款额的变化上，再加上侨批内容中对自身商业经营、麻坡市情和马来亚经济环境的详细报告，远在澄海的陈遗恩的眷属也深深地感受到麻坡及马来亚经济发展的节律变化。同样，潮汕家乡所发生的事件也通过侨批等方式传达给海外华人，使之作出相应的决策措施，于是东南亚华人社会与华南侨乡间便形成一定的共振关系。

二、太平洋战争爆发后陈氏家族的家计维系

1935 年后，当陈遗恩陷入经济困境而陈应传转而承担家计之际，第二次世界大战已拉开序幕，在东亚，1937 年 7 月日本发动全面侵华战争之后，中国领土

逐渐落入日军之手，1938 年 10 月，广州沦陷，翌年 6 月，汕头也陷入敌手。这时南洋的局势也危在旦夕，在战争的阴霾下，南洋经济一落千丈，东南亚华人的生计也备受影响，这时陈应传寄给母亲的侨批真实地反映了这一局势：

近因大战所牵，叻中百物高涨，尤以□□□甚，万埠因无信局，寄银须到麻或马六甲，因此十分不便。前月回谕，将二月，尚未收到，其中情况不明，甚念。今南洋似非从前一样，食饱无事，到处老现紧张情绪，似战有即发模样。家中如何，祈告一二。我爹在客岁十二月被尊士伯叫至文律收买生椰只，谅彼之信当有告达。责无奉敬，庶外祖茶仪，皆因一时疏漏，祈于可能处代为设法。外付国币一百二十元，信至之日幸为查收，以资家中应用。（1941 年 3 月 14 日）

承我爹来示谕，庶母再欲南来，命曰阻止，不过阻止非吾之敢言，今略献些近状以见不可南来之因。上信言我爹有事，不外是流动性非以前之做头家坐稳食稳，刻下生椰销路滞塞，又再赋闲，南洋现下生活费甚高，无事人岂能增加这些负担。况又四处满布战事，恐怖来南亦是和在家一样，我是迫不得已，不然我定回乡。浙辉老欲来作什事，南洋甚多青年倒回国找生活，刻下不是从前黄金世界，还是他图好。（1941 年 4 月 20 日）

在前信中所提到的"万埠"亦即万里望，属于马六甲州，自 1940 年，陈应传便在万里望的华文小学崇正学校任教。陈应传在后来的信中有提到万里望与麻坡间的交通情况："男居住之学校不外离麻市十二英里，每日车辆往来如织，交通甚便，汽车半点钟可到麻。"[1] 教书不是营利性行业，薪金不多是可想而知。这时陈遗恩所经营的商号可能已收盘，只能随好友许尊士到文律（Benut）收买生椰子，后由于生椰子滞销，"又再赋闲"，再加上战争的影响，"叻中百物高涨"，生活费攀升。在这种情况下，家人要南来自然变成一种额外负担，所以陈应传在信中想方设法阻止其庶母及浙辉叔南来。

1941 年 10 月 12 日，陈应传委托泰生堂寄回家 120 元，[2] 这应是太平洋战争前夕陈应传寄回家的最后一封侨批。1941 年 12 月 7 日爆发的珍珠港事件掀开了太平洋战争的序幕，同年 12 月 25 日香港被占领，到 1942 年 2 月 15 日，马来亚半岛和新加坡也相继沦陷，南洋大部分华人与家乡的联系最终被切断。

直至 1945 年 9 月日本投降后，中断了三年零八个月的侨批联系才开始逐渐

---

[1] 1946 年 8 月 2 日陈应传致母亲的信。

[2] 1946 年 3 月 28 日陈应传寄回家里的信。

恢复。从下信可知，1945 年 12 月，陈应传在邮局业务恢复之际，就向家里连续寄去了两封侨批，1946 年 3 月又先后通过邮局和批局寄去两封侨批，其关怀家计之心跃然纸上。不过国内外的艰苦局势使陈应传的家庭经济陷入内外交困中。在中国，抗日战争造成全国物资匮乏，通货膨胀，紧接着爆发的解放战争又导致国内通货膨胀不可收拾，生活费节节上升，而失去侨批来源多年的陈应传眷属已经债台高筑。在南洋，"二战"造成的货币混乱使陈应传承受巨额损失，在百废待兴的战后初期，英殖民政府为恢复经济实行限制侨汇的政策，这使陈应传的侨批既不能多寄，也无钱多寄，与此同时，父亲陈遗恩又遭逢失业，"寄食于人"，这一切造成了家庭的困境。以下几封陈应传寄给母亲的信详细反映了这一状况：

去年十二月寄一保家邮信，本月三日有寄快邮一信二万元，未审收到否？前寄亚洲汇中国银行一信，寄家中北陇由华侨民信局送交二信，于今将四月矣，未卜收到可知也。国内生活高涨，生计艰苦，非我不知，因政府限止寄出，寄黑市则惊不妥当，象前次寄亚洲之一信，至今四月未见收条，故延至目下也。今政府虽放行，亦只准寄三万元，多则不准。家中一共欠债若干，祈宜写来知，免我放心不下也。……兹再奉上国币二万元，以资应用也。乡邻土匪甚众，今如何？欠人之债，候知数目，后当设法寄去付还。（1946 年 3 月 28 日）

寄汕头领款之六千元，当时因政府未放行，先寄汇兑，想可先付家用，谁知更慢，货物直贵，彼时汇费甚高，真正冤枉。我每回不寄几十万元，该暹罗之日本纸有用，石叻之日本纸不值一文，俺存数万元成废纸，及后叻币通行，生理已不如前易赚钱了。设若传在暹罗，莫说数十万元，数百万亦不定，行错地方，言之心痛……吾想家运亦不大佳，回国之事谈何容易，目下船票一张叻币百外元，且买不到，有机会我自会打算，请母亲勿念。（1946 年 5 月 8 日）

真妹夹信问我父亲现下情况，刻下住麻，失业，寄食于人。告知和无告知一样，其心思如何，则我不明白，照理在海乾茅店拆后该继续经营，彼宁愿坐食过日，致到目前如此，有何可言，惟望大人勿伤心，传当奋发求进，以慰慈望，余言难尽。兹寄上四万元以应家用，前言下半年可多寄，因料物价平，生活低，谁知米反涨，现下每担二百外元，合国纸三十六七万，若勿米贵如珠，传定能应付充足，是天地命也，非人力所能为也。（1946 年 9 月 20 日）

在上述三封信中，陈应传具体说明了自己及父亲在南洋的经济生活状况，并详细问及家乡的米价、生活费用和欠债情况，他情真意切地表示，一定要"奋发求进"，以应家用，海外游子对家乡的拳拳之心、关切之情洋溢于表。当陈应传家庭处于经济困境时，1946 年 12 月 21 日父亲陈遗恩的去世对这个家庭造成进一步打击。以下是陈遗恩去世不久后陈应传寄给母亲的两封侨批，文中显示了这时期陈应传家庭的悲痛之情。

严亲因患下虚痨肺病，百药罔效，于十二月廿一日晨五时寿终皇家医院，传随侍在侧，亲视含殓，所恨者因无一定居厝，不得扬表举哀，真传百年莫赎之罪也，幸石金、金泉诸兄力助，同日安葬于韩山亭之麓，事已往矣，母亲勿过于悲伤，保重为要，尤其对于庶母及真妹要格外安慰，勿使彼等有伤贵体，方能使传对得住父亲英灵于九泉之下，家中要否置众举哀，由大人取决。兹付上国币二万元，到时祈收以资家用，余禀不尽，幸祈珍重。（1947 年 1 月 12 日）

父亲于十二月廿一日仙逝，度早收到□，人生修短有数，母亲不用过于悲伤，尤其对庶母要格外安慰，传当无二心，不要以媳妇不是人便生悲念，传当尽力以付家中之需，就现在每月要若干银款才得使合家不知受饿，幸勿包藏，明白来知。因父亲"已矣"，家中无第二人可希望，责任全在我一人，我若使二娘受冻饿，实在罪大如天……兹付去国币六万元以资家用，欠人多少亦写来知，传若有便银就寄去还。孙儿今年如常，令其入学，去年成绩如何，有分数单否，目下唐中米价若干，什物如何，祈来知，专此奉禀，余言不尽。（1947 年 1 月 26 日）

陈遗恩去世后，陈应传仍然承担着敬养在生母亲的责任，由于这时家庭的重担全落在陈应传一个人身上，他的责任更加重大。在"二战"后国内经济恶化、物价狂升的情形下，经济欠裕的陈应传便在侨批中频频问及家乡米粮杂物的价格及月需银项的数额，以设法筹寄。不过陈应传是以教书为业，并非如其他商业一样有利可图，所以只能在省吃俭用中勉力维持家计。同样，在家乡的母亲也很理解儿子在海外的难处，因此也节约用款，甚至节衣缩食来渡过难关。了解之下，陈应传又屡屡遭受良心的谴责，由于未能让母亲安享晚年而愧疚万分。

母亲衣服破碎不堪，儿闻之心甚酸痛，万般皆儿之罪，看过来若有友回国，定当寄去，不然自当多寄银款，使大人可在家乡自购，方能减我之罪也……兹奉上国币六十万元，信到之日，祈收应用。（1947 年 9 月 18 日陈应传致母亲）

命传寄款籴粟，兹尊慈命再行奉上国币一百万元，信到之日祈望收用。候半月再寄多少前去大人等作为衣饰之用。传性至孝（并非自夸），是因手头有限，若有盈余，当不使大人等受饥受寒。命我回家一节，我不忘于怀，候来年如何再行打算，祈免为念……若上信所言，每月六十万元即稍可温饱，祈放心，我定如命。(1947年11月11日陈应传致母亲)

大人所言无乱用款一事，传甚不欢，并非传有干涉大人用款，我恨无力，若力所能及，要劝大人努力加餐才是为要，为人子者，忍令其母减衣缩食之理。(1947年12月2日陈应传致母亲)

由上可见，尽管华人远渡重洋，但是对家乡的慈孝之心并没有改变，正是这种源远流长、根深蒂固的文化观念，一直维系着海外华人与家乡间持续不断的互动关系。本来"父母在，不远游"也是中国传统社会中行孝的表现，不过当奉养与侍侧两者不能兼得时，人们便更注重孝的文化内涵和社会功能，而不拘泥于身体上的空间距离。在出洋有悠久历史的东南沿海地区，人们对这种侍奉父母的孝的观念作了一定调适。正如上文所述，在潮汕社会，有许多人为谋生计而出洋，不过出洋者多为成年男性，而女性则留在家乡。从家庭的角度去观照，我们发现，尽管儿子出洋了，但媳妇还在，由此赡养与侍侧便求得两全。

海外华人及其国内家庭除了要解决由于地理分隔所造成的社会伦理的问题外，还要应付各种来自外部的政治经济环境的挑战，而这些外部力量往往是难以抗拒的。在1946—1949年，对跨国华人家庭的生计影响最大的莫过于国民政府统治下的恶性通货膨胀及由此造成的货币贬值、物价飙升。这种恶性通货膨胀在陈应传所寄家批的款额中多有反映。一般来说，陈应传每次所寄的新加坡币是相对稳定的，如附录五所示，但新加坡币在折算成国币时数额不断上涨。例如1946年间，陈应传的家批基本上都是2万至4万元法币，1947年则从1月的2万元法币增至12月的100万元，1948年更从1月的150万元增至7月的2 000万元。1948年8月实行金圆券制度后，陈应传的家批又从1948年10月的40元增至1949年3月的5万元。面对国币的不断贬值，陈应传这些华侨老百姓又有何应变措施呢？从1947年底至1949年期间陈应传寄回家里的侨批中，我们可以略知一二。

粟每石六十万元，真正大冤枉，上海上贵米才九十万元，真正要饿死人也。前十日寄去一百万元，信到之日请大人等即刻去做衣服，勿再拖延，因愈延钱愈细，若照叨中来做，每人做普通布二副，不知家乡布价若贵，祈来知……庶母若是我寄之款，稍可足用，请伊勿再做小生意。家乡音讯报纸常有登载，不用挂念，不够用费我自然会多寄，若是不到用亦要写来知。兹为寄上一百万元，信到之日祈收用，往后定再续寄。因国纸飘无定分，似多次寄，食亏不大，若是一次寄，分国纸一落，便损失一大半，真气煞人。（1947 年 12 月 12 日陈应传致母亲）

兹寄奉大纸币百万元，到祈查收以资家中应用，容月尾领信后再寄多少，祈免介念。中并加上叻中通用币十元，照目下行情，可换中国大纸币二百五十万元，若家中未有用到，可暂且收起，候新谷上市时再换来买谷。最要紧勿分人知，以后可以继续寄上，若是分人知道，一定被人偷去，那就不堪设想了。（1948 年 4 月 23 日陈应传致母亲）

卿妹要余多寄家用银款，余耽耽于怀，非我不知家中人之痛苦，此实归之天意，若现下之政府早一日清楚，则可望早一日幸福。余每次寄信付去之款，皆预算到家中敷用，莫奈银信一进信局，隔日即变小，到家只有收到一半，物价又日长日涨，买物又少，两面吃亏，真有苦难言。（1948 年 11 月 27 日陈应传致旋卿）

近来金圆纸大落价，害到人民更加穷苦，此种贪污政府实在不知要如何结局。兹再行奉上金圆纸二百元及夹上叻币十元，到祈查收，以资家中需用，照目下时价，叻币十元可换二百元，银信到家时大概可换三百多了，如何祈逐信示知。我因为不愿意输批脚太重，故分作二三次寄。（1948 年 12 月 9 日陈应传致母亲）

兹奉上金圆纸一万元及叻币十元，幸祈查收，以资家中应用。男本应在出正即行寄上口讯，但因金圆纸一日落价三四回，从正月初到今日差得令人寒心，在正月初四五寄一万元要七八十元，现在只要十五六元即可，内夹之十元，若信到家最少可换一万元有余。（陈应传致母亲，时间推测为 1949 年 2 月）

根据上述侨批，我们可知，陈应传对国币贬值的认识十分清楚。新加坡币兑国币（法币或金圆券）的汇价天天下跌，而且可能一天跌数回，他在马来亚通过侨批局将新加坡币按照当时的汇率兑换成国币寄出，但是当国币数天后到达国内家属手中时已大大贬值，而且"愈延钱愈细"。在这种情况下陈应传按照一定的家庭预算寄出的批款，结果往往是不敷家用。为了减少货币贬值造成的损失，陈应传也不得不作出相应的调整：首先，他要求家里收到批款后马上兑换衣物，以免拖延后钱不值钱；其次，他在信中夹寄新加坡币，让家人需要购物时再将新加坡币兑出，如此一来便可保证新加坡币的价值，免遭时间拖延而致的损失，不过这种方法也有一定的风险，恐被人盗取，所以陈应传要家人万万保守秘密；最后，为了减少国币不断贬值的损失，陈应传将家批分作多次寄，以求跟上新加坡币兑国币不断变化的汇价。从附录五中我们也看到，这时期陈应传的家批比前期更加频繁，每个月多达两三次。除了上述所及，海外华人社会与侨乡社会还有另外一种办法来抵制国民政府所实行的货币剥削政策——到 1949 年中后，侨乡社会已纷纷拒绝使用国民政府发行的货币，转而广泛使用价值稳定的港币，所以 1949 年后期陈应传寄回家里的是港币，而不再需要兑换成国币。

综上所述，全面抗战爆发后分布于澄海与马来亚两地的陈遗恩家庭经历了严峻的考验：首先面临的是日本对中国和南洋的占领及由此引起的经济衰退，不过直至 1941 年 12 月太平洋战争爆发前，陈应传与家乡的侨批联系仍然可以勉力维持，之后经过三年多的暂时中断，侨批联系到 1945 年 9 月战争结束后不久又得以恢复，这说明了华南与东南亚两地的移民家庭间进行联系沟通的强大动力及背后社会支持体系的有效性。其次是"二战"后中国与马来亚的经济重建，其中影响最严重的是中国的金融动荡和恶性通货膨胀，对此，陈应传家庭也在寄批和批款利用等环节上作出相应的调适，从而最大限度地减少外部环境造成的损失。最后，在陈遗恩家庭的个案中，我们看到侨批联系的代际传承。陈遗恩的去世虽然给家庭带来很大的打击，但是并没有使家庭的侨批联系中断，而是在其儿子陈应传的努力下继续维持下去，这说明华南与东南亚地区间华人移民家庭的延续性及两地社会互动结构的稳定性。

三、小结

本节详细讨论了陈遗恩家族自 20 世纪 10 年代到 40 年代两代人在马来亚的生活及与家乡的侨批来往。陈遗恩在马来亚的生活反映了大部分华人在海外谋生的道路——从雇工到商人，正如王赓武所言，"从广义上说，海外华人社会只分为两种人——商人和热切成为商人的人"[1]。陈应传则代表了海外华人发展的另一种方向——致心于社会文教。陈遗恩家庭的男性成员是为了家计而到南洋谋生并为此作出策略性家庭分居，特殊的家庭结构造成了陈遗恩父子等人与家乡间持

---

[1] Wang, Gungwu, "Traditional Leadership in a New Nation: The Chinese in Malaya and Singapore", in Wijeyewardene, Gehan (ed.), *Leadership and Authority: A Symposium*, Singapore: University of Malaya Press, 1968, pp. 208 – 222.

续不断的侨批联系，陈遗恩等人寄侨批的做法实现了家庭经济的内部转移。

通过分析陈遗恩家庭自 20 世纪 10 年代到 40 年代的侨批来往，我们发现：移民家庭的经济转移受到许多外部力量的影响，例如"二战"前马来亚橡胶业的兴衰、1929—1933 年世界经济大危机、1941—1945 年太平洋战争、"二战"后马来亚的经济重建和 1946—1949 年中国经济的恶性通货膨胀。马来亚的经济直接影响陈遗恩等人的经济收入；中国经济的通货膨胀影响外币跟国币的汇率，从而反过来影响陈遗恩等人的寄批方式；"二战"则对整个侨批网络造成冲击。尽管经历如此多外部环境的冲击和人世变迁，陈遗恩跨国家庭还是通过定期的侨批往来和生计的维系而长期生存下来。其背后反映了跨国华人家庭、跨国华人社会内部既有的生存机制：它既包括侨批网络运作的恒稳性，也包括华人传统文化中对"孝"和家庭责任感的恪守，此外还包括出洋和分离，这原本就是家庭多方权衡下有得亦有失的一种生存策略。如此种种，使跨国家庭成为近代华南侨乡与东南亚华人社会普遍存在的家庭模式。

第四节　教育：跨国华人社会的传承与嬗变的文化因素

教育作为文化传承的重要阶梯，向来受到中华民族的重视，早在宋代，王安石就认为："天下不可一日而无政教，故学不可一日而亡于天下。"正是通过绵延不断的教育，中华文化才得以生生不息。同样，在海外华人社会，华文教育是华人保持华人认同、坚守中华文化的重要堡垒，正如郑良树所言："华教是华社存亡的关键，是民族的良心，是华社的灵魂。"[1] 围绕华文教育，海外华人社会与当地政府一直处于角力中。法国社会学大师布赫迪厄（Pierre Bourdieu）在论述学校教育时指出，它是社会再生产的重要场域，所谓社会再生产，简单来说就是对原有社会制度、社会结构的复制、延续，当然布赫迪厄的社会再生产理论指向的主要是社会不平等的因素，[2] 不过本书所用的主要是该理论所揭示的教育与

---

① ［马来西亚］郑良树：《马来西亚华文教育发展史》（第二分册），吉隆坡：马来西亚华校教师会总会，1999 年，分序第 5 页。

② 参见 ［法］朋尼维兹（Patrice Bonnewitz）著，孙智绮译：《布赫迪厄社会学的第一课》，台北：麦田出版，2002 年，第 143 – 166 页。

社会间的互动关系。既然教育无论对文化知识的传播还是社会的传承都具有重大意义，那么海外华人社会与侨乡社会如何看待教育？华人在海外的移民经验对他们自身的教育理念有何影响？海外华人如何跨越大洋的阻隔去影响国内家属的教育？海外华人与侨乡家庭的教育方式对他们的跨国认同有何影响？跨国华人的认同和生活方式如何通过代际关系得以传承？本节希望以陈遗恩家族为例来探讨以上问题。

一、跨国的家庭教养与跨国认同

1914 年陈遗恩初到马来亚时，由于商业上的忙碌，他写给祖慈（祖母）、祖姆（叔祖母）的家批内容大多数都很简单，除了交代寄上大银多少元外，常常以"外地平安，余无别禀"便告结束。不过即使在这样简单的批信中，他对儿子的教育也从不忽视，还不时问及儿子陈应传的读书情况。例如在 1922 年 10 月 2 日的侨批中，陈应传刚 7 岁，陈遗恩便向祖姆了解儿子的读书情况："兹寄上一信外付上大银二十元正，祈查收入家中之用耳。应传读书如何，祈示知。"1926 年 11 月 28 日，陈遗恩在寄给妻子蔡氏的侨批中也请妻子好好教儿子读书写字："如应传知，教他写字写好为要。"

除了读书之外，陈遗恩也特别重视家庭教养的问题。在 1924 年 4 月 18 日寄给祖姆的侨批中，陈遗恩就嘱托祖姆大人切勿溺爱应传，以免"腐败后来"：

中云买参一事，未卜要用于何否，倘如应传欲食，至切不可，祈知。嘱彼各物切勿乱食，更之为佳。想大人过爱，各无拘彼，定必腐败后来也。兹便寄上片函外付大银二十五元，至祈查收家中之用，余无别禀。

陈遗恩对孩子的教育并不只流于言词关切，为了让他们更好地接受教育并适应南洋的社会文化，陈遗恩还把他们接到马来亚受教育。1927 年陈应传小学毕业后便被接到马来亚读中学，他当时所就读的麻坡中华学校是南马唯一的华文中学，在该地区享负盛名。当 1934 年陈应传初中毕业时，他荣幸地成为该校的第四届毕业生。[1] 除了陈应传外，我们从侨批中还发现，陈遗恩也把自己的几个女

---

[1] 中化金禧纪念特刊编委会：《中化半世纪：中化中小学五十周年纪念特刊》，麻坡：麻坡中化中小学董事会，1962 年，第 12、75 页。

222

儿接来麻坡求学，例如陈应传的胞妹璇卿、惠瑾等。当时麻坡有该地区较早的女校——化南女校、化南初中，[①] 估计陈应传的胞妹便就读于此两校。1929 年 11 月 16 日，陈遗恩在写给祖婶的侨批中还特别报告了子女学习的情况，其中对璇卿的学习较为赞赏："况由璇卿入学一二期，观此女较之应传读书更有进步。"

从陈遗恩的例子中，我们看到他非常重视子女的教育，当孩子留在家乡时，他便不断督促孩子好好读书，并且叮嘱家长不要溺爱；当孩子稍长且自己的经济能力许可时，便把孩子接到南洋继续受教育。孩子在家乡和南洋生活的双重经验对他们的跨国认同有很重要的影响，虽然他们以后可能会一直留在南洋生活，但是幼年时期在家乡的生活经验会影响一生。因此可以说，陈遗恩这种跨国的家庭教养方式，实际上塑造了一个既认同家乡又认同南洋的跨国华人。跨国华人的这种培育方式还可以通过代际关系得以传承。例如，成年之后的陈应传一直生活在马来亚，但是他仍然踏着父辈的路，在家乡娶妻生子，把孩子留在家乡养育，在侨批中不断督促孩子读书，并尽可能地将其接到南洋读书，直至 1949 年中华人民共和国成立之后，这种跨国华人的代际传承才被中断。

二、传承与超越：女子教育的倡导

在华人移民的教育理念与实践中，他们对女子教育的重视十分引人瞩目。上文已经述及陈遗恩对女儿教育的重视，为了让她们得到更好的教育，陈遗恩把几个女儿都接来麻坡求学。陈应传对女子教育的重视则具体表现在他对妹妹的学习生活的指导与支持上。

陈应传有四个妹妹，其中璇卿、璇真是其亲生母亲蔡氏所生，惠瑾、惠瑜是其庶母叶氏所生。不过陈应传对这几个妹妹似乎一视同仁，对她们的学习生活都十分关心，当他给母亲寄家批时往往夹上给妹妹的信，与她们进行更亲密的交流。例如陈应传 1940 年 9 月 9 日致双亲的家批中就有一封是夹寄给惠瑾的信。从信中我们可知，惠瑾也曾到麻坡求学，针对她当时未能努力学习而导致目前生活困难的状况，陈应传将她与其旧同学所从事的教学职业相比，借此激励其努力上进。

---

① 中化金禧纪念特刊编委会：《中化半世纪：中化中小学五十周年纪念特刊》，麻坡：麻坡中化中小学董事会，1962 年，第 11 – 14 页。

罗秋兰（你之旧同学，美东之女）现在利丰左近教学，所以兄代你惋惜，从前在麻时不尽心才致目前受这种痛苦。不过不要灰心，只要肯努力求进，定然能克服一切不如意之事情。至于你所望南来之事，目前甚是困难，因现在四处皆是战声，南洋寻生活已非从前容易，是因此爸爸才不能得到良好机会。你每日做什么事？最好多看一点书，多研究些古文，不要终日过着偷闲日子，兄之话出于至诚，请你细心三思……兄应传手椷

1941 年 4 月 20 日陈应传又在寄给母亲的侨批中夹寄了给惠瑾、璇真的信。在信中，陈应传极力鼓励惠瑾继续求学，支持她去读女子师范学校。对于璇真，他也很高兴她能读书，除了从精神上支持她继续深造外，还从物质上进行鼓励。

瑾妹：你要兄代设法，今教你一事，请祖姻去问横陇仰生叔看何处有女子简易师范学校，读一年半载，兄自然有法，你之婚事兄亦代你设法，有可能定然使你南来，不失望。不过国内有良偶亦要等母亲之意为要。（兄应传顺椷）

真：很久没有谈话过，现在接了信，知道你有读书，兄是多么欢喜啊，先生叫什么？学生多少人？你读第几册？同级多少人？希望你以后要努力读，勿再和先前一样贪玩，将来若是时局安定，兄有能力一定给你受高深教育，好自己求自立，免依靠别人，现在寄二元给你买文具用，若是成绩能在七十五分以上我再奖你……兄应传寄

1941 年 6 月 6 日，陈应传在致双亲的侨批中又提出要璇卿求学，并表达了自己对求学的看法："所云命卿妹求学事，乃出我之主意，非爹之所赞同，盖观现在南洋须有专门学识方能寻活，若依然要靠人，与国内何异……璇真考二名，甚慰，奖赏二元。"

由此可见，陈应传对妹妹学业的重视主要出于其在南洋生活的经验，在南洋竞争激烈的商业社会里，要求生存，必定要有一技之长。由于教育程度以及社会环境的变化，这时陈应传的眼界已经比父亲更加远大。

经过三年的太平洋战争，陈应传与家乡的音讯断绝。战争对于社会、人事的影响是巨大的，陈达在《浪迹十年》中详细地记录了他在抗战时期的亲身经历，并感慨地说："抗战确实催我衰老。"① 同样，陈应传也感到岁月催人，他因为事

---

① 陈达：《浪迹十年》，《民国丛书》（第 3 编，第 71 册），上海：上海书店，1991 年，序第 1 页。

业未竟而忧心忡忡。战后音讯一恢复，他便在侨批中向妹妹诉说了自己的心情，并把期望寄托于妹妹身上，希望她能继其"未竟之志"：

盖兄年已三十一了，长此以往，若再不得吾志，则不堪设想矣，言之心痛，听天而已。汝妹因被日贼所误，未尝志愿……妹今年算来亦十七矣。四年音讯不通，未知有进学校继续研读否？兄前有言，欲妹求达自立阶段，后因战祸终止，未能达愿，今幸年龄尚稚，我愿负"不自量"之名，要妹继续求进，以继我未竟之志……兄意下半年探听汕头有否女子师范或女子职业学校可攻读，前去继续，如何与母磋商。我因失学被误，大妹亦因生意所累，故不愿你亦然也。(1946年3月28日陈应传致瑜妹)

不过当他从回批中发现妹妹写信尚且文理不通时，不免气从中来，在5月8日的信中对她作了严肃的批评，并希望能借此励其心志：

上月廿四日接邮局来信，读后教我气塞，你想鸿毛寄千里，一家值万金，多么可贵，须要写得明明白白，使我能明了家乡一切，方能称意，若写得糊理不通，不是同无寄一样，枉读了七年书，今将原信夹上，你可细心研究。摄影事候摄后寄去。你再入学读书第几年级？侄儿几年级？教师何乡、何姓名？何等资格？有若干年纪？为何进大房祠？四房祠为何停办？来知。(1946年5月8日陈应传致瑜妹)

1947年4月17日，陈应传又在给惠瑜的信中鼓励妹妹求学深造：

妹再入学，继求深造，兄甚表同情……你侄所写之条子，是吾妹之所指导者，还是自己出自心理，祈告知。他每日有写毛笔字否，若无，宜督令其学写。兄前带回家之书籍，在日本时期有烧毁否，若尚存在，妹有余暇可多研究细读，才有进步，若只照书本读之，不外读死书而已，无多大进步。今出之作文题"我之志愿"与你，可用白话文作一篇，于下信时附信寄来，看看如何，但切勿请你之老师代改为要。(1947年4月17日陈应传致惠瑜)

通过以上侨批，我们可以看到，在陈应传的教育理念中，并没有中国传统社会男尊女卑的观点，反而是男女平等，女子应该跟男子享有同等受教育的机会；

与此同时，陈应传还认为，女子也要求自立，以免依附于别人。正是在这种思想指导下，陈应传无论是从精神上还是物质上都给予妹妹极大的支持。陈应传的思想反映了近代华人出国后在西方文化制度的浸染下对平等、自由等观念的接受，也反映了华南侨乡社会由于男性人口移出国外而导致的女性地位提升。由于男性移出国外，所以女性便要当家作主，她们自然也需要具备足够的学识来处理侨批、地契、税务等家庭内外事务。① 在跨国移民的影响下，侨乡社会的人们的男女平等观念较强，正如陈达所研究："与我国内地的乡村微有不同：就是华侨对于儿女们的教育，平等看待；希望女儿长成起来，同儿子一样，也在商店里服务；或女子出嫁以后，亦可以赞助丈夫，在商业里帮忙。"②

三、南洋经验与教育实践

除了经常鼓励妹妹好好求学外，陈应传也从不疏忽对儿子润鑫的教育，自从儿子出生后，他几乎在每封家批中都问及儿子的学习情况，并请家人严加督教。例如1947年11月11日，陈应传在寄给母亲的侨批中便谈道："鑫儿进入三年级，传心甚慰，但不知有何成绩，祈寄一些前来。此后回批祈大人命润鑫写名于信尾，以便分认。"1947年12月12日，陈应传又在寄给母亲的侨批中责备道："润鑫学业程度低劣，须要严加督责，切勿溺爱，以免将来变成无可取之人为要……另者，祈夹润鑫最近所写之纸库一章来看。"由此我们看到陈应传对子女教育的重视和紧迫感。

值得注意的是，这时受过教育的妹妹不但已成为润鑫教育的重要监护人，也是其教育的重要支持者。例如1946年3月28日陈应传在给惠瑜的信中道："汝侄儿现已九岁，来信曾言入学，未知是否识得涂鸦，幸亏家中有妹为导，不然亦枉然，徒费血汗钱而已。有抄写等成绩可寄一张来。"1946年8月2日，陈应传在夹寄给瑜妹的信中又请她监督儿子的学习："你侄若不用心读书可代兄责罚，'勿惊此惊彼'至要。"另外，妹妹璇卿也是润鑫教育的重要支持者，例如1946年9月20日，陈应传在致母亲的侨批中便说："孙儿之纸笔贵，可叫其母向其大姑处拿，盖璇卿所答应负责也。"由上可知，女子受教育水平的提高对家庭教育

① 蔡志祥：《从土地契约看十九世纪末二十世纪初的潮汕社会》，[马来西亚]郑良树主编：《潮州学国际研讨会论文集》（下册），广州：暨南大学出版社，1994年，第790—806页。
② 陈达：《南洋华侨与闽粤社会》，上海：商务印书馆，1938年，第199页。

起到良性循环的作用，同时我们也看到，华人移民尽管身在海外，但仍然可以依靠信件来进行切实的交流和远程监督。

在民国时期，小学制分初小和高小两个等级，1922年教育部曾规定初小读四年，高小读两年，此学制一直贯彻整个国民政府时期。在国民教育的问题上，1940年国民政府规定每乡都要设立国民学校，不过并不是每乡的国民小学都设有高小，[①] 所以当润鑫读完四年级后将面临升读高小的问题。对于升学和选择学校的问题，陈应传极为关心。1949年1月10日陈应传在致母亲的信中道："润鑫新年若乡中无适当学校，看老姑处可能寄宿否，着其至横陇读高小勿误其前程，我当出力应付，请母亲注意为要。"

据查，当时与山边村毗邻的斗门村设有"上中乡第三中心国民学校"，而上中乡的行政中心横陇村则设有"上中乡第一中心国民学校"，这两所学校都设有高小部，[②] 不过在教学质量上，横陇村的小学显然比斗门村的高。为了让儿子能受更好的教育，陈应传舍近求远，宁愿让他寄宿于老姑（爷爷的姐妹）处，也要读更好的学校，以"勿误其前程"，陈应传育子的拳拳之心由此可见。不过陈应传毕竟身居海外，教育儿子的许多事情还是要家里人实行，为此，陈应传在侨批中不厌其烦地向母亲解释了督促和支持孩子受高深教育的重要性。

润鑫求学事母亲切要注意，就彼之年纪，现在至少要读完初小第八册读高小矣，若想做（着）尚小，无问题，如此设想则前途无望，因照目前情形，一个人在社会上做事若无高中以上或大学程度不能与人争食，最多不过做一个"涂驴"，有什么来日？所以我希望母亲要具远大眼光，勿以为细仔无问题，万事由细做起，不是大了才来学。男就是被年纪苟小害到我现在无法扬眉，真冤枉，就是从商也是同样要有才学方能应付大事，若是以为做二占钱小生意便以为是在做生意，就不如教书更好，我目见甚多在做小生意者尚不能温饱，有何骄人。非是我不要叫彼来叻，因目下叻中读书太贵，而且程度比国内更低，所以还是国内好。（陈应传致母亲，推算写信时间为1949年2月）

捷松弟入澄中肆业，男甚赞同，彼之出生大字已经领到，入口字可慢慢进行。因他现今在读书，有可能请二伯母分他读到高中毕业，那时南来要找事做十分容易，幸祈专达为祷。润鑫之读书，乡中就学亦可，看最怕读到中途又再停读为要。（1949年3月26日陈应传致母亲）

① 饶宗颐：《潮州志汇编》，香港：龙门书店，1965年，第998页。
② 饶宗颐：《潮州志汇编》，香港：龙门书店，1965年，第1008–1009页。

由上可见，陈应传对后代教育的重视完全来自其在南洋实实在在的生存经验。作为外来移民，华人要在南洋生活并不容易，他们既不能像当地土人一样拥有土地等特有权利，又受制于西方殖民者的统治，最后，他们在沟通殖民者与当地人的商业间找到了生存空间，并发展成为与中国本土迥然相异的华人商业社会。① 与此同时，他们还面临着比在国内更激烈的竞争和更大的挑战。作为商人，他们必须具备读写一般商业书信的能力，掌握簿记、珠算等基本技能。如果要经营大商业，更需要有足够的学识，通过阅读报章刊物等方式来掌握市场动态，了解南洋社会政治经济的变化，从而在商场上运筹帷幄。如果要从事高层次的社会文教工作，那么对学历的要求自然更高。基于南洋社会的这些现实需要，陈应传自然在其家信中时常督促子弟的教育。

华侨华人在海外的生活经验促使他们重视教育，这在近代华人社会中是非常普遍的现象。例如 20 世纪 30 年代陈达在调查南洋华侨与闽粤社会时，就曾举出一些华侨对教育看法的例子：

四十多年以前，我们同村往南洋的有五个人。内中有一个往巴达威，他不识字，不会写信，他的运气不好，所作的生意全是失败的。他改行三次，现在是一个木匠，所得的工资仅乎能维持自己的生活；至于家里的费用，还要靠他的堂兄弟来担任一部分。

还有一个人年纪很轻，性情很活泼，最初出洋的时候，是到巴达威一家杂货店当徒弟，那是他的叔叔开的。因为他在村内读过五年书，文理通顺，又能珠算，在巴达威店里，他的薪金逐渐增加，位置逐渐提高，很得店主的信任，所有来往书信，都是由他办理。他的朋友也增加起来了。几年之后，吉隆坡有一个同乡约他去做锡矿的生意，他就去了。以后一帆风顺，非但能和中国的商家通信，并和欧美的同业打听消息，因为他能看新闻纸，看杂志，并有许多消息灵通的朋友。②

海外华侨华人的生存经验使他们普遍重视教育，同时，许多富有华侨华人在

---

① 相关论述参见 Wang, Gungwu, "Traditional Leadership in a New Nation: The Chinese in Malaya and Singapore", in Wijeyewardene, Gehan (ed.), *Leadership and Authority: A Symposium*, Singapore: University of Malaya Press, 1968, pp. 208 – 222; Yen, Ching-hwang, "Class Structure and Social Mobility in the Chinese Community in Singapore and Malaya 1800 – 1911", *Modern Asian Studies*, 1987, 21 (3), pp. 417 – 445.

② 陈达：《南洋华侨与闽粤社会》，上海：商务印书馆，1938 年，第 200 – 201 页。

目睹西方的先进后也抱着救国救乡的热忱慷慨斥资建校，从而大大推动了侨乡教育的发展。20 世纪 30 年代陈达曾对闽粤两省的侨乡与非侨乡的教育作过比较，研究结果表明：侨乡社会的教育无论就师资、学校经费还是学童的受教育率等方面都比非侨乡地区发达。① 如果从全国来比较，广东和福建这两大侨乡省份的教育水平在民国时期一直位于前列，据统计，每万名人口的在校中学生数比例中，广东和福建在 1933 年和 1946 年曾分别位于全国各省份的榜首位置。②

四、小结

综上所述，陈遗恩、陈应传父子都非常重视子女的教育，这种教育的理念是全面的，既包括文化知识的教育，也包括品性的培养。他们希望自小就把孩子培养成为独立、进取、能干的人，并身体力行，通过各种途径来支持他们的文化教育。在经济景气时，陈遗恩不惜资本，把陈应传兄妹接来马来亚读书；在经济困难时，陈应传除了以微薄的收入支撑起家庭的生计外，还从不间断地支持弟妹和孩子的教育，在陈应传寄回的侨批中总有一部分是弟妹和孩子的教育经费，并对成绩优异者提供额外的奖励，他对后辈的教育相对于其父亲来说可谓青出于蓝而胜于蓝。同时，作为老师，陈应传还常常通过侨批来担任远程老师的角色。在他们的教育理念与实践中，没有男女之分，把女子教育置于与男子同等重要的地位加以支持。由此我们看到，这个跨国家庭尽管地理距离上远隔天涯，但在心理和社会功能上近在咫尺。

陈遗恩父子对子女的教育在一定程度上可以说是成功的。据笔者调查，20 世纪 40 年代末陈应传曾任崇正学校校长，50 年代崇正学校与公化学校、民智学校合并为华侨学校（1957 年马来西亚独立后改名为万里望华文小学），之后他继续与他人轮流担任校长，直到 1971 年退休。子承父业，其儿子陈润鑫在中华人民共和国成立后也曾在相当长的时间里担任山边小学校长。③ 他们除了以教学为业支撑起家庭的生计外，更重要的是在海外华人社会与侨乡社会的文化教育上起着薪火相传的作用。

---

① 陈达：《南洋华侨与闽粤社会》，上海：商务印书馆，1938 年，第 221－223 页。
② 王伦信：《清末民国时期中学教育研究》，上海：华东师范大学出版社，2002 年，第 233 页。
③ 2003 年 10 月笔者到马来西亚马六甲州万里望采访原崇正学校学生张运芹先生，在此谨致谢意；陈景熙：《己卯年（1999）广东澄海市山边村游神考察报告》，《华南研究资料中心通讯》2000 年第 18 期。

陈遗恩父子对后代教育的重视主要来自跨国家庭的生活需要以及其在南洋谋生的经验教训。首先，跨越南洋与中国两地的华人家庭间的联系主要是通过侨批进行，所以华人家庭子弟必须培养读书写字的能力才能与国外的家庭成员沟通；其次，当地华人要在南洋本土人与（西方）统治者的夹缝中生存，面临着比中国更激烈的竞争和挑战，所以他们要通过教育来提高自身的竞争能力；最后，男性人口的移民导致侨乡社会结构的变化，女性逐渐承担起家长的角色，主持家庭内外的各种事务，负责孩子的抚养与教育，新的社会角色对她们的教育也提出新的要求。正是由于以上因素，侨乡社会对教育有特殊的内在需求，同时也推动着侨乡教育的进一步发展。

从陈遗恩一家三代的教育和实践中，我们还可以看到跨国华人社会再生产的具体过程：陈遗恩凭其在南洋的见识与经济能力大力支持陈应传的教育，而陈应传通过其在家乡与南洋所受的教育在南洋取得立足之地，带着家乡经验与认同的他无意中补充了跨国华人社会的血液；通过自己在南洋的实地生活，陈应传又把习得的经验教训传授给家乡的子弟，并且通过各种努力来不断支持与鞭策他们前进，从而开始新一轮的跨国华人社会再生产的过程。在这样的社会再生产过程中，华人的角色是不断变化的，在此时他只是侨乡子弟，在彼时他便成为海外华人，[①] 正是这种既在此又在彼的特点，构成了跨国华人性格最富有活力的部分。同样，侨乡社会与海外华人社会的特征也并非泾渭分明，海外华人社会通过经济交流、文化传播等方式影响了侨乡社会，使其带有强烈的外来性，侨乡社会从物质、人员等方面对海外华人社会的输送也使其深深刻着侨乡社会的烙印。从社会的功能与作用而言，侨乡社会与海外华人社会在某种程度上是相互传承、相互转化的。如果把海外华人社会与侨乡社会间的这种文化、经验的交流简单概括为教育，那么可以说，教育是跨国华人社会传承与嬗变的重要因素。

第五节　结语

本章详细讨论了陈遗恩家庭在马来亚与家乡间的侨批联系，陈遗恩家庭只是

---

① 陈春声：《从家书到公共文献——从陈子昭书札看潮州商人与家乡的联系》，李志贤主编：《海外潮人的移民经验》，新加坡：新加坡潮州八邑会馆、八方文化企业公司，2003 年。

① 陈春声：《从家书到公共文献——从陈子昭书札看潮州商人与家乡的联系》，李志贤主编：《海外潮人的移民经验》，新加坡：新加坡潮州八邑会馆、八方文化企业公司，2003 年。

一个普通的华人移民家庭，却反映了大多数华人移民的家庭生活。他们为了家计来到南洋，策略性家庭分居和由此造成的特殊家庭结构成为东南亚华人与华南侨乡间互动关系的主要动力。他们的生活深受南洋与中国两地政治、经济形势的影响，南洋经济的上升有时给他们带来不少收益，但大多时候他们的辛勤也只够糊口，因此，他们在侨批中常常问及家乡的米粮情况，并解释批款少的原因。

陈遗恩家族侨批联系最重要的意义是——它反映了一个越洋两岸的普通华侨家庭，尽管历经"二战"这样恶劣的社会条件，仍然长期保持家庭联系的延续性。侨批联系不但通过文字的载体，使越洋两岸家庭从中获得足够的资讯、感知家人的气息，而且可以通过批信来达到某种传达或监督的作用，更重要的是，它还切实地实现经济的转移，使侨乡的家庭获得持久的经济来源。由此我们可以感受到海外华人与家乡同胞共同生活在一个彼此息息相关的场域里，在这样的场域里，他们相互间不断交换着自己在家乡或外洋的生活经验、社会资讯、金融物资与个人情感，从而在潜移默化之间进行着广泛而深刻的社会互动。正是通过绵延不断的侨批联系，分隔两地的华人家庭无论是从感情还是物质经济上都达到了和谐统一。

陈遗恩家庭为我们重新检讨海外华人史研究的民族国家的理论框架提供了重要的个案。首先，就陈遗恩、陈应传父子的个体而言，如果按以往的民族国家的理论框架，他们不是被看作移民马来亚的华人，便是被当作旅居马来亚的爱国华侨，然而实际上，他们一方面参与马来亚的经济社会活动，另一方面又心系家乡，关心家乡所发生的各种变化，并通过实际的侨批联系来参与和影响家乡的社会经济发展，所以他们并非固着于某一领土内的移民，而是在移居地和祖籍地有多重参与、具有多重认同的流动的有机体；其次，从陈遗恩父子的生活空间而言，如果按照民族国家的理论框架，将只看到他们生活于麻坡或马来亚，其实更重要的是，他们生活在各种与家乡有关的关系网络和信息体系里，例如跟侨批活动相关的侨批网络、通过侨批联系所带来的家乡的信息体系，而这些关系和信息网络往往是跨国和跨地域的。

由上可见，以往的民族国家的理论框架显然不足以解释陈遗恩家庭个案里的诸多问题，而跨国主义理论则提供了更为合适的理论框架。依据跨国主义理论，陈遗恩父子在马来亚与家乡的多重参与的行为可以理解为建立跨国社会场景的过程，而具有多重身份的他们可称为跨国华人，他们在马来亚与华南两地通过密切的联系纽带而组成的家庭便是跨国华人家庭，这样的家庭既受中国的政治、经济和社会环境的影响，也受移居国的各种因素乃至地区局势的影响，他们时常进行的侨批联系和背后所依靠的侨批网络，以及两国的社会经济环境，均构成跨国社会场域的一部分。陈遗恩家庭只是跨国华人家庭中的一分子，其实在近代华南与东南亚地区间存在着无数个类似的家庭。在他们之间，除了侨批网络和侨批联系外，还存在贸易、金融、社会、文化、政治等网络关系，通过各种各样的跨国网络，不同地方的华人长期进行着密切的互动交流，分享共同的信息，感受共同的外部因素的影响，形成共同的利益，从这个意义上说，华南侨乡与海外华人社会形成了具有内在联系的相互统一的跨国华人社会。

通过对陈遗恩跨国华人家庭的研究，我们还看到了跨国华人社会传承与再生产的机制。首先，在家庭繁衍问题上，跨国华人社会建立了两性分离、分工合作的生育模式。在这个模式里，海外华人遵循着"归家—结婚—生子"的人生道路，以解决家庭的传宗接代问题，倘若这条道路不成功，华人社会又有其他变通方法，即通过过继、收养的方式延续香火，因而产生潮汕侨乡社会普遍存在的"外孙嗣外祖"或"外甥嗣母舅"的现象。孩子一旦长大成人，便加入"下南洋"的队伍，从而在人口上实现了跨国华人社会的再生产。其次，在家计维系问题上，海外华人承担主要责任，并通过侨批网络来实现经济的转移，从而支援了侨乡社会养育后代的社会工程。再次，在年轻后代的教育问题上，同时实行侨乡文化与南洋文化的双重教育，塑造了华人移民的双重认同。一般来说，小孩出生后便跟随母亲，在侨乡社会长大，接受侨乡社会的文化教育，当他们稍长大，便可能随其父亲移居于东南亚，接受进一步的教育。孩童时代在侨乡的生活经验与文化教育很大程度上塑造了华人移民的家乡认同，而南洋的生活经验与文化教育则拓宽了他们的视野，奠定了他们以后的生活道路。双重的教育、双重的认同和不断转换的角色，构成了跨国华人的本质特征。最后，从更大的视野看，侨乡社会与海外华人社会间持续不断的人员与社会、经济、文化等方面的交换与创造，构成了跨国华人社会最富有活力的因子，也是跨国华人社会传承与嬗变的重要机制。从跨国华人社会的视角去观照近代华人移民史，将为我们打开新的学术图景。

第七章

结论

第一节　侨批网络与跨国华人社会的建构

本书论述了潮帮跨国侨批网络的建构和作用，它由侨批经营网络与侨批社团网络组成。广泛遍布于东南亚华人社会与潮汕侨乡社会的侨批经营网络是由多个层次的地域网络相互嵌合的体系，通过乡族商业网络、家族网络、合股关系等方式，草根侨批经营网络与跨国侨批经营网络相互结合，组成了服务于广大华人社会与侨乡社会的金融网、商业网、通信网、移民网和文化传播网。

侨批网络因其所承载的巨大的金融和邮件体量而受到了国民政府和东南亚政府的重视。一方面，国民政府想通过国家的金融体系、邮政体系来争夺侨批的金融利益和邮资利益，因而制定了各种限制侨批业的政策；另一方面，东南亚的政府出于限制本国侨汇流出的考虑，也制定了相关的侨批政策。为维护侨批业的正常发展，侨批经营网络通过其制度化机制组成了侨批社团网络，以更强大的集体力量和跨界的力量跟国家政府协商、对话，以维护侨批网络的正常运转。

侨批网络因应广大华人社会与侨乡社会的内在需求而发展，又因其内嵌于华人社会的结构关系而壮大，并得到后者有力的维护。而侨批网络的建立又成为广大华人社会与侨乡社会长期稳定的联系纽带，每年上千万元的侨汇转移和上百万件批信的资讯交流经由侨批网络得以完成，它的存在使得一个个跨越大洋两岸的家庭经过长期的分居仍然存活下来。

本书对潮帮侨批网络的论证表明，华南与东南亚间存在着一个有机的跨国华人社会，它最基本的构成单位是跨国华人，他们讲两种或更多的语言，在两个或更多的国家拥有直系亲属、社会网络和事业，以持续的与经常性的跨界交往作为谋生的重要手段。[①] 它最基本的组织单位是跨国华人家庭，其通过侨批联系可以实现感情的交流和家庭经济的统一。在中国传统文化上，家庭的意义最重要的是父系血脉的传承、香火的延续，以及围绕此目的而进行的经济协作。一个华人，无论走得多远，只要他继续汇款，赡养家庭，那么他就仍然是家庭的组成部分。因此，亚当·麦基翁认为，把海外华人社会视作单身社会并不对，除非我们坚持

---

① 刘宏：《跨国华人：实证分析与理论思考》，《二十一世纪》2002 年第 71 期。

认为家庭必须是夫妇和孩子居住在一起的、地理上不被分割的核心家庭。①

在跨国华人家庭上面，还存在更高层次的组织单位，亦即行业公会、商会、地缘会馆和宗亲公会等各种各样的跨国华人社团。这些跨国华人社团在以往的研究中也曾受到相当重视，不过基本上是把它们视为移民社会用以适应当地社会环境的功能组织，而本书则揭示了其跨国的社会功能。以行业公会和商会为例，各地行业公会、商会之间建立的跨国联网关系使它们在跨国商业网络信用的监督、行为规范的统一、权益的争取等方面都扮演着领导者的角色。其他华人社团的跨国组织功能也类似，它们通过与各地的同类社团相互建立网络关系，从而在当地华人社会具有跨国性的政治、经济、文化、慈善等方面成为重要的领导组织。各种华人社团互相结合，组成了华人社会的上层组织，它们在维持华人社会与国家间平稳的互动关系中起着重要的桥梁作用。

围绕跨国华人、跨国华人家庭和跨国华人社团，存在着各种各样的跨国网络，例如：①使华人能经常地进行跨国旅行的跨国交通网络，它包括华南与东南亚间定期的船只往来、侨乡地区发达的水陆交通等。②由华南与东南亚间各种各样的贸易往来而建立的各种跨国商业网络以及相应的同业公会或商业组织。如在汕头有酱园货出口业公会、暹商业公会、北商业公会、南商业公会、南北港业公会等，在香港有南北行公所、新加坡帮协进会、暹罗帮公会、香港批业同业公会、汕头帮公会等，在新加坡有潮州酱园公局、潮州金果行公局、香汕郊公局、安南郊商务局、暹郊公会等，在曼谷有泰京土产公会、米商公会、茶商公会等。③华南与东南亚间的跨国金融网络。它主要由银号、钱庄、银行、侨批局等组成，它为华南与东南亚两地社会间的贸易往来提供金融服务，同时又帮助海外华人担负向国内汇款、赡养家庭责任。④华南与东南亚间的通信网络，主要由电报、电话设备、邮局、侨批局等组成。近代海外华人与其侨眷间的音信联系便主要依靠邮局和侨批局来传递信件，在侨批局建立之前，则依靠专门的水客或亲友。⑤跨国的文化传播网络，主要由报纸、侨刊、乡讯等出版物组成，它满足了华南与东南亚不同地区的华人了解异地信息、参与社会行动和传播文化的需要。

各种各样的跨国网络与跨国华人组织、社团一起，共同构成了跨国华人社会场域。在这个跨国社会场域里，跨国华人拥有共同的生活方式、共同的利益关系，他们分享共同的信息，参与共同的事件，从而产生了集体精神和认同感，他们的身份和观念并不依附于某一民族国家的领土，而是在华南与东南亚之间流

---

① McKeown, Adam, "Conceptualizing Chinese Diasporas, 1842 to 1949", *The Journal of Asian Studies*, 1999, 58 (2), pp. 306 – 337.

动，归属于华南－东南亚华人社会这个整体。由此可见，华南与东南亚华人社会无论在组织、网络的联系机制上，抑或是在集体的认同上，都已构成了有机统一的跨国华人社会。

无疑，侨批网络是建构跨国华人社会的重要机制之一。首先，侨批网络为华南与东南亚华人社会间的商业、金融、信息与文化互动提供了重要的网络基础。由于侨批包含侨汇与侨信，侨汇的本质就是金融流通，侨信则是社会信息与文化的载体，因此侨批网络同时是金融网络、通信网络与文化传播网络；侨批网络在实际操作过程中与商业网络相互叠合、共生，所以它也是商业网络。通过侨批网络流动的不仅仅是家庭意义上的侨批，更是华南与东南亚两地华人社会全方位的互动，二者的关系密不可分。其次，侨批网络构建了跨国华人家庭。假如华南与东南亚两地华人家庭间缺乏如侨批网络所承担的经济转移与音信联系的环节，我们很难想象跨越大洋两岸的家庭能够生存下去。最后，侨批网络为跨国华人社团网络的建立提供了行动的舞台，加强了跨国华人社会的集体感和团结精神。从"新加坡华侨请愿保留民信局全体大会"和"新加坡各团体请愿减轻民信邮费侨民大会"，到以后历次侨批网络的维护事件，广大华人社团的团结精神和行动机制都被调动起来，使得跨国华人社会的集体感和认同感不断加强。

由此可见，侨批网络不但建构了跨国华人、跨国华人社会的组织单位——跨国华人家庭和跨国华人社团，而且构成了华南与东南亚华人社会间的商业、金融、信息与文化互动的重要网络基础，并在一定程度上加强了华人社团跨国行动的功能和社会的群体认同，因此可以说，侨批网络是建构跨国华人社会不可或缺的重要机制。

第二节　华人移民史研究的范式再思考

传统的华人移民史研究在解释移民的原因时采用推－拉理论，强调华南的推力和东南亚地区的拉力；在研究海外华人的文化认同时，则采用文化调适的理论，如文化同化（cultural assimilation）、文化涵化（cultural acculturation）、文化融合（cultural fusion），无论采用哪种理论，都是强调华人在东南亚进行文化调适的可能性；在华人移民史的分期上则以 1949 年为分水岭，前期为落叶归根，后期为落地生根；在华人移民与其家乡的关系上，则把华侨与非华侨、海外华人社会与侨乡社会截然对立起来，强调它们间的差别以及相互间影响与被影响、主动与被动的关系。这些看法归根到底属于民族国家的研究范式，即把华人设定于某一民族国家的领土范围内，他们只能效忠于某一民族国家，他们的身份认同是单一的，他们的流动也是单向的，即只能从一个国家流向另一国家。因而在解释移民原因时，便从一个国家的推力和另一国家的拉力来寻找；在国家的效忠感和终极关怀上，不是落叶归根便是落地生根；在文化认同问题上，强调华人在另一个国家的调适问题；也因此有华侨与非华侨、海外华人社会与侨乡社会间截然对立的关系。显然，跨国华人社会的存在从理论上对上述研究范式提出了挑战，下文针对民族国家研究范式下的相关理论、概念和研究取向作逐一讨论。

一、推－拉理论

推－拉理论把海外华人移民的原因归结于国内的推力和国外的拉力，即近代华南人口迅速膨胀及对土地造成过大压力，社会动荡不安，如出现红巾军起义、土客之争、宗族间的械斗等，而相比之下，东南亚大部分地区处于殖民地开发时期，急需大量劳动力，经济呈现一片繁荣的景象，因而吸引大量华人从华南移民东南亚。虽然推－拉理论能部分地解释华人移民海外的原因，但不能解释为何移民者集中于闽粤两省，而不是中国北方和其他沿海省份，后者同样面临着甚至可能更严重的经济贫困和社会动荡。这就使我们把移民的原因指向移民所赖以进行的稳定的网络。正如亚当·麦基翁研究所得，"移民作为一项家庭计划，更多地依赖社会的稳定、先例和机会，而不是失序与贫困……相反，失序和贫困可能会占据更多的社会资源而使人们脱身不得"[1]。孔飞力也强调移民网络（移民通道）的重要性，他说移民网络的便利、健全可以减少移民的旅行风险，帮助他们在异乡社会生存，促使海外移民社会在空间上更为拓展，在时间上更为持久，反之，在缺乏有效的移民网络（包括跟家乡的联系通道）的地方，移民现象即使形成，也难以持续。[2]

---

[1]　McKeown, Adam, "Conceptualizing Chinese Diasporas, 1842 to 1949", *The Journal of Asian Studies*, 1999, 58 (2), pp. 306–337.

[2]　[美] 孔飞力著，李明欢译：《他者中的华人：中国近现代移民史》，南京：江苏人民出版社，2016年，第106、116、123、153页。

不过移民网络能大规模建立的背后还要依靠一定的历史文化传统，这就把问题再次投向华南地区上千年以来所具有的海上传统，我们甚至可以把这种海上传统追溯至公元前 200 年左右在百越地区所建立的南越王国及其繁盛的海上文化。相比之下，中国北方地区便缺乏这种移民海外的历史传统，这也可以解释"一战"期间从天津、青岛、上海等地被招募去法国参与协约国阵营战斗的 14 万华工为何战后只有 3 000 人定居下来，其余大部分乘船回国。从移民网络和文化传统的角度来探讨近代华人移民的原因，可以弥补推－拉理论的不足。

二、同化、涵化、融合/落叶归根－落地生根

文化同化是文化调整的方式之一，指两个独立存在的文化体系经长时期的接触，其中一方单方面地朝着另一方接近的调整方式或现象。文化涵化指两种或两种以上的文化相互接触、影响、发生变迁的过程，其结果一般有：①接受，包括自愿接受的"顺涵化"和被迫接受的"逆涵化"及对抗涵化，也包括单方面或双方的互动；②适应，包括单方适应（文化同化）和双方适应（文化融合）；③文化抗拒，包括单方面的文化抗拒和双方面的文化抗拒，这意味着文化涵化的失败。文化融合是文化调整的一种方式，为两个独立的文化体系通过长久的接触，互相借用、互相影响而大致达到接近的程度的现象。①

同化理论的出现较早，早期施坚雅、傅利民、威尔莫特等人的经典著作便奠定了同化理论在海外华人研究中应用的基础。涵化理论的兴起较晚，迟至 20 世纪八九十年代才应用于海外华人研究，其代表者主要有陈志明（Tan Chee-Beng）和李宝钻等。② 这时期学术界开始从双向的角度探讨华人文化与当地文化的互动关系，逐渐摈弃以前的同化理论，而主张文化间的融合。不过无论是哪种理论，都是强调华人在东南亚特定的民族国家里进行调适的可能性，其前提都是假定华人是静止的、不流动的，他们只能有一种身份，并最终会融入东南亚这个社会。

本书却显示，华人移民是不断流动的，在移出国与移入国间有多重的参与，

---

① 陈国强：《简明文化人类学词典》，杭州：浙江人民出版社，1990 年，第 78、93－94、96 页。
② 陈志明：《涵化、族群性与华裔》，郝时远主编：《海外华人研究论集》，北京：中国社会科学出版社，2002 年，第 231－262 页；Tan, Chee-Beng, *The Baba of Melaka: Culture and Identity of a Chinese Per-anankan Community in Malaysia*, Petaling Jaya: Pelanduk Publications, 1988；李宝钻：《马来西亚华人涵化之研究：以马六甲为中心》，台北：台湾师范大学历史研究所，1998 年。

具有多重的身份和认同，[①] 他们还可以通过以下多种方式来保持这种跨国性并进行复制，以保持代际的传承、继替：①跨国移民、子承父业。在这个模式里，华人男性移民海外后仍然不断汇款回乡，赡养家庭，保持与家乡的多重联系。儿子在家乡长大后便子承父业，随其父亲移民东南亚，当步入婚育年龄后再遵循"归家—结婚—生子"的模式，从而使跨国家庭通过不断复制而延续下去。第六章所讨论的陈遗恩家庭便是这个模式的典型范例。②两头家。在这个模式里，华人男性不但在家乡娶妻生子，还在南洋娶番妇为妻，从而在华南和东南亚两地均建立家庭，保持跨国的多重联系。一般来说，番妇所生的男孩会送回中国受教育，接受中国的文化，从而使跨国的生活模式、文化认同和社会参与延续至下一代。只要条件许可，华人移民的这种跨国行动会保持下去，不断进行代际的传承、继替。

"落叶归根–落地生根"的分期模式也有着同样的缺陷，认为华人移民只能有一个终极认同，非此即彼。本书对1949年前的研究表明，华人移民的身份是多重的，并可以把这种多重认同的生活方式在后代中不断延续下去，他们的家扎根在中国和东南亚两地，并不断开枝散叶。因此，我们不能简单地把1949年前后的华人移民归结为属于落叶归根或落地生根的二元对立、非此即彼的分期模式。

华人移民在华南与东南亚社会间的角色，用托马斯·费斯特的提法，就是"翻译的群体"。他们不断参与翻译不同的语言、文化、规范、社会和象征性纽带，换言之，跨国华人的认同感和群体意识不是建立在母国文化的缺乏或简单复制上，而是从一开始便建立在母国与移民国之间的跨文化桥梁作用上。[②]

三、华侨–非华侨/海外华人社会–侨乡社会

本书对陈遗恩跨国家庭的个案研究发现，在围绕他们日常生活的侨批联系中，并没有使用"华侨"的概念，可见他们并没有自觉地意识到自己的"华侨"

---

① 近年来，受全球化的影响，陈志明用国家型族群认同和文明型族群认同来表达华人的这种多重认同。参考陈志明：《迁徙、家乡与认同——文化比较视野下的海外华人研究》，北京：商务印书馆，2012年，第229–255页。

② Faist, Thomas, "Transnational Social Spaces out of International Migration: Evolution, Significance and Future Prospects", *Arch. Europ. Social*, 1998, XXXIX（2）, pp. 213–247.

身份，自然也没有华人移民史研究中对"华侨"与侨乡居民、"海外华人社会"与"侨乡社会"的刻意区分与孤立。为此我们有必要对"华侨"的概念及以其为核心的华人移民史研究和侨乡研究作重新思考。

据庄国土研究，"华侨"的概念最早出现在 1883 年郑观应呈交给李鸿章的公文中，① 当时"华侨"的概念有保护海外子民的意义；1905 年后"华侨"一词大量使用并含有强烈的政治含义，指那些具有民族主义和爱国意识的海外华人。② 民国成立后，民国政府针对华侨专门制定了一定的华侨政策，并先后设立了一定的侨务部门来处理华侨事务，③ 与此同时，在报刊和书籍上也涌现了一批以"华侨"为主题的报道和研究，④ 可见"华侨"的概念和使用一直是由政府和文化界自上而下推动的。在这样的推动下，有不少海外华人开始以"华侨"自居，不过他们大多数都是在华人社会里有一定地位的中上层人物，扮演着"华侨"领导者的角色，与此同时，很多华人会馆和社团也代表着广大"华侨"群众的利益而与当地政府或中国政府进行对话和交涉。不过"华侨"观念的推广毕竟是个政治性的、自上而下的过程，它本身并不是因循华人社会的发展脉络而由内到外兴起的观念，所以即使到 20 世纪 40 年代末，"华侨"的观念还没有被大部分的华人群众自觉接受。"侨乡"概念的兴起则更晚，据研究，该词在 1949 年前很少使用，它的广泛使用则是在 1978 年改革开放以后。⑤ 同样，"侨乡"概念的形成也具有政治意义，主要是为海外华人创造一个"家乡"的观念，从而吸引海外华人对中国的向心力。可见"华侨""侨乡"等概念的形成和使用均有一定的目的性，在民族国家的框架下更形成了华侨与非华侨、海外华人社会与侨乡社会的壁垒分明的二元局面，使这些概念逐渐偏离其原先的所指及其内部的发展脉络。笔者并非要否定"华侨""侨乡"等概念的使用，事实上这些概念有其学术意义而且也无法取代，可是如果我们继续不加批判地使用这些自上而下的概念，将无益于华人移民史研究的进一步发展。

---

① 庄国土：《中国封建政府的华侨政策》，厦门：厦门大学出版社，1989 年，第 343 – 352 页。

② ［澳］王赓武：《"华侨"一词起源诠释》，［澳］王赓武著，姚楠编译：《东南亚与华人——王赓武教授论文集》，北京：中国友谊出版公司，1987 年，第 120 – 131 页。

③ 民国政府的华侨政策参见李盈慧：《华侨政策与海外民族主义（1912—1949）》，台北："国史馆"，1997 年。

④ 有关华侨研究的论文及书刊参见中山大学东南亚历史研究所、中山大学图书馆编：《华侨史论文资料索引（1895—1980）》，1981 年；林家劲、罗汝材、陈树森等：《近代广东侨汇研究》，广州：中山大学出版社，1999 年，第 196 – 264 页。

⑤ Yow，Cheun Hoe，*The Changing Landscape of Qiaoxiang：Guangdong and the Chinese Diaspora，1850 – 2000*，Singapore：National University of Singapore，Ph. D Thesis，2002，p. 5.

近年来大量侨批文书的发掘和出版正好为自下而上的华人移民史研究提供了丰富的资料基础，这些侨批文书真实地记载了"华侨"老百姓的生活面貌。随着对这些侨批文书的深入研究，已有学者对传统自上而下的华人移民史研究提出批评。例如陈春声通过对陈子昭侨批文书的研究指出："作为外在的研究者，我们不应过分强调所谓'华侨'与本地居民的差别，也不应片面强调侨乡对海外文化的被动的接受，更没有理由以'近代'和'传统'的简单二分法的理念去对应地看待海外与故乡的文化环境。"同时陈春声提出"侨乡文化"的创造过程："如果把这里所说的'侨乡文化'理解为某种生活方式的整体，理解为在普通人日常生活中传承不替的某些或某类习俗，那么，批信所包含的内容，可能常常在无意中更深层地反映了侨乡社会的内在秩序……正是在这种自然的、非戏剧性的日常交往中，所谓'侨乡文化'才得以深刻而长远地被创制出来。"[1] 可见"侨乡"并不是一个一成不变的实体，我们不应该仅仅从静态的、量化的方式来描述其特征，而应注意其动态的发展进程。

亚当·麦基翁在讨论跨国性对塑造"地方"的意义时，曾举出一个典型的例子：在广州和香港之间的三县交界处有五个村庄，在 20 世纪 80 年代以前曾是牙买加华人的主要移出地，在这里的村民眼中，遥远的牙买加或许比当地的县城更熟悉，更容易到达。由此可见，"地方"的意义改变了，跨国的社会纽带和制度最终取代领土而成为地方性的基础。[2]

如本书显示，在民国时期，华侨与本地居民、海外华人社会与侨乡通过各种跨国的社会、经济、文化网络联结成一个不可分割的整体，他们之间不断进行着互动交流，通过这种互动交流，海外华侨对家乡的热情和体验得以历久常新，而侨乡的民众也在外洋风气的浸染下对海外华侨的生活耳熟能详。可以说他们彼此有共同的生活经验和理念，他们的身份差别也仅在一线之间，国内的民众出国了便成为"华侨"，而海外的"华侨"回乡了便成为本地居民。海外华人社会与侨乡社会的关系也类似，从地理而言，它们无法拉近距离，但从社会的功能与特性而言，它们则相互传承、相互转化。因此可以说，华侨与侨乡居民、海外华人社会与侨乡社会共同构成具有内在关联的有机整体——跨国华人家庭和跨国华人社会。

---

[1] 陈春声：《从家书到公共文献——从陈子昭书札看潮州商人与家乡的联系》，李志贤主编：《海外潮人的移民经验》，新加坡：新加坡潮州八邑会馆、八方文化企业公司，2003 年，第 32 – 54 页。相关论述还参见张慧梅：《百姓视野下之"华侨"——侨批所见之潮安金石龙阁乡陈氏》，潮汕历史文化研究中心、汕头大学潮汕文化研究中心编：《潮学研究》（第 10 辑），广州：花城出版社，2002 年，第 278 – 299 页。

[2] McKeown, Adam, *Chinese Migrant Networks and Cultural Change：Peru, Chicago, Hawaii, 1900 – 1936*, Chicago：The University of Chicago Press, 2001, pp. 85 – 86.

第三节　华人跨国主义的视角

本书对 1911—1949 年潮帮侨批网络的探讨充分表明了跨国主义理论对华人移民史研究的适用性，以及其在华人移民身份的流动性、海外华人社会与侨乡社会间的多重互动关系、网络的运作和社会的传承机制等方面相较于民族国家的研究范式具有明显的优势。

其实跨国主义理论不但对我们更好地理解华人移民史有重要的意义，而且对我们研究中国与东南亚的近代化进程乃至于理解当代中国的崛起和世界格局都有重要意义。跨国主义的精髓就在于其跨国性（或跨界性），即移民从一种文化、制度跨越到另一种文化、制度，在学习和适应这种新文化、制度的过程中，移民可能会融合旧的文化资源而创造出一种新的文化、制度的结合体，用以联结这两种不同的文化、制度。因此，跨国主义的"接触区"不但是文化、制度的传播区，也是新的文化、制度的创造区。[①]

在近代，中国因受到西方国家的侵略，被迫接受西方国家的条约体系，开放通商口岸，这些通商口岸成为中西文明的接触区，开近代中国风气之先。接着，中国东南沿海大量华人移民东南亚和世界各地。通过长期浸染在西方国家或其殖民地的文化、制度中，华人移民掌握了新的文化、技能，并且产生新的民族意识。通过与中国的多重联系，他们反哺中国，成为中国近代化进程的重要推动力。这是一种自下而上、由沿海至内陆的民间力量，它既包括社会、经济、文化的推动，例如华南侨乡的建设，也包括政治的变革，例如海外华人民族主义、海外华人对辛亥革命的参与等。

近代中国正处于从封建帝国向现代国家、从大陆文明向海洋文明、从孤立封闭到全球化的转型过程中。在这个伟大进程中，移民海外的华人通过其跨国实践创造性地将中国和世界联系起来，并成为中国转型的重要推手。华人跨国主义的连接和推动作用不仅表现在近代，而且也表现在当代。例如中国改革开放之所以取得伟大的成就，离不开海外华侨华人和港澳同胞利用他们的跨国视野、资金和

[①]　关于"接触区"的论述可以参考刘宏：《中国－东南亚学：理论建构·互动模式·个案分析》，北京：中国社会科学出版社，2000 年，第 3－29 页。

技术等资源对中国进行的投资与帮助。在今天，海外留学生、跨国再移民和高端技术人才也通过环流中国，或在其居住国进行跨文化连接等方式推动着中国的现代化和全球化。

如果我们把视野投向历史深处，会发现华人跨国主义现象可以追溯至清朝乾隆时代，甚至更早。1787—1964 年巴达维亚华人公馆（又称巴国公堂）档案①的陆续公开向我们展示，早在 1788 年，巴达维亚华人社会便已存在跨国主义现象。巴达维亚华人公馆原是在荷兰东印度公司管辖下，委任华人首领以华人律法习惯处理华人自己事务的机构，亦即是荷兰殖民者实行华人自治的甲必丹制度下的行政实体。其最高的长官为甲必丹（kapitein），下设雷珍兰（luitenant，即甲必丹助理）、达氏（soldaat，即守卒）、朱葛礁（sekretaris，即书记员或秘书）等，1837 年甲必丹之上设玛腰（majoor），为最高长官。华人公馆的主要职责是处理华人居民之间的民事诉讼案件，并定期向上级荷兰官员报告，遇到案情重大者直接提交荷印司法机构办理，同时，也必须审理荷印当局转来的案子。② 华人公馆的案件审理制度运作起来酷似中国的官府衙门，很明显是中国的社会制度在海外的翻版，但以这个制度为中心的华人社会并不是孤立封闭的：它不但混合生存在荷兰殖民者与当地土人之间，与后者进行各种日常交往，而且与中国有频繁的互动关系。

就与中国的互动关系方面，我们便发现类似民国时期的跨国侨批网络的运作机制。尽管这时期的海上交通远不如 20 世纪发达，而且中国沿海地区还受海禁的限制，但这时期的巴达维亚华人便可通过亲友或专门来往于中国与南洋的水客寄送侨批返乡，赡养家乡亲人。当然，银信私吞、迟交或减少等现象时有发生，但是当事人可以向华人公馆进行起诉，寻求合理的解决方法，于是在《公案簿》上便出现各类以银信误失为事由的审讯案件。③ 这时华人公馆便在巴达维亚与中国的侨批网络中承担制度维护者的角色。可见，华人跨国主义现象有深远的历史渊源。

---

① ［荷］包乐史、吴凤斌校注：《公案簿》（第一辑），厦门：厦门大学出版社，2002 年；［荷］包乐史、吴凤斌校注：《公案簿》（第二辑），厦门：厦门大学出版社，2004 年；［荷］包乐史、吴凤斌校注：《公案簿》（第三辑），厦门：厦门大学出版社，2004 年；［荷］包乐史、吴凤斌校注：《公案簿》（第四辑），厦门：厦门大学出版社，2005 年；［荷］包乐史、吴凤斌校注：《公案簿》（第五辑），厦门：厦门大学出版社，2005 年。

② ［荷］包乐史、吴凤斌校注：《公案簿》（第二辑），厦门：厦门大学出版社，2004 年，代序第 2 - 4 页。

③ 参见［荷］包乐史、吴凤斌：《18 世纪末吧达维亚唐人社会》，厦门：厦门大学出版社，2002 年，第 125 - 130 页。

近代华人跨国主义现象也可以体现在"南洋"这个概念上。在近代东亚、东南亚圈里，"南洋"是个约定俗成的概念，对华南沿海一带人们来说，"下南洋"是他们生活的一条重要出路。[①] "南洋"这个整体概念也可以体现在《南洋商报》和"南洋大学"的命名以及各种以"南洋"为研究对象的出版物上。可见，华人跨国主义现象对中国东南沿海和东南亚来说，在很长的历史时期中都是一种常态，它不但影响了中国的历史，而且也影响了东南亚殖民地的建设、国家独立进程和政治经济走向。[②]

作为一种重大的历史进程和文明间的枢纽作用，[③] 我们要对华人跨国主义的历史，包括跨国移民的形成、内部运作机制、社会结构、文化演进和政治影响等方面作更深入的研究。[④] 本书只是从侨批网络的角度来探讨跨国华人社会建立机制的某个侧面，其实华人跨国主义还有很多课题需要研究。例如：①华人移民如何在其跨国的移民行为与经济活动中掌握并利用中国 – 东南亚间多国林立，多种法律体系、典章制度并存的情况？②侨汇的流通如何参与并影响中国与东南亚间的国际汇兑与结算制度？③华人跨国运动如何参与并塑造区域社会的形成？④侨刊、乡讯、报纸等文化出版物对塑造华人移民的跨国想象及跨国华人社会的群体认同起什么作用？⑤跨国华人的移民网络、金融网络、贸易网络与文化网络之间有什么关联？各次区域的网络如何相互衔接？⑥华人跨国贸易如何参与和影响西方自由贸易体系？⑦华人跨国主义与中国、南海周边国家政权有何互动关系？如此种种问题还有待学者们作进一步探讨。总之，华人跨国主义的视角为我们开拓了很多新的课题，只有通过一个个具体课题的研究，我们才能对华人移民史及其对中国和亚洲的历史影响有更深刻的了解和把握。

---

① 参见高伟浓：《下南洋：东南亚丛林淘金史》，广州：南方日报出版社，2000 年。

② 相关论述参见刘宏：《中国 – 东南亚学：理论建构·互动模式·个案分析》，北京：中国社会科学出版社，2000 年，第 3 – 29 页；[美] 孔飞力著，李明欢译：《他者中的华人：中国近现代移民史》，南京：江苏人民出版社，2016 年，第 101 – 102 页。

③ 施展把中国看作连接海洋文明与中原文明的枢纽，其中南洋、中国东南沿海和华侨华人都是海洋文明向中原文明的过渡带，是新秩序的生成线。参考施展：《枢纽：3 000 年的中国》，桂林：广西师范大学出版社，2018 年，第 112 – 113 页。

④ 相关论述参见陈春声：《近代华侨汇款与侨批业的经营——以潮汕地区的研究为中心》，《中国社会经济史研究》2000 年第 4 期。

附 录

附录一　1938—1941 年、1947—1949 年汕头批局收发批信及回批按月统计表

单位：件

月份	1938年		1939年		1940年		1941年		1947年		1948年		1949年	
	批信	回批	批信	回批	批信	回批	批信	回批	批信	回批	批信	回批	批信	回批
1	366 851	229 913	163 332	146 553	342 230	141 830	195 010	161 797	155 453	—	128 362	—	297 899	218 064
2	151 369	305 222	392 619	397 375	116 706	250 293	172 204	191 826	127 361	—	286 663	—	250 618	321 940
3	153 013	162 660	166 857	167 063	155 934	141 611	124 349	126 823	172 094	—	141 127	—	122 980	166 991
4	172 636	175 513	170 525	211 888	122 482	175 652	149 407	152 941	123 253	—	165 375	—	162 295	152 346
5	199 765	179 322	192 915	162 932	179 293	145 508	124 613	134 456	142 503	—	184 901	—	81 001	92 139
6	223 139	219 848	187 673	181 969	128 151	162 878	141 005	132 729	152 211	—	166 145	—	79 165	66 675
7	173 859	211 494	52 511	16 634	135 358	107 305	122 329	110 081	115 707	—	166 502	182 904	65 307	58 902
8	211 414	212 020	21 161	19 724	107 886	142 130	81 910	66 413	117 172	—	239 766	241 309	86 004	73 550
9	168 091	164 629	33 189	44 964	147 865	118 526	50 720	49 820	133 363	—	148 868	194 196	66 999	53 108
10	168 984	169 463	50 675	68 937	117 671	135 426	53 643	66 053	118 104	—	125 110	136 966	82 274	55 625
11	180 796	174 932	58 083	88 083	111 140	125 448	33 640	47 305	107 406	—	90 648	101 144	49 909	—
12	165 888	168 827	95 151	93 301	112 550	100 719	28 002	28 465	172 980	—	145 296	155 363	70 913	—
合计	2 335 805	2 373 843	1 584 691	1 599 423	1 777 266	1 747 326	1 276 832	1 268 709	1 637 607	—	1 988 763	1 011 882	1 415 364	1 259 340
平均	194 650	197 820	132 058	133 285	148 106	145 611	106 403	105 726	136 467	—	165 730	168 647	117 947	125 934

注：1947年1—12月，1948年1—6月，1949年11—12月的批信数据引自广东省集邮协会、汕头市集邮协会编：《潮汕侨批论文集》，北京：人民邮电出版社，1993年，第141页。

附录二　1938—1941 年汕头批局所收香港及东南亚各地批信按月统计表

单位：件

时间	香港	暹罗	英属马来亚	印支殖民地	荷属东印度	合计
1938 年 1 月	9 901	172 749	133 185	39 913	11 103	366 851
1938 年 2 月	10 405	50 499	70 971	14 327	5 167	151 369
1938 年 3 月	9 020	57 501	62 184	20 217	4 091	153 013
1938 年 4 月	9 080	62 512	73 790	20 911	6 343	172 636
1938 年 5 月	10 008	95 305	72 289	16 833	5 330	199 765
1938 年 6 月	11 255	78 831	93 586	33 921	5 546	223 139
1938 年 7 月	7 649	71 471	67 301	21 395	6 043	173 859
1938 年 8 月	8 620	98 258	77 173	20 958	6 405	211 414
1938 年 9 月	8 149	61 994	70 077	21 095	6 776	168 091
1938 年 10 月	11 276	65 803	63 679	22 168	6 058	168 984
1938 年 11 月	10 745	63 433	70 205	30 669	5 744	180 796
1938 年 12 月	9 634	64 491	64 704	21 603	5 456	165 888
合计	115 742	942 847	919 144	284 010	74 062	2 335 805
1939 年 1 月	10 779	72 667	56 021	19 842	4 023	163 332
1939 年 2 月	12 363	174 998	149 301	44 161	11 796	392 619
1939 年 3 月	10 818	59 896	67 165	24 927	4 051	166 857
1939 年 4 月	14 567	67 190	62 700	21 328	4 740	170 525
1939 年 5 月	11 262	91 341	62 050	22 918	5 344	192 915
1939 年 6 月	9 648	83 017	64 489	25 754	4 765	187 673
1939 年 7 月	852	1 993	35 764	12 148	1 754	52 511
1939 年 8 月	1 037	10 505	5 677	3 035	907	21 161
1939 年 9 月	1 617	8 741	17 413	5 147	271	33 189
1939 年 10 月	4 022	3 875	37 102	2 627	3 049	50 675
1939 年 11 月	3 806	12 420	34 714	5 788	1 355	58 083
1939 年 12 月	8 627	32 317	48 845	1 873	3 489	95 151
合计	89 398	618 960	641 241	189 548	45 544	1 584 691

时间	香港	暹罗	英属马来亚	印支殖民地	荷属东印度	合计
1940 年 1 月	23 537	146 666	153 533	6 473	12 021	342 230
1940 年 2 月	15 590	45 493	47 876	1 878	5 869	116 706
1940 年 3 月	14 580	65 594	66 385	1 970	7 405	155 934
1940 年 4 月	17 427	39 725	55 155	3 422	6 753	122 482
1940 年 5 月	20 721	71 414	76 602	2 523	8 033	179 293
1940 年 6 月	19 716	48 562	55 537	1 325	3 011	128 151
1940 年 7 月	19 427	51 932	56 193	1 590	6 216	135 358
1940 年 8 月	17 278	36 122	48 076	2 800	3 610	107 886
1940 年 9 月	15 661	59 496	63 418	3 339	5 951	147 865
1940 年 10 月	16 696	42 983	51 318	1 720	4 954	117 671
1940 年 11 月	16 714	38 735	49 834	1 281	4 576	111 140
1940 年 12 月	20 435	33 102	50 650	2 953	5 410	112 550
合计	217 782	679 824	774 577	31 274	73 809	1 777 266
1941 年 1 月	35 155	2 030	134 259	13 065	10 501	195 010
1941 年 2 月	20 720	95 450	43 863	6 907	5 264	172 204
1941 年 3 月	16 105	42 907	52 769	4 837	7 731	124 349
1941 年 4 月	26 007	58 353	53 076	4 688	7 283	149 407
1941 年 5 月	19 628	49 920	44 634	4 313	6 118	124 613
1941 年 6 月	22 144	53 218	54 260	3 594	7 789	141 005
1941 年 7 月	19 780	52 643	37 452	5 004	7 450	122 329
1941 年 8 月	15 156	17 143	42 874	978	5 759	81 910
1941 年 9 月	7 072	4 074	33 964	1 868	3 742	50 720
1941 年 10 月	8 279	9 582	31 193	1 255	3 334	53 643
1941 年 11 月	6 990	11 637	13 245	637	1 131	33 640
1941 年 12 月	5 676	7 043	14 041	407	835	28 002
合计	202 712	404 000	555 630	47 553	66 937	1 276 832

注：资料来源已经在第三章开头说明。

附录三　批信事务处理办法（1935 年）[①]

第一条　各批信局应于每年底填具声请书检同原领执照并附缴国币五元送由主管邮局转呈邮政总局换领新执照，前项声请书应载明批信局名称、开设地点、营业人姓名、年龄、籍贯、与何处往来，营业有分号者其分号名称地点及代理人姓名、年龄、籍贯，如国内外均有分号者并应分别注明国内外字样、国外分号并须注明详细地址，不得仅填省名、殖民地名称或国名。

第二条　执照如有毁损遗失，得邀同铺保二家，叙明缘由，缴纳手续费国币五元，声请补发，但须刊登当地报纸十日，声明原领执照作废。

第三条　批信局之分号如有增设或闭遏情事，得检同旧执照附缴手续费五元，随时声请分别添注或注销；

批信局停业时，应将原领执照缴由该管邮局转呈注销，不得私自转让或顶替。

第四条　巡员于查视局所途中，应随时调验批信局执照，并于执照背面注明调验日期，以资考核。

第五条　批信及回批得用总包交寄，但寄往荷属及法属地方之回批，须将邮票逐件贴于批件之上，寄往香港、英属南洋群岛、马来联邦、北婆罗洲及暹罗者得将邮票贴于总包之上，于总包外批明内装确实数目；寄往国外之总包，如已缴足挂号资费者，得按挂号邮件寄递。

第六条　批信回批及押函之资费如左：

一、批信

甲、寄往国内各地分号者按总包每重二十公分或其畸零之数，收费五分；

二、回批及押函

甲、由国内分号寄往总号转发之回批，得按总包每重二十公分或其畸零之数，收费五分；

乙、寄往美国属菲列滨、法属印度支那、荷属东印度之回批及押函，按每件

---

① 资料来源：广东省档案馆藏广东省邮政管理局档案，全宗号 29，目录号 2，案卷号 375，第103－115 页，《交通部邮政总局训令第 1343/2778 号（附件）》，1935 年 12 月 31 日。原文无标点。

每重二十公分或其畸零之数，收费二角；

丙、寄往英属南洋群岛、马来联邦、北婆罗洲、暹罗之回批及押函，按每件每重二十公分或其畸零之数，收费一角；

丁、寄往香港之回批及押函，按每件每重二十公分或其畸零之数，收费五分。

第七条　进口批信及回批，经核对后加盖日戳，留待批信局派人到局于相关信件清单上盖章领取，如系挂号并须掣取收据，但用总包交寄者须核对所贴邮票有无短少情事。

第八条　出口回批经核对邮票加盖日戳后，分别按平常或挂号邮件办理，如平常回批与国外到达局向有编列号码之习惯者，从其习惯，但总包交寄之回批须不时令其开拆检验，以觇有无匿报回批数目及短少邮票情事，其散寄而情形可疑者亦同。

第九条　往来国内各地之批信及回批，其总包封发手续依挂号邮件套例办理。

第十条　批信局如有私运批信及回批情事者，除应处罚两倍邮资外，第一次处罚国币十五元，第二次处罚三十七元五角，第三次七十五元，并将执照注销，但进口批信总包如有短纳邮资情事，按欠资办理；

批信局及其国内分号不得兼营国内信件，倘有查获，除各该件之资例缴纳两倍邮资外，第一次处罚国币十五元，第二次处罚国币三十七元五角，第三次处罚国币七十五元并将执照吊销；

匿报回批件数或夹带他件者除两倍邮资外，依前规定减半处罚，但每次匿报回批件数不逾总数百分之三者准予补纳邮资，免予处罚。

第十一条　前条罚金应以百分之七十发给拿获人，百分之三十发给告发人，无告发人者发给全数，但邮政人员拿获者依告发人例给奖。

第十二条　罚金应登入营业收入第五项第三目帐内，奖金登列营业支出第二项第四目第七节帐内报销。

第十三条　批信局倘有私运匿报及夹带信件情事，经拿获后应用 D 字第二九二号单式填具，破获违章邮件案由清单俟案，情终结后寄经邮政管理局转送邮政总局备核，如不能于一个月内解决者，在清单内注明"倘未办结"字样，俟结束后再行补呈一份；前项清单应挨次编号，每年更新一次。

第十四条　收寄及投递批件之各局，应依附表式样逐日登记，并按月依式造具统计四份，一份寄邮政总局视察室，一份寄邮政总局统计室，一份作为该区月报附件，一份存档。

（一）中华民国　年　月份　地方寄发国内各地批信或回批统计表，其表格如下：

批信局名称	总包数目	批信或回批数目	重量	邮资数目

邮局长　　　　　签字
年　　　月　　　日

（二）中华民国　年　月份　地方各批信局收发批信及回批统计表，其表格如下：

批信局名称	批信			回批		
	原寄局名	总包数目	批信数目	到达局名	总包数目	回批数目

邮局长　　　　　签字
年　　　月　　　日

上表（笔者按：原文为"右表"）往来国内各地批信及回批不计在内。

（三）中华民国　年　月份　地方收发暹罗、香港及各属殖民地批信及回批统计表，各属殖民地包括：

子、英属殖民地（British Colonies）、南洋群岛（Straits Settlements）、马来联邦（Federated Malaya States）、北婆罗洲（British North Borneo）；

丑、法属殖民地（French Colonies）、印度支那（Indo-China）；

寅、荷属殖民地（Netherland India）、爪哇（Java）、南婆罗洲（South Borneo）、苏门答腊（Sumatra）；

卯、美属殖民地（U. S. A. Colonies）、菲律宾（Philippine Islands）。

其表式如下（略）。

（四）中华民国　年　月份　地方寄发暹罗、香港及各属殖回批邮资统计表（略）。

中华民国二十四年十二月三十一日

附录四　南洋中华汇业总会章程①

第一章　总则

第一条　（名称）本总会由南洋华侨汇业界共同组织，定名为南洋中华汇业总会。

第二条　（地址）本会办事处设在新嘉坡大坡乞纳街四九号 B。

第三条　（宗旨）本会宗旨如下：

甲、联络同业感情，巩固各帮汇业机能；

乙、促进汇业进展，活泼金融运用；

丙、建设及履行汇业应兴应革事宜，必要时可集结同业力量创造其他经济机构。

第二章　任务

第四条　本会为普遍图谋侨胞之福利与团结同业之精神，成立之后应负下列使命：

一、指导全南洋各埠组织分会与本会密切连系；

二、广征外埠会员；

三、交换祖国南洋汇业情报。

第三章　会员

第五条　本会会员分团体会员、商号会员、外埠会员三种。

一、（团体会员）凡属汇业团体或与汇业有连系性之团体，其宗旨与本会无对立性质者，均可参加为本会会员，惟须经过董事会议之通过。

团体会员以汇业界之团体名义参加，得就其本团体会员人数选派代表十分之一参加本会为当然董事，勷理会务，每一周年得再更选或连任。

二、（商号会员）凡经营汇业或与汇业有连系性之商号，均得参加为本会会员，此项会员以店东或经理指定一人为代表，入会手续须经会员二人介绍，董事会议通过即为有效商号会员，有选举及被选举权利，每周年由会员人数选举十分

---

① 资料来源：南洋中华汇业总会：《南洋中华汇业总会年刊》（第一集），1947 年。原文无标点。

之一参加团体会员代表，共同组织董事会执掌会务。

三、（外埠会员）凡属偏小商埠无汇业团体之组织而经营汇业，或与汇业有连系性之商号，依照上项商号会员入会之手续，即为正式会员，其义务与权利与本坡会员同。

第四章　义务及权利

第六条　（义务）本会会员应分别负担下列义务，即特别捐、基金、月捐三种。

一、（特别捐）凡本会建设事业及会内购置器具，或对于社会公益协助事宜，经大会或董事会议通过而办理者，得向会员劝募特别捐。

二、（基金）团体会员入会时应缴基金，即以该团体内会员名数为标准，每一会员应缴十五元，商号会员基金每名五十元，外埠会员基金每名五十元。

三、（月捐）团体会员每月每名一元五角，商号会员每月每名五元，外埠会员每月每名五元（外埠会员每次收三个月）。

第七条　（权利）关于本会所设施之一切权益，会员均得享受，如情报咨询等。

一、（情报）关于汇业重要事宜，或有关于祖国汇业界情报，本会得随时供给会员。

二、（咨询）关于汇业事宜需要与外埠通讯或会务进行等项，会员得随时向本会咨询，本会当尽可能负介绍与答复之责。

三、（提议）关于汇业应兴应革，或同业中有阻碍汇业发展之行为者，本会会员有提议与告发之权利。

第五章　组织

第八条　（最高机关）本会以团体会员及商号会员联合组成之会员大会为最高机关。

第九条　（董事会）本会由会员大会产生，执行一切议决案分部办理，董事人数以会员十分之一为标准，各部人选由董事会互选正会长一人、副会长二人、财政一人、查账一人、正副司理二人，余为董事，执行一切会务。

第六章　职权

第十条　（会长）正会长为会员大会及董事会议之当然主席，对外为本会代表，正会长缺席时由副会长代之。

第十一条　（财政）银款收支由正副会长与财政四人中之二人签署之，现款在五百元以上者须寄存银行。

第十二条　（司理）秉承正副会长意旨，综理本会一切事务。

第十三条　（查账）本会全年账务须提前审查清楚，在周年会员大会报告。

第十四条　（开支）一百元以内之开支由会长决定之，百元以外者由董事会决定之。

第十五条　本会聘用职员须经董事会通过。

第七章　会议

第十六条　每周年由会长召开会员全体大会报告全年工作及进行选举事宜。

第十七条　董事会每月须召开定期会议一次，讨论会中事务。

第十八条　会员提案须有会员三人以上连署方得请求开会，此项提案除提案人有指定者外，应开会员大会或董事会议，即由会长决定之。

甲、团体会员出席会员大会时得派出该团体内之会员总数十分之三，会员大会之法定人数，以合法出席总名额十分之二为标准。

乙、董事会之法定人数定为全体董事名额十分之五。

第十九条　本章程如有未尽善处，董事会得修正之，惟经会员大会或临时会员大会加以追认方生效力。

中华民国卅四年十二月　立

附录五　陈遗恩家族侨批联系统计表

时间	寄批人	收批人地址	批银
1914 年 5 月 8 日	由叻遗恩	澄邑山边乡交陈宅祖慈大人	英银 8 元
1914 年 8 月 29 日	由叻孙遗恩	澄邑山边乡交陈宅祖慈大人	洋银 6 元
1914 年 10 月 29 日	由叻愚遗恩	澄邑山边乡交陈宅祖慈大人	洋银 10 元
1915 年 10 月 27 日	由叻愚孙遗恩	澄邑山边乡交陈宅祖慈大人	大银 10 元
1916 年 3 月 10 日	由叻孙遗恩	澄邑山边乡交陈宅祖慈大人	英银 10 元
1916 年 10 月 18 日	由叻遗恩	澄邑山边乡交陈宅祖慈大人	洋银 20 元
1917 年 10 月 23 日	由叻遗恩	澄邑山边乡交陈宅祖慈大人	大银 20 元
1918 年 2 月 21 日	由叻陈遗恩	澄邑山边乡交陈宅祖慈大人	大银 10 元
1918 年 6 月 1 日	由叻遗恩	澄邑山边乡交陈宅祖慈大人	大银 10 元
1919 年 3 月 16 日	由叻遗恩	澄邑山边乡交陈宅祖慈大人	英洋 10 元
1920 年 9 月 10 日	自麻坡遗恩	澄海山边乡交陈宅祖姆母大人	大银 20 元
1921 年 7 月 20 日	寓麻李缄	澄邑龙坑就正小庐呈交家遗恩先生	龙银 6 元
1921 年 8 月 8 日	自麻坡李岱恩	澄邑龙坑乡交遗恩胞弟收剖	洋银 5 元
1921 年 11 月 13 日	由叻遗恩	澄邑山边乡交陈宅祖姆大人	大银 20 元
1922 年 7 月 27 日	由叻麻遗恩	澄邑山边乡交陈宅祖姆大人	大银 15 元
1922 年 10 月 2 日	由叻遗恩	澄邑山边乡交陈宅祖姆大人	大银 20 元
1923 年 1 月 14 日	由叻麻遗恩	澄邑山边乡交陈宅祖姆大人	大银 25 元
1923 年 2 月 12 日	由叻遗恩	澄邑山边乡交陈宅祖姆大人	大银 25 元
1923 年 9 月 16 日	由叻遗恩	澄邑山边乡交陈宅祖姆大人	大银 25 元
1924 年 1 月 12 日	由叻陈遗恩	澄邑山边乡交陈宅祖姆大人	大银 30 元
1924 年 4 月 18 日	陈遗恩	澄邑山边乡交陈宅祖姆大人	大银 25 元
1925 年 12 月 3 日	许尊士	汀属下坑乡李遗恩先生	大银 6 元
1926 年 2 月 16 日	麻郑柏生	汀邑山边乡交陈应传先生	银 4 元
1926 年 3 月 3 日	由麻坡李作霖	澄邑山边乡交陈应传侄儿	大银 20 元
1926 年 3 月 12 日	叻许尊士	汀属下坑乡李遗恩	大银 6 元
1926 年 3 月 25 日	许尊士	汀属下坑乡李遗恩先生	大龙银 200 元

跨越华南与东南亚：1911—1949 年的潮帮侨批网络和社会互动

时间	寄批人	收批人地址	批银
1926 年 4 月 12 日	自麻坡李作霖	澄邑山边乡交陈应传侄儿	洋银 10 元
1926 年 5 月 6 日	自麻坡李作霖	澄邑山边乡交陈应传侄儿	洋银 10 元
1926 年 5 月 9 日	麻坡德昌	澄邑山边乡交遗恩先生	大银 30 元
1926 年 5 月 29 日	蔡辉秋	澄邑下坑乡李遗恩	大银 6 元
1926 年 6 月 2 日	由麻吴喜赐	澄邑山边乡交李遗恩先生	大银 2 元
1926 年 6 月 2 日	许尊士	澄属下坑乡送交李遗恩先生	—
1926 年 6 月 8 日	李作霖	澄邑山边乡交陈应传侄儿	大银 10 元
1926 年 6 月 9 日	麻坡德昌寄	澄邑山边乡交陈遗恩先生启	大银 30 元
1926 年 6 月 15 日	由叻翁松山	澄邑下坑乡投交李遗恩先生	洋银 2 元
1926 年 6 月 16 日	李作霖	澄邑山边乡陈应传侄儿收拆	洋银 2 元
1926 年 9 月 5 日	麻坡德昌书	澄邑山边乡呈交陈遗恩先生启	大银 30 元
1926 年 10 月 29 日	由麻遗恩	澄邑山边乡交陈宅祖婶大人	大银 30 元
1926 年 11 月 28 日	陈遗恩	蔡氏我妻	—
1926 年 12 月 5 日	自麻坡李作霖	澄邑山边乡交陈应传侄儿	大银 10 元
1927 年 2 月 17 日	由叻麻陈幼赐	澄邑山边乡交陈应传儿收	大银 10 元
1927 年 11 月 21 日	陈应传	澄邑山边乡妥交陈宅祖婶大人	大银 2 元
1928 年 3 月 4 日	叻麻陈遗恩	澄海山边乡妥交陈宅祖婶大人	大银 20 元
1928 年 5 月 6 日	陈遗恩	澄海山边乡妥交陈宅祖婶大人	大银 25 元
1928 年 9 月 21 日	叻麻陈遗恩	澄海山边乡妥交陈宅祖婶大人	大银 10 元
1928 年 10 月 8 日	由叻麻陈遗恩	澄海山边乡妥交陈宅祖婶大人	大银 15 元
1928 年 11 月 10 日	由叻遗恩	澄海山边乡妥交陈宅祖婶大人	大银 15 元
1928 年 12 月 9 日	陈遗恩	澄海山边乡妥交陈宅祖婶大人	大银 25 元
1929 年 5 月 19 日	麻陈应传	澄海山边乡妥交陈宅祖婶大人	大银 2 元
1929 年 10 月 9 日	由叻麻遗恩	澄海山边乡妥交陈宅祖婶大人	大银 15 元
1929 年 11 月 16 日	叻麻陈遗恩	澄海山边乡妥交陈宅祖婶大人	大银 15 元
1929 年 12 月 10 日	麻孙遗恩	澄海山边乡妥交陈宅祖婶大人	大银 30 元
1930 年 6 月 29 日	由叻麻遗恩	澄海山边乡妥交陈宅祖婶大人	大银 30 元
1931 年 10 月 20 日	由叻麻陈应传	澄海山边乡妥交陈宅祖婶大人	大银 20 元
1931 年 11 月 24 日	由叻麻陈应传	澄海山边乡妥交陈宅祖婶大人	大银 10 元
1933 年 10 月 22 日	陈应传	澄海山边乡妥交陈宅祖婶大人	大银 10 元
1934 年 5 月 13 日	由麻陈应传	澄海山边乡妥交陈宅祖婶大人	大银 10 元

（续上表）

时间	寄批人	收批人地址	批银
1935 年 9 月 2 日	由叻陈应传	澄海山边乡妥交陈宅祖婶大人	大银 10 元
1935 年 11 月 28 日	由叻麻陈应传	澄海山边乡妥交陈宅祖婶大人	（大银）国币 4 元
1938 年 2 月 26 日	由儿应传	澄海山边乡妥交陈宅祖婶大人	国币 40 元
1939 年 2 月 24 日	由麻坡陈幼赐	澄海山边乡妥交陈宅祖婶大人	法币 80 元
1940 年 3 月 29 日	由麻陈应传	澄邑山边乡交家双亲大人	大银国币 80 元
1940 年 9 月 9 日	由麻陈应传	澄邑山边乡交家双亲大人	国币 50 元
1941 年 1 月 18 日	由叻甲陈应传	汕头澄海山边乡中社交家双亲大人	大银国币 100 元
1941 年 3 月 14 日	陈应传	汕头澄海山边乡中社交家双亲大人	国币 120 元
1941 年 4 月 20 日	陈应传	—	国币 100 元
1941 年 6 月 6 日	陈应传	汕头澄海山边乡中社交陈幼赐大人	国币 140 元
1946 年 3 月 28 日	由叻麻坡陈应传	汕头澄海山边乡中社交陈遗恩父亲	国币 2 万元
1946 年 5 月 8 日	由麻坡陈应传	汕头澄海山边乡中社交陈遗恩父亲	国币 3 万元
1946 年 8 月 2 日	由麻坡陈应传	汕头澄海山边乡中社交陈遗恩父亲	国币 3 万元
1946 年 9 月 20 日	陈应传	家慈亲大人	国币 4 万元
1947 年 1 月 12 日	由甲坡陈应传	汕头澄海山边乡交家慈亲大人	国币 2 万元
1947 年 1 月 26 日	由麻坡陈应传	汕头澄海山边乡中社交家慈亲大人	国币 6 万元
1947 年 4 月 17 日	陈应传	汕头澄海山边乡中社交家慈亲大人	国币 20 万元
1947 年 8 月 9 日	陈应传	汕头澄海山边乡中社交家慈亲大人	国币 40 万元
1947 年 9 月 18 日	陈应传	汕头澄海山边乡中社交家慈亲大人	国币 60 万元
1947 年 11 月 11 日	由麻坡陈应传	汕头澄海山边乡中社交家慈亲大人	国币 100 万元
1947 年 12 月 2 日	由麻坡陈应传	汕头澄海山边乡中社交家慈亲大人	法币 100 万元
1947 年 12 月 12 日	由麻坡陈应传	汕头澄海山边乡中社交家慈亲大人	国币 100 万元
1948 年 1 月 15 日	由麻坡陈应传	汕头澄海山边乡中社交家慈亲大人	国币 150 万元
1948 年 3 月 6 日	由麻坡陈应传	汕头澄海山边乡中社交家慈亲大人	国币 200 万元
1948 年 3 月 26 日	陈应传	汕头澄海山边乡中社交家慈亲大人	国币 400 万元
1948 年 4 月 23 日	由麻坡陈应传	汕头澄海山边乡中社交家慈亲大人	国币 400 万元，叻币 10 元
1948 年 7 月 18 日	陈应传	汕头澄海山边乡中社交家慈亲大人	2 000 万元
1948 年 10 月 10 日	由麻坡陈应传	汕头澄海山边乡中社交家慈亲大人	金圆券 40 元
1948 年 11 月 27 日	由麻坡陈应传	汕头澄海北陇乡交林炳发先生	金圆券 50 元，叻币 10 元

时间	寄批人	收批人地址	批银
1948 年 12 月 9 日	麻坡陈应传	汕头澄海山边乡家慈亲大人	金圆券 200 元，叻币 10 元
1949 年 1 月 10 日	叻陈应传	汕头澄海山边乡中社交家慈亲大人	金圆券 1 400 元，叻币 10 元
1949 年 1 月 21 日	由甲坡陈应传	汕头澄海山边乡中社交家慈亲大人	港币 100 元
1949 年 2 月	陈应传	汕头澄海山边乡中社交家慈亲大人	金圆券 1 万元，叻币 10 元
1949 年 3 月 26 日	由麻坡陈应传	汕头澄海山边乡中社交家慈亲大人	金圆券 5 万元，叻币 5 元
1949 年 9 月 23 日	由甲坡陈应传	汕头澄海山边乡中社交家慈亲大人	港币 80 元
1949 年 12 月 3 日	陈应传	汕头澄海山边乡中社交家慈亲大人	港币 60 元
1949 年 12 月 14 日	陈应传	汕头澄海山边乡中社交家慈亲大人	港币 100 元

注：1945 年前陈遗恩等人的侨批主要采用阴历，1945 年后陈应传的侨批常是阳历和阴历并用，以阳历为主。故本表在时间上，1945 年前采用阴历，1945 年之后采用阳历。

参考文献

一、原始资料特藏、原始档案、口述档案、报纸

［1］汕头市潮汕历史文化研究中心藏陈遗恩家庭侨批（20 世纪 10 年代至 70 年代）。

［2］广东省档案馆藏广东省财政厅档案，全宗号 4，目录号 2，案卷号 8，《关于侨民出入境、携带黄金外币、金圆券的处理和侨汇侨眷贷款等问题与省府财政部、各专署、县市的来往文书（汕头市侨批业同业公会会员商号名册）1939—1949》。

［3］广东省档案馆藏广东省财政厅档案，全宗号 4，目录号 2，案卷号 23，《关于禁止非法白银外运及买卖金银外币的规章办法来往文书 1948—1949》。

［4］广东省档案馆藏广东省财政厅档案，全宗号 4，目录号 5，案卷号 36，《省政府关于金圆券、金银外币处理致省参议会等文书材料 1948—1949》。

［5］广东省档案馆藏广东省邮政管理局档案，全宗号 29，目录号 1，案卷号 275，《华侨汇票分发区地名表及"广东邮区邮政代办所一览表"1940—1941》。

［6］广东省档案馆藏广东省邮政管理局档案，全宗号 29，目录号 2，案卷号 322，《广东邮区曲江办事处关于邮政业务、人事、视察及抗日期间后方各局一般情况月报表 1939—1940》。

［7］广东省档案馆藏广东省邮政管理局档案，全宗号 29，目录号 2，案卷号 329，《广东邮区汕头邮段 1938 年邮政概况月报（一）》。

［8］广东省档案馆藏广东省邮政管理局档案，全宗号 29，目录号 2，案卷号 330，《广东邮区属下局批信统计表 1938－1939》。

［9］广东省档案馆藏广东省邮政管理局档案，全宗号 29，目录号 2，案卷号 331，《广东邮区属下局批信统计表 1939》。

［10］广东省档案馆藏广东省邮政管理局档案，全宗号 29，目录号 2，案卷号 332，《广东邮区属下局批信统计表 1940》。

［11］广东省档案馆藏广东省邮政管理局档案，全宗号 29，目录号 2，案卷号 333，《广东邮区属下局批信统计表 1941》。

［12］广东省档案馆藏广东省邮政管理局档案，全宗号 29，目录号 2，案卷号 369，《汕头邮区辖下批信局一览表及有关声请换领执照事项、侨批局办理华侨汇票情形等来往文书 1942—1944》。

［13］广东省档案馆藏广东省邮政管理局档案，全宗号29，目录号2，案卷号370，《广东邮区各批信局总分号已呈准设立之国外分号清册、已领照批信局、领执照清单及有关于批信事务发文等1946—1948》。

［14］广东省档案馆藏广东省邮政管理局档案，全宗号29，目录号2，案卷号371，《广东邮区后方1944年份汕头段1940、1942—1944、1946—1949年份已挂号批信局详情表》。

［15］广东省档案馆藏广东省邮政管理局档案，全宗号29，目录号2，案卷号373，《广东邮局关于调查设立民信局、批信局登记执照办发国际函件等问题的来往文书1931》。

［16］广东省档案馆藏广东省邮政管理局档案，全宗号29，目录号2，案卷号374，《广东邮区已挂号批信局、民信局详情表及国内外分号名称及地址一览表1933—1948》。

［17］广东省档案馆藏广东省邮政管理局档案，全宗号29，目录号2，案卷号375，《广东邮局关于民信局批信局发给侨批营业执照、推广邮区办法等业务的文书材料及批信事务处理办法1934—1949》。

［18］广东省档案馆藏广东省邮政管理局档案，全宗号29，目录号2，案卷号380，《邮政总局、广东邮局关于批信事务处理办法训令、指令来往文书（附：广东邮区批信局详情表）1949》。

［19］广东省档案馆藏广东省邮政管理局档案，全宗号29，目录号2，案卷号382，《关于国内外各批信局声请营业、复业、增设与裁撤批信局及查获私运批信等事项与邮政总局及相关属局的来往文书1948—1949》。

［20］广东省档案馆藏广东省邮政管理局档案，全宗号29，目录号2，案卷号485，《关于取缔民信局"巡城马"以低邮资政策带运邮件的公函1904—1920》。

［21］广东省档案馆藏广东省邮政管理局档案，全宗号29，目录号2，案卷号486，《邮政总局、广东、汕头等邮局关于查缉民信等单位私带信函及取缔未经挂号之民业信局活动等事项的来往文书和各地设立的民局名称表1928—1930》。

［22］广东省档案馆藏广东省邮政管理局档案，全宗号29，目录号2，案卷号487，《省政府、邮政总局、广东邮局关于取缔各地未挂号领照之民信局及私运邮件等事项的训令来往文书和各地未挂号领照民信局调查表1933—1936》。

［23］广东省档案馆藏广东省邮政管理局档案，全宗号29，目录号2，案卷号624，《广东邮局所属各局关于寄发国内各地批信及国外回批统计表、邮资详

情表等 1947—1949》。

［24］广东省档案馆藏广东省邮政管理局档案，全宗号 29，目录号 2，案卷号 674，《关于属局提出改善处理华侨汇票办法、办理华侨汇票事务计划等建议的文书材料》。

［25］广东省档案馆藏广东省邮政管理局档案，全宗号 29，目录号 2，案卷号 731，《香港储汇分局付经理张继锡与科级人员借其职权营和舞弊案调查经过及有关人员职务调动等事项的文书材料及储汇局驻局通讯处关于战前存放本港各银行款项及结束后账务处理经过等事项的公函 1946—1947》。

［26］广东省档案馆藏广东省邮政管理局档案，全宗号 29，目录号 2，案卷号 747，《关于经由广州开发转汇内地的华侨汇款每周及每月报告表 1947—1949》。

［27］广东省档案馆藏广东省银行档案，全宗号 41，目录号 3，案卷号 275 之四，《星行筹设及复业文电 1939—1948》。

［28］广东省档案馆藏广东省银行档案，全宗号 41，目录号 3，案卷号 283，《遣行筹设侨汇机构问题的文电 1947》。

［29］广东省档案馆藏广东省银行档案，全宗号 41，目录号 3，案卷号 520，《关于省行、地方银行会议材料、业务概况、经济建设与侨资、侨汇、农贸、押汇、债款清理等文书 1947—1948》。

［30］广东省档案馆藏广东省银行档案，全宗号 41，目录号 3，案卷号 2216，《改善侨汇办法及处理手续卷 1946》。

［31］广东省档案馆藏广东省银行档案，全宗号 41，目录号 3，案卷号 2218，《侨汇卷 1947》。

［32］广东省档案馆藏广东省银行档案，全宗号 41，目录号 3，案卷号 2224，《应付华侨汇兑事项 1937》。

［33］广东省档案馆藏广东省银行档案，全宗号 41，目录号 3，案卷号 2225，《改善侨汇办法 1947》。

［34］广东省档案馆藏广东省银行档案，全宗号 41，目录号 3，案卷号 2230，《侨汇限额 1947》。

［35］广东省档案馆藏中国银行广州分行档案，全宗号 43，目录号 1，案卷号 201，《机关来去函 1946》。

［36］广东省档案馆藏中国银行广州分行档案，全宗号 43，目录号 1，案卷号 614，《国外部来函 1947》。

［37］广东省档案馆藏中国银行广州分行档案，全宗号 43，目录号 1，案卷号 753，《星行来去函 1947》。

［38］广东省档案馆藏中国银行广州分行档案，全宗号 43，目录号 1，案卷号 759，《加处及仰处来去函（有关侨汇调度等）1947》。

［39］广东省档案馆藏中国银行广州分行档案，全宗号 43，目录号 1，案卷号 955，《邑处粤辖人、会调、峏、书来函 1948》。

［40］广东省档案馆藏中国银行广州分行档案，全宗号 43，目录号 1，案卷号 1075，《总处业字去函、押透合约、签订特约、仓库合约、放款清单及报告表、代兑侨眷汇票、业务增减比较表、存金等 1948》。

［41］广东省档案馆藏中国银行广州分行档案，全宗号 43，目录号 1，案卷号 1076，《总处业字去函、押透合约、签订特约、仓库合约、放款清单及报告表、代兑侨眷汇票、业务增减比较表、存金等 1948》。

［42］广东省档案馆藏中国银行广州分行档案，全宗号 43，目录号 1，案卷号 1077，《总处业字去函、押透合约、签订特约、仓库合约、放款清单及报告表、代兑侨眷汇票、业务增减比较表、存金等 1948》。

［43］广东省档案馆藏中国银行广州分行档案，全宗号 43，目录号 1，案卷号 1079，《总处业字去函、押透合约、签订特约、仓库合约、放款清单及报告表、代兑侨眷汇票、业务增减比较表、存金等 1948》。

［44］广东省档案馆藏中国银行广州分行档案，全宗号 43，目录号 1，案卷号 1330，《星行及所属来去函 1949》。

［45］广东省档案馆藏中国银行广州分行档案，全宗号 43，目录号 1，案卷号 1394，《琼处粤辖、库、侨、峏、外、会、书字来函 1949》。

［46］广东省档案馆藏中国银行广州分行档案，全宗号 43，目录号 1，案卷号 1444，《粤行业、侨、书、外、会字去函 1949》。

［47］广东省档案馆藏中国银行广州分行档案，全宗号 43，目录号 1，案卷号 1489，《粤银行来函 1948》。

［48］广东省档案馆藏中国银行广州分行档案，全宗号 43，目录号 1，案卷号 1492，《粤行字去函 1947》。

［49］广东省档案馆藏中国银行广州分行档案，全宗号 43，目录号 2，案卷号 47，《广东省银行粤行来去函 1946》。

［50］广东省档案馆藏中国银行广州分行档案，全宗号 43，目录号 2，案卷号 140，《广东省银行 1937 年（行来往函）》。

［51］广东省档案馆藏中国银行广州分行档案，全宗号 43，目录号 2，案卷号 894 之一，《粤辖字通函 1946—1947》。

［52］广东省档案馆藏中国银行广州分行档案，全宗号 43，目录号 2，案卷号 1091，《太处 1948 年下期粤辖字通函》。

［53］广东省档案馆藏中国银行广州分行档案，全宗号 43，目录号 2，案卷号 1104，《太处 1947 年三月一日至十一月卅日辖字通函》。

［54］广东省档案馆藏中国银行广州分行档案，全宗号 43，目录号 2，案卷号 1142，《王振芳经理 1947》。

［55］广东省档案馆藏中国银行广州分行档案，全宗号 43，目录号 2，案卷号 1205，《有关业务、事务问题与辖内往来函件 1947》。

［56］广东省档案馆藏中国银行广州分行档案，全宗号 43，目录号 2，案卷号 1207，《有关农业机械股份有限公司分厂计划及有关事务问题其他杂类文件 1948》。

［57］广东省档案馆藏外国银行及对外银行档案，全宗号 71，目录号 1，案卷号 26，《中国银行来往函件 1946—1949》。

［58］广东省档案馆藏汕头邮局档案，全宗号 86，目录号 1，案卷号 344，《各批信局执照声请书副份 1936》。

［59］广东省档案馆藏汕头邮局档案，全宗号 86，目录号 1，案卷号 593，《汕头一等邮局、广东邮局关于批信、侨批业务和批信事务处理办法，汕头各批局及其马来亚各分号中英文名称及地址清单 1948》。

［60］广东省档案馆藏汕头邮局档案，全宗号 86，目录号 1，案卷号 723，《经济部汕头检验分局有关协复检验进口商品，国防部第二厅有关中美特种技术合作所、汕头气象站改隶为国防部第二厅气象总站汕头气象站及汕头市侨批业调查表 1946》。

［61］汕头市档案馆藏伪汕头市侨务局档案，全宗号 12，目录号 7，案卷号 12，《有关现有职员花名册、侨批同业公会职员名册及公会章程等材料 1934—1947》。

［62］汕头市档案馆藏伪汕头市侨务局档案，全宗号 12，目录号 7，案卷号 13，《有关保护华侨和农田水利建设召集侨批业产座谈会议记录、处理侨户纠纷等材料》。

［63］汕头市档案馆藏伪汕头市侨务局档案，全宗号 12，目录号 7，案卷号 41，《有关处理侨批业商号领取批信申请书及处理日常事务等材料，1943》。

［64］汕头市档案馆藏伪汕头市侨务局档案，全宗号 12，目录号 7，案卷号 49，《有关检查侨批暂行规则和处理侨批事务等材料，1942—1943》。

［65］汕头市档案馆藏伪汕头市侨务局档案，全宗号 12，目录号 7，案卷号 50，《有关侨批业同业公会会员名册和第一届当选职员名册及办理侨批事务等材料》。

［66］汕头市档案馆藏伪汕头市侨务局档案，全宗号 12，目录号 7，案卷号 64，《有关出入国侨民调查和处理侨批纠纷案件等材料 1943》。

［67］汕头市档案馆藏伪汕头市政府档案，全宗号 12，目录号 7，案卷号 126，《关于改善侨汇华侨投资国内侨批商号走私等文书 1948—1949》。

［68］汕头市档案馆藏伪汕头市商会档案，全宗号 12，目录号 9，案卷号 270，《1945 至 1948 年关于侨批业同业公会组织章程名册各商号批伙名册》。

［69］汕头市档案馆藏伪汕头市商会档案，全宗号 12，目录号 9，案卷号 412，《1946—1949 年关于侨批业同业公会会员批款被劫、冒领，修订批信事务处理处意见与国外同业联系业务等问题的文书》。

［70］中国第二历史档案馆藏民国档案，全宗号 751，目录号 5，案卷号 624，《新加坡华侨信局关于闽粤邮局欲行废止信包制度的呈文，1929 年 4 月》。

［71］新加坡国家档案馆藏商业档案（Registry of Business），ROB017，"Buan Hong Long & Co"，File Refenrence：8656。

［72］新加坡国家档案馆藏新加坡中华总商会会议记录，1927 年 3 月 11 日，Vol. Ⅵ – Minutes of the 15ᵗʰ, 16ᵗʰ and 17ᵗʰ Committee Meetings，Singapore Chinese Chamber of Commerce，Microfilm No：007。

［73］新加坡国家档案馆藏新加坡中华总商会会议记录，1932 年 6 月 25 日，Vol. Ⅷ – Minutes of the 18ᵗʰ Committee Meeting，Singapore Chinese Chamber of Commerce，Microfilm No：007。

［74］新加坡国家档案馆藏新加坡中华总商会会议记录，1926 年 11 月 6 日，Vol. Ⅴ – Minutes of the 13ᵗʰ and 14ᵗʰ Committee Meetings，Singapore Chinese Chamber of Commerce，Microfilm No：007。

［75］新加坡国家档案馆藏新加坡中华总商会会议记录，1929 年 12 月 2 日，Vol. Ⅶ – Minutes of the 17ᵗʰ Committee Meeting，Singapore Chinese Chamber of Commerce，Microfilm No：007。

［76］新加坡国家档案馆口述历史中心，Accession No. 147，"林树彦访谈报告"。

［77］《中兴日报》1947 年、1948 年。

［78］《中华日报》1990 年。

［79］《中南日报》1946 年、1947 年。

［80］《公报》1947 年。

［81］《民报》1946 年。

［82］《亚洲日报》2002 年。

［83］《南侨日报》1947 年、1948 年。

［84］《南洋商报》1945 年、1946 年、1948 年

［85］《星洲日报》1929 年、1930 年、1946 年、1947 年、1948 年。

［86］《星洲总汇合刊》1945 年。

［87］《粤东报》1942 年。

［88］《粤侨导报》1947 年。

［89］《新国民日报》1930 年。

二、中文文献

（一）著作

［1］《汕头金融志》编纂小组编：《汕头金融志》，1987 年。

［2］［日］山岸猛著，刘晓民译：《侨汇：现代中国经济分析》，厦门：厦门大学出版社，2013 年。

［3］广东省地方史志编纂委员会编：《广东省志·华侨志》，广州：广东人民出版社，1996 年。

［4］广东省集邮协会、汕头市集邮协会编：《潮汕侨批论文集》，北京：人民邮电出版社，1993 年。

［5］王本尊：《海外华侨华人与潮汕侨乡的发展》，北京：中国华侨出版社，2000 年。

［6］王伦信：《清末民国时期中学教育研究》，上海：华东师范大学出版社，2002 年。

［7］王炜中、杨群熙、陈骅编著：《潮汕侨批简史》，汕头：汕头市侨批档案馆，2007 年。

［8］王炜中：《侨批缘》，桂林：广西师范大学出版社，2017 年。

［9］王炜中主编：《首届侨批文化研讨会论文集》，汕头：潮汕历史文化研究中心等，2004 年。

［10］王炜中主编：《第二届侨批文化研讨会论文选》，香港：公元出版有限公司，2008 年。

［11］王炜中主编：《第三届侨批文化研讨会论文选》，香港：天马出版有限公司，2010 年。

［12］《汕头市志》编纂委员会编：《汕头市志》（第四册），北京：新华出版社，1999 年。

［13］〔澳〕王赓武：《王赓武自选集》，上海：上海教育出版社，2002 年。

［14］〔澳〕王赓武：《中国与海外华人》，香港：商务印书馆（香港）有限公司，1994 年。

［15］〔澳〕王赓武著，姚楠编译：《东南亚与华人——王赓武教授论文选集》，北京：中国友谊出版公司，1987 年。

［16］〔澳〕王赓武著，姚楠编译：《南海贸易与南洋华人》，香港：中华书局，1988 年。

［17］中山大学东南亚历史研究所、中山大学图书馆编：《华侨史论文资料索引（1895—1980）》，1981 年。

［18］中化金禧纪念特刊编委会：《中化半世纪：中化中小学五十周年纪念特刊》，麻坡：麻坡中化中小学董事会，1962 年。

［19］中央银行经济研究处编：《金融法规大全》，上海：商务印书馆，1947 年。

［20］中国大百科全书总编辑委员会《社会学》编辑委员会：《中国大百科全书·社会学》，北京：中国大百科全书出版社，1991 年。

［21］中国银行行史编辑委员会：《中国银行行史（1912—1949）》，北京：中国金融出版社，1995 年。

［22］中国银行泉州分行行史编委会编：《泉州侨批业史料》，厦门：厦门大学出版社，1994 年。

［23］中国银行泉州分行行史编委会编：《闽南侨批史纪述》，厦门：厦门大学出版社，1996 年。

［24］中国银行总行、中国第二历史档案馆：《中国银行行史资料汇编》，北京：档案出版社，1991 年。

［25］中国第二历史档案馆、中国人民银行江苏省分行、江苏省金融志编委

会合编:《中华民国金融法规选编》,北京:档案出版社,1992 年。

[26] [美] 孔飞力著,李明欢译:《他者中的华人:中国近现代移民史》,南京:江苏人民出版社,2016 年。

[27] 邓锐:《梅州侨批》,北京:中国华侨出版社,2013 年。

[28] [荷] 包乐史、吴凤斌校注:《公案簿》(第一辑),厦门:厦门大学出版社,2002 年。

[29] [荷] 包乐史、吴凤斌校注:《公案簿》(第二辑),厦门:厦门大学出版社,2004 年。

[30] [荷] 包乐史、吴凤斌校注:《公案簿》(第三辑),厦门:厦门大学出版社,2004 年。

[31] [荷] 包乐史、吴凤斌校注:《公案簿》(第四辑),厦门:厦门大学出版社,2005 年。

[32] [荷] 包乐史、吴凤斌校注:《公案簿》(第五辑),厦门:厦门大学出版社,2005 年。

[33] [荷] 包乐史、吴凤斌:《18 世纪末吧达维亚唐人社会》,厦门:厦门大学出版社,2002 年。

[34] 冯承钧:《中国南洋交通史》,上海:商务印书馆,1937 年。

[35] 冯承钧译:《西域南海史地考证译丛七编》,北京:商务印书馆,1962 年。

[36] 郑德华、成露西:《台山侨乡与新宁铁路》,广州:中山大学出版社,1991 年。

[37] 朱拉隆功大学亚洲研究所编:《泰国潮州人及其潮汕原籍研究计划第二辑:汕头港(1860—1949)》,曼谷:朱拉隆功大学亚洲研究所,1997 年。

[38] 朱拉隆功大学亚洲研究所编:《泰国潮州人及其故乡潮汕地区研究报告:樟林港》,曼谷:朱拉隆功大学亚洲研究所,1991 年。

[39] 朱杰勤:《东南亚华侨史》,北京:高等教育出版社,1990 年。

[40] 华侨志编纂委员会编:《华侨志·越南》,1958 年。

[41] 庄国土、刘文正:《东亚华人社会的形成和发展:华商网络、移民与一体化趋势》,厦门:厦门大学出版社,2009 年。

[42] 庄国土:《中国封建政府的华侨政策》,厦门:厦门大学出版社,1989 年。

[43] 庄国土:《华侨华人与中国的关系》,广州:广东高等教育出版社,

2001 年。

[44] 刘进：《五邑银信》，广州：广东人民出版社，2009 年。

[45] 刘进、李文照著，田在原、赵寒松译：《银信与五邑侨乡社会》，广州：广东人民出版社，2011 年。

[46] 江门市档案局、广东侨乡文化研究中心主编：《江门五邑侨汇档案选编（1940—1950）》，北京：中国华侨出版社，2011 年。

[47] 刘进、罗达全、张秀明编：《华侨书信抗战史料选编（五邑侨乡卷)》，广州：广东人民出版社，2016 年。

[48] 刘佐人：《金融与侨汇综论》，广州：广东省银行，1947 年。

[49] 刘宏：《中国－东南亚学：理论建构·互动模式·个案分析》，北京：中国社会科学出版社，2000 年。

[50] 刘宏：《战后新加坡华人社会的嬗变：本土情怀·区域网络·全球视野》，厦门：厦门大学出版社，2003 年。

[51] 刘宏：《跨界亚洲的理念与实践：中国模式·华人网络·国际关系》，南京：南京大学出版社，2013 年。

[52] 刘继宣、束世澂：《中华民族拓殖南洋史》，上海：国立编译馆，1935 年。

[53] 汕头市档案局等编：《潮汕侨批业档案选编》，香港：天马出版有限公司，2010 年。

[54] 许云樵等编：《星马通鉴》，新加坡：世界书局，1959 年。

[55] 许茂春：《东南亚华人与侨批》，曼谷：泰国泰华进出口商会，2008 年。

[56] 孙谦：《清代华侨与闽粤社会变迁》，厦门：厦门大学出版社，1999 年。

[57] 麦留芳：《方言群认同：早期星马华人的分类法则》，台北："中央研究院"民族学研究所，1985 年。

[58] 《闽南侨批大全》编委会编：《闽南侨批大全》（第二辑），福州：福建人民出版社，2018 年。

[59] 苏通海：《漳州侨批史话》，福州：福建人民出版社，2016 年。

[60] 杜桂芳：《潮汕侨批》，广州：花城出版社，1999 年。

[61]［美］杜维明著，高专诚译：《新加坡的挑战：新儒家伦理与企业精神》，北京：生活·读书·新知三联书店，1989 年。

［62］［美］杜赞奇著，王宪明译：《从民族国家拯救历史：民族主义话语与中国现代史研究》，北京：社会科学文献出版社，2003 年。

［63］李长傅：《中国殖民史》，上海：商务印书馆，1937 年。

［64］李亦园：《一个移殖的市镇：马来亚华人市镇生活的调查研究》，台北："中央研究院"民族研究所，1970 年。

［65］李柏达：《古巴华侨银信：李云宏宗族家书》，广州：暨南大学出版社，2015 年。

［66］李学民、黄昆章：《印尼华侨史》，广州：广东高等教育出版社，1987 年。

［67］李宝钻：《马来西亚华人涵化之研究：以马六甲为中心》，台北：台湾师范大学历史研究所，1998 年。

［68］李柏达编著：《世界记忆遗产：台山银信档案及研究》，广州：暨南大学出版社，2017 年。

［69］李盈慧：《华侨政策与海外民族主义（1912—1949）》，台北："国史馆"，1997 年。

［70］杨建成主编：《三十年代南洋华侨侨汇投资调查报告书》，台北：中华学术院南洋研究所，1983 年。

［71］杨建成主编：《侨汇流通之研究》，台北：中华学术院南洋研究所，1984 年。

［72］杨建成主编：《法属中南半岛之华侨》，台北：中华学术院南洋研究所，1986 年。

［73］杨群熙：《华侨与近代潮汕经济》，汕头：汕头大学出版社，1997 年。

［74］杨群熙辑编点校：《潮汕地区侨批业资料》，汕头：潮汕历史文化研究中心、汕头市文化局、汕头市图书馆，2004 年。

［75］吴冈：《旧中国通货膨胀史料》，上海：上海人民出版社，1958 年。

［76］吴凤斌主编：《东南亚华侨通史》，福州：福建人民出版社，1994 年。

［77］吴华：《新加坡华族会馆志》（第一册），新加坡：南洋学会，1975 年。

［78］吴华：《新加坡华族会馆志》（第三册），新加坡：南洋学会，1977 年。

［79］《马来亚英汉商业指南》，新加坡：20 世纪 30 年代，具体年份不详。

［80］余定邦、喻常森等：《近代中国与东南亚关系史》，广州：中山大学出

版社，1999 年。

［81］邹金盛：《潮帮批信局》，香港：艺苑出版社，2001 年。

［82］冷东：《东南亚海外潮人研究》，北京：中国华侨出版社，1999 年。

［83］张小欣：《延续与变革：1949—1956 年广东侨批业管理政策研究》，广州：暨南大学出版社，2017 年。

［84］张公权著，杨志信摘译：《中国通货膨胀史（1937—1949 年）》，北京：文史资料出版社，1986 年。

［85］张相时：《华侨中心之南洋》，琼州：海南书局，1927 年。

［86］原台山县志编写组编：《台山县侨乡志》，台山：中共台山县委宣传部等，1985 年。

［87］陈礼颂：《一九四九前潮州宗族村落社区的研究》，上海：上海古籍出版社，1995 年。

［88］陈达：《南洋华侨与闽粤社会》，上海：商务印书馆，1938 年。

［89］陈达：《浪迹十年》，《民国丛书》（第 3 编，第 71 册），上海：上海书店，1991 年。

［90］陈志明：《迁徙、家乡与认同——文化比较视野下的海外华人研究》，北京：商务印书馆，2012 年。

［91］陈克振主编：《安溪华侨志》，厦门：厦门大学出版社，1994 年。

［92］陈碧笙：《世界华侨华人简史》，厦门：厦门大学出版社，1991 年。

［93］范若兰：《移民、性别与华人社会：马来亚华人妇女研究（1929—1941）》，北京：中国华侨出版社，2005 年。

［94］［马来西亚］林水檺、何启良、何国忠等编：《马来西亚华人史新编》（第一册），吉隆坡：马来西亚中华大会堂总会，1998 年。

［95］林远辉、张应龙：《新加坡马来西亚华侨史》，广州：广东高等教育出版社，1991 年。

［96］林金枝：《近代华侨投资国内企业史研究》，福州：福建人民出版社，1983 年。

［97］林家劲、罗汝材、陈树森等：《近代广东侨汇研究》，广州：中山大学出版社，1999 年。

［98］郁树锟：《南洋年鉴》，新加坡：南洋报社有限公司，1951 年。

［99］［英］帕塞尔著，郭湘章译：《东南亚之华侨》，台北：正中书局，1967 年。

［100］［法］朋尼维兹著，孙智绮译：《布赫迪厄社会学的第一课》，台北：麦田出版，2002 年。

［101］郑一省：《多重网络的渗透与扩张——海外华侨华人与闽粤侨乡互动关系研究》，北京：世界知识出版社，2006 年。

［102］［马来西亚］郑良树：《马来西亚华文教育发展史》（第二分册），吉隆坡：马来西亚华校教师会总会，1999 年。

［103］郑林宽：《福建华侨汇款》，福州：福建省政府秘书处统计室，1940 年。

［104］南方学院华人族群与文化研究中心：《潮人拓殖柔佛原始资料汇编》，新山：南方学院，2003 年。

［105］南洋中华汇业总会：《南洋中华汇业总会年刊》（第一集），1947 年。

［106］南洋中华汇业总会：《南洋中华汇业总会年刊》（第二集），1948 年。

［107］［新加坡］柯木林：《新华历史人物列传》，新加坡：教育出版私营有限公司，1995 年。

［108］饶平县归国华侨联合会编：《饶平华侨史志》，1999 年。

［109］饶宗颐：《潮州志》，汕头：汕头艺文印务局，1949 年。

［110］饶宗颐：《潮州志汇编》，香港：龙门书店，1965 年。

［111］施展：《枢纽：3 000 年的中国》，桂林：广西师范大学出版社，2018 年。

［112］［泰］洪林、黎道纲：《泰国华侨华人研究》，香港：香港社会科学出版社有限公司，2006 年。

［113］［泰］洪林、黎道纲：《泰国侨批文化》，曼谷：泰中学会，2006 年。

［114］［泰］洪林、黎道纲：《泰国侨批业资料荟萃》，香港：天马出版有限公司，2011 年。

［115］姚奇木、陈兆一：《香港华侨概况》，台北：正中书局，1991 年。

［116］姚曾荫：《广东省的华侨汇款》，上海：商务印书馆，1943 年。

［117］姚楠、许云樵等编：（新加坡）《南洋学报》，1940 年创刊。

［118］袁丁、陈丽园、钟运荣：《民国政府对侨汇的管制》，广州：广东人民出版社，2014 年。

［119］袁丁：《跨国移民与近代广东侨乡》，北京：中华书局，2019 年。

［120］［英］班国瑞、刘宏著，贾俊英译：《亲爱的中国——移民书信与侨汇（1820—1980）》，上海：东方出版中心，2022 年。

[121] 高维廉：《马来亚侨汇及中马贸易展望》，新加坡：中南联合出版社，1950年。

[122] 黄枝连：《亚洲的华夏秩序——中国与亚洲国家关系形态论》，北京：中国人民大学出版社，1992年。

[123] 黄卓才：《鸿雁飞越加勒比：古巴华侨家书纪事》，广州：暨南大学出版社，2011年。

[124] 黄昆章：《印尼华侨华人史：1950至2004年》，广州：广东高等教育出版社，2005年。

[125] 黄绍伦编：《中国宗教伦理与现代化》，香港：商务印书馆（香港）有限公司，1991年。

[126]《闽南侨批大全》编委会编：《闽南侨批大全》（第一辑），福州：福建人民出版社，2016年。

[127] 黄清海：《海洋移民、贸易与金融网络：以侨批业为中心》，北京：社会科学文献出版社，2016年。

[128] 黄清海编著：《菲华黄开物侨批：世界记忆财富（1907—1922年）》，福州：福建人民出版社，2016年。

[129] 黄滋生、何思兵：《菲律宾华侨史》，广州：广东高等教育出版社，1987年。

[130] 麻坡潮州会馆：《柔佛州麻坡潮州会馆五十八周年纪念特刊》，1996年。

[131] 厦门大学南洋研究院编：《东南亚华侨口述历史丛编》，桂林：广西师范大学出版社，2018年。

[132] 焦建华：《福建侨批业研究（1896—1949）》，厦门：厦门大学出版社，2017年。

[133] 温雄飞：《南洋华侨通史》，上海：东方印书馆，1929年。

[134] ［马来西亚］游俊豪著，卢婷、谢文君译：《广东与离散华人：侨乡景观的嬗变》，广州：世界图书出版广东有限公司，2016年。

[135] 谢雪影：《潮梅现象》，汕头：汕头时事通讯社，1935年。

[136]《新加坡中华总商会七十五周年纪念特刊》，新加坡：新加坡中华总商会，1981年。

[137]《新加坡中华总商会第廿九届至第卅二届报告书（1956—1964）》，新加坡：新加坡中华总商会，1964年。

[138] [日] 滨下武志著，王玉茹、赵劲松、张玮译：《中国、东亚与全球经济：区域和历史的视角》，北京：社会科学文献出版社，2009 年。

[139] [日] 滨下武志著，朱荫贵、欧阳菲译：《近代中国的国际契机：朝贡贸易体系与近代亚洲经济圈》，北京：中国社会科学出版社，1999 年。

[140] [日] 滨下武志著，马宋芝译：《香港大视野：亚洲网络中心》，香港：商务印书馆（香港）有限公司，1997 年。

[141] [美] 塞缪尔·P. 亨廷顿著，王冠华、刘为等译：《变化社会中的政治秩序》，北京：生活·读书·新知三联书店，1989 年。

[142] 福建省地方志编纂委员会编：《福建省志·华侨志》，福州：福建人民出版社，1992 年。

[143] 福建省档案馆编：《福建侨批档案文献汇编》（第一辑），北京：国家图书馆出版社，2017 年。

[144] 谭健吾、蚁永森编：《澄海县地名志》，澄海：澄海县人民政府测绘地名办公室，1987 年。

[145] [澳] 颜清湟著，李恩涵译：《星马华人与辛亥革命》，台北：联经出版事业公司，1982 年。

[146] [澳] 颜清湟著，粟明鲜、陈宇生等译：《新马华人社会史》，北京：中国华侨出版公司，1991 年。

[147] [澳] 颜清湟著，粟明鲜、贺跃夫译：《出国华工与清朝官员：晚清时期中国对海外华人的保护（1851—1991 年）》，北京：中国友谊出版公司，1990 年。

[148] 潮汕历史文化研究中心、侨批文物馆编：《梅州侨批档案选编》，香港：天马出版有限公司，2011 年。

[149] 潮汕历史文化研究中心：《潮汕侨批萃编》（第 1 辑），香港：公元出版有限公司，2003 年。

[150] 潮汕历史文化研究中心：《潮汕侨批萃编》（第 2、3 辑），香港：公元出版有限公司，2004 年。

[151] 潮汕历史文化研究中心：《潮汕侨批集成》（第一辑），桂林：广西师范大学出版社，2007 年。

[152] 潮汕历史文化研究中心：《潮汕侨批集成》（第二辑），桂林：广西师范大学出版社，2011 年。

[153] 潮汕历史文化研究中心：《潮汕侨批集成》（第三辑），桂林：广西师

范大学出版社，2015 年。

[154] 潮汕历史文化研究中心：《潮汕侨批集成》（第四辑），桂林：广西师范大学出版社，2020 年。

[155] 潮汕历史文化研究中心侨批文物馆：《潮汕侨批档案选编》（一）（二）（三），香港：天马出版有限公司，2011 年。

[156] 潘醒农编著：《马来亚潮侨通鉴》，新加坡：南岛出版社，1950 年。

[157] 澄海县地方志编纂委员会编：《澄海县志》，广州：广东人民出版社，1992 年。

[158] ［日］濑川昌久著，钱杭译：《族谱：华南汉族的宗族·风水·移居》，上海：上海书店出版社，1999 年。

[159] ［日］市川信爱、戴一峰主编：《近代旅日华侨与东亚沿海地区交易圈——长崎华商"泰益号"文书研究》，厦门：厦门大学出版社，1994 年。

[160] 魏金华：《梅州侨批世界记忆——魏金华收藏侨批档案汇编》，广州：广东省档案馆，2014 年。

（二）论文

[1] 马明达、黄泽纯：《潮汕侨批局的经营网络》，《暨南学报（人文科学与社会科学版）》2004 年第 1 期。

[2] 马楚坚：《潮帮批信局之创生及其功能的探索》，李志贤主编：《海外潮人的移民经验》，新加坡：新加坡潮州八邑会馆、八方文化企业公司，2003 年。

[3] ［澳］王赓武：《"华侨"一词起源诠释》，［澳］王赓武著，姚楠编译：《东南亚与华人——王赓武教授论文集》，北京：中国友谊出版公司，1987 年。

[4] ［日］井村薰雄著，李林译：《华侨寄款与祖国经济关系》，《南洋研究》1941 年第 10 卷第 1 期。

[5] 邓达宏：《国际移民书信与闽粤侨乡教育探略——以批信个案为例》，刘进主编：《比较、借鉴与前瞻：国际移民书信研究》，广州：广东人民出版社，2014 年。

[6] 古鸿廷：《论马来亚华人民族主义运动之研究》，古鸿廷：《东南亚华侨的认同问题·马来亚篇》，台北：联经出版事业公司，1994 年。

[7] 石坚平：《四邑银信中的乡族纽带与海外移民网络——以广东省台山县三八镇吉都里余氏家族书信为中心的考察》，刘进主编：《比较、借鉴与前瞻：国际移民书信研究》，广州：广东人民出版社，2014 年。

［8］石坚平：《近年来广东侨乡研究述评》，《五邑大学学报（社会科学版）》2012 年第 14 卷第 2 期。

［9］［美］史坚纳著，陈铭史译：《1918 至 1955 年泰国华侨人口分析》，钟锡金：《泰华文化演变沧桑史》，亚罗士打：赤土书局，1990 年。

［10］冯元：《侨汇与广东——1950 年至 1957 年广东省华侨汇款的考察》，中山大学硕士学位论文，1985 年。

［11］刘进：《民国时期北美华侨与华南乡村社会转型——以广东开平关崇瑶家庭书信为中心探讨》，刘进主编：《比较、借鉴与前瞻：国际移民书信研究》，广州：广东人民出版社，2014 年。

［12］刘宏：《社会资本与商业网络的建构：当代华人跨国主义的个案研究》，《华侨华人历史研究》2000 年第 1 期。

［13］刘宏：《跨国华人：实证分析与理论思考》，《二十一世纪》2002 年第 71 期。

［14］刘宏：《新加坡中华总商会与亚洲华商网络的制度化》，《历史研究》2000 年第 1 期。

［15］［新加坡］关瑞发：《曼谷国家图书馆现存早期泰国华文报章》，泰中学会：《泰中学刊》，2000 年。

［16］江白潮：《二十世纪泰国华侨人口初探》，泰中学会：《泰中学刊》，1994 年。

［17］［马来西亚］安焕然：《论潮人在马来西亚柔佛麻坡的开拓》，《汕头大学学报（人文社会科学版）》2002 年第 2 期。

［18］志钟：《论南侨汇款激减之危机》，《南洋研究》1935 年第 5 卷第 5 期。

［19］芮诒埙：《有信银庄（批局）琐忆》，中国人民政治协商会议广东省汕头市委员会文史资料研究委员会编：《汕头文史》（第 4 辑），1987 年。

［20］严飞生、房学嘉：《1947—1950 年印尼三宝垄华侨侨批初探——以李芝敏的十二封侨批为例》，《汕头大学学报（人文社会科学版）》2005 年第 3 期。

［21］杜式敏：《从潮汕侨批看海外潮人的女性观》，《汕头大学学报（人文社会科学版）》2005 年第 3 期。

［22］杜桂芳：《潮汕侨批：义务与权利——以强烈的心理需求为特征的家族观念》，《华侨华人历史研究》1995 年第 4 期。

［23］李小燕：《中国官方行局经营侨汇业务之研究（1937—1949）》，新加坡国立大学博士学位论文，2010 年。

［24］李天锡：《也谈侨批的起源及其它》，《华侨华人历史研究》1997 年第
3 期。

［25］李福光：《侨批文化工程启动纪实》，《侨批文化》2003 年创刊号。

［26］肖文评、田璐、许颖：《从侨批看民国初期梅州侨乡与印尼地区近代
教育的发展——以梅县攀桂坊张家围张坤贤家族为中心》，陈荆淮主编：《海邦
剩馥：侨批档案研究》，广州：暨南大学出版社，2016 年。

［27］吴承禧：《厦门的华侨汇款与金融组织》，《社会科学杂志》1931 年第
8 卷第 2 期。

［28］吴前进：《当代移民的本土性与全球化——跨国主义视角的分析》，
《现代国际关系》2004 年第 8 期。

［29］吴前进：《跨国主义的移民研究——欧美学者的观点和贡献》，《华侨
华人历史研究》2007 年第 4 期。

［30］《华侨汇款注意》，《民锋半月刊》1940 年第 3 期。

［31］《我国遍设金融网，汇款交中交华侨或省立银行任何沦陷区内均可担
保递到》，《现代华侨》1940 年第 7 期。

［32］《南洋埠名》，*Journal of the Straits Branch of the Royal Asiatic Society*，
February 1905。

［33］沈惠芬：《构建东南沿海侨乡女性生活史：侨批资料的价值与利用》，
《福建论坛（人文社会科学版）》2013 年第 7 期。

［34］张军：《近代中国侨批业的研究——以侨批业与邮政、银行关系为中
心》，厦门大学硕士学位论文，2001 年。

［35］张国雄：《近代五邑侨乡国际移民网络的建构——以开平周运中家族
为例》，张国雄等主编：《国际移民与侨乡研究》，北京：中国华侨出版社，
2012 年。

［36］张映秋：《近代潮汕人民向外移植及其对潮汕经济开发的影响》，郑
民、梁初鸣编：《华侨华人史研究集》（一），北京：海洋出版社，1989 年。

［37］张慧梅：《百姓视野下之"华侨"——侨批所见之潮安金石龙阁乡陈
氏》，潮汕历史文化研究中心、汕头大学潮汕文化研究中心编：《潮学研究》（第
10 辑），广州：花城出版社，2002 年。

［38］张慧梅：《战争状态下之金融与传统人文网络——1939—1947 年潮汕
与东南亚间侨汇流通研究》，潮汕历史文化研究中心、韩山师范学院编：《潮学
研究》（第 11 辑），汕头：汕头大学出版社，2004 年。

［39］陈训先：《论侨批的起源》，《华侨华人历史研究》1996 年第 3 期。

［40］陈训先：《清代潮帮侨批业对我国原始金融市场的贡献》，《汕头大学学报（人文社会科学版）》2005 年第 5 期。

［41］陈志明：《涵化、族群性与华裔》，郝时远主编：《海外华人研究论集》，北京：中国社会科学出版社，2002 年。

［42］陈丽园：《从侨批看跨国华人的教育与社会传承（1911—1949）》，《东南亚研究》2011 年第 4 期。

［43］陈丽园：《近代华南与东南亚华人社会间的互动关系——以一个华人移民家庭的侨批为例》，《历史人类学学刊》2014 年第 12 卷第 2 期。

［44］陈丽园：《近代跨国华人社会建构的事例分析：1929—1930 年新加坡保留民信局与减轻民信邮费全侨大会》，《华侨华人历史研究》2010 年第 3 期。

［45］陈丽园：《社会变迁与跨国华人家庭的建立——以陈遗恩家庭为例》，《暨南学报（哲学社会科学版）》2013 年第 5 期。

［46］陈丽园：《侨批公会的建立与跨国侨批网络的制度化（1911—1937）——以潮汕为例的研究》，《华侨华人历史研究》2012 年第 2 期。

［47］陈丽园：《战后华南与东南亚侨批网络的整合与制度化——以南洋中华汇业总会为中心》，《东南亚研究》2014 年第 3 期。

［48］陈丽园：《跨国华人社会的脉动——近代潮州人的侨批局网络探悉 1911—1949》，《历史人类学学刊》2004 年第 2 卷第 2 期。

［49］陈丽园：《近代海外华人研究的跨国主义取向探索——评徐元音的〈梦金山、梦家乡〉》，《华侨华人历史研究》2003 年第 1 期。

［50］陈丽园：《1946—1949 年广东侨汇逃避问题》，中山大学硕士学位论文，2001 年。

［51］陈春声：《从家书到公共文献——从陈子昭书札看潮州商人与家乡的联系》，李志贤主编：《海外潮人的移民经验》，新加坡：新加坡潮州八邑会馆、八方文化企业公司，2003 年。

［52］陈春声：《近代华侨汇款与侨批业的经营——以潮汕地区的研究为中心》，《中国社会经济史研究》2000 年第 4 期。

［53］陈葆灵：《侨汇萎缩和侨汇逃避》，《广东省银行月刊》1947 年第 3 卷第 7、8 期。

［54］陈植芳：《漫谈潮汕民间侨汇业》，中国人民政治协商会议广东省汕头市委员会学习文史委员会编：《汕头文史》（第 13 辑），1995 年。

［55］陈植芳：《潮汕侨眷的生命线——记抗战后期开辟的东兴汇路》，中国人民政治协商会议广东省汕头市委员会文史资料委员会编：《汕头文史》（第10辑），1991年。

［56］陈景熙：《己卯年（1999）广东澄海市山边村游神考察报告》，《华南研究资料中心通讯》2000年第18期。

［57］周镇豪：《民信局史实略记》，南洋中华汇业总会：《南洋中华汇业总会年刊》（第一集），1947年。

［58］［马来西亚］郑良树：《论潮州人在柔佛的开垦和拓殖》，［马来西亚］郑良树主编：《潮州学国际研讨会论文集》（下册），广州：暨南大学出版社，1994年。

［59］［新加坡］柯木林：《新加坡民信业领袖林树彦》，［新加坡］柯木林、林孝胜：《新华历史与人物研究》，新加坡：南洋学会，1986年。

［60］［新加坡］柯木林：《新加坡侨汇与民信业研究》，［新加坡］柯木林、吴振强编：《新加坡华族史论集》，新加坡：南洋大学毕业生协会，1972年。

［61］钟运荣：《近代侨汇与国家控制——以民国邮政与广东批信局的关系为中心（1928—1945）》，中山大学硕士学位论文，2002年。

［62］［泰］洪林：《泰国侨批史略》，《汕头大学学报（人文社会科学版）》2017年第4期。

［63］［泰］洪林：《泰国侨批与银信局刍议》，泰中学会：《泰中学刊》，2004年。

［64］［英］班国瑞、刘宏、康婉盈等：《侨批贸易及其在近代中国与海外华人社会中的作用——对"跨国资本主义"的另一种阐释》，《南洋问题研究》2019年第1期。

［65］袁丁、陈丽园：《1946—1949年间东南亚及美洲侨汇逃避的原因》，《东南亚纵横》2002年第6期。

［66］袁丁、陈丽园：《1946—49年广东侨汇逃避问题》，《华侨华人历史研究》2001年第3期。

［67］袁丁、陈丽园：《1946—49年国民政府对侨批局的政策》，《南洋问题研究》2001年第3期。

［68］袁丁、陈丽园：《"侨汇逃避问题"的终结》，《八桂侨刊》2002年第2期。

［69］袁丁、陈丽园：《战后国民政府侨汇经营体系的重建》，《八桂侨刊》

2001 年第 2 期。

［70］钱江：《商人、帮群与网络》，廖赤阳、刘宏主编：《错综于市场、社会与国家之间——东亚港口城市的华人社团与区域间商贸网络之建构》，东京：平和中岛财团，2002 年。

［71］钱江：《潮汕商人与香港米粮贸易》，李志贤主编：《海外潮人的移民经验》，新加坡：新加坡潮州八邑会馆、八方文化企业公司，2003 年。

［72］黄挺：《商人团体、地方政府与民初政局下之社会权力——以 1921—1929 年的韩江治河处为例》，潮汕历史文化研究中心编：《潮学研究》（第 9 辑），广州：花城出版社，2001 年。

［73］黄重言：《试论我国侨乡社会的形成、特点和发展趋势》，郑民、梁初鸣编：《华侨华人史研究集》（一），北京：海洋出版社，1989 年。

［74］焦建华：《近百年来中国侨批业研究综述》，《华侨华人历史研究》2006 年第 2 期。

［75］［日］滨下武志：《传统社会与庶民金融——新加坡、马来西亚华人社会的“合会”与“银信汇兑”》，《1985 年华侨华人历史国际研讨会论文集》，广州：中山大学东南亚研究所，1985 年。

［76］蔡志祥：《从土地契约看十九世纪末二十世纪初的潮汕社会》，［马来西亚］郑良树主编：《潮州学国际研讨会论文集》（下册），广州：暨南大学出版社，1994 年。

［77］廖赤阳：《世纪之交的华侨、华人研究——寻求网络与国家的对话》，廖赤阳、刘宏主编：《错综于市场、社会与国家之间——东亚港口城市的华人社团与区域间商贸网络之建构》，东京：平和中岛财团，2002 年。

［78］廖赤阳、刘宏：《网络、国家与亚洲地域秩序：华人研究之批判性反思》，《华侨华人历史研究》2008 年第 1 期。

［79］［澳］颜清湟：《新加坡和马来亚华人对 1928 年济南惨案的反响》，［澳］颜清湟：《海外华人史研究》，新加坡：新加坡亚洲研究学会，1992 年。

［80］潮龙起、邓玉柱：《广东侨乡研究三十年：1978—2008》，《华侨华人历史研究》2009 年第 2 期。

［81］潮龙起：《移民史研究中的跨国主义理论》，《史学理论研究》2007 年第 3 期。

［82］潮龙起：《跨国华人研究的理论和实践——对海外跨国主义华人研究的评述》，《史学理论研究》2009 年第 1 期。

[83] 戴一峰：《网络化企业与嵌入性：近代侨批局的制度建构（1850s—1940s）》，《中国社会经济史研究》2003 年第 1 期。

[84] 戴一峰：《传统与现代：近代中国企业制度变迁的再思考——以侨批局与银行关系为中心》，《中国社会经济史研究》2004 年第 1 期。

[85] 戴一峰：《近代环中国海华商跨国网络研究论纲》，《中国社会经济史研究》2002 年第 1 期。

[86]《上海对外汇率与标金市价及纽约银价指数》，中国经济统计研究所：《经济统计月志》1941 年第 8 卷第 9 期。

三、英文文献

（一）著作

[1] Benton, Gregor and Liu, Hong, *Dear China：Emigrant Letters and Remittances, 1820 – 1980*, Berkeley：University of California Press, 2018.

[2] Brown, Rajeswary Ampalavanar, *Chinese Business Enterprise in Asia*, London, New York：Routledge, 1995.

[3] Cartier, Carolyn L. , *Globalizing South China*, Malden, M. A. ：Blackwell Publishers, 2001.

[4] Castles, Stephen, *Ethnicity and Globalization：From Migrant Worker to Transnational Citizen*, London：Sage Publications, 2000.

[5] Chan, Kwok Bun (ed.), *Chinese Business Networks：State, Economy and Culture*, Singapore：Prentice Hall; Copenhagen：Nordic Institute of Asian Studies, 2000.

[6] Chung, Stephanie Po-yin, *Chinese Business Groups in Hong Kong and Political Change in South China, 1900 – 1925*, New York：St. Martin's Press, 1997.

[7] Cochran, Sherman, *Encountering Chinese Networks：Western, Japanese, and Chinese Corporations in China, 1880 – 1937*, Berkeley：University of California Press, 2000.

[8] Cushman, Jennifer Wayne, *Fields from the Sea：Chinese Junk Trade with Siam during the Late Eighteenth and Early Nineteenth Centuries*, Ithaca, N. Y. ：Southeast Asia Program, Cornell University, 1993.

[9] Douw, Leo, Huang, Cen and Ip, David (eds.), *Rethinking Chinese*

Transnational Enterprises: *Cultural Affinity and Business Strategies*, Richmond, Surrey: Curzon Press; Leiden: International Institute for Asian Studies, 2001.

[10] Douw, Leo, Huang, Cen and Godley, Michael R. (eds.), *Qiaoxiang Ties*: *Interdisciplinary Approaches to "Cultural Capitalism" in South China*, London: Kegan Paul International, 1999.

[11] Faist, Thomas, *The Volume and Dynamics of International Migration and Transnational Social Spaces*, Oxford, New York: Oxford University Press, 2000.

[12] Freedman, Maurice, *Chinese Family and Marriage in Singapore*, London: HMSO, 1957.

[13] Hamilton, Gary G. (ed.), *Cosmopolitan Capitalists*: *Hong Kong and the Chinese Diaspora at the End of the Twentieth Century*, Seattle: University of Washington Press, 1999.

[14] Hamilton, Gary G. (ed.), *Business Networks and Economic Development in East and Southeast Asia*, Hong Kong: Centre of Asian Studies, University of Hong Kong, 1991.

[15] Hicks, George L. (ed.), *Overseas Chinese Remittances from Southeast Asia 1910 – 1940*, Singapore: Select Books, 1993.

[16] Hsu, Madeline Yuan-yin, *Dreaming of Gold*, *Dreaming of Home*: *Transnationalism and Migration between the United States and South China*, *1882 – 1943*, Stanford: Stanford University Press, 2000.

[17] Jarman, Robert L., *Annual Reports of the Straits Settlements*, *1855 – 1941*, Volume 7 (1915 – 1921), London: Archive Editions Limited, 1998.

[18] Jarman, Robert L., *Annual Reports of the Straits Settlements*, *1855 – 1941*, Volume 8 (1922 – 1926), London: Archive Editions Limited, 1998.

[19] Jarman, Robert L., *Annual Reports of the Straits Settlements*, *1855 – 1941*, Volume 9 (1927 – 1931), London: Archive Editions Limited, 1998.

[20] Lee, Pohping, *Chinese Society in Nineteenth Singapore*, Oxford: Oxford University Press, 1978.

[21] Li, Minghuan, *We Need Two Worlds*: *Chinese Immigrant Associations in a Western Society*, Amsterdam: Amsterdam University Press, 1999.

[22] McKeown, Adam, *Chinese Migrant Networks and Cultural Change*: *Peru*, *Chicago*, *Hawaii*, *1900 – 1936*, Chicago: The University of Chicago Press, 2001.

［23］ Morse，H. B. ，*An Inquiry into the Commercial Liabilities and Assets of China in International Trade*，Shanghai：Chinese Maritime Custome，1904.

［24］ Nathan，J. E. ，*The Census of British Malaya*，London，1922.

［25］ Ong，Aihwa and Nonini，Donald M. （eds. ），*Ungrounded Empires：The Cultural Politics of Modern Chinese Transnationalism*，New York：Routledge，1997.

［26］ Purcell，Victor，*The Chinese in Malaya*，Kuala Lumpur：Oxford University Press，1967.

［27］ Purcell，Victor，*The Chinese in Southeast Asia*，Kuala Lumpur：Oxford University Press，1965.

［28］ Reid，Anthony，*Sojourners and Settlers：Histories of Southeast Asia and the Chinese*，Australia：Allen & Unwin Pty Ltd，1996.

［29］ Remer，C. F. ，*Foreign Investments in China*，New York：Macmillan，1933.

［30］ Remer，C. F. ，*The Foreign Trade of China*，Shanghai：Commercial Press，1926.

［31］ Schiller，Nina Glick，Basch，Linda and Blanc-Szanton，Cristina（eds. ），*Towards a Transnational Perspective on Migration：Race，Class，Ethnicity，and Nationalism Reconsidered*，New York：New York Academy of Sciences，1992.

［32］ Skinner，William，*Chinese Society in Thailand—An Analytical History*，Ithaca，N. Y. ：Cornell University Press，1957.

［33］ Skinner，William，*Leadership and Power in the Chinese Community of Thailand*，Ithaca，N. Y. ：Cornell University Press，1958.

［34］ Tan，Chee-Beng，*The Baba of Melaka：Culture and Identity of a Chinese Peranankan Community in Malaysia*，Petaling Jaya：Pelanduk Publications，1988.

［35］ Tantasuralerk，Suchada，*Poeykwan：The Remittance among Overseas Chinese in Thailand*，Bangkok：Chulalongkorn University Printing House，1992.

［36］ Vlieland，C. A. ，*British Malaya：A Report on the 1931 Census and on Certain Problems of Vital Satistics*，London：Crown Agents for the Colonies，1932.

［37］ Wang，Gungwu，*The Chinese Overseas：From Earthbound China to the Quest for Autonomy*，Cambridge，M. A. ：Harvard University Press，2000.

［38］ Watson，James L. ，*Emigration and the Chinese Lineage—The Mans in Hong Kong and London*，Berkeley：University of California Press，1975.

［39］ Wickberg，Edgar，*Chinese in Philippine Life 1850 – 1898*，New Haven：

参考文献

Yale University Press, 1965.

[40] Willmott, E. D., *The Chinese of Semarang: A Changing Minority Community in Indonesia*, Ithaca, N. Y. : Cornell University Press, 1960.

[41] Woon, Yuen-fong, *Social Organization in South China, 1911 – 1949: The Case of the Kuan Lineage of Kai-ping County*, Ann Arbor: Center for Chinese Studies, University of Michigan, 1984.

[42] Wu, Chun-Hsi, *Dollars Dependents and Dogma: Overseas Chinese Remittance to Communist China*, Stanford, C. A. : Hoover Institution on War, Revolution, and Peace, 1967.

[43] Yen, Ching-hwang, *Community and Politics: The Chinese in Colonial Singapore and Malaysia*, Singapore: Times Academic Press, 1995.

[44] Yen, Ching-hwang, *The Ethnic Chinese in East and Southeast Asia: Business, Culture and Politics*, Singapore: Times Academic Press, 2002.

[45] Yong, C. F., *Chinese Leadership and Power in Colonial Singapore*, Singapore: Times Academic Press, 1992.

（二）论文

[1] Choi, Chi-cheung, "Competition among Brothers: The Kin Tye Lung Company and Its Associate Companies", in Brown, Rajeswary Ampalavanar (ed.), *Chinese Business Enterprise in Asia*, London: Routledge, 1995.

[2] Chung, Stephanie Po-yin, "Doing Business in Southeast Asia and Southern China—Booms and Busts of the Eu Yang Sang Business Conglomerates, 1876 – 1941", in Douw, Leo, Huang, Cen and Ip, David (eds.), *Rethinking Chinese Transnational Enterprises: Cultural Affinity and Business Strategies*, Richmond, Surrey: Curzon Press; Leiden: International Institute for Asian Studies, 2001.

[3] Cochran, Sherman, "Chinese and Overseas Chinese Business History: Three Challenges to the State of the Field", in *Asian Business Networks & History: A One-day Workshop*, Singapore: NUS, June 15, 2002.

[4] Cribb, Robert, "Political Structures and Chinese Business Connections in the Malay World: A Historical Perspective", in Chan, Kwok Bun (ed.), *Chinese Business Networks: State, Economy and Culture*, Singapore: Prentice Hall; Copenhagen: Nordic Institute of Asian Studies, 2000.

［5］ Dai, Yifeng, "Southeast Asian Chinese Investment in Xiamen: The Li Family during the 1920s and 1930s as a Case Study", in Douw, Leo, Huang, Cen and Ip, David (eds.), *Rethinking Chinese Transnational Enterprises: Cultural Affinity and Business Strategies*, Richmond, Surrey: Curzon Press; Leiden: International Institute for Asian Studies, 2001.

［6］ Dai, Yifeng, "Overseas Migration and the Economic Modernization of Xiamen City during the Twentieth Century", in Douw, Leo and Post, Peter (eds.), *South China: State, Culture and Social Change during the 20th Century*, Amsterdam, New York: North-Holland, 1996.

［7］ Faist, Thomas, "Transnationalization in International Migration: Implications for the Study of Citizenship and Culture", *Ethnic and Racial Studies*, 2000, 23 (2) .

［8］ Faist, Thomas, "Transnational Social Spaces out of International Migration: Evolution, Significance and Future Prospects", *Arch. Europ. Social*, 1998, XXXIX (2).

［9］ Faure, David, "Beyond Networking: An Institutional View of Chinese Business", in *Asian Business Networks & History: A One-day Workshop*, Singapore: NUS, June 15, 2002.

［10］ Gomez, Edmund Terence, "In Search of Patrons: Chinese Business Networking and Malay Political Patronage in Malaya", in Chan, Kwok Bun (ed.), *Chinese Business Networks: State, Economy and Culture*, Singapore: Prentice Hall; Copenhagen: Nordic Institute of Asian Studies, 2000.

［11］ Jay, Edward J., "The Concept of 'Field' and 'Network' in Anthropological Research", *Man*, 1964 (9 – 10).

［12］ Johnson, Graham E. and Woon, Yuen-fong, "The Response to Rural Reform in an Overseas Chinese Area: Examples from Two Localities in the Western Pearl River Delta Region, South China", *Modern Asian Studies*, 1997, 31 (1).

［13］ Kivisto, Peter, "Theorizing Transnational Immigration: A Critical Review of Current Efforts", *Ethnic and Racial Studies*, 2001, 24 (4).

［14］ Koh, Keng We, *Eu Tong Sen: A Case Study in Business Expansion*, Singapore: National University of Singapore, Master Thesis, 2000.

［15］ McKeown, Adam, "Conceptualizing Chinese Diasporas, 1842 to 1949", *The Journal of Asian Studies*, 1999, 58 (2).

［16］ Ng, Chin-keong, "The Cultural Horizon of South China's Emigrants in the

Nineteenth Century: Change and Persistence", in Yong, Mun Cheong (ed.), *Asian Traditions and Modernization: Perspectives from Singapore*, Singapore: Times Academic Press for Centre for Advanced Studies, National University of Singapore, 1992.

[17] Portes, Alejandro, Guarnizo, Luis E. and Landolt, Patricia, "The Study of Transnationalism: Pitfalls and Promise of an Emergent Research Field", *Ethnic and Racial Studies*, 1992, 22 (2).

[18] Pries, Ludger, "The Approach of Transnational Social Spaces: Responding to New Configurations of the Social and Spatial", in Pries, Ludger, *New Transnational Social Spaces: International Migration and Transnational Companies in the Early Twenty-first Century*, London, New York: Routledge, 2001.

[19] Wang, Gungwu, "Traditional Leadership in a New Nation: The Chinese in Malaya and Singapore", in Wijeyewardene, Gehan (ed.), *Leadership and Authority: A Symposium*, Singapore: University of Malaya Press, 1968.

[20] Woon, Yuen-fong, "Emigrant Community in the Ssu-yi Area, 1885 – 1949: A Study in Social Change", *Modern Asian Studies*, 1984, 18 (2).

[21] Woon, Yuen-fong, "International Links and the Socioeconomic Development of Rural China: An Emigrant Community in Guangdong", *Modern China*, 1990, 16 (2).

[22] Yen, Ching-hwang, "Class Structure and Social Mobility in the Chinese Community in Singapore and Malaya 1800 – 1911", *Modern Asian Studies*, 1987, 21 (3) .

[23] Yen, Ching-hwang, "Ethnic Chinese Business Networks in East and Southeast Asia", in Yen, Ching-hwang, *The Ethnic Chinese in East and Southeast Asia: Business, Culture and Politics*, Singapore: Times Academic Press, 2002.

[24] Yow, Cheun Hoe, *The Changing Landscape of Qiaoxiang: Guangdong and the Chinese Diaspora, 1850 – 2000*, Singapore: National University of Singapore, Ph. D Thesis, 2002.

[25] Zhuang, Guotu, "Donations of Overseas Chinese to Xiamen since 1978", in Douw, Leo, Huang, Cen and Ip, David (eds.), *Rethinking Chinese Transnational Enterprises: Cultural Affinity and Business Strategies*, Richmond, Surrey: Curzon Press; Leiden: International Institute for Asian Studies, 2001.

[26] Zhuang, Guotu, "The Social Impact on Their Hometown of Jinjiang Emigrants' Activities during the 1930s", in Douw, Leo and Post, Peter (eds.), *South China: State, Culture and Social Change during the 20th Century*, Amsterdam, New York: North-Holland, 1996.

本书的研究最早可以追溯到我的硕士研究生学习。中山大学东南亚研究所有着深厚的东南亚和华侨华人研究的历史传统。在导师袁丁教授的指引下，我把课题投向广东省档案馆所藏有关侨汇的大量原始档案，并完成题为"1946—1949年广东侨汇逃避问题"的硕士学位论文，该论文经袁老师修订，分别发表于《华侨华人历史研究》《南洋问题研究》《东南亚纵横》《八桂侨刊》等刊物上，后来又成为袁老师等著《民国政府对侨汇的管制》（广东人民出版社，2014年）的重要组成部分。

硕士毕业以后，我有志于攻读博士学位。最初在陈春声教授的启发下，我拟利用潮汕历史文化研究中心所藏大量的侨批文书及广东省档案馆、汕头市档案馆的相关档案，将广东侨汇研究延伸到联系华南与东南亚华人社会的侨批研究。入读博士前的几个月，我曾到广东省档案馆、汕头市档案馆和潮汕历史文化研究中心搜集文献资料。在汕头市做田野调查时，汕头大学黄挺教授、陈景熙兄给予了大力支持。尤其是景熙兄还带我找侨批局当事人做口述访问，帮我克服了在异乡人地生疏、语言障碍等诸多困难。

最终我选择前往新加坡国立大学继续攻读博士学位，感谢学校提供全额奖学金。尤其感谢导师刘宏教授，他以深厚的学术积累和前瞻性实践带我领略了海外华人研究的理论前沿，走进海外华人研究的学术共同体，授予我学术研究的理论和方法，拓宽了我的博士学位论文研究的理论视野，指导我把侨批研究拓展为华南与东南亚华人社会互动的研究，并置于跨国主义理论的框架下与当时的学术前沿对话。在刘老师表面温和实则严格的指导下，我的论文研究和写作也顺利开展。

在新加坡国立大学人文与社会科学院的资助下，2003年9月至12月，我为开展博士课题研究，进行了为期4个月的田野调查。涉足的地方包括泰国曼谷及周边，马来西亚新山、麻坡、峇株巴辖、马六甲、吉隆坡、芙蓉、怡保、金宝、槟城，中国香港、广州和潮汕地区等。主要是对泰国朱拉隆功大学、泰国华侨崇圣大学、香港大学的图书馆，香港历史档案馆，香港历史博物馆，广东省档案馆，广东省立中山图书馆，汕头市档案馆，潮汕历史文化研究中心，以及泰国、马来西亚各地的潮州会馆、中华总商会等进行资料搜集；考察泰国、新马地区的华人历史风貌；拜访同行专家及老华侨、侨批局后人。再加上我在新加坡国家档案馆、新加坡国立大学图书馆等收集的资料，构成了我的博士论文（即本书）的资料基础和灵感来源。对那些曾经为我的研究提供帮助的机构和个人，在此致以深深的感谢！他们为：新加坡关瑞发先生，马来西亚何国忠教授、安焕然教授、陈剑虹先生、张少宽先生、郑浩生先生、张运芹先生，泰国 Supang Chantavanich 教授、Surichai Wun'Gaeo 教授、杨作为先生、许茂春先生、郑膺年先生、黎道纲先生、洪林女士，潮汕地区邹金盛先生、曾寿田先生、曾宗远先生、曾宗凯先生、马陈宣先生、丁翀先生、黄少雄先生、许敦煌先生、陈景熙先生、陈遗恩家族后人陈润鑫先生等。

在新加坡国立大学三年多的留学生活真是人生中难得充实而美好的时光。新加坡国立大学不但校园环境优美，硬件设施和软件服务一流，而且学术氛围浓厚，人情温暖。在此，我还要特别感谢我的另外两位导师——王赓武教授和黄坚立教授，他们学问渊博而为人温文尔雅，对我论文的研究思路和写作提出许多宝贵意见。另外，我还要感谢中文系的诸多师友为我的研究和留学生活提供了种种支持和关爱。例如苏瑞隆教授、李焯然教授、李志贤教授、黄贤强教授、金以林、廖冰凌、南治国、张松建、夏菁、鲁虎、梁勇、任娜、张慧梅、沈惠芬、李小燕、何世原、刘芳、林尔嵘、游俊豪等。在新加坡期间，正好滨下武志教授也来访学，我曾多次向他讨教，他经常给我提出一些新思路，在此特表感谢！

在博士学习第四年正处于论文写作阶段时，我由于轻信了"女博士生可以边写论文边怀孕两不误"的说法，天真地创造了小生命。怀孕以后才知道孕育生命对身体的巨大消耗和撰写博士论文所需的巨大脑力并不能兼容。怀孕期间我的身体常常处于容易困乏的状态，这使得论文写作踯躅不前以至于不得不暂停。不曾想到的是，孕育生命的巨大消耗并不以分娩而结束，而是续之以产后恢复和带孩子的更大的消耗。可能由于不科学的喂养，孩子出生后常常不能安睡，这使得大人身心疲惫。待孩子长到七个多月以后，离提交论文的五年期限只剩半年了，我终于在先生和婆婆的支持下，全力投入论文写作。

感谢中山大学历史人类学研究中心给我提供了良好的工作空间，使我能专注地投入论文写作。然而，初为母亲的艰辛也同时伴随着。犹记得，在历史人类学研究中心干活的第一个星期，竟然很多时间是（需要）在那里补觉！而每次离家出门都要偷偷地趁幼子不备或被发现后在他哭喊着"妈妈"的声音中狠心离开。难以想象自己是以怎样的顽强意志和不懈努力终于按时并且高质量地完成了博士论文！也许是因为最后限期前被迫赶工的精神压力，或者是带娃写作的巨大身体消耗，这段时间竟然成了我不堪回首的"痛苦"经历，以至于后来对人生的意义感到迷茫。相对于本书课题而言，人生才是更大更有意义的课题。不过优秀的学者往往能抓住"人"的关键去思考人生、社会，并融会贯通于自己的研究领域，从而作出有益于国家、社会的研究并从中获得愉悦。这也是我要努力的方向。

感谢中山大学和亚太研究院为我提供了博士后的工作，这是一次非常难得的历练机会。后来我转入广东财经大学马克思主义学院，并于 2015 年获得国家社会科学基金项目资助。此后我在博士论文和博士后出站报告的基础上做了重新整理和多次修改，最终形成本书。本书的部分章节曾发表于《历史人类学学刊》《暨南学报》《华侨华人历史研究》《东南亚研究》《汕头大学学报》等刊物。

尽管还很不成熟，但本书是对我从 1998 年读研以来多年对华侨华人研究、侨汇侨批研究的一个总结。它的出版离不开这多年以来帮助我成长的师友们。再次感谢我的老师们：刘宏教授、王赓武教授、黄坚立教授、袁丁教授、陈春声教授、刘志伟教授、程美宝教授、余定邦教授、汪新生教授、范若兰教授、潘一宁教授、滨下武志教授、蔡志祥教授、黄挺教授等！感谢那些曾经关心和陪伴我成长的同学和同门师兄弟妹！

尤其要感谢陈春声教授和刘宏教授多年的厚爱与不弃，他们在繁忙的学术活动与兼任繁重的行政工作之余还抽空慷慨赐序，为本书增光添彩。我对他们的人格与学术的敬仰之情无以言表，唯有铭记于心！

我还要感谢家人的无私奉献，特别是我的先生朱崇科，他从本科起就一直陪伴着我成长。作为一名坚毅的学术人，他一直是我生命中的领航员、护航者、监督人和陪伴者。虽然一路走来也经历了风风雨雨，但如今依然初心不改，砥砺前行。本书的研究离不开他的倾力支持，包括思想交流、文字修改、分担家务等。

最后，感谢暨南大学出版社将本书纳入"近现代侨批、侨汇与侨乡经济社会研究丛书"出版，感谢丛书主编暨南大学张小欣教授、暨南大学出版社华侨华人/岭南文化编辑室冯琳、颜彦及出版社同仁为本书的付梓耗费心血。本书的诸多不足之处均由作者一人承担。

陈丽园

2023 年 8 月初稿

2025 年 2 月定稿于广州康乐园